国家文化产业资金支持媒体融合重大项目
21世纪高职高专精品教材·财经类专业平台课

外贸会计

应用、技能、实务、实训

Waimao Kuaiji
Yingyong Jineng Shiwu Shixun

（第二版）

李贺 徐雯 编著

东北财经大学出版社
Dongbei University of Finance & Economics Press
大连

图书在版编目（CIP）数据

外贸会计：应用、技能、实务、实训 / 李贺，徐雯编著．—2版．—大连：东北财经大学出版社，2020.5

（21世纪高职高专精品教材·财经类专业平台课）

ISBN 978-7-5654-3807-3

Ⅰ．外…　Ⅱ．①李…②徐…　Ⅲ．外贸企业会计-高等职业教育-教材
Ⅳ．F740.45

中国版本图书馆CIP数据核字（2020）第034706号

东北财经大学出版社出版

（大连市黑石礁尖山街217号　邮政编码　116025）

网　址：http：//www.dufep.cn

读者信箱：dufep@dufe.edu.cn

大连天骄彩色印刷有限公司印刷　东北财经大学出版社发行

幅面尺寸：185mm×260mm　字数：428千字　印张：19.5

2020年5月第2版　2020年5月第1次印刷

责任编辑：张晓鹏　周　晗　责任校对：周小焕

封面设计：张智波　版式设计：钟福建

定价：38.00元

教学支持　售后服务　联系电话：（0411）84710309

如有印装质量问题，请联系营销部：（0411）84710711

第二版前言

我国提出的职业教育到2020年的发展目标是形成适应发展需求、产教深度融合、职业教育与普通教育相互沟通，体现终身教育理念，具有中国特色、世界水平的现代职业教育体系。其重点是抓好职普沟通、学生“双证书”。“十三五”期间，构建现代职教体系是职业教育改革和发展的一条主线。目前，随着大数据、“互联网+”时代的到来，各种信息化手段正在改变传统课堂教学和学习方式，这给高等职业教育改革与发展带来了重大机遇和挑战。翻转式学习、混合式教学、合作学习、微课、慕课、SPOC、智慧课堂等已经深深影响着教育领域，“一场颠覆性的教育革命正在上演”，这场革命当然也涉及职业教育。鉴于此，我们结合学生的技能与应用、就业与创业的实际情况，在总结多年的教学经验和外贸企业会计实践经验的基础上，结合最新的外贸改革和税法，修订了《外贸会计——应用、技能、实务、实训》。修订后的本书具有以下特点：

（1）项目引领，任务驱动。本书注重课程设计，强调教学内容的可读性，把教学目标细化为知识目标和技能目标，并对“教与学”提出了具体要求，让师生在“教与学”的过程中做到心中有数，体会“工学结合”的理念，根据职业岗位操作流程来选择并设计内容，“做中学”“学中做”使学生能迅速地适应工作岗位的要求。

（2）内容新颖，与时俱进。本书以外贸会计的基本概念和方法为基础，在阐述外贸会计理论与方法的同时，紧紧围绕我国财务会计改革现状和财政部修订的最新《企业会计准则》的相关规定，依据新的税收法规的具体内容编写，并结合外贸企业自身的特点对知识内容作了详细的论述，为学生在以后的工作中能够真正地学以致用奠定了基础。

（3）技能培养，实务并重。高职系列规划教材的定位决定了本书的内容重点是实用性和可操作性。因此，本书的每个项目在介绍基本概念、基本理论的基础上，更多的篇幅都用于解释“怎么做”；在形式上，尽量采用图表诠释；在语言上，力图通过简洁、通俗易懂的表达，将难懂的概念和方法可读化，并通过典型外贸会计实例把系统的理论与外贸会计实践结合起来进行论述，体现了应用型教材的特点。

（4）强调应用，富有特色。本书在每个项目中都设置了“知识目标”“技能目标”“素质目标”“知识精讲”“做中学”，并在每个项目的课后编写了“应知考核”（含有单项选择题、多项选择题）、“应会考核”（含有业务考核、项目实训），注重实用性与知识性并重，突出实操亮点，使学生一边学理论，一边将其加以应用，实现外贸会计理论和实训的一体化。

（5）课程资源，配套上网。为了配合课堂教学，我们设计制作了教师课件、课程教学大纲、配套实验课大纲、配套习题、模拟试卷等配套资源，并实现了网上运行，充分发挥网络课程资源的作用，探索课堂教学和网络教育有机结合的新途径。

本书既适用于高职高专和应用型本科教育层次的会计和国际经济与贸易等专业的学生使用，也可作为外贸会计岗位资格证考试的辅导用书，其内容做到了与考证对接。另外，本书还配有习题及参考答案，为读者提供全方位、细致周到的教学资源增值服务。

本书由李贺、徐雯编著并负责修订，其中李贺撰写项目一至项目七，徐雯撰写项目八至项目十二。李明明、赵昂、李虹、美荣、李林海、张世国等对本书的教学资源和资料的搜集做出了贡献。

本书在编写过程中，得到了校企合作单位和出版单位的大力支持，并参阅了参考文献中的教材、著作、网络资源，在此对相关作者表示衷心的感谢！

由于编写时间仓促，加之编者水平有限，本书难免存在一些不足和疏漏之处，恳请各位专家、学者批评指正，以便我们改进与完善。

编著者
2020年2月

目　录

项目一

外贸会计总论

知识目标

1.理解：对外贸易和外贸会计的创新、外贸会计的概念与特点
2.熟知：外贸会计的核算方法和目标、外贸会计的对象
3.掌握：外贸会计的基本职能、会计基本假设和会计信息质量要求

技能目标

1.能够充分地理解和应用会计基本假设
2.能够初步地掌握会计核算基础与会计方法
3.能够根据资金的循环及分布状态确定业务类型

素质目标

能运用所学外贸会计理论与实务知识研究相关案例，培养和提高学生在特定业务情境中分析问题与决策设计的能力；能结合“外贸会计总论”教学内容，结合行业规范或标准，分析会计行为的善恶，强化学生的职业道德素质。

知识精讲

任务一　外贸会计概述

一、对外贸易发展和外贸会计的创新

1.对外贸易发展

对外贸易亦称“国外贸易”或“进出口贸易”，简称“外贸”，是指一个国家（地区）与另一个国家（地区）之间的商品、劳务和技术的交换活动。这种贸易由进口和出口两个部分组成。

对运进商品或劳务的国家（地区）来说，就是进口；对运出商品或劳务的国家（地

区）来说，就是出口。这在奴隶社会和封建社会就开始产生和发展，到资本主义社会，发展更加迅速。其性质和作用由不同的社会制度所决定。

2019年，我国外贸发展面临的外部环境发生深刻变化。党中央、国务院高度重视外贸工作，7月10日，国务院常务会议确定了进一步稳外贸措施，以扩大开放助力稳增长稳就业。商务部会同各地区各部门狠抓政策落实，优化国际市场布局，大力培育外贸新业态，营造良好市场环境。广大企业迎难而上，内生动力不断增强。1—7月，外贸发展保持稳中提质态势。7月进出口值创2019年单月新高，推动规模稳步扩大。7月当月，进出口2.74万亿元，出口1.53万亿元，均为2019年以来单月最高水平。1—7月，进出口17.41万亿元，增长4.2%。其中，出口9.48万亿元，增长6.7%；进口7.93万亿元，增长1.3%；贸易顺差1.55万亿元，扩大47.4%。

2019年我国外贸呈现出的特点如下：

（1）结构持续优化。

①国际市场布局更加优化。与“一带一路”沿线国家和地区贸易便利化水平不断提高，进出口增长10.2%，拉动整体进出口增长2.8个百分点。与传统贸易伙伴欧盟、东盟进出口分别增长10.8%、11.3%。上半年，我国与25个签订自贸协定的贸易伙伴进出口增长3.8%。

②国内区域布局更加均衡。中西部地区出口增长13.8%，高于整体增速7.1个百分点，占比提高1.1个百分点，至17.5%。

③民营企业出口主力军地位更加巩固。上半年，有进出口实绩的民营企业达到33.6万家，增长8.5%，占比近80%。1—7月，民营企业出口增长14.2%，占比达到50.9%，拉动出口增长6.8个百分点。

④出口商品结构不断升级。机电产品出口增长6.1%，较1—6月加快0.8个百分点。其中，集成电路、金属加工机床、挖掘机、医疗器械等高技术、高质量、高附加值产品出口均保持两位数增长。纺织服装等7大类劳动密集型产品出口保持竞争优势，增长7.8%，高于整体增速1.1个百分点，拉动出口增长1.5个百分点。

⑤一般贸易对出口拉动作用更加显著。一般贸易出口增长10.1%，拉动整体出口增长5.8个百分点。

（2）动能转换加快。

2019年以来，各部门各地方加大政策支持，积极培育贸易新业态新模式。第三批22个跨境电商综试区加快建设，上半年，跨境电商零售进出口快速增长。首批二手车7月顺利实现出口，下半年出口规模快速扩大。下一步，加工贸易保税维修项目还将持续落地，进一步吸引更高技术水平、更大增值含量的加工制造和生产服务环节向我国转移。

2.外贸会计的创新

党的十一届三中全会以来，国家对外贸企业进行了两项根本性的变革：其一，1988年至1990年在外贸企业中普遍推行承包经营责任制，并在轻工、工艺、服务三个外贸行业实行自负盈亏试点；其二，从1991年1月1日开始，通过调整汇率、统一外汇留成等措施，取消了对外贸企业的出口补贴，创造了平等竞争环境，从而在外贸企业的会计管理上打破了传统的旧体制。

党的十一届三中全会以后，党的工作重点是以经济建设为中心。1985年1月21日第六届全国人民代表大会常务委员会第九次会议通过了《中华人民共和国会计法》（以下简称《会计法》），使我国会计进入法治时期。20世纪90年代以来，我国进行了会计改革，财政部发布了《企业会计准则》和《企业财务通则》以及一系列会计制度，实现了改革会计核算制度和财务管理模式的重要转变。1993年、1999年我国又先后对《会计法》作了重新修订。2000年6月21日，国务院以第287号令的形式发布了《企业财务会计报告条例》，2001年《企业会计制度》颁布实施，进一步加快了会计的国际化进程。《企业会计制度》的发布实施，在总体上打破了所有制、行业的界限，对于各行业企业专业性较强的会计核算，将陆续以专业会计核算办法的形式发布，它标志着我国新一轮会计改革高潮的到来。

二、外贸会计的概念

外贸企业是从事对外贸易业务的企业，它是连接国内市场与国际市场的纽带，是国民经济的一个重要组成部分。

外贸会计（foreign trade accounting）是指以货币为计量单位，对外贸企业的经济活动信息通过收集、加工、整理，为决策者提供会计信息，以便为企业取得最佳经济效益，对经济活动进行控制、分析、预测和决策的一种经济管理活动。会计作为国际通用的“商业语言”，必须要真实客观地反映外贸企业各项商品、财产和资金的增减变动情况，及时、准确、系统地核算和记录进出口贸易的收入、成本、费用、支出、利润的形成和分配情况，并充分发挥会计在外贸企业经济管理活动中的重要作用。

外贸会计是专业会计的特殊领域，其只是企业财务会计的一个组成部分，外贸会计的实施融于企业财务会计之中，同步操作。其与企业财务会计的不同之处在于采取复币式核算，期末编制的会计报告仍纳入企业统一财务会计报告。换句话说，外贸会计不是在财务会计之外另设一套凭证、账簿、报表单独核算，而是企业财务会计中涉及外币交易核算的有关内容，如外贸企业发生的外币交易、进出口业务、加工补偿贸易、对外承包工程、对外劳务合作以及出口货物退（免）税、涉外业务融资与外汇风险规避等核算内容。外贸会计主要存在于进出口企业、三资企业、对外承包工程企业、对外劳务输出企业、对外运输、货代等外贸企业中。

三、外贸会计的职能

会计的职能是指会计应具备的功能，是会计本质的体现，包括会计最基本的职能和会计的拓展职能，其中会计最基本的职能是核算（也称反映）和监督，会计的拓展职能是预测经济前景、参与经济决策、评价经营业绩、提供会计信息等。结合外贸企业的特点和经营管理要求，外贸会计的职能如下：

（1）建立和完善企业内部经济核算制度。在企业内部实施健全的经济核算制度是现代企业实行科学管理的基础。完善的内部经济核算制度，使各部门、各单位以及每位职工的权、责、利紧密结合，将企业的总体经济责任层层分解，逐级落实、严格考核，同时辅以相关文化教育宣传、精神鼓励、物质奖励，实现企业各项经济业务的良性发展。

（2）改进和健全企业会计信息系统。企业会计信息是企业信息的基础，企业信息大部分来自会计信息系统。外贸企业会计信息系统的改革和完善是市场化管理和竞争的要求。改革的主要目的是充分发挥外贸会计的职能和作用，即对企业经营管理的全过程发挥会计的核算职能、监督职能和参与决策职能，主动向有关方面及时提供信息，满足不同会计信息使用者的需要。

（3）调整和改变会计服务目标。在现代企业制度下，由于实行政企分开，国家利用经济杠杆调节经济资源的分配和运行，既给企业提供了公平竞争的环境，又使企业的一些信息成为商业秘密。如成本费用水平只能向企业管理者提供，以作为决策的依据，不宜对外公开；收益作为企业经营的成果，不仅为现有投资者所关心，更是吸引潜在投资者的重要依据。因此，企业会计向有关方面提供信息具有重要意义。

（4）加强信息标准化。企业会计加强和完善会计管理制度的重点是按照“一致性原则”促进会计信息标准化，与国家有关规定一致，与国际相关系统趋同。我国成为WTO成员国后，有义务向国际有关方面提供会计信息。要使会计信息成为国际通用的商业语言，其处理程序和口径应符合国际惯例，使境内外的投资者及债权人能按统一标准对企业经济实力进行比较并作出评价。

（5）企业信息手段现代化。企业实行现代化管理和参与国际市场竞争，对于提供信息的实效性要求不断增强，会计信息处理手段的现代化乃至组建全国联网的会计信息中心迫在眉睫。由于采取了引进、开发等多种形式，计算机硬件条件已经具备，会计电算化软件有了极大改进。

四、外贸会计的对象

1.会计对象

会计对象是指会计核算和监督的内容，凡是特定主体能够以货币表现的经济活动，都是会计的对象。以货币表现的经济活动通常又称为资金运动。由于不同性质的会计主体本身生产经营活动的特点不同，其资金运动过程和表现形式也不尽相同，核算和监督的内容也就有所不同，因此会计的核算内容因会计主体性质不同而有差异。

（1）制造企业的会计对象。制造企业的生产经营活动的内容分为供应（采购）、生产和销售三个阶段。供应过程是生产的准备过程，在此过程中，企业为购买材料物资要支付材料价款、材料运输和装卸费用，同时与采购单位及其他有关单位发生货币结算业务。材料从仓库进入车间投入生产，生产经营活动进入第二阶段，即生产过程，它是企业最主要的生产活动，企业利用劳动手段将原材料投入生产，引起原材料的消耗、固定资产的折旧、工资的支付和生产费用的开支，使储备资金和一部分货币资金转化为生产资金、物化劳动和活劳动消耗，产品完工后，生产资金转化为成品资金。产品生产完工并验收入库等待销售，生产经营活动进入第三阶段，即销售过程，发生包装、运输、广告宣传等销售费用，产品销售出去要收回货币资金、缴纳税费，要与购买单位、税务部门及其他单位发生货币结算业务。

在这三个阶段中，货币资金经过资金的投入、资金的循环与周转（即运用）和资金的退出这样一个运动过程，但具体运动形式并不完全相同。通常情况下，资金的投入、退出基本一致。投入单位的资金包括投资者投入的资金和向债权人借入的资金，前者形成所有者权益，后者属于债权人权益（即单位的负债）。资金的投入是单位取得资金的过程，是资金运动的起点。资金的退出指的是资金离开单位，是资金运动的终点，主要包括偿还各项债务、依法缴纳各种税费以及向所有者分配利润等。制造企业的会计对象如图 1-1 所示。

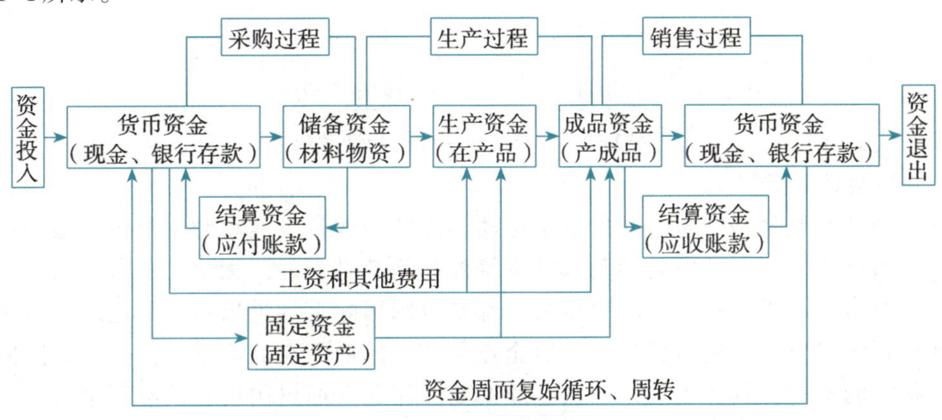

图 1-1　制造企业的会计对象

（2）商品流通企业的会计对象。商品流通企业的经济活动主要有购进和销售。在采购过程中，企业为了购进商品支付商品价款、运输和装卸费用，与供应单位发生货币结算业务。在商品验收入库等待销售期间，要支付保管费用、储存费用。在销售过程中，企业为了销售商品要支付运输、包装、广告宣传等销售费用，商品销售要收回货款，又与购买单位发生货币结算业务。商品流通企业的会计对象如图 1-2 所示。

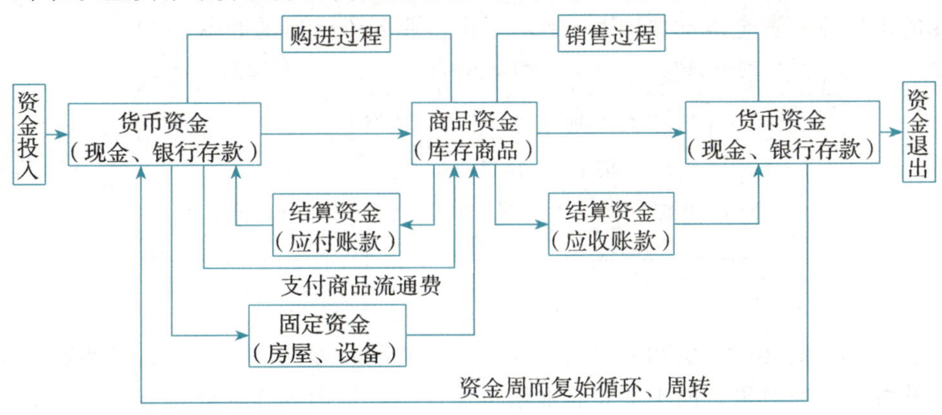

图 1-2　商品流通企业的会计对象

（3）行政事业单位的会计对象。行政事业单位并不从事商品生产和流通，是非营利性单位。它们的职责是完成国家赋予的各项任务，国家每年都会根据各单位的预算，拨给一定数量的资金，叫预算拨款；各单位完成任务的过程按预算以货币形式支付的各项费用，叫预算支出，这种支出是非补偿性的，即不能从收入中得到补偿，因此没有资金循环、周转过程。预算拨款和预算支出构成行政事业单位的预算资金运动。

行政事业单位的会计核算和监督的内容是预算资金的运动，包括行政事业单位资金来源和运用、预算资金的收入和支出等。行政机关的经费来源是财政全额拨款。事业单位分为：一是民间筹资或接受捐赠兴办的民间非营利组织；二是国家出资兴办的事业单位，经费来源有国家全额拨款、差额拨款和自收自支三种情况。行政事业单位的会计对象如图1-3所示。

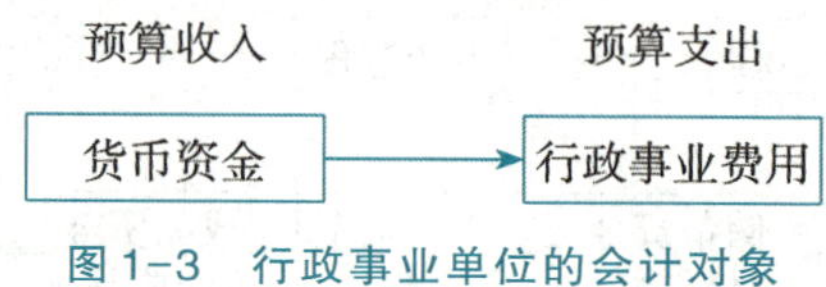

图1-3　行政事业单位的会计对象

2.外贸会计对象

外贸会计对象就是外贸企业的资金运动，外贸企业资金运动的主要内容最为传统的是货物贸易形式，所有的贸易活动都是围绕商品购销进行的。无论是自营贸易、代理贸易、加工贸易、易货贸易还是转口贸易，都是组织国际上的进出口商品流通，其主要经营活动包括出口贸易和进口贸易。外贸企业所从事的商品流通活动，与一般的国内商品流通有很大的不同，具体表现是外贸企业的商品流通要通过国内和国际两个市场，涉及国内和国际两种价格，使用本币和外币两种以上的货币。

因此，外贸企业经营过程中的货币资金运动形态表现为“外币—人民币”或“人民币—外币”的转换过程，这就是说，在出口经营活动中，企业应将出口商品销售所得的外汇，无论是现汇还是记账外汇，按照国家规定结售给国家银行以取得人民币；而在进口经营活动中，又要用人民币向银行购买外汇以支付货款。外贸企业在其资金循环过程中所特有的本币与外币之间的不断转换的过程，形成了外贸企业资金运动的特殊性。外贸企业的出口业务资金运动如图1-4所示，进口业务资金运动如图1-5所示。

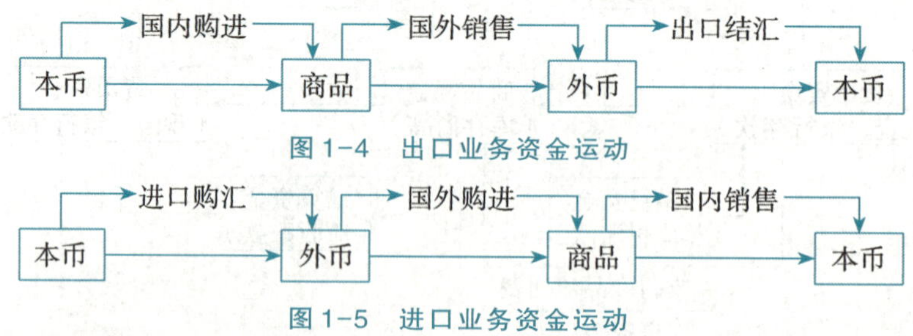

图1-4　出口业务资金运动

图1-5　进口业务资金运动

为了区别外贸会计对象和一般会计对象，只能将企业经济活动中属于外贸业务的部分作为外贸会计的对象，而不能将企业财务会计的共性内容作为外贸会计的对象，据此界定，外贸企业的具体会计对象如下：

（1）资产中以外币表示部分，如生产企业、商品流通企业、服务企业的外汇资产、外汇投资、货物贸易和服务贸易中的外汇债权（应收账款、预付外汇款）等。

（2）负债中以外币表示部分，如外汇长期和短期借款、融资外汇借款、货物贸易和服务贸易中的债务（应付账款、预收外汇款）等。

（3）所有者权益中以外币表示部分，如外方投入的外汇资本、资本公积、所分得外汇红利转本外汇资本等。

（4）费用中以外币表示部分，如生产企业、商品流通企业、服务企业以外汇支付的国外运费、保险费、各项佣金、处理违纪赔款等。

（5）利润中以外币表示部分，即上述外币营业收入和其他各种外币收入之和减去上述外币成本和费用之和的外币余额。

根据《企业会计准则》的相关规定，为了核算和监督企业外贸经济业务，应在不影响会计核算要求和会计报表指标汇总以及对外提供统一财务会计报告的前提下，按照外贸企业实际情况自行增设、减少或合并相应的会计科目。

五、外贸会计的特点

外贸会计的特点，除取决于经营外贸业务企业的特点外，还受国际惯例、会计准则和国内有关方针政策（如海关、商检、外汇管理、财政税收、金融保险等法规）的制约。由于外贸会计对象存在一定的特殊性，因此外贸会计形成了一些独有的特点，这些特点主要体现在以下几个方面：

（1）采用复币核算，即两种或多种货币单位并存，既有本币核算，又有外币核算。由于外贸企业面对国内和国际两个市场，在对外贸易、经济合作活动中有外币计价，存在使用两种货币进行结算的问题，因此，外贸会计涉及的外汇业务在填制凭证、登记账簿时必须采用复币形式，以收支的外币数额为基数，按照外汇汇率折算为记账本位币数额，同时核算本币和外币，即采用复币式凭证和账簿，对外贸业务作出“双重记录”。

（2）反映汇兑损益。在现行的汇率制度下，外币和人民币的汇率经常发生变动，从而产生了汇兑损益，为了反映汇兑损益对外贸企业经营成果的影响，设置“汇兑损益”账户进行核算。

（3）价格核算差异。由于进出口业务会涉及不同的价格条件，而不同价格条件下的交易条件及价值构成不尽相同，因此不同价格条件的出口商品销售收入和进口商品成本的确认与计量也有很大的差别。在不同的价格条件下，如何对出口商品销售收入和进口商品成本予以确认与计量以及在进出口贸易会计处理中如何根据不同价格条件进行核算，形成了外贸会计的一大特点。

（4）结算方式不同。在外贸会计核算中凡涉及商品、费用的资金结算，属于国内部分，则采用委托收款、托收承付等多种结算方式办理；若涉及国外的，则使用国际通用的汇付、托收、信用证等结算方式办理。

（5）核算出口退税。国家为了使外贸企业能够公平地在国际市场上参与竞争，对出口商品采取了国际上通行的退税政策，外贸企业通过对出口退税的核算，以掌握出口退税额对企业经营情况的影响。

(6) 涉外业务原始凭证复杂。外贸业务原始凭证大多来自境外，多为电传和报文形式，格式繁多，规格不一，涉及外币。受理单证除正规种类外，还有许多特需单证、票据、核准件等。因此，涉外业务原始凭证的辨识、审核就显得相当重要。

(7) 外汇收支核算占有重要地位。外贸业务都是通过外汇收支来完成的，例如买入或者卖出以外币计价的商品或者劳务、借入或者借出外币资金以及其他以外币计价或者结算的交易等。涉外企业要严格遵循外币账户的管理规定以及外汇收支业务的管理规定，如实反映外汇收支情况，防范外汇风险。

六、外贸会计的意义

外贸会计的意义主要体现在以下几个方面：

(1) 全面、正确、及时地反映和监督外贸企业的经营成果，为外贸企业加强管理、进一步参与国际竞争提供可靠的信息。

外贸会计通过运用会计的各种专门方法，全面、正确地反映外贸企业的资产状况、经营成果和现金流量。利用日常的会计核算资料与定额预算资料进行对比分析，揭露矛盾，找出差距，及时向会计信息使用者提供会计信息，以便于会计信息使用者作出科学的决策，不断提高外贸企业的经营管理水平和参与国际竞争的能力，不断降低出口商品的成本和费用，为提高外贸企业出口创汇能力服务。

(2) 反映和监督外贸企业对财经政策、法令和制度的执行情况，促使外贸企业严格执行有关政策、法令和制度，遵守财经纪律并贯彻执行国家有关政策、法令和制度是一切单位进行经济活动的原则。

因此，外贸企业在反映经济活动、提供会计信息的同时，必须严格按照有关政策、法令和制度，对发生的经济业务进行合法性、合规性的审查，检查企业在经济活动中是否符合有关规定，是否存在违反财经纪律的行为。对于在经济活动中的违法乱纪行为，应及时予以制止和披露。同时，在办理经济业务的活动中，还要积极做好有关政策、法令和制度以及遵守财经纪律的宣传工作，从而促使外贸企业认真贯彻执行财经政策和制度，严格遵守财经纪律，不断提高外贸企业的政策管理水平。

(3) 反映和监督外贸企业各项财产物资的保管和使用情况，保护外贸企业财产物资的安全和完整，外贸企业的各项财产物资是组织外贸企业经济活动的物质基础。

会计人员必须正确反映和监督外贸企业财产的增减变动情况，建立健全财产物资的管理制度，对货币资金的收支业务、财产物资的增减情况、债权与债务的发生和清算情况，都必须及时进行反映和监督，做到账实相符、账账相符。要建立健全岗位责任制，防止财产物资积压、浪费、损坏、丢失及贪污盗窃等现象发生，从而保证企业财产物资的安全和完整。

(4) 反映和监督外贸企业外汇收支情况，做到迅速收汇、合理付汇，维护国家和企业的利益。

根据外贸企业资金运动的特点，外贸会计还必须及时、正确地反映和监督外贸企业在进出口贸易活动中的外汇收支情况，在进出口业务中做到合理付汇，并确保安全迅速地收汇。因此，对有关单证必须严格审查，对符合有关规定的款项应及时、合理地付汇；对于不符合有关规定的支付款项，不能盲目付汇，以防给企业造成损失，从而维护国家和企业的利益。

任务二　外贸会计的核算方法和目标

一、外贸会计的核算方法

外贸会计所运用的方法离不开会计基础理论中叙述的一整套会计方法。但是，为了适应外贸业务的经营特点，外贸会计核算除应用一般的会计方法外，还要采用一些外贸会计核算方法。

1.一般的会计方法

一般的会计方法是指用何种手段去实现会计的任务，完成会计核算和监督的职能。会计方法包括会计核算、会计分析、会计考核、会计预测和会计决策等，其中会计核算是最基本、最主要的方法。会计核算的方法，是对会计对象进行连续、系统、全面的核算和监督所应用的方法。会计核算主要包括以下七种专门方法：设置会计科目及账户、复式记账、填制和审核凭证、登记账簿、成本计算、财产清查、编制会计报表。这七种方法相互联系，共同组成会计核算的方法体系（如图1-6所示）。

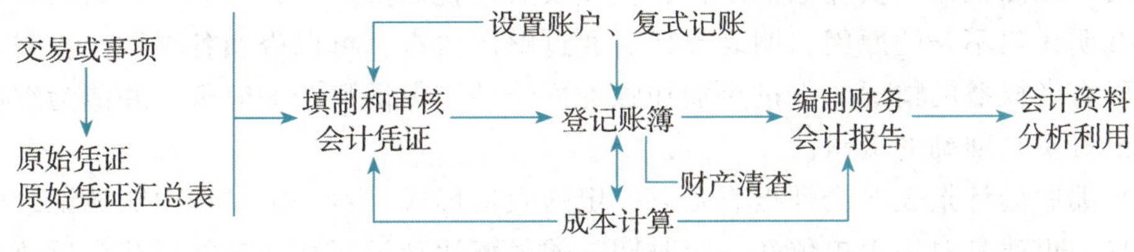

图1-6　一般会计核算的方法体系

（1）设置会计科目及账户。它是对会计对象具体内容进行分类核算和监督的方法。会计对象包含的内容纷繁复杂，设置会计科目及账户就是根据会计对象具体内容的不同特点和经济管理的不同要求，选择一定的标准进行分类，并事先规定分类核算项目，在账簿中开设相应的账户，以取得所需要的核算指标。正确、科学地设置会计科目及账户，细化会计对象，提供会计核算的具体内容，是满足经营管理需要、完成会计核算任务的基础。

（2）复式记账。它是指对每一项经济业务都要在两个或两个以上的相互联系的账户中进行登记的一种方法。复式记账一方面能全面、系统地反映经济业务引起资金运动增减变化的来龙去脉；另一方面通过账户之间的一种平衡关系，检查会计记录的正确性。企事业单位任何一项经济活动或财务收支的发生，都会引起资产、负债和所有者权益的双重变化，因此在账户中反映经济活动和财务收支时，必须应用复式记账来反映它们相互联系的增减变化，以便对各项经济业务活动和财务收支进行监督。

（3）填制和审核凭证。各单位发生的任何会计事项都必须取得原始凭证，证明其经济业务的发生或完成。原始凭证要送交会计进行审核，审核其填制内容是否完备、手续是否齐全、业务的发生是否合理合法等，经审核无误后，才能编制记账凭证。记账凭证是记账的依据，原始凭证和记账凭证统称为会计凭证。审核和填制会计凭证是会计核算的一种专门方法，它能保证会计记录的完整、可靠，提高会计核算质量。

（4）登记账簿。账簿是具有一定格式、用来记账的簿籍。登记账簿就是根据会计凭证，采用复式记账法，把经济业务分门别类、内容连续地在有关账簿中进行登记的方法。借助于账簿，就能将分散的经济业务进行分类汇总，系统地提供每一类经济活动的完整资料，了解一类或全部经济活动发展变化的全过程，更加适应经济管理的需要。账簿记录的各种数据资料也是编制财务报表的重要依据，所以，登记账簿是会计核算的主要方法。

（5）成本计算。它是按一定对象，经过汇总、分配，分别归集经营过程中发生的费用，确定各核算对象的总成本和单位成本的专门方法。通过成本计算，可以考核企业对原材料和人工的消耗及其他费用支出是否节约，以便采取措施，降低成本；同时，可以为编制成本计划和产品产销计划提供必要的数据资料，以便加强计划管理。一切实行经济核算制的企业都必须有成本的计算，所以成本计算是广泛应用的一种会计核算方法。

（6）财产清查。它是通过对各项财产物质、货币资金进行实物盘点，对各项往来款项进行核对，以查明实存数同账存数是否相符的一种专门方法。如果在财产清查中发现财产、资金账面数额与实存数额不符，应该及时调整账簿记录，做到账存数与实存数一致，并查明账实不符的原因，明确责任。通过财产清查，可以查明各项财产物资、债权债务、所有者权益的情况，促进企业加强物资管理，保证财产的完整，并能为编制会计报表提供真实、准确的资料。

（7）编制会计报表。会计报表是以一定的表格形式，对一定时期内账簿记录内容的总括反映，也就是对编表单位在一定时期内的经济活动过程和结果加以综合反映的一种书面报告。编制会计报表就是定期总结日常核算资料，总括反映经济活动的过程和结果。会计报表所提供的核算指标，对宏观和微观经济计划、决策和监督都具有重要作用。编制会计报表是发挥会计在经济管理中的作用所必不可少的重要核算方法。

上述会计核算的各种方法是相互联系、密切配合的，构成一个完整的方法体系。在会计核算工作中，必须正确地运用这些方法：对于日常发生的经济业务，要填制和审核凭证，按照规定的会计科目进行分类核算，并运用复式记账法记入有关账簿；对于经营过程中发生的各项费用，应当进行成本计算；一定时期终了，通过财产清查，核实账簿记录，在账证相符、账账相符、账实相符的基础上，根据账簿记录编制会计报表。七种会计核算方法具有一定的内在联系，填制和审核凭证、登记账簿和编制会计报表是三个连续、主要的环节，其他四种专门方法则错综而又紧密地穿插在这三个基本环节中。

2.外贸会计核算方法

（1）有关涉外经济业务的凭证、账簿、报表为复币格式，进行复币式核算，提供人民币和外币双重信息。

（2）有关进出口货物（物资材料）和外汇的核算，根据经营特点和管理需要，进行账内与账外核算相结合（如批次损益的核算）。

（3）应用两种核算原则，提供不同信息。例如，进出口销售收入的确认按《企业会计准则》的确认原则，以发票金额作为销售入账价格；而按涉外企业管理要求，则需将不同的进出口入账价格统一为会计核算价格（出口统一为FOB价格[1]，进口统一为CIF价格[2]）。

（4）为实现出口货物统一为FOB价格和进口货物统一为CIF价格，发生的国外有关进出口费用不作为费用处理，而分别作为增加或减少销售收入或销售成本处理。

（5）涉外业务的大量原始凭证来自于境外，且多为电传和报文形式，格式繁多，规格不一，内容包含境内外业务，款项既有外币又涉及人民币，受理单证除正规种类外，还有许多特许单证、单据、核准件等。

（6）为考核涉外企业的经济效益，设置特定指标，如“出口每美元换汇成本”“进口每美元赚赔额”“工缴费换汇成本”等。

二、外贸会计的目标

会计的目标是指在一定的历史条件下，人们通过会计所要实现的目的或达到的最终结果。由于外贸会计是整个经济管理的重要组成部分，外贸会计目标从属于经济管理的总目标，或者说外贸会计目标是经济管理总目标下的子目标。在将提高经济效益作为会计终极目标的前提下，还需要研究外贸会计核算的目标，即向谁提供信息、为何提供信息和提供何种信息。

根据外贸会计的概念，可以得知外贸会计核算的目标是向有关各方提供会计信息，以帮助决策。外贸会计的目标，决定于外贸会计资料使用者的要求，也受到外贸会计对象、外贸会计职能的制约。我国《企业会计准则》中对于会计核算的目标作了明确规定：会计的目标是向财务会计报告使用者提供与企业财务状况、经营成果和现金流量等有关的会计信息，反映企业管理层受托责任履行情况，有助于财务会计报告使用者作出经济决策。

上述会计核算的目标，实质上是对会计信息质量提出的要求。它可以划分为以下两个方面：

（1）满足对企业管理层的监管需要。如资金委托人对受托管理层是否很好管理其资金进行评价和监督；工会组织对管理层是否保障工人基本权益的评价；政府及有关部门对企业绩效评价和税收的监管；社会公众对企业履行社会职能的监督等。

（2）满足相关团体的决策需要。如满足潜在投资者投资决策需要；满足债权人是否进行借贷决策需要等。

会计目标是会计管理运行的出发点和最终要求。会计目标决定和制约会计管理活动

① FOB（free on board）“离岸价”，即装运港船上交货价，是指卖方在约定的装运港将货物交到买方指定的船上。按此术语成交，卖方负责办理出口手续，买方负责派船接运货物，买卖双方费用和风险的划分，则以装运港船舷为界。

② CIF（cost insurance freight）“到岸价”，是指卖方负担货物到达目的港之前的一切费用及风险，货物装船后通知买方并支付保险费、运费、办理出口所发生的一切费用，买方负责支付货款，办理接货及清关手续。

的方向，在会计理论结构中处于最高层次；同时在会计实践活动中，会计目标又决定着会计管理活动的方向。随着社会生产力水平的提高、科学技术的进步、管理水平的改进以及人们对会计认识的深化，会计目标会随着社会经济环境的变化而变化。

任务三　外贸会计的基本假设

外贸会计同其他专业会计一样，是企业会计的一个分支，任何企业会计都有其发生和发展的先决条件，是进行企业管理活动时不可缺少的，这就是会计的基本前提或基本假设。会计的基本假设，亦称会计核算的基本前提，是指会计核算工作赖以生存的前提条件。它是人们对某些未被确切认识的事物，根据客观、正常的情况和趋势，作出合乎情理的推论而形成的一系列不需要证明就可以接受的假定前提。它概括了现代会计的先决条件，是会计理论中最基础的组成部分，是会计核算工作的前提条件。

（1）会计主体。它是指企业会计确认、计量和报告的空间范围。为了向财务报告使用者反映企业财务状况、经营成果和现金流量以及提供与其决策有用的信息，会计核算和财务报告的编制应当反映特定对象的经济活动，实现财务报告的目标。

在会计主体假设下，企业应当对其本身发生的交易或者事项进行会计确认、计量和报告，反映企业本身所从事的各项生产经营活动。明确界定会计主体是开展会计确认、计量和报告的重要前提。

首先，明确会计主体才能划定会计所要处理的各项交易或事项的范围。在会计实务中，只有那些影响企业本身经济利益的各项交易或事项才能加以确认、计量和报告；那些不影响企业本身经济利益的各项交易或事项则不能加以确认、计量和报告。会计工作中通常所讲的资产和负债的确认、收入的实现、费用的发生等，都是针对特定会计主体而言的。

其次，明确会计主体才能将会计主体的交易或事项与会计主体所有者的交易或事项以及其他会计主体的交易或事项区分开来。例如，企业所有者的经济交易或事项是属于企业所有者主体所发生的，不应纳入企业会计核算的范围；但是企业所有者投入到企业的资本或企业向所有者分配的利润则属于企业主体所发生的交易或事项，应纳入企业会计核算的范围。

会计主体不同于法律主体。一般来说，法律主体必然是一个会计主体。例如，一家企业作为一个法律主体，应当建立财务会计系统，独立反映其财务状况、经营成果和现金流量。但是，会计主体不一定是法律主体。例如，企业集团中的母公司拥有若干子公司，母、子公司虽然是不同的法律主体，但母公司对子公司拥有控制权，为了全面反映企业集团的财务状况、经营成果和现金流量，有必要将企业集团作为一个会计主体，编制合并财务报表，在这种情况下，尽管企业集团不属于法律主体，但它却是会计主体。再如，由企业管理的证券投资基金、企业年金基金等，尽管不属于法律主体，但属于会计主体，应当对每项基金进行会计确认、计量和报告。

（2）持续经营。它是指可以预见企业将来会按当前的规模和状态继续经营下去，不会停业，也不会大规模削减业务。在持续经营前提下，会计确认、计量和报告应当以企业持续、正常的生产经营活动为前提。

会计准则体系是以企业持续经营为前提加以制定和规范的，其涵盖了从企业成立到清算（包括破产）的整个期间的交易或者事项的会计处理。一家企业在不能持续经营时应当停止使用这个假设，若仍按持续经营基本假设选择会计确认、计量和报告的原则与方法，就不能客观地反映企业的财务状况、经营成果和现金流量，会误导会计信息使用者的经济决策。持续经营为会计核算作出了时间上的规定。

（3）会计分期。它是指将企业持续不断的生产经营活动人为地分割成会计期间，分期结算账目和编制财务会计报告。会计期间分为年度、半年度、季度和月度。

在我国，年度、半年度、季度和月度均按公历起讫日期确定。我国《会计法》规定，会计年度自公历1月1日起至12月31日止，也有的国家以营业年度作为会计年度。会计年度必须是相等的。每一会计年度还可具体划分为半年度、季度和月度，半年度、季度和月度均称为会计中期。会计分期是持续经营前提的必要补充，当一个会计主体持续经营而无限期时，就需要为会计信息的提供规定期限。

（4）货币计量。它是指会计以货币为计量单位核算会计主体的经济活动，并假定在不同时期货币的币值是不变的。货币计量前提包括了两层含义：一是一切会计事项均能用货币计量，即货币可作为计量的共同尺度；二是假定货币币值是稳定不变的。

记账本位币就是在多种货币收支的情况下，企业所选定的一种基本的货币单位，在记账和编制报表时，以其他币种计量的经济业务都要折算为基本货币。我国规定会计核算以人民币为记账本位币。业务收支以外币为主的企业，也可以选定某种外币作为记账本位币，但编制的会计报表应当折算为人民币进行反映。

任务四　外贸会计信息质量要求

会计信息质量关系到投资者决策、完善资本市场以及市场经济秩序等重大问题，何谓高质量会计信息以及如何提高会计信息质量，会计准则进行了明确规定。会计信息质量要求是对企业财务报告中所提供的高质量会计信息的基本规范，是使财务报告中所提供会计信息对投资者等使用者决策有用应具备的基本特征。根据基本准则规定，会计信息质量要求包括可靠性、相关性、可理解性、可比性、实质重于形式、重要性、谨慎性和及时性等。其中，可靠性、相关性、可理解性和可比性是会计信息的首要质量要求，是企业财务报告中所提供会计信息应具备的基本质量特征；实质重于形式、重要性、谨慎性和及时性是会计信息的次级质量要求，是对可靠性、相关性、可理解性和可比性等首要质量要求的补充和完善，尤其是在对某些特殊交易或事项进行处理时，需要根据这些质量要求把握其会计处理原则；另外，及时性还是会计信息相关性和可靠性的制约因素，企业需要在相关性和可靠性之间寻求一种平衡，以确定信息及时披露的时间。

（1）可靠性原则。它也称客观性原则或真实性原则，是指企业应当以实际发生的经济业务及证明经济业务发生的合法凭证为依据，如实反映财务状况、经营成果，做到内容真实、数字准确、资料可靠。这一原则是对会计工作的基本要求。

可靠性原则包括两个内容：一是会计人员必须根据审核无误的原始凭证，采用特定的专门方法进行记账、算账、报账，保证所提供的会计信息内容完整、真实可靠。如果会计核算不是以实际发生的交易或事项为依据，为使用者提供虚假的会计信息，会误导信息使用者，使之作出错误决策。二是会计人员在进行会计处理时应保持客观，运用正确的会计原则和方法，得出具有可检验性的会计信息。如果会计人员进行会计处理时不客观，同样不能为会计信息使用者提供真实的会计信息，也会导致信息使用者作出错误决策。

（2）相关性原则。它是指企业所提供的会计信息应与财务会计报告使用者的经济决策相关，有助于财务会计报告使用者对企业过去、现在和未来的情况作出评价或预测。这里所说的相关，是指与决策相关，有助于决策。如果会计信息提供后，不能帮助会计信息使用者进行经济决策，就不具有相关性，因此会计工作就不能完成会计所需达到的会计目标。

根据相关性原则，要求在收集、记录、处理和提供会计信息过程中能充分考虑会计信息使用者各方面决策的需要，满足各方面具有共性的信息需求。对于特定用途的信息，不一定都通过财务报告来提供，而可以采取其他形式加以提供。

（3）可理解性。它也称明晰性原则，是指企业提供的会计信息应当清晰明了，便于财务会计报告使用者理解和使用。它要求会计信息简明、易懂，能够简单明了地反映企业的财务状况、经营成果和现金流量，从而有助于会计信息使用者正确理解和掌握企业的情况。

根据可理解性原则，会计记录应当准确、清晰；填制会计凭证、登记会计账簿必须做到依据合法、账户对应关系清楚、文字摘要完整；在编制会计报表时，项目勾稽关系清楚，项目完整，数字准确。

（4）可比性原则。它是指企业提供的会计信息应当具有可比性，其包括两方面的质量要求：

第一，信息的横向可比，即企业之间的会计信息口径一致，相互可比。企业可能处于不同行业、不同地区，经济业务发生在不同地点，为了保证会计信息能够满足经济决策的需要，便于不同企业财务状况和经营成果的比较，不同企业发生的相同或者相似的交易或事项，应当采用国家统一规定的相关会计方法和程序。

第二，信息的纵向可比，即同一企业不同时期发生的相同或者相似的交易或事项，应当采用一致的会计政策，不得随意改变，便于对不同时期的各项指标进行纵向比较。在此原则下，企业不得随意改变目前所使用的会计方法和程序，一旦作出变更，要在会计报告附注中作出说明。如果确有必要变更，应当将变更情况、变更原因及其对企业财务状况和经营成果的影响在财务会计报告附注中说明。

（5）实质重于形式原则。它是指企业应当按照以交易或事项的经济实质进行会计确认、计量和报告，而不应仅以交易或事项的法律形式作为依据。有时，经济业务的外在法律形式并不能真实反映其实质内容。为了真实反映企业的财务状况和经营成果，就不能仅仅根据经济业务的外在表现形式来进行核算，而要反映其经济实质。比如，法律可能写明商品的所有权已经转移给买方，但事实上卖方仍享有该资产的未来经济利益。如果不考虑经济实质，仅看其法律形式，就不能真实反映这笔业务对企业的影响。

（6）重要性原则。它是指企业提供的会计信息应当反映与企业财务状况、经营成果和现金流量等有关的所有重要交易或事项。在此原则下，企业在选择会计方法和程序时，要考虑经济业务本身的性质和规模，根据特定经济业务决策影响的大小选择合适的会计方法和程序。如果一笔经济业务的性质比较特殊，不单独反映就有可能遗漏一个重要事实，不利于所有者及其他相关者全面掌握企业的情况，就应当严格核算，单独反映，提请注意；如果一笔经济业务与通常发生的经济业务没有特殊之处，不单独反映不至于隐瞒什么事实，就不需要单独反映和提示。如果一笔经济业务的金额在收入、费用或资产总额中所占的比重很小，就可以采用较为简单的方法和程序进行核算，甚至不一定严格采用规定的会计方法和程序；如果金额在收入、费用或资产总额中所占的比重较大，就应当严格按照规定的会计方法和程序进行核算。

重要性原则与会计信息成本效益直接相关。坚持重要性原则，能够使会计信息的收益大于成本。对于那些不重要的项目，如果也采用严格的会计程序进行分别核算、分项反映，就会导致会计信息的成本高于收益。

在评价某些项目的重要性时，很大程度上取决于会计人员的职业判断。一般来说，应当从质和量两个方面进行分析。从性质方面来说，当某一事项有可能对决策产生一定影响时，就属于重要项目；从数量方面来说，当某一项目的数量达到一定规模时，就可能对决策产生影响。

（7）谨慎性原则。它又称稳健性原则，是指企业对交易或事项进行确认、计量和报告应当保持应有的谨慎，即当存在不确定因素的情况下作出判断时，不应高估资产或者收益、低估负债或者费用。对于可能发生的损失和费用，应当加以合理估计。企业经营存在风险，实施谨慎性原则，对存在的风险加以合理估计，就能在风险实际发生之前化解风险，并防范风险，有利于企业作出正确的经营决策，有利于保护所有者和债权人的利益，有利于提高企业在市场上的竞争力。例如，在存货、有价证券等资产的市价低于成本时，相应地减记资产的账面价值，并将减记金额计入当期损益，体现了谨慎性原则对历史成本原则的修正。当然，谨慎性原则并不意味着可以任意提取各种准备，否则属于谨慎性原则的滥用。

（8）及时性原则。它是指企业对于已经发生的交易或事项，应当及时进行会计确认、计量和报告，不得提前或延后。会计信息具有时效性，才能满足经济决策的及时需要，信息才有价值，所以为了实现会计目标，就必须遵循会计信息及时性原则。

根据及时性原则，要求及时收集会计数据，在经济业务发生后，应及时取得有关凭证；对会计数据及时进行处理，及时编制财务报告；将会计信息及时传递，按规定的时限提供给有关方面。

任务五　外贸会计核算基础

会计核算基础，也称会计处理基础，是指确定收入和费用归属期间的标准。按照收入和费用的收付期间与归属期间是否一致，可归纳为以下三种情况：①收入和费用的收付期间与归属期间是一致的。也就是说，企业本期内收到的收入就是本期已获得的收入，本期已付出的费用就是本期应该负担的费用。②本期收入和支付的款项不应归属于本期。也就是说，本期收到的收入并不是本期获得的收入，本期支付的费用并不应当由本期负担。③应归属于本期的收入和费用尚未收款或付款。也就是说，本期应获得的收入本期尚未收到，本期应负担的费用本期尚未支付。

会计核算基础可分为权责发生制和收付实现制。

权责发生制，又称应收应付制、应计制，是指对于收入和费用，不论是否已有货币资金的收付，按其是否体现各个会计期间的经营成果和受益情况，确定其归属期。也就是说，凡是本期已经实现的收入和已经发生的费用，不论款项是否实际已经收付，均作为本期的收入和费用入账；凡是不属于本期的收入和费用，即使款项已在本期收付，均不作为本期的收入和费用处理。

权责发生制主要从时间选择上确定会计确认的基础，其核心是根据权责关系的实际发生和影响期间来确认企业的收支。在权责发生制下，由于收入和费用的收付期间与归属期间可能不一致，所以在会计期末要确定本期的收入和费用，必须根据账簿记录按照归属期间对收入和费用进行账项调整。

采用权责发生制作为核算基础，账务处理手续比较复杂；但它比较科学、合理，能够按照收入和费用的受益情况，正确地反映各个会计期间真实的财务状况和经营成果。因此，我国《企业会计准则》规定企业单位应当采用权责发生制。

收付实现制，又称现金制，是指以款项的实际收付为标准来处理经济业务，确定本期收入和费用的核算基础。在收付实现制下，凡在本期收付的收入和费用，不论是否在本期受益，均作为本期的收入和费用入账；凡在本期尚未收到款项的收入和支付款项的费用，即使属于本期受益，也不作为本期的收入和费用入账。

收付实现制在确认收入和费用时，按照款项支付期间确定其归属期间。在收付实现制下，由于将收入和费用的收付期间作为归属期间，所以在会计期末不需要进行账项调整。

采用收付实现制作为记账基础，账务处理比较简单，易于掌握，并且突出了现金流入和现金流出情况，对于人们进行现金流量分析、判断企业支付能力极为重要；但其会计处理不尽合理，不能准确计算和确定各个会计期间的损益，主要应用于行政事业单位。

【做中学1-1】根据下述经济业务内容分别按权责发生制和收付实现制计算企业本月（5月份）的收入和费用（见表1-1）：（1）销售产品40 000元，货款存入银行；（2）销售产品100 000元，货款尚未收到；（3）预付下半年的租金6 000元；（4）本月应计提银行借款利息1 000元；（5）收到上月应收的销货款4 000元；（6）收到购货单位预付货款8 000元，下月交货。

表1-1　　权责发生制和收付实现制下收入和费用的对照　　单位：元

经济业务序号	权责发生制		收付实现制	
	收　入	费　用	收　入	费　用
（1）	40 000		40 000	
（2）	100 000		0	
（3）		0		6 000
（4）		1 000		0
（5）	0		4 000	
（6）	0		8 000	

应会考核

应知考核

□ 业务考核

【考核项目】

会计基本假设、会计核算基础

【背景资料】

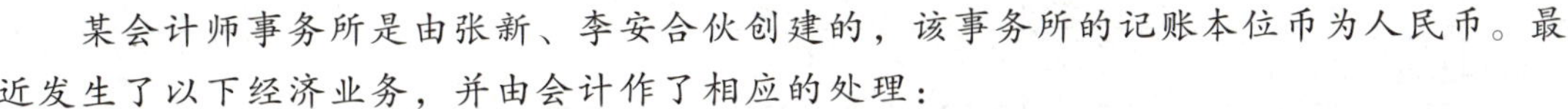

某会计师事务所是由张新、李安合伙创建的，该事务所的记账本位币为人民币。最近发生了以下经济业务，并由会计作了相应的处理：

（1）6月10日，张新从事务所出纳处拿了380元现金给自己的孩子购买玩具，会计将380元作为事务所的办公费支出处理，理由为张新是事务所的合伙人，事务所的钱也有张新的一部分。

（2）6月15日，会计将6月1日至15日的收入和费用汇总后计算出这半个月的利润，并编制了会计报表。

（3）6月20日，事务所收到某外资企业支付的业务咨询费2 000美元，会计没有将其折算为人民币反映，而是直接记入了美元账户中。

（4）6月30日，在事务所编制的对外报表中实现“应收账款”60 000元，但没有“坏账准备”项目。

（5）6月30日，事务所购买了一台电脑，价值12 000元，为了少计利润、省交税费，会计将12 000元一次性全部计入当期管理费用。

（6）6月30日，计提固定资产折旧，采用年数总和法，而本月前计提折旧均采用直线法。

（7）6月30日，收到达成公司的预付审计费3 000元，会计将其作为6月份的收入处理。

（8）6月30日，预付下季度报刊费300元，会计将其作为6月份的管理费用处理。

【考核要求】

根据上述背景资料，分析该事务所的会计在处理这些经济业务时是否完全正确，若有错误，其主要违背哪项会计基本假设或会计核算基础。

□ 项目实训

【实训项目】

权责发生制和收付实现制

【实训资料】

某公司2020年2月发生的有关经济业务如下：（1）支付上月的水电费5 600元；（2）收到上月销售产品的货款65 000元；（3）预付下半年的房屋租金18 000元；（4）支付本季度借款利息3 300元，其中前两个月已经预提2 200元；（5）分摊已预付的财产保险费21 000元；（6）实现已预收货款的销售收入15 600元；（7）预收销货款30 000元；（8）销售产品一批，售价45 000元，其中通过银行收回货款40 000元。

【技能要求】

分别采用权责发生制和收付实现制计算该公司2月份的收入、费用和利润（见表1-2）。

表1-2 权责发生制和收付实现制下收入、费用和利润的对照 单位：元

经济业务序号	权责发生制		收付实现制	
	收入	费用	收入	费用
（1）				
（2）				
（3）				
（4）				
（5）				
（6）				
（7）				
（8）				
合计				
利润				

项目二

会计要素、会计等式及会计科目

知识目标

1.理解：会计科目的概念、设置原则和分类

2.熟知：会计要素的概念、特点、确认条件及分类

3.掌握：经济业务对会计等式的影响、会计科目与账户的关系

技能目标

1.能够灵活地运用会计恒等式

2.能够应用和分析经济业务的发生对会计等式的影响

3.能够正确地处理各类型账户余额和发生额之间的关系

素质目标

能运用所学会计要素、会计等式及会计科目理论与实务知识研究相关案例，培养和提高学生在特定业务情境中分析问题与决策设计的能力；能结合“会计要素、会计等式及会计科目”教学内容，结合行业规范或标准，分析会计行为的善恶，强化学生的职业道德素质。

知识精讲

任务一 会计要素

一、会计要素的概念

会计要素是指为了便于会计核算，按其经济特征对会计对象所作的进一步分类。它不仅有利于对不同经济类别进行确认、计量、记录和报告，而且可以为建立会计科目和设计会计报表提供依据。

凡是与价值运动有关的经济活动，都构成会计要素的内容；凡是与价值运动无关的经济活动，则不属于会计要素的内容。

会计要素是对会计对象的基本分类，是会计对象的具体化。会计要素包括资产、负债、所有者权益、收入、费用和利润。这六大会计要素可以划分为两大类，即反映财务状况的会计要素和反映经营成果的会计要素。其中，资产、负债和所有者权益是反映企业在一定时点（月末、季末、半年末、年末）终了时财务状况的会计要素，又称为静态会计要素；收入、费用和利润是反映企业在一定期间（月度、季度、半年度、年度）资金运动经营成果的会计要素，又称为动态会计要素。会计要素的界定和分类为财务报告使用者提供了更加详细、有用的信息。

行政事业单位的会计要素由资产、负债、净资产、收入和支出五项构成。其中，前三项反映资金收支活动的静态表现；后两项反映资金收支活动的动态表现。

二、会计要素的内容

（一）静态的会计要素

静态会计要素是指资金在相对静止状态下的表现形式，具体表现为资产、负债和所有者权益三要素。

1.资产

资产是指企业过去的交易或者事项形成的、由企业拥有或者控制的、预期会给企业带来经济利益的资源。根据其定义，资产具有以下特征：

（1）资产是由过去的交易或事项形成的。企业过去的交易或事项包括购买、生产、建造行为或者其他交易或事项。预期在未来发生的交易或事项不能形成资产。

（2）资产是为企业所拥有的，或即使不为企业所拥有，也是为企业所控制的。拥有，是指拥有资产的所有权，可以按照自己的意愿使用或处置资产。控制，是指不拥有所有权，仅具有使用权，却能实际控制资产。如融资租赁固定资产，尽管企业并不拥有其所有权，但是如果租赁合同规定的租赁期相当长，接近于该资产的使用寿命，表明企业控制了该资产的使用权及其所能带来的经济利益，应当将其作为企业资产予以确认、计量和报告。

（3）资产预期会给企业带来经济利益。资产预期会给企业带来经济利益是指资产直接或者间接导致现金或现金等价物流入企业的潜力。其主要体现为，有些资产具有直接购买力，可以用来换取其他资产，如库存现金、银行存款可以用来购买商品、材料、设备等；有些资产代表一种货币性债权，企业可以于约定日期收取库存现金、银行存款，如应收账款、交易性金融资产等；有些资产可以被出售，从而转变为现金或者货币性债权，如商品、产成品、可供出售的金融资产等；有些资产能提供某些潜在的效益、权利或劳务，对企业具有使用价值，如房屋能为企业提供固定的营业场所以及机器、设备可用来生产产品。从企业的角度来讲，这些资产的取得主要是因为它们具有潜在的效能，企业可以从使用中得到预期的利益。企业以前已经确认为资产的项目，如果不能再为企业带来未来经济利益，就不能再确认为企业的资产，如资产发生损毁、变质等。

凡是符合上述资产定义的资源，还需同时满足下列两个条件才能确认为资产：一是与该资源有关的经济利益很可能流入企业；二是该资源的成本或者价值能够可靠地计量。

资产按流动性可分为流动资产和非流动资产。

流动资产是指可以在1年或超过1年的一个营业周期内变现、出售或耗用的资产。其主要包括：①货币资金；②交易性金融资产，它是指为了在近期内出售而持有的金融资产，包括股票、债券、基金等；③应收及预付款项，它是指企业在日常生产经营过程中发生的各项债权，包括应收票据、应收账款、其他应收款和预付账款等；④存货，它是指企业在日常生产经营过程中持有的以备出售或者仍然处在生产过程中将要消耗的各种材料或物料，包括库存商品、产成品、半成品、在产品及各种材料等。

非流动资产是指流动资产以外的资产。其主要包括：①长期股权投资，它是指企业持有的对其子公司、合营企业及联营企业的权益性投资以及企业持有的对被投资单位不具有控制、共同控制或重大影响，并且在活跃市场中没有报价、公允价值不能可靠计量的权益性资产；②固定资产，它是指使用年限超过1年的房屋、建筑物、机器设备、运输设备以及其他与生产经营有关的设备、器具等，不属于生产经营主要设备的物品，单位价格在2 000元以上并且使用年限超过2年的，也应作为固定资产；③在建工程，它是指正处于建造过程、尚未完工交付使用的固定资产；④工程物资；⑤无形资产，它是指企业拥有或者控制的没有实物形态的可辨认非货币性资产，包括专利权、商标权、著作权、土地使用权等；⑥开发支出等。

2.负债

负债是指过去的交易或者事项形成的、预期会导致经济利益流出企业的现时义务。根据其定义，负债具有以下特征：

（1）负债是由过去的交易或事项形成的，即导致负债的交易或事项必须已经发生。企业预期将要发生的交易或事项可能产生的债务，不能作为会计上的负债处理，如谈判中的交易或事项、计划中的经济业务均不能确认为负债。

（2）负债的清偿预期会导致经济利益流出企业。清偿负债时，导致经济利益流出企业的形式多种多样，如用现金偿还或以实物资产形式偿还，以提供劳务形式偿还，以部分转移资产、部分提供劳务形式偿还等。

（3）负债是企业承担的现时义务。现时义务是指企业在现行条件下已承担的义务。未来发生的交易或事项形成的义务不属于现时义务，不应当确认为负债。

凡是符合上述负债定义的义务，同时还需满足下列两个条件才能确认为负债：一是与该义务有关的经济利益很可能流出企业，如支付货币资金、提供劳务、转让其他资产等；二是未来流出的经济利益的金额能够可靠地计量。

负债按其流动性可分为流动负债和非流动负债。流动负债是指企业将在1年或超过1年的一个营业周期内清偿的债务。其主要包括短期借款、应付票据、应付账款、预收账款、应付职工薪酬、应交税费、应付利息、应付股利、其他应付款和一年内到期的长期借款等。非流动负债是指偿还期限在1年或超过1年的一个营业周期以上的债务。其主要包括长期借款、应付债券、长期应付款等。

3.所有者权益

所有者权益，是指企业资产扣除负债后由所有者享有的剩余权益。公司的所有者权益又称为股东权益。《企业会计准则第30号——财务报表列报》规定，所有者权益类按照实收资本（或股本）、资本公积、其他综合收益、盈余公积、未分配利润等项目分项列示。其中：

（1）所有者投入的资本是所有者所有投入企业的资本部分，它既包括构成企业注册资本或者股本的金额，也包括投入资本超过注册资本或股本部分的金额，即资本溢价或股本溢价，这部分投入资本作为资本公积（资本溢价）反映。

（2）资本公积是企业收到的投资者出资额超出其在注册资本（或股本）中所占份额的部分，以及其他资本公积等。资本公积包括资本溢价（或股本溢价）和其他资本公积等。其他资本公积是指除净损益、其他综合收益和利润分配以外所有者权益的其他变动，如企业的长期股权投资采用权益法核算时，因被投资单位除净损益、其他综合收益和利润分配以外所有者权益的其他变动，投资企业按应享有份额而增加或减少的资本公积。

（3）其他综合收益，是企业根据其他会计准则规定未在当期损益中确认的各项利得和损失。

（4）留存收益是企业各年实现的净利润留存于企业的部分，主要包括盈余公积和未分配利润。

所有者权益具有如下基本特征：

第一，除非发生减值、清算或分派现金股利，企业不需要偿还所有者权益（而负债负有偿还和支付利息的义务）。

第二，企业清算时，只有在清偿所有的负债后，所有者权益才返还给所有者（负债拥有优先清偿权）。

第三，所有者凭借所有者权益能够参与企业的利润分配（负债则不能参与利润分配）。

所有者权益的确认和计量，主要取决于资产、负债、收入、费用等其他会计要素的确认和计量。所有者权益即为企业的净资产，是企业资产总额中扣除债权人权益后的净额，反映所有者财富的净增加额。企业日常经营的好坏和资产、负债的质量直接决定着企业所有者权益的增减变化和资本的保值增值。

所有者权益包括实收资本（或股本）、资本公积、盈余公积和未分配利润：

（1）实收资本（或者股本），是指投资者按照企业章程或合同、协议的约定，实际投入企业的资本。它是企业注册成立的基本条件之一，也是企业承担民事责任的财力保证。所有者向企业投入的资本，在一般情况下无须偿还，可以长期周转使用。

（2）资本公积，包括企业收到投资者投入的资金超过其在注册资本中或股本中所占份额的部分（资本溢价或股本溢价）以及直接记入所有者权益的利得和损失。资本公积可以按照规定的程序，转增资本或股本。

（3）盈余公积，是指企业从税后利润中提取的公积金，包括法定盈余公积、任意盈余公积。企业的盈余公积可以用于弥补亏损、扩大生产经营、转增资本（或股本）。符合规定条件的企业，可以用盈余公积分派现金股利。

（4）未分配利润，是指企业留待以后年度分配的利润或待分配利润。

《企业会计准则——基本准则》（2014年版）第二十七条规定，所有者权益的来源包括所有者投入的资本、直接计入所有者权益的利得和损失、留存收益等。其中实收资本是指投资人实际投入企业经营活动的各种财产物资的价值。直接计入所有者权益的利得和损失，是指不应计入当期损益、会导致所有者权益发生增减变动的、与所有者投入资本或者向所有者分配利润无关的利得或者损失。如资本溢价、股本溢价和其他资本公积等。利得是指由企业非日常活动所形成的、会导致所有者权益增加的、与所有者投入资本无关的经济利益的流入。损失是指由企业非日常活动所发生的、会导致所有者权益减少的、与向所有者分配利润无关的经济利益的流出。本准则第二十八条规定，所有者权益金额取决于资产和负债的计量。本准则第二十九条规定，所有者权益项目应当列入资产负债表。

（二）动态的会计要素

动态会计要素是指资金运动的动态表现，即资金的循环和周转，具体表现为收入、费用、利润三要素。

1.收入

收入是指企业在日常活动中形成的、会导致所有者权益增加的、与所有者投入资本无关的经济利益的总流入。根据其定义，收入具有以下特征：

（1）从企业的日常活动中产生，而不是从偶发的交易或事项中产生。日常活动是指企业为完成其经营目标所从事的经常性活动以及与之相关的活动。明确界定日常活动是为了区分收入与利得，日常活动是确认收入的重要判断标准，凡是日常活动所形成的经济利益的流入应当确认为收入；反之，应当计入利得。例如，无形资产出租所取得的租金收入属于日常活动所形成的，应当确认为收入；但是处置无形资产属于非日常活动，所形成的净利益不应确认为收入，而应确认为利得。企业的日常活动收入如工商企业销售商品、提供劳务的收入等。有些交易或事项也能为企业带来经济利益，但不属于企业的日常活动，其流入的经济利益是利得，而不是收入。

（2）可能表现为企业资产的增加，如增加银行存款、应收账款等；也可能表现为企业负债的减少，如以商品或劳务抵偿债务；或者两者兼而有之，如商品销售的货款中部分抵偿债务，部分收取现金；还可能导致企业所有者权益的增加，这里仅指收入本身导致的所有者权益的增加，而不是指收入扣除相关成本费用后的毛利对所有者权益的影响。经济利益的流入额要能够可靠地计量，才能予以确认。

（3）只包括本企业经济利益的流入，不包括为第三方或客户代收的款项。代收款项一方面增加企业的资产，另一方面增加企业的负债，因此不增加企业的所有者权益，也不属于本企业的经济利益，不能作为本企业的收入。

收入的确认至少应当符合以下条件：①与收入相关的经济利益应当很可能流入企业；②经济利益流入企业的结果会导致资产的增加或负债的减少；③经济利益的流入额

能够可靠计量。

收入一般包括主营业务收入和其他业务收入。主营业务收入一般是指营业执照注明的主营业务所取得的收入，如制造业企业主要从事销售商品、对外提供劳务等所取得的收入。其他业务收入一般是指营业执照注明的兼营业务所取得的收入，如制造业企业从事出售原材料、出租固定资产、出租包装物、出租无形资产等所取得的收入。

2.费用

费用是指企业在日常活动中发生的、会导致所有者权益减少的、与向所有者分配利润无关的经济利益的总流出。根据其定义，费用具有以下特征：

（1）费用是企业在日常活动中形成的。这里日常活动的界定与收入中涉及的日常活动的界定相一致。日常活动所产生的费用通常包括销售成本、管理费用等；而非日常活动虽然也导致经济利益流出企业，但不属于费用，应当计入损失，如企业出售固定资产发生的净损失属于损失，而不是费用。

（2）费用会导致所有者权益的减少。

（3）费用导致的经济利益的总流出与向所有者分配利润无关。

费用的确认至少应当符合以下条件：①与费用相关的经济利益应当很可能流出企业；②经济利益流出企业的结果会导致资产的减少或负债的增加；③经济利益的流出额能够可靠计量。

费用按与收入的配比关系可分为营业成本和期间费用两大类。

营业成本是指企业所销售商品或者所提供劳务的成本。营业成本应当与所销售商品或者所提供劳务而取得的收入进行配比。营业成本又分为主营业务成本和其他业务成本，它们与主营业务收入和其他业务收入相对应。

期间费用是指与会计期间相关，与产品生产无直接关系，不能直接或间接归入营业成本，而是直接计入当期损益的各项费用。其主要包括：①管理费用，它是指行政管理部门为组织和管理生产经营活动而发生的费用支出，如行政管理部门人员的工资费、福利费、固定资产折旧费、业务招待费、工会经费等；②销售费用，它是指企业在产品销售过程中所发生的各项费用，如运输费、包装费、广告费等；③财务费用，它是指企业为筹集生产经营所需要的资金而发生的各项费用，如借款手续费、利息支出等。

3.利润

利润是指企业在一定会计期间的经营成果。利润包括收入减去费用后的净额、直接计入当期利润的利得和损失等。通常情况下，如果企业实现了利润，表明企业的所有者权益将增加；如果发生了亏损，表明所有者权益将减少。利润是评价企业管理层业绩的指标之一，也是投资者等财务报告使用者进行决策时的重要参考依据。

利润的确认，反映的是收入减去费用、利得减去损失后的净额。利润的确认主要依赖于收入和费用以及利得和损失的确认，其金额的确定也主要取决于收入、费用、利得、损失金额的计量。

利润按配比方法和形成原因的不同可分为：①营业利润，它是指营业收入减去营业成本、税金及附加、销售费用、管理费用、研发费用、财务费用，加上相关收益后的金额；②利润总额，它是指营业利润加上营业外收入减去营业外支出后的金额；③净利润，它是指利润总额减去所得税费用后的金额。

三、会计要素的确认与计量

企业会计的最终“产品”是提供财务会计报告，财务会计报告的具体组成项目就是会计要素，而在编制财务会计报告之前必须按照一定的要求对会计要素进行确认和计量。

1.会计要素的确认

会计要素确认是指将某一项目作为资产、负债、收入、费用等会计要素而加以确认的过程。会计要素确认主要解决某一项目应否确认、如何确认和何时确认三个问题。我国《企业会计准则——基本准则》中规定了会计要素的确认条件，具体包括以下内容：

（1）满足会计要素的定义要求。某一项目能够作为一项会计要素加以确认，必须要满足该项会计要素的定义。例如，将一项资源确认为企业资产必须符合资产的定义；而将一项债务确认为企业负债则必须满足负债的定义。

（2）与该项目有关的经济利益很可能流入或流出企业。“很可能”要求经济利益流入或流出企业的可能性要达到50%以上。例如，当与资产或者收入有关的经济利益很可能流入企业，同时也满足了资产或收入确认的其他条件时，就可以确认企业的资产或收入；当与负债或费用有关的经济利益很可能流出企业，同时也满足了负债或费用确认的其他条件时，就可以确认为企业的负债或费用。

（3）与该项目有关的经济利益能够可靠地计量。例如，企业购买的各项资产，其实际发生的购买成本能够可靠计量，就视为满足了资产确认可计量的条件。

2.会计要素的计量

会计要素计量是指为了将符合确认条件的会计要素登记入账并列报于财务报表而确定其金额的过程。企业应当按照规定的会计计量属性进行计量，确定相关金额。计量属性是指所予计量的某一要素的特性方面，如桌子的长度、铁矿的重量、楼房的面积等。从会计角度看，计量属性反映的是会计要素金额确定的基础，主要包括历史成本、重置成本、可变现净值、现值和公允价值等。

（1）历史成本。在历史成本计量下，资产按照购置时支付的现金或现金等价物的金额计量；按照购置资产时所付出的对价的公允价值计量。负债按照因承担现时义务而实际收到的款项或资产的金额，或者承担现时义务的合同金额计量；按照日常活动中为偿还负债预期需要支付的现金或现金等价物的金额计量。

（2）重置成本。它又称现行成本，是指按照当前市场条件重新取得同一资产所需支付的现金或现金等价物的金额。在重置成本计量下，资产按照现在购买相同或者相似资产所需支付的现金或现金等价物的金额计量；负债按照现在偿付该项债务所需支付的现金或现金等价物的金额计量。在实务中，重置成本多应用于盘盈固定资产的计量等。

（3）可变现净值。它是指在正常生产经营过程中，以资产预计售价减去进一步加工成本和预计销售费用以及相关税费后的净值。在可变现净值计量下，资产按照正常对外销售所能收到现金或现金等价物的金额扣减该资产至完工时估计将要发生的成本、估计的销售费用以及相关税费后的金额计量。可变现净值通常应用于存货资产减值情况下的后续计量。

（4）现值。它是指对未来现金流量以恰当的折现率进行折现后的价值，是考虑货币时间价值的一种计量属性。在现值计量下，资产按照预计从其持续使用和最终处置中所取得的未来净现金流入量的折现金额计量；负债按照预计期限内需要偿还的未来净现金流出量的折现金额计量。

（5）公允价值。它是指在公平交易中熟悉情况的交易双方自愿进行资产交换或者债务清偿的金额。在公允价值计量下，资产和负债按照在公平交易中熟悉情况的交易双方自愿进行资产交换或者债务清偿的金额计量。

3.会计要素属性的选择

在各种会计要素计量属性中，历史成本通常反映的是资产或者负债过去的价值，而重置成本、可变现净值、现值以及公允价值通常反映的是资产或者负债的现时成本。现时成本是与历史成本相对应的计量属性。当然，这不是绝对的，我国《企业会计准则——基本准则》规定，企业对会计要素进行计量时，一般应采用历史成本；采用重置成本、可变现净值、现值、公允价值计量的，应当保证所确定的会计要素金额能够可靠计量。

任务二　会计等式

一、反映资产、负债、所有者权益三者关系的基本会计等式

资产=负债+所有者权益　　（1）

这是最基本的会计等式，通常称为第一会计等式或会计恒等式。它反映了企业在任一时点所拥有的资产以及债权人和所有者对企业资产要求权的基本状况，表明了资产与负债、所有者权益之间的基本关系。

企业为了从事生产经营活动、获取利润，必须拥有一定量的资产。企业所拥有的资产均有其来源。为企业提供资金来源的投资者，对企业的资产具有求索权，比如企业投资者有参与企业管理和分享企业利润的权利。在会计上，将这种求索权称为权益。权益是资产的提供者对企业资产具有的要求权，企业对其资产的提供者承担满足其要求权的经济责任。

资产与权益反映了同一经济资源的两个不同方面，一方面是归会计主体所拥有或支配的各项资产，另一方面是经济资源提供者对资产的一系列要求权。资产表示企业拥有哪些经济资源，以及拥有多少。权益表示资产的来源，即资产由谁提供、归谁所有。资产与权益是同一事物的两个方面，两者之间存在着相互依存、相互制约的关系。没有资

产就没有权益，同样没有权益也就没有资产，两者不能彼此脱离而各自独立存在。从数量方面来看，一个企业有多少资产，就必定有多少权益；反之，有多少权益，也就必然有多少资产。从任何一个时点来看，一个企业的资产总额必然等于权益总额。两者之间的这种数量关系可表达为：

资产=权益　　　　(2)

在现代企业中，筹集资金的方式除了投资者对企业的投资外，还有一种重要的筹资渠道就是举债。企业可以向银行等金融机构借款，也可以通过发行公司债券向社会公众借款。这些款项都有约定的支付期限，但在尚未到期偿还以前，企业可以周转使用，形成了购置企业资产的一项来源。企业借款的提供者称为企业的债权人，企业为债务人。

企业所有者和债权人把资产投入企业，供企业在生产经营过程中使用，因而对企业的资产享有一定的权利，包括在一定时期内收回本金及获取投资报酬的权利等。在会计上，将这种权利统称为权益，其中属于债权人的权利称为债权人权益；属于所有者的权利称为所有者权益。

债权人权益和所有者权益虽然都是权益，但两者具有明显的区别。债权人将资产提供给企业后，一般要求企业到期偿还本金，并按规定的形式支付利息，所以会计上将债权人权益称为负债。所有者将资产提供给企业，供企业长期使用，并不规定偿付期限，也不规定应定期支付的投资报酬，其投资目的是希望分享企业的利润，获取较高的报酬。所有者权益在金额上等于所有者投入企业的资本和企业累积的利润，也就是企业的全部资产扣除全部负债后的余额，在会计上称为净资产，即所有者权益。

上述等式称为静态会计等式，也称为资产负债表会计等式，它反映了会计主体在某一时点资产与权益（负债和所有者权益）之间的恒等关系，是设置账户、复式记账、试算平衡、设计与编制资产负债表的理论依据。

企业在生产经营过程中发生的各种经济业务会引起各会计要素的增减变动，但无论怎样变动，都不会影响会计恒等式的平衡关系。下面通过具体的经济业务来说明其对会计恒等式的影响。

【做中学2-1】甲企业2020年3月31日资产总额为800万元，负债和所有者权益总额为800万元，资产与权益总额相等。该企业在4月份发生了以下经济业务：

（1）资产与负债要素同时等额增加。甲企业向银行借入2个月的短期借款5万元，款项已存入银行。

这项经济业务发生后，甲企业资产中的银行存款和负债中的短期借款同时增加了5万元。由于资产与负债都以相等的金额同时增加，因此等式的数量关系变成了资产=负债+所有者权益=805（万元），等式仍然平衡。

（2）资产与负债要素同时等额减少。甲企业以存款偿还了前欠乙企业的购料款2万元。

这项经济业务发生后，甲企业资产中的银行存款和负债中的应付账款同时减少了2万元。由于资产与负债都以相等的金额同时减少，因此等式的数量关系变成了资产=负债+所有者权益=803（万元），等式仍然平衡。

（3）资产与所有者权益要素同时等额增加。甲企业收到所有者追加的投资款50万元，款项已存入银行。

这项经济业务发生后，甲企业资产中的银行存款和所有者权益中的实收资本同时增加了50万元。由于资产与所有者权益都以相等的金额同时增加，因此等式的数量关系变成了资产=负债+所有者权益=853（万元），等式仍然平衡。

（4）资产与所有者权益要素同时等额减少。甲企业经批准减少了注册资本100万元，并以银行存款发还给投资者。

这项经济业务发生后，甲企业资产中的银行存款和所有者权益中的实收资本同时减少了100万元。由于资产与所有者权益都以相等的金额同时减少，因此等式的数量关系变成了资产=负债+所有者权益=753（万元），等式仍然平衡。

（5）资产要素内部项目等额有增有减，负债与所有者权益要素不变。甲企业收回上个月的销货款10万元，款项已存入银行。

这项经济业务发生后，甲企业资产中的银行存款增加了10万元，同时资产中的应收账款减少了10万元。由于资产内部一增一减，负债与所有者权益没有发生变化，因此等式的数量关系仍然是资产=负债+所有者权益=753（万元），等式仍然平衡。

（6）负债要素内部项目等额有增有减，资产与所有者权益要素不变。甲企业开出商业汇票以偿还前欠丙公司的购料款8万元。

这项经济业务发生后，甲企业负债中的应付票据增加了8万元，同时负债中的应付账款减少了8万元。由于负债内部一增一减，资产与所有者权益没有发生变化，因此等式的数量关系仍然是资产=负债+所有者权益=753（万元），等式仍然平衡。

（7）所有者权益要素内部项目等额有增有减，资产与负债要素不变。甲企业经批准以资本公积50万元转增注册资本。

这项经济业务发生后，甲企业所有者权益中的实收资本增加了50万元，同时所有者权益中的资本公积减少了50万元。由于所有者权益内部一增一减，资产与负债没有发生变化，因此等式的数量关系仍然是资产=负债+所有者权益=753（万元），等式仍然平衡。

（8）负债要素减少，所有者权益要素等额增加，资产要素不变。甲企业经与债权人协商，将所欠20万元债务转为资本。

这项经济业务发生后，甲企业负债中的应付账款减少了20万元，所有者权益中的实收资本增加了20万元。由于负债减少，所有者权益等额增加，资产要素不变，因此等式的数量关系仍然是资产=负债+所有者权益=753（万元），等式仍然平衡。

（9）负债要素增加，所有者权益要素等额减少，资产要素不变。甲企业经研究决定，向投资者分配利润40万元，1个月后发放。

这项经济业务发生后，甲企业负债中的应付利润增加了40万元，所有者权益中的利润分配减少了40万元。由于负债增加，所有者权益等额减少，资产要素不变，因此等式的数量关系仍然是资产=负债+所有者权益=753（万元），等式仍然平衡。

二、反映收入、费用和利润三者关系的基本会计等式

收入-费用=利润 (3)

这个会计等式是对会计基本等式的补充和发展，通常称为第二会计等式。它表明了企业在一定会计期间经营成果与相应的收入和费用之间的关系，说明了企业利润的实现过程。企业的资产投入营运，取得营运收入与发生耗费，合理地比较一定期间的营业收入与费用，便可确定企业在该期间所实现的经营成果。营业收入大于费用的差额称为利润；反之，营业收入小于费用时，其差额为亏损。

上述等式称为动态会计等式，也称为利润表会计等式，它是企业计算确定经营成果、设计和编制利润表的理论依据。

三、会计要素的综合表现形式

企业在一定时期内取得的经营成果能够对资产和所有者权益产生影响：收入可导致企业资产增加或负债减少，最终会导致所有者权益增加；费用可导致企业资产减少或负债增加，最终会导致所有者权益减少。所以，一定时期的经营成果必然影响一定时点的财务状况。因此，企业的资产、负债、所有者权益、收入、费用、利润之间的数量关系存在着一种内在的有机联系。上述两个会计基本等式可以综合表示为：

资产=负债+所有者权益+（收入-费用）

资产+费用=负债+所有者权益+收入 (4)

这个关系式是动态会计等式，表示企业在营运过程中增值的情况。收入是所有者权益的增加因素，费用是所有者权益的抵减因素。在会计期末结算时，将收入与费用配比，计算出利润，并进行利润分配，转入所有者权益中，会计等式（4）又恢复为会计等式（1）或（2）。换句话说，会计等式（4）只是在会计期间内的任一时刻（未结算之前）存在，体现企业在某一时期内资产、负债、所有者权益、收入和费用这五者之间所存在的恒等关系。这一等式对于进一步探讨账户和复式记账原理至关重要。

任务三 会计科目与账户

一、会计科目

1.会计科目的概念

会计科目是指对会计要素的具体内容进行分类核算的项目。会计要素是对会计对象的基本分类，资产、负债、所有者权益、收入、费用和利润这六个会计要素又是会计核算和监督的内容，而这六个会计要素对于纷繁复杂的企业经济业务的反映又显得过于粗略，因此，为满足经济管理及有关各方对会计信息的质量要求，必须对会计要素进行细化，即采用一定的形式，对每一会计要素所反映的具体内容进一步分门别类划分，设置会计科目。会计科目是进行各项会计记录和提供各项会计信息的基础，在会计核算中具

有重要意义。其主要表现为：

（1）会计科目是复式记账的基础。复式记账要求每一笔经济业务在两个或两个以上相互联系的账户中进行登记，以反映资金运动的来龙去脉。

（2）会计科目是编制记账凭证的基础。会计凭证是确定所发生的经济业务应记入何种科目以及分门别类登记账簿的凭据。

（3）会计科目为成本计算与财产清查提供了前提条件。通过会计科目的设置，有助于成本核算，使各种成本计算成为可能；而通过账面记录与实际结存的核对，又为财产清查、保证账实相符提供了必备的条件。

（4）会计科目为编制财务报表提供了方便。财务报表是提供会计信息的主要手段，为了保证会计信息的质量及其提供的及时性，财务报表中的许多项目与会计科目是一致的，并根据会计科目的本期发生额或余额填列。

2.会计科目的设置原则

为了统一财务会计报告，增强会计信息的可比性，我国《企业会计准则——应用指南》中规定了企业的会计科目。对于部分明细分类科目，各单位可以根据实际需要自行设置。会计科目的设置应遵循以下原则：

（1）合法性原则。其要求所设置的会计科目应当符合国家统一的会计制度规定，这样规定的目的主要是保证会计信息的可比性。对于国家统一会计制度规定的会计科目，企业可以根据自身的生产经营特点，在不影响会计核算要求和会计报表指标汇总以及对外提供统一财务会计报表的前提下，自行增设、减少或合并某些会计科目。

（2）相关性原则。其要求设置会计科目时，充分考虑会计信息的使用者对本企业会计信息的需要，全面满足对外报告与对内管理的要求。

（3）实用性原则。其要求在合法性的基础上，根据企业自身特点设置会计科目，满足企业实际需要。

3.会计科目的分类

（1）按照所反映的经济内容，会计科目可以分为六类，即资产类科目、负债类科目、共同类科目、所有者权益类科目、成本类科目和损益类科目。外贸企业依据财政部颁布的《企业会计准则——应用指南》，并结合自身的经营特点设计会计科目体系。外贸企业会计科目表（含明细科目）见表2-1。

表2-1 外贸企业会计科目表

编号	会计科目名称	编号	会计科目名称
	一、资产类		
1001	库存现金	1403	原材料
1002	银行存款	1404	材料成本差异
100201	*本币存款	1405	库存商品
100202	*外币存款	1406	发出商品

续表

编号	会计科目名称	编号	会计科目名称
1003	*外汇存款	1407	商品进销差价
1012	其他货币资金	1408	委托加工物资
101201	*外埠存款	1411	周转材料
101202	银行本票	1471	存货跌价准备
101203	银行汇票	1501	债权投资
101204	信用卡	1502	债权投资减值准备
101205	信用证保证金	1503	其他权益工具投资
101206	存出投资款	1511	长期股权投资
1101	交易性金融资产	1512	长期股权投资减值准备
110101	成本	1521	投资性房地产
110102	公允价值变动	1531	长期应收款
1121	应收票据	1532	未实现融资收益
1122	应收账款	1601	固定资产
1123	*应收外汇账款	1602	累计折旧
1124	预付账款	1603	固定资产减值准备
1125	*预付外汇账款	1604	在建工程
1131	应收股利	1605	工程物资
1132	应收利息	1606	固定资产清理
1221	其他应收款	1701	无形资产
122101	*应收出口退税款	1702	累计摊销
1231	坏账准备	1703	无形资产减值准备
1303	贷款	1711	商誉
1304	贷款损失准备	1801	长期待摊费用
1401	材料采购	1811	递延所得税资产
1402	在途物资	1901	待处置财产损溢
二、负债类			
2001	短期借款	22210102	已交税金

续表

编号	会计科目名称	编号	会计科目名称
2002	*短期外汇借款	22210105	销项税额
2101	交易性金融负债	22210106	出口退税
2201	应付票据	2231	应付利息
2202	应付账款	2232	应付股利
2203	*应付外汇账款	2241	其他应付款
2211	应付职工薪酬	2314	受托代销商品款
221101	工资	2401	递延收益
221102	职工福利	2501	长期借款
221103	社会保险费	2502	应付债券
221104	住房公积金	2701	长期应付款
221105	工会经费	2702	未确认融资费用
221106	职工教育经费	2711	专项应付款
2221	应交税费	2801	预计负债
222101	应交增值税	2901	递延所得税负债
22210101	进项税额		
三、共同类		四、所有者权益类	
3001	清算资金往来	4001	实收资本
3002	货币兑换	4002	资本公积
3101	衍生工具	4101	盈余公积
3201	套期工具	4103	本年利润
3202	被套期项目	4104	利润分配
五、成本类			
5001	生产成本	5201	劳务成本
5101	制造费用	5301	研发支出
六、损益类			
6001	主营业务收入	640104	*代理进口销售成本
600101	*自营出口销售收入	6402	其他业务成本

续表

编号	会计科目名称	编号	会计科目名称
600102	*自营进口销售收入	640201	*来料加工出口销售成本
600103	*代理出口销售收入	640202	*援外出口销售成本
600104	*代理进口销售收入	640203	*易货贸易销售成本
6051	其他业务收入	640204	补偿贸易出口销售成本
605101	*来料加工出口销售收入	640205	投资性房地产销售成本
605102	*援外出口销售收入	640206	国内商品销售成本
605103	*易货贸易销售收入	640207	其他销售成本
605104	补偿贸易出口销售收入	6403	税金及附加
605105	投资性房地产销售收入	6601	销售费用
605106	国内商品销售收入	6602	管理费用
6061	汇兑损益	6603	财务费用
6101	公允价值变动损益	6701	资产减值损失
6111	投资收益	6711	营业外支出
6301	营业外收入	6801	所得税费用
6401	主营业务成本	680101	当前所得税费用
640101	*自营出口销售成本	680102	递延所得税费用
640102	*自营进口销售成本	6901	以前年度损益调整
640103	*代理出口销售成本		

说明：1.科目编号及名称基本按《企业会计准则——应用指南》规定编排。

2.科目前带“*”号，为根据外贸企业特点而增设的会计科目。

（2）按照所提供信息的详细程度，会计科目可以分为总分类科目（一级科目）和明细分类科目（二级科目、三级科目等）。

总分类科目又称总账科目，是对会计要素具体内容进行总括分类、提供总括信息的科目，如“应收账款”“原材料”等。按照规定总分类科目由财政部统一制定，企业根据实际需要进行选用。

明细分类科目又称明细科目，是对总分类科目作进一步分类，提供更详细、更具体会计信息的科目。如在“应收账款”总分类科目下按具体债务单位分别设置明细科目，具体反映应收哪个单位的账款；在“原材料”总分类科目下按材料类别设置“主要材料”“辅助材料”等二级科目，或者在“主要材料”二级科目下根据需要设置“圆钢”“角钢”等三级科目。

二、会计账户

会计科目是对会计对象的具体内容进行科学分类。但会计科目只有名称，没有一定的格式和结构，无法将企业发生的经济业务连续、系统、完整地记录下来，因此，企业设置会计科目后，还必须根据设置的会计科目开设相应的会计账户。

（1）账户的概念。账户是根据会计科目设置的，具有一定的格式和结构，是用于分类反映会计要素增减变动及其结果的载体。

（2）账户的分类。①按照所反映的经济内容，账户可分为资产类账户、负债类账户、所有者权益类账户、成本类账户、损益类账户五类。②按照所反映会计要素具体内容的详细程度，账户可分为总分类账户和明细分类账户。总分类账户是指根据总分类科目设置的，用于对会计要素具体内容进行总括分类核算的账户，简称总账。明细分类账户是指根据明细分类科目设置的，用于对会计要素具体内容进行明细分类核算的账户，简称明细账。

（3）账户的基本结构。它是指账户的基本格式。经济业务对会计要素的影响从数量上看不外乎增加和减少两种情况，另外人们还需要了解会计要素增减变动以后的结果，因而账户的基本结构可分为增加栏、减少栏、余额栏三栏。与此相对应，账户反映的金额指标有本期增加发生额、本期减少发生额、期初余额、期末余额四项。它们之间的数量关系如下：

期末余额=期初余额+本期增加发生额-本期减少发生额

在实际业务中，账户一般应包括以下内容：①账户名称，设置账户所依据的会计科目；②日期栏，填写经济业务发生的时间；③凭证号栏，填写记账凭证的编号；④摘要栏，填写某项经济业务的简要说明；⑤增加或减少的金额栏，填写某项经济业务增加或减少的具体金额；⑥余额栏，填写经济业务增减变化后的结果。

在借贷记账法下，企业一般账户的格式见表2-2。

表2-2 账户名称（会计科目）

年		凭证号数	摘　要	借　方	贷　方	借或贷	余　额
月	日						

为了方便教学，通常把上述账户的格式用简化的T形账户表示如下：

借方	账户名称	贷方

至于账户哪一方记录增加数，哪一方记录减少数，取决于采用的记账方法和账户的

性质。

（4）会计科目与账户的关系。会计科目和账户是两个不同的概念，人们常常把它们等同起来使用，这说明它们之间存在着密切的联系，有相同的一面；而它们之间形成两个概念，这说明两者存在着差别。会计科目与账户是既有联系，又有区别的两个不同概念。

会计科目和账户所反映的会计对象的具体内容是相同的，两者口径一致，性质相同，都是体现对会计具体内容的分类。会计科目是账户的名称，也是设置账户的依据；账户是根据会计科目设置的，是会计科目的具体运用，因此，会计科目的性质决定了账户的性质。账户的分类和会计科目一样，可分为资产类账户、负责类账户、所有者权益类账户、收入类账户、费用类账户、利润类账户等。按照会计科目提供核算资料的详细程度分类，相应地分为总分类账户和明细分类账户等。会计科目和账户对会计对象经济内容的分类方法和分类用途及分类结果是完全相同的，如“固定资产”科目与“固定资产”账户的核算内容、范围是完全相同的。没有会计科目，账户便失去了设置的依据；没有账户，会计科目就无法发挥作用。

会计科目和账户的不同点：首先，会计科目仅说明反映的经济内容是什么，不存在结构；而账户则具有一定的格式和结构。会计科目仅说明反映的经济内容是什么，而账户不仅说明反映的经济内容是什么，而且是系统反映和控制其增减变化及结余情况的工具。其次，会计科目的作用主要是为开设账户、填制凭证所运用；而账户的作用主要是系统提供某一具体会计对象的会计资料，为编制会计报表所运用。最后，设置账户的内容能包含会计科目设置的所有内容，因此设置账户是会计核算方法的组成部分，而会计科目未作为会计核算方法的组成部分。

在实际工作中，会计科目和账户这两个概念已不加严格区分，往往是互相通用的。

应会考核

应知考核

□ 业务考核

【考核项目】

经济业务的发生对会计等式的影响

【背景资料】

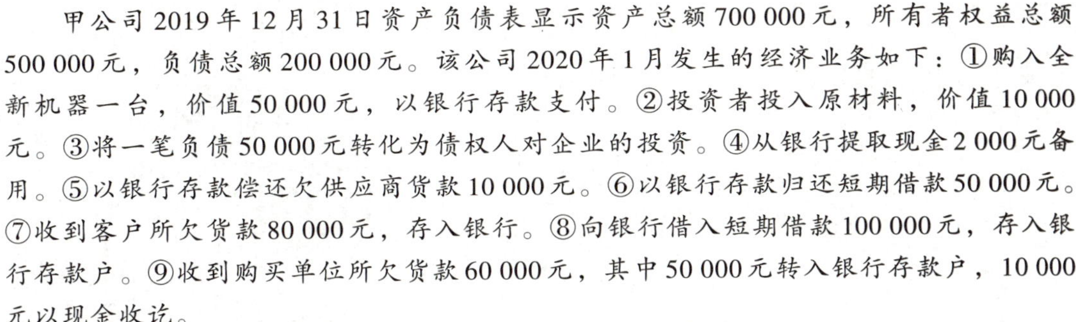
甲公司2019年12月31日资产负债表显示资产总额700 000元，所有者权益总额500 000元，负债总额200 000元。该公司2020年1月发生的经济业务如下：①购入全新机器一台，价值50 000元，以银行存款支付。②投资者投入原材料，价值10 000元。③将一笔负债50 000元转化为债权人对企业的投资。④从银行提取现金2 000元备用。⑤以银行存款偿还欠供应商货款10 000元。⑥以银行存款归还短期借款50 000元。⑦收到客户所欠货款80 000元，存入银行。⑧向银行借入短期借款100 000元，存入银行存款户。⑨收到购买单位所欠货款60 000元，其中50 000元转入银行存款户，10 000元以现金收讫。

注：暂不考虑增值税。

【考核要求】

（1）根据上述背景资料，分析说明引起会计要素变化的情况以及对会计等式的影响。

（2）计算1月份甲公司资产、负债和所有者权益总计。

□ 项目实训

【实训项目】

各类型账户余额和发生额之间的关系

【实训资料】

某公司有关账户余额和发生额见表2-3。

表2-3　账户余额和发生额　单位：元

账户名称	期初余额		本期借方发生额	本期贷方发生额	期末余额	
	借方	贷方			借方	贷方
银行存款	580 000		168 000	250 000	（A）	
固定资产	3 600 000		（B）	0	3 800 000	
短期借款		（C）	200 000	50 000		80 000
应付账款		230 000	（D）	200 000		55 000
管理费用			45 000	（E）		

【技能要求】

根据各账户的有关数据并结合账户的类型，计算每个账户的未知数据。

项目三

复式记账

知识目标

1. 理解：复式记账法的原理、特点和种类
2. 熟知：总账与明细账平行登记的要点
3. 掌握：复式记账原理，借贷记账法下账户的结构、记账规则，以及试算平衡的方法

技能目标

1. 能够编制经济业务的会计分录
2. 能够运用T形账户，结合账户结构和记账规则，说明账户和会计分录的关系
3. 能够编制试算平衡表

素质目标

运用所学复式记账理论与实务知识研究相关案例，培养和提高学生在特定业务情境中分析问题与决策设计的能力；能结合“复式记账”教学内容，结合行业规范或标准，分析会计行为的善恶，强化学生的职业道德素质。

知识精讲

任务一　复式记账法

一、记账方法

所谓记账方法，就是根据一定的记账原理，运用一定的记账符号和记账规则，在账户中记录经济业务的方法。记账方法一般包括记账符号、记账规则、账户设置和试算平衡等内容。记账方法按照记录方式的不同可分为单式记账法和复式记账法，在会计史上记账方法经历了由单式记账法到复式记账法的发展过程。

二、单式记账法

所谓单式记账法，是指对发生的每一项经济业务，只在一个账户中进行登记的一种记账方法。其特点是：

（1）对于经济业务只在一个账户中记录，即只记录库存现金、银行存款或应收应付款项的收付，不记录有关实物的收发。

（2）在单式记账法下，会计科目设置不完整，账户之间没有相互联系。

单式记账法手续简单，但不能全面系统地反映各会计要素的增减变动情况以及经济业务的来龙去脉，也不便于检查账户记录的正确性和完整性，因而是一种不科学的记账方法。因此，单式记账法已不能适应经济管理的要求而被淘汰，取而代之的是复式记账法。

三、复式记账法

（一）复式记账法的概念

所谓复式记账法，是指对发生的每一项经济业务，都要以相等的金额在两个或两个以上相互联系的账户中，同时进行登记的一种记账方法。

（二）复式记账法的特点

1. 对于每一项经济业务，都要在两个或两个以上相互关联的账户中进行记录。这样，在将全部经济业务相互联系地记入各有关账户以后，通过账户记录不仅可以全面、清晰地反映经济业务的来龙去脉，还能够全面、系统地反映经济活动的过程和结果。

2. 由于每项经济业务发生后，都是以相等的金额在有关账户中进行记录的，因而可据以进行试算平衡，检查账户记录是否正确。

复式记账法由于具备上述特点，因而被世界各国公认为一种科学的记账方法，从而被广泛采用。

（三）复式记账法的理论基础

按照复式记账法的原理，对每一笔经济业务都要以相等金额在相互联系的两个或两个以上的账户中同时进行登记，这样会计等式中的资产总额和负债及所有者权益总额之间总是平衡的。“资产=负债+所有者权益”是复式记账法的理论基础。

（四）复式记账法的种类

复式记账法按照记账符号、规则等不同可分为借贷记账法、增减记账法和收付记账法。其中借贷记账法是国际上通用的一种复式记账法。在我国，工业企业曾采用借贷记账法，商业企业曾采用增减记账法，行政、事业单位和金融业企业曾采用收付记账法。我国现行《企业会计准则——基本准则》第十一条规定，企业应当采用借贷记账法记账。

任务二 借贷记账法

一、借贷记账法的概念

借贷记账法是以会计等式为理论基础，以“借”“贷”二字作为记账符号，记录经济业务的一种复式记账方法。借贷记账法大致起源于11—15世纪，起源地为今天意大利北方的三个港口城市，即威尼斯、热那亚和佛罗伦萨。随着地中海航路的开辟，上述三个城市逐渐成为东西方贸易的中转站，这里的商业、手工业、金融业都较为发达。当时作为支付手段的货币为金属货币，结算手段也较为落后，商人外出交易需携带大量的金属货币，既不方便又不安全。为了交易的便利，也为了保护货币资金的安全，在这三个城市逐步出现了一些从事放贷和金钱保管业务的金融家。他们在借出金钱时，用“借”字表示，在接受委托保管金钱时，用“贷”字表示，这就是借贷记账法的最初形态。在借贷记账法的传播过程中，逐渐演变为“借”表示人欠，即债权的增加；“贷”表示欠人，即债务的增加。也就是说，此时的借贷是记录债权与债务增减变动的符号。再后来，随着社会经济的发展，经济活动内容的日益复杂，记录的经济业务不再局限于货币的借贷和保管业务，而是逐渐扩展到其他财产物资、经营损益等内容。为求得账簿记录的统一，对于非货币资金业务也采用这种记账方法。同时，为了使记账符号一致，对于非货币性的借贷业务，也用“借”“贷”二字进行记录与说明，从而使“借”“贷”二字逐渐失去了原来的字面含义，进而转化为单纯的记账符号，成为会计上的专门术语。

到了15世纪，这种记账方法在民间已逐渐形成比较完备的复式记账法。意大利数学家卢卡·帕乔利（Loca Paciaio）于1494年在著名的《算术、几何与比例概要》一书中写了“簿记论”一章，从理论上系统地总结了复式借贷记账法的原理，这标志着复式借贷记账法的诞生。从此以后，意大利的复式借贷记账法在欧洲的一些国家，如德国、法国、英国，先后传播开来。

借贷记账法于1905年正式传入我国，我国会计学者以蔡锡勇、谢霖、孟森等为代表学习日本的借贷记账法。中华民国时期，以潘序伦、徐永祚和赵锡禹先生为代表创办会计学校、引进美国式的借贷记账法，改良我国的记账方法。中华人民共和国成立后，我国的整个经济建设学习苏联，会计也学习苏联，采用借贷记账法，我国先后出现了一些新的记账方法，如增减记账法、收付记账法等，但借贷记账法仍是许多企业特别是大、中型企业所广泛采用的一种记账方法。1993年7月，我国规定企业统一采用借贷记账法，并采用国际通行的借贷记账法的理论依据，使我国的记账方法符合国际会计惯例。目前，借贷记账法已是我国各单位统一使用的一种复式记账法。

借贷记账法的理论基础就是“资产+费用=负债+所有者权益+收入”的会计等式。在这一理论基础之上，无论发生何种资金运动，在进行会计核算时，利用借贷记账法在会计账户中登记的结果必然满足这一平衡关系，由此提供的会计信息才具有系统性、连续性和完整性。

二、借贷记账法的记账符号

记账符号是不同复式记账法的基本标志之一，被称为借贷记账法的根本原因就在于以“借”和“贷”作为记账符号。

（1）“借”和“贷”是抽象的记账符号。借贷记账法是以“借”和“贷”作为记账符号，用以指明记账的增减方向、账户之间的对应关系和账户余额的性质等，而与这两个文字的字义及其在会计史上的最初含义无关，不可望文生义。“借”和“贷”是会计的专门术语，并已经成为通用的国际商业语言。

作为纯粹记账符号的“借”和“贷”，应当理解为账户上两个对立的方向或部分，并且只有联系账户的具体性质，才能了解这两个符号所代表的经济内容。

（2）“借”和“贷”所表示的增减含义。“借”和“贷”作为记账符号，都具有增加和减少的双重含义。“借”和“贷”何时为增加、何时为减少，必须结合账户的具体性质才能准确说明。

从借贷记账法的由来我们可以看出，在借贷记账法中，“借”“贷”二字和日常用语中“借”“贷”二字的含义不同，它们只是表示记账的方向。当经济业务中涉及资产、费用在金额上的增加，涉及负债、所有者权益在金额上的减少，涉及收入、利润在金额上的减少或转销时，记入账户的借方；当经济业务中涉及负债、所有者权益及收入、利润在金额上的增加，涉及资产在金额上的减少，涉及费用在金额上的减少或转销时，记入账户的贷方。

三、借贷记账法的账户结构

在借贷记账法下，账户的基本结构是左方为借方，右方为贷方。那么究竟用哪一方来登记增加的金额，又用哪一方来登记减少的金额，账户的期初或期末余额又在哪一方，这就要根据账户所反映的经济内容而定。

（1）资产类账户的结构。资产类账户的借方记录资产的增加额，贷方记录资产的减少额，期末如有余额，应该在借方。

借方　　　　资产类账户	贷方
期初余额 本期增加额	本期减少额
本期借方发生额合计 期末余额	本期贷方发生额合计

资产类账户期末借方余额=期初借方余额+本期借方发生额-本期贷方发生额

（2）负债及所有者权益类账户的结构。其与资产类账户的结构正好相反，贷方记录负债及所有者权益的增加额，借方记录负债及所有者权益的减少额，期末如有余额，应该在贷方。

负债及所有者权益类账户

借方	贷方
本期减少额	期初余额 本期增加额
本期借方发生额合计	本期贷方发生额合计 期末余额

负债及所有者权益类账户期末贷方余额=期初贷方余额+本期贷方发生额-本期借方发生额

（3）成本、费用类账户的结构。成本、费用类账户的借方记录成本、费用的增加额，贷方记录成本、费用的减少额，成本类账户期末如有余额，一般为借方余额，费用类账户期末一般无余额。

成本、费用类账户

借方	贷方
期初余额 本期增加额	本期减少额
本期借方发生额合计 期末余额	本期贷方发生额合计

（4）收入类账户的结构。其与负债及所有者权益类账户的结构相似，贷方记录收入的增加额，借方记录收入的减少额，该类账户期末一般无余额。

收入类账户

借方	贷方
本期减少额	本期增加额
本期借方发生额合计	本期贷方发生额合计

（5）利润类账户的结构。其与负债及所有者权益类账户的结构大致相同，贷方记录利润的增加额，借方记录利润的减少额，期末如有余额，应该在贷方。

利润类账户

借方	贷方
本期减少额	期初余额 本期增加额
本期借方发生额合计	本期贷方发生额合计 期末余额

“借”“贷”作为记账符号，表示账户记录的方向。一般来说，各类账户的期末余额与记录增加额在同一方向，因此可以根据账户余额的方向来判断账户的性质。借贷记账法下各类账户结构见表3-1。

表3-1　借贷记账法下各类账户结构

借方	贷方
资产的增加	资产的减少
负债及所有者权益的减少	负债及所有者权益的增加
成本、费用的增加	成本、费用的转出
收入的转出	收入的增加
利润的减少或转出	利润的增加

四、借贷记账法的记账规则

记账规则是记账的依据，也是核对账目的依据。运用借贷记账法记账时，应该考虑以下三个方面：①某项经济业务发生后涉及哪几个账户；②所涉及的账户是属于哪类性质的账户；③根据账户的结构，确定经济业务的增加额或减少额应该记入账户的借方还是账户的贷方。

借贷记账法要求对每一笔经济业务同时在两个或两个以上相互联系的账户中进行登记，以反映资金的来龙去脉。事实上，任何经济业务的发生都会影响到至少两个账户金额的变动。根据“资产=权益”的会计恒等式，我们可以大体上把经济业务分成如下四种类型：①资产和权益同时增加；②资产和权益同时减少；③资产内部不同项目一增一减；④权益内部不同项目一增一减。

因为经济业务只有四种类型，而且这四种类型的经济业务均是有借有贷，借贷相等，所以，在借贷记账法下，任何经济业务都是有借有贷且借贷相等，这样就形成了借贷记账法的记账规则“有借必有贷，借贷必相等”。“有借必有贷”是指任何一笔经济业务都应在一个或几个账户的借方和另一个或几个账户的贷方同时进行登记；“借贷必相等”是指任何一笔经济业务记入借方账户的金额一定等于记入贷方账户的金额。

【做中学3-1】企业用银行存款偿还应付账款120 000元。

这笔业务使得资产类账户“银行存款”和负债类账户“应付账款”发生变化，两个账户同时减少，根据各类账户的结构，一方面要在“银行存款”账户的贷方登记120 000元，另一方面要在“应付账款”账户的借方登记120 000元。该笔业务登记结果如图3-1所示。

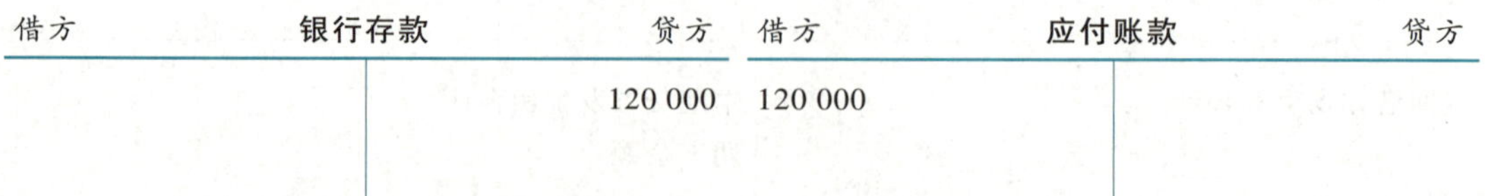

图3-1　业务登记结果（1）

【做中学3-2】企业收到投资者追加的投资300 000元，存入银行。

这笔业务使得资产类账户“银行存款”和所有者权益类账户“实收资本”发生变

化，两个账户同时增加，根据各类账户的结构，一方面要在“银行存款”账户的借方登记300 000元，另一方面要在“实收资本”账户的贷方登记300 000元。该笔业务登记结果如图3-2所示。

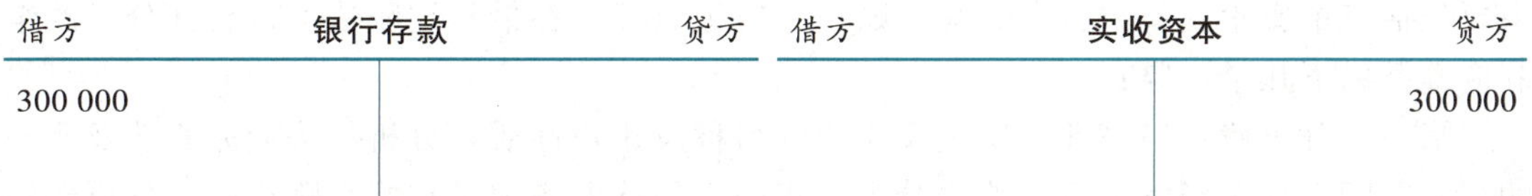

图3-2　业务登记结果（2）

【做中学3-3】企业从银行提取现金2 000元，以备零星开支。

这笔业务使得资产类账户“库存现金”和“银行存款”发生变化，两个账户分别增加和减少，根据资产类账户的结构，一方面要在“库存现金”账户的借方登记2 000元，另一方面要在“银行存款”账户的贷方登记2 000元。该笔业务登记结果如图3-3所示。

借方	库存现金	贷方	借方	银行存款	贷方
2 000					2 000

图3-3　业务登记结果（3）

【做中学3-4】企业用现金300元购买办公用品。

这笔业务使得资产类账户“库存现金”和费用类账户“管理费用”发生变化，两个账户分别减少和增加，根据各类账户的结构，一方面要在“库存现金”账户的贷方登记300元，另一方面要在“管理费用”账户的借方登记300元。该笔业务登记结果如图3-4所示。

图3-4　业务登记结果（4）

通过以上举例可以看出，无论发生怎样的经济业务，运用借贷记账法时，都遵循“有借必有贷，借贷必相等”的记账规则。

五、账户的对应关系和会计分录

1.账户的对应关系

运用借贷记账法，对每一项经济业务都要在两个或两个以上账户中进行登记，登记的账户之间会形成应借、应贷的关系，这种相互关系称为账户的对应关系。存在对应关系的账户，互为对应账户。

2.会计分录

会计分录是指对每一项经济业务，按照复式记账的要求，分别列示其应借、应贷账户及其金额的一种记录。在实际工作中，会计分录是在记账凭证上进行登记。会计分录主要包括三个要素：应记方向、应记账户、应记金额。在借贷记账法下，会计分录的编制应遵循以下几个步骤：

第一，分析确定经济业务所涉及账户的名称及账户性质。分析经济业务所涉及账户的名称实际上是对经济业务按账户分类，将同类经济业务记录在同一账户中；分析经济业务所涉及账户的性质是指确定经济业务所涉及的账户是借方还是贷方表示增加。

第二，根据经济业务引起的会计要素的增减变化和借贷记账法下账户的性质确定对应账户的记账方向，即确定应借账户和应贷账户。发生的经济业务是各种各样的，但将其抽象为数字时，只有增加和减少两种情况。确定会计要素增减变化方向的目的是确定应记入账户的借方，还是贷方。

第三，根据会计要素增减变化的数量，确定对应账户应登记的金额。

第四，根据记账规则，检查会计分录借贷是否平衡，有无差错。

会计分录的书写格式一般为“先借后贷、上借下贷、左借右贷”，“借”“贷”符号及借贷方金额错开一格写。例如：

借：银行存款　　200 000

　贷：实收资本　　200 000

会计分录按所涉及的账户的多少分为简单会计分录和复合会计分录。简单会计分录是指在一个会计分录中，只有一个借方账户和一个贷方账户，即一借一贷的会计分录；复合会计分录是指在一个会计分录中，有多个借方账户或贷方账户，包括一借多贷、一贷多借或多借多贷的会计分录。但实际业务中，由于多借多贷的会计分录不能清晰反映账户的对应关系，所以一般不编制多借多贷的会计分录。

【做中学3-5】根据天力公司10月份发生的经济业务运用借贷记账法编制会计分录，并登记账户。该公司账户余额见表3-2。

表3-2　账户余额表　单位：元

资产	金额	负债及所有者权益	金额
库存现金	500	短期借款	20 000
银行存款	250 000	应付账款	12 000
应收账款	36 000	长期借款	69 000
原材料	18 500	实收资本	1 350 000
库存商品	26 000	资本公积	80 000
固定资产	1 200 000		
合 计	1 531 000	合 计	1 531 000

①购进机器设备一台，价值50 000元，以银行存款支付。（暂不考虑增值税）

借：固定资产　　50 000

　贷：银行存款　　50 000

②向银行申请取得3个月期限的贷款100 000元，款项已存入公司账户。

借：银行存款　　100 000

　贷：短期借款　　100 000

③以银行存款偿还前欠供货单位材料款12 000元。

借：应付账款　　12 000

　贷：银行存款　　12 000

④从银行提取现金1 500元备用。

借：库存现金　　1 500

　贷：银行存款　　1 500

⑤经批准决定将资本公积50 000元转增资本。

借：资本公积　　50 000

　贷：实收资本　　50 000

⑥收到购货单位所欠货款28 200元，存入银行。

借：银行存款　　28 200

　贷：应收账款　　28 200

⑦为扩大经营规模，向银行申请5年期贷款1 500 000元。

借：银行存款　　1 500 000

　贷：长期借款　　1 500 000

⑧职工李刚出差预借差旅费1 000元，以现金支付。

借：其他应收款——李刚　　1 000

　贷：库存现金　　1 000

上述经济业务登记结果如图3-5所示。

库存现金

借方	贷方
期初余额500 ④1 500	⑧1 000
本期发生额1 500	本期发生额1 000
期末余额1 000	

银行存款

借方	贷方
期初余额250 000 ②100 000 ⑥28 200 ⑦1 500 000	①50 000 ③12 000 ④1 500
本期发生额1 628 200	本期发生额63 500
期末余额1 814 700	

应收账款

借方	贷方
期初余额 36 000	
	⑥28 200
本期发生额 0	本期发生额 28 200
期末余额 7 800	

其他应收款

借方	贷方
期初余额 0	
⑧1 000	
本期发生额 1 000	本期发生额 0
期末余额 1 000	

原材料

借方	贷方
期初余额 18 500	
本期发生额 0	本期发生额 0
期末余额 18 500	

库存商品

借方	贷方
期初余额 26 000	
本期发生额 0	本期发生额 0
期末余额 26 000	

固定资产

借方	贷方
期初余额 1 200 000	
①50 000	
本期发生额 50 000	本期发生额 0
期末余额 1 250 000	

短期借款

借方	贷方
	期初余额 20 000
	②100 000
本期发生额 0	本期发生额 100 000
	期末余额 120 000

应付账款

借方	贷方
	期初余额 12 000
③12 000	
本期发生额 12 000	本期发生额 0
	期末余额 0

长期借款

借方	贷方
	期初余额 69 000
	⑦1 500 000
本期发生额 0	本期发生额 1 500 000
	期末余额 1 569 000

实收资本

借方	贷方
	期初余额 1 350 000
	⑤50 000
本期发生额 0	本期发生额 50 000
	期末余额 1 400 000

资本公积

借方	贷方
	期初余额 80 000
⑤50 000	
本期发生额 50 000	本期发生额 0
	期末余额 30 000

图 3-5 经济业务登记结果

六、借贷记账法的试算平衡

试算平衡是指为了验证会计记录的正确性，根据会计等式和复式记账原理，对本期各账户的全部记录进行汇总、计算，以检验其正确与否的一种专门方法。在借贷记账法下，试算平衡的方法有两种：发生额平衡法和余额平衡法。

发生额平衡法是依据借贷记账法的记账规则“有借必有贷，借贷必相等”进行试算平衡。在借贷记账法下，对每一笔经济业务均以相等的金额记入两个或两个以上相关账户的借方和贷方，且记入借方的金额与记入贷方的金额相等。这样，当一定时期的全部经济业务都记入有关账户后，所有账户的借方发生额合计数必然等于所有账户的贷方发生额合计数。发生额平衡法正是基于这一原理来判断一定时期内会计记录是否正确。其试算公式是：

全部账户借方发生额合计数=全部账户贷方发生额合计数

余额平衡法的依据是会计等式"资产=负债+所有者权益"。资产类账户的余额之和一定等于负债类账户的余额之和加上所有者权益类账户的余额之和。因此，我们可以根据这些账户的余额特性进行试算平衡，这就是余额平衡法。其试算公式是：

资产类账户余额合计=负债类账户余额合计+所有者权益类账户余额合计

工作中，以上两种方法分别通过编制"总分类账户本期发生额试算平衡表"和"总分类账户期末余额试算平衡表"来进行，也可以将它们合并在一张表上，即"总分类账户本期发生额及余额试算平衡表"。

【做中学3-6】沿用【做中学3-5】资料，编制试算平衡表（见表3-3）。

表3-3 总分类账户本期发生额及余额试算平衡表 单位：元

账户名称	期初余额		本期发生额		期末余额	
	借方	贷方	借方	贷方	借方	贷方
库存现金	500		1 500	1 000	1 000	
银行存款	250 000		1 628 200	63 500	1 814 700	
应收账款	36 000		0	28 200	7 800	
其他应收款	0		1 000	0	1 000	
原材料	18 500		0	0	18 500	
库存商品	26 000		0	0	26 000	
固定资产	1 200 000		50 000	0	1 250 000	
短期借款		20 000	0	100 000		120 000
应付账款		12 000	12 000	0		0
长期借款		69 000	0	1 500 000		1 569 000
实收资本		1 350 000	0	50 000		1 400 000
资本公积		80 000	50 000	0		30 000
合计	1 531 000	1 531 000	1 742 700	1 742 700	3 119 000	3 119 000

试算平衡只是检查账户记录是否正确的一种基本方法。如果借贷不平衡，可以肯定账户记录或计算有错误，应进一步查明原因，予以纠正。如果借贷平衡，也并不意味着账户记录完全正确，因为有些账户记录错误不会影响借贷双方的平衡关系。如发生重记、漏记、错记账户或记反借贷方向时，试算结果仍然是平衡的。因此，为保证账户记录的正确性，除试算平衡外，还应采用其他的专门方法对会计记录进行日常或定期的复核。

七、总分类账与明细分类账的平行登记

1.总分类账与明细分类账的关系

总分类账与明细分类账是对同一交易或事项进行分层次的核算和记录，两者之间既相互联系又相互制约。总分类账户是对所属明细分类账户的总括，对明细分类账户具有统驭控制作用；明细分类账户是对总分类账户的细分，对总分类账户具有补充说明作用。

2.总分类账与明细分类账平行登记的要点

总分类账与明细分类账的平行登记是指在经济业务发生后，既要在有关的总分类账户中进行登记，又要在其所属的明细分类账户中登记的做法。

总分类账与明细分类账的平行登记应遵循以下要点：①依据相同。登记总分类账与明细分类账的依据都是同一张记账凭证及其所附原始凭证。②期间相同。将每项经济业务记入总分类账与明细分类账过程中，可以有先有后，但必须在同一会计期间登记入账。③方向相同。将经济业务记入总分类账与明细分类账时要记在同一方向。即总账记在借方，明细账也要记在借方；总账记在贷方，明细账也要记在贷方。④金额相等。登记在总分类账的金额应与明细分类账所记金额之和相等。总分类账与明细分类账在数量上存在的关系如下：

总分类账户期初余额=所属各明细分类账户期初余额之和

总分类账户本期发生额=所属各明细分类账户本期发生额之和

总分类账户期末余额=所属各明细分类账户期末余额之和

期末，为了验证总分类账与明细分类账的登记是否正确，可以根据总分类账与明细分类账的数量关系编制总分类账与明细分类账的试算平衡表，该表既可以起到验证的作用，还可以作为编制会计报表的依据。

应会考核

应知考核

□ 业务考核

【考核项目】

借贷记账法下账户的基本结构

【背景资料】

某企业发生的经济业务见表3-4。

表 3-4　　经济业务一览表　　单位：元

序号	交易、事项内容	资产	负债	共同	所有者权益	成本	损益	应记会计科目	应记方向	
									借方	贷方
1	银行存款减少	√						银行存款		√
2	本年利润增加									
3	管理费用增加									
4	取得预收货款									
5	制造费用增加									
6	应交税费增加									
7	长期股权投资增加									
8	产品销售收入增加									
9	产品销售费用增加									
10	应收账款减少									
11	生产成本增加									
12	原材料被领用									
13	财务费用增加									
14	应付工资减少									
15	投入资本增加									
16	归还短期借款									

【考核要求】

根据所给业务判断其引起变动会计要素的性质，确定应记会计科目和应记方向。

□ 项目实训

【实训项目】

练习借贷记账法，熟悉会计分录的编写

【实训资料】

某企业2020年3月初各资产、负债及所有者权益账户的余额见表3-5。

该企业3月份发生下列经济业务：①向银行借入短期借款150 000元，存入银行存款户。②从银行存款户提取现金1 000元。③经理张利出差预借差旅费1 200元，以现金支付。④购进原材料一批已入库，价款25 000元，以银行存款支付20 000元，其余暂欠。⑤以银行存款购入新汽车一辆，价款共180 000元。⑥用银行存款偿还应付供货单位材料款32 000元。⑦收到客户前欠货款120 000元，存入银行。⑧以银行存款200 000元归还到期的短期借款。⑨投资者追加投入资本80 000元，款项收到并存入银行。⑩经理张利出差归来，报销差旅费1 000元，交回现金200元。

注：暂不考虑增值税。

表 3-5　　总分类账户试算平衡表　　单位：元

资产	金额	负债及所有者权益	金额
库存现金	10 000	短期借款	600 000
银行存款	1 350 000	应付账款	80 000
应收账款	300 000	应交税费	20 000
原材料	1 400 000	实收资本	8 600 000
库存商品	240 000		
固定资产	6 000 000		
合计	9 300 000	合计	9 300 000

【技能要求】

（1）根据上述经济业务，用借贷记账法编制会计分录。

（2）开设各账户（T形账户）登记期初余额、本期发生额，计算期末余额，并编制总分类账户的本期发生额和期末余额试算平衡表。

项目四

借贷记账法的应用

知识目标

1. 理解：企业主要经济业务核算所设置账户的结构和用途
2. 熟知：设置账户、复式记账等方法对企业主要经济业务进行核算
3. 掌握：企业供、产、销经营过程中各项主要经济业务的会计处理

技能目标

1. 能够对企业资金筹集、供应、生产、销售、利润形成与分配等环节进行账务处理
2. 能够对企业的采购成本、生产成本、销售成本进行计算并结转
3. 能够设置和使用企业会计系统的主要会计账户

素质目标

能运用所学借贷记账法理论与实务知识研究相关案例，培养和提高学生在特定业务情境中分析问题与决策设计的能力；能结合“借贷记账法”教学内容，结合行业规范或标准，分析会计行为的善恶，强化学生的职业道德素质。

知识精讲

任务一　资金筹集业务的核算

一个企业的生存和发展，离不开资产要素，资产是企业进行生产经营活动的物质基础。对于任何一个企业而言，形成资产的资金来源主要有两个渠道：一是投资者的投资及其增值，形成投资者的权益，该部分业务可以称为所有者资金筹集业务；二是向债权人借入资金，形成债权人的权益，该部分业务可以称为负债资金筹集业务。投资者将资金投入企业进而对企业资产所形成的要求权为企业所有者权益，债权人将资金借给企业进而对企业资产所形成的要求权为企业负债。在会计上，虽然将债权人的要求权和投资者的要求权统称为权益，但是由于二者存在着本质上的区别，所以这两种权益的会计处

理也存在显著的差异。

一、账户的设置

（1）“实收资本”账户。该账户属于所有者权益类账户，用来核算投资者投入资本的增减变动及结存情况。该账户的贷方登记企业实际收到投资人作为资本投入的各项财产物资的价值；借方登记按规定减少的注册资本的金额；期末余额在贷方，表示投资人投入企业的资本实有数额。“实收资本”账户应按投资人、投资单位设置明细分类账进行核算，如为股份制公司应设置“股本”账户。

（2）“资本公积”账户。该账户属于所有者权益类账户，用来核算企业的资本溢价以及直接计入所有者权益的利得和损失。该账户的贷方登记因资本溢价等原因增加的资本公积数额；借方登记按照法定程序转增注册资本减少资本公积的数额；期末余额在贷方，表示企业资本公积的实际结存数额。

（3）“短期借款”账户。该账户属于负债类账户，用来核算企业向银行或其他金融机构等借入的期限在1年以下（含1年）的各种借款。该账户的贷方登记企业取得短期借款的数额；借方登记企业归还短期借款的数额；期末余额在贷方，表示尚未归还的短期借款数额。

（4）“长期借款”账户。该账户属于负债类账户，用来核算企业向银行或其他金融机构等借入的期限在1年以上（不含1年）的各种借款。该账户的贷方登记企业取得长期借款的数额；借方登记企业归还长期借款的数额；期末余额在贷方，表示尚未归还的长期借款数额。

二、业务的核算

（1）接受投资。它是企业资本增加的过程，增加资本主要有三个途径：接受投资者投资、资本公积转增资本和盈余公积转增资本。根据我国《公司法》的规定，投资者可以用货币出资，也可以用实物、无形资产等出资。如果以实物、无形资产等出资，需要对其进行评估作价，按评估价值或双方协商的价值入账。企业接受投资时，应借记“银行存款”“固定资产”等账户，贷记“实收资本”账户。如果企业实际收到投资额超过投资方在注册资本中所占份额，则超出部分计入资本公积。

【做中学4-1】企业收到某公司投入机器设备一台，双方协商定价500 000元，货币资金200 000元，款项已存入银行。编制会计分录如下：

借：固定资产	500 000	
银行存款	200 000	
贷：实收资本		700 000

【做中学4-2】企业收到某公司以一项专有技术投资，经评估确认价值为800 000元，双方协商确定，其中700 000元为注册资本，100 000元为资本公积。编制会计分录如下：

借：无形资产	800 000	

贷：实收资本 700 000

资本公积 100 000

【做中学4-3】经主管部门批准，将企业的资本公积200 000元转作实收资本。编制会计分录如下：

借：资本公积 200 000

贷：实收资本 200 000

（2）借入资金。企业在生产经营过程中，为弥补资金周转不足，可以向银行或其他金融机构等债权人借入资金。借入资金按偿还期限的长短可分为短期借款和长期借款。偿还期限在1年以内（含1年）的借款称为短期借款；偿还期限在1年以上的借款称为长期借款。借入款项时，借记“银行存款”账户，贷记“短期借款”或“长期借款”账户。偿还借款本金时，借记“短期借款”或“长期借款”账户，贷记“银行存款”账户。其间发生的短期借款利息支出应归入财务费用，如按月度支付，则直接借记当月的“财务费用”账户，贷记“银行存款”账户；如按季度或半年支付，按照权责发生制原则要求，采用预提方式确认，借记当月的“财务费用”账户，贷记“应付利息”账户。长期借款利息应当按期计提并计入购建固定资产的成本或确认为当期发生的费用，如果是分期付息到期还本，则通过“应付利息”账户核算；如果是到期一次还本付息，则通过“长期借款——应计利息”账户核算。

【做中学4-4】企业因生产经营的临时需要，向银行申请取得期限为6个月的借款1 000 000元，存入银行。编制会计分录如下：

借：银行存款 1 000 000

贷：短期借款 1 000 000

【做中学4-5】企业计提本月的短期借款利息1 500元。编制会计分录如下：

借：财务费用 1 500

贷：应付利息 1 500

【做中学4-6】企业偿还上半年的3个月短期借款本金50 000元。编制会计分录如下：

借：短期借款 50 000

贷：银行存款 50 000

【做中学4-7】企业为购建一条新的生产线，向银行申请取得2年期的借款7 000 000元，存入银行。编制会计分录如下：

借：银行存款 7 000 000

贷：长期借款 7 000 000

任务二 供应过程业务的核算

工业企业的供应过程是工业企业生产经营的第一个阶段。在这一过程中，主要经济业务是采购产品制造所需要的原材料和其他辅助材料。从会计核算的角度来说，供应过程会计核算的主要任务是核算材料采购费用并确定入库材料的成本。

一、外购材料成本的确定

外购材料的采购费用分为直接费用和间接费用。直接费用就是材料买价；间接费用也称共同费用，共同费用一般包括运杂费、运输途中的合理损耗、入库前挑选和整理费用等。当外购材料在两种以上时，共同费用是由各种材料共同负担的采购费用，这时共同费用要在相关的材料之间进行分配。某种材料的采购成本包括该种材料的买价和应分摊的共同费用。

（1）买价。它是指销货单位开出的发票价格，其金额为所购材料的数量与其单价的乘积。但一般纳税企业购入材料时支付的增值税进项税额按要求单独核算，不包含在材料采购成本之中。

（2）运杂费。它是指产品制造企业在购入材料过程中，由本企业负担的途中的运输费、装卸费、保险费等相关费用。

（3）运输途中的合理损耗。它是指外购材料在运输过程中所发生的正常范围内的损耗。这种损耗会减少外购材料的数量，从而使外购材料的单位成本增加。

（4）入库前的挑选整理费用。

（5）购进材料应负担的税金，如进口关税。

间接费用（共同费用）的分配关键在于分配标准的选择。为保证分配结果的公正与正确，合理确定各种材料的采购成本，应选择与受益对象相关性强的分配标准。一般而言，可按材料重量、买价、体积等分配标准分配共同费用。

【做中学4-8】企业向外地某单位同时购入A、B、C三种材料，其中A材料2 000千克，单价4元/千克，B材料4 000千克，单价8元/千克，C材料10 000千克，单价12元/千克，三种材料的运杂费9 600元。请按材料的重量分配运杂费并分别确定A、B、C三种材料的采购成本。

运杂费的分配率=待分配的运杂费总额÷全部材料的重量

=9 600÷（2 000+4 000+10 000）=0.6

某种材料应负担的运杂费=该种材料的重量×运杂费的分配率

A材料应负担的运杂费=2 000×0.6=1 200（元）

B材料应负担的运杂费=4 000×0.6=2 400（元）

C材料应负担的运杂费=10 000×0.6=6 000（元）

二、账户的设置

（1）“固定资产”账户。该账户属于资产类账户，用来核算企业固定资产的增加、减少和结余情况。该账户的借方登记取得固定资产所发生的各项支出；贷方登记由于出售、报废等原因而减少的固定资产原值；期末余额在借方，表示企业结余的固定资产原始价值。

（2）“在建工程”账户。该账户属于资产类账户，用来核算企业购入需要安装的固定资产，应将购入时发生的成本和安装过程中发生的相关支出，先通过“在建工程”账户核算，待安装完毕达到预定可使用状态时，再由“在建工程”转入“固定资产”账户。该账户期末余额在借方，表示尚未完工的各项在建工程发生的实际支出。

（3）“在途物资”账户。该账户属于资产类账户，用来核算企业购入的货款已付尚未验收入库的各种材料物资的实际成本。该账户的借方登记购入材料物资的各项采购成本；贷方登记已经验收入库的材料物资的实际成本；期末余额在借方，表示企业尚未验收入库的在途材料的实际成本。该账户应按材料物资的种类设置明细分类账户，进行明细分类核算。

（4）“原材料”账户。该账户属于资产类账户，用来核算企业库存的各种材料增减变动和结存情况。该账户的借方登记已经验收入库的各种材料的实际成本；贷方登记发出材料的实际成本；期末余额在借方，表示期末库存材料的实际成本。为了反映每种库存材料的增减变化情况，该账户应根据材料的品种、规格等标准设置明细分类账户，进行明细分类核算。

（5）“应付账款”账户。该账户属于负债类账户，用来核算企业因采购材料、商品和接受劳务等而发生的款项赊欠及偿还情况。该账户的贷方登记应付给供应单位的款项；借方登记已实际归还的款项；期末余额在贷方，表示尚未偿还的款项。为了反映与各个供应单位具体的债务结算情况，该账户应按供应单位名称设置明细分类账户。

（6）“应交税费”账户。该账户属于负债类账户，用来核算企业按照税法规定应缴纳的各种税款的计算与实际缴纳情况。该账户的贷方登记计算出的各种应交而未交的税费；借方登记实际缴纳的各种税费；期末余额如果在贷方，表示企业尚未缴纳的税费，期末余额如果在借方，表示多缴纳或尚未抵扣的税费。该账户应按税种设置明细分类账户，进行明细分类核算。

（7）“预付账款”账户。该账户是资产类账户，用来核算和监督企业按照合同规定预付给供应单位的货款结算情况。该账户的借方登记企业向供应单位预付的货款；贷方登记收到供应单位发来货物，企业以预付货款抵付货物的价款，或者收回预付货款；期末余额在借方，表示尚未抵付或收回的预付货款。该账户应按接受预付货款的供应单位的名称设置明细分类账户。如果企业预付货款不多，也可以不单独设置“预付账款”账户，将该账户记录的具体内容合并到“应付账款”账户中去。

此外，在采用商业汇票方式结算货款的情况下，应设置“应付票据”账户；在直接付款的方式下，应设置“银行存款”账户。

三、业务的核算

（1）购入固定资产。企业购入的固定资产，应按购入时实际支付的全部价款，包括支付的买价、进口关税等相关税费以及为使固定资产达到预定可使用状态所发生的可直接归属于该资产的其他支出，作为固定资产的原始价值入账，借记“固定资产”或“在建工程”账户，贷记“银行存款”等账户。

根据《财政部　国家税务总局关于全国实施增值税转型改革若干问题的通知》的规

定，自2009年1月1日起，增值税一般纳税人购进或自制的用于生产经营的固定资产的进项税额可以抵扣，不计入固定资产成本。

2019年增值税改革：①增值税一般纳税人（以下称纳税人）发生增值税应税销售行为或者进口货物，原适用16%税率的，税率调整为13%；原适用10%税率的，税率调整为9%。纳税人购进农产品，原适用10%扣除率的，扣除率调整为9%。②纳税人购进用于生产或者委托加工13%税率货物的农产品，按照10%的扣除率计算进项税额。③原适用16%税率且出口退税率为16%的出口货物劳务，出口退税率调整为13%；原适用10%税率且出口退税率为10%的出口货物、跨境应税行为，出口退税率调整为9%。本书结合最新税法规定增值税税率按13%计算。

【做中学4-9】企业购入不需要安装的生产设备一台，价款10 000元，支付增值税1 300元，另支付运费500元、包装费300元。款项以银行存款支付。编制会计分录如下：

借：固定资产　　10 800
　　应交税费——应交增值税（进项税额）　　1 300
　贷：银行存款　　12 100

【做中学4-10】企业购入一台需要安装的大型机器设备，增值税发票上注明的设备价款为200 000元，增值税26 000元，另支付运杂费5 000元、安装费15 000元。款项以银行存款支付。编制会计分录如下：

（1）购入设备时：

借：在建工程　　200 000
　　应交税费——应交增值税（进项税额）　　26 000
　贷：银行存款　　226 000

（2）发生运杂费、安装费时：

借：在建工程　　20 000
　贷：银行存款　　20 000

（3）设备交付使用时：

借：固定资产　　220 000
　贷：在建工程　　220 000

（2）购入材料。其采购成本一般包括采购价格、进口关税和其他税金、运输费、装卸费以及其他可归属于存货采购成本的费用。采购价格是指企业购入材料的发票账单上列明的价款，但不包括按规定可以抵扣的增值税进项税额。其他费用是指在采购过程中发生的运费、仓储费、包装费、运输途中的合理损耗、入库前的挑选整理费用等。

采用实际成本法核算的企业，购入材料时按实际采购成本借记“原材料”或“在途物资”账户，按实际发生的增值税进项税额借记“应交税费——应交增值税（进项税额）”账户，贷记“银行存款”或“应付账款”等账户。如材料尚未验收入库，待材料验收入库时，由“在途物资”转入“原材料”账户。

【做中学4-11】企业购入甲材料300千克，单价500元/千克，增值税进项税额19 500

元；乙材料100千克，单价800元/千克，增值税进项税额10 400元。上述款项均以银行存款支付，材料已验收入库。编制会计分录如下：

借：原材料——甲材料　　150 000

　　　　　——乙材料　　80 000

　　应交税费——应交增值税（进项税额）　　29 900

　贷：银行存款　　259 900

【做中学4-12】企业从A公司购进丙材料150千克，单价500元/千克，增值税9 750元。材料尚在途中，款项尚未支付。编制会计分录如下：

借：在途物资——丙材料　　75 000

　　应交税费——应交增值税（进项税额）　　9 750

　贷：应付账款——A公司　　84 750

【做中学4-13】沿用【做中学4-12】的资料，丙材料全部验收入库，结转其实际成本。编制会计分录如下：

借：原材料——丙材料　　75 000

　贷：在途物资——丙材料　　75 000

【做中学4-14】沿用【做中学4-12】的资料，以银行存款支付前欠A公司的购料款84 750元。编制会计分录如下：

借：应付账款——A公司　　84 750

　贷：银行存款　　84 750

【做中学4-15】企业订购甲材料60吨，货款60 000元（其中增值税6 903元），按订货合同的规定，向供货单位预付15 000元的货款，以银行存款支付。编制会计分录如下：

借：预付账款　　15 000

　贷：银行存款　　15 000

【做中学4-16】沿用【做中学4-15】的资料，收到甲材料，已验收入库，企业以银行存款补付所欠款项。编制会计分录如下：

借：原材料——甲材料　　53 097

　　应交税费——应交增值税（进项税额）　　6 903

　贷：预付账款　　60 000

补付所欠货款时：

借：预付账款　　45 000

　贷：银行存款　　45 000

在企业采购材料种类较多、收发次数比较频繁的情况下，为了简化核算工作，考核采购工作成果，分析采购计划完成情况，应当按照计划成本进行材料的日常收、发核算。材料按照计划成本计价进行核算比较复杂，此处只作简单的介绍，具体内容可在后续课程中进一步学习。按计划成本进行存货日常收发核算时，也要设置“原材料”账户，而且“原材料”账户登记的内容不变，但却不是按实际成本进行登记核算，而是按计划成本登记借、贷方的发生额和期末余额。

当企业按计划成本计价进行材料收、发核算时，采购材料应当另外设置“材料采购”和“材料成本差异”账户。

“材料采购”账户，用来核算材料尚未验收入库，企业采用计划成本法核算购入的各种材料的实际采购成本。该账户的借方登记采购材料的实际成本，贷方登记入库材料的计划成本。借方大于贷方表示超支，从科目贷方转入“材料成本差异”科目的借方；贷方大于借方表示节约，从科目借方转入“材料成本差异”科目的贷方；期末余额在借方，表示企业在途材料的采购成本。

“材料成本差异”账户，用来核算企业已入库各种材料的实际成本与计划成本的差异。该账户的借方登记超支差异及发出材料应负担的节约差异；贷方登记节约差异及发出材料应负担的超支差异；期末余额在借方，表示企业库存材料的实际成本大于计划成本的差异（即超支差异）；期末余额在贷方，表示企业库存材料的实际成本小于计划成本的差异（即节约差异）。

计划成本法下的购入处理涉及“材料采购”、“材料成本差异”、“原材料”（按计划成本）账户；实际成本法下的购入处理涉及“在途物资”、“原材料”（按实际成本）账户，不存在材料成本差异问题。

【做中学4-17】企业购入甲材料一批，货款200 000元，增值税26 000元，发票账单已收到，计划成本220 000元。材料已验收入库，款项已用银行存款支付。编制会计分录如下：

（1）确认实际采购成本时：

借：材料采购——甲材料　　200 000
　　应交税费——应交增值税（进项税额）　　26 000
　贷：银行存款　　226 000

（2）验收入库时（节约）：

借：原材料——甲材料　　220 000
　贷：材料采购——甲材料　　200 000
　　　材料成本差异——甲材料　　20 000

【做中学4-18】企业开出商业承兑汇票购入乙材料一批，货款50 000元，增值税6 500元，发票账单已收到，计划成本40 000元。材料已验收入库。编制会计分录如下：

（1）确认实际采购成本时：

借：材料采购——乙材料　　50 000
　　应交税费——应交增值税（进项税额）　　6 500
　贷：应付票据　　56 500

（2）验收入库时（超支）：

借：原材料——乙材料　　40 000
　　材料成本差异——乙材料　　10 000
　贷：材料采购——乙材料　　50 000

【做中学4-19】企业购入C材料5 000千克，买价300 000元，增值税39 000元。材料验收入库，企业开出商业承兑汇票支付货款。

借：原材料——C材料　300 000

　　应交税费——应交增值税（进项税额）　39 000

　贷：应付票据　339 000

【做中学4-20】沿用【做中学4-19】资料，票据到期企业支付票款。

借：应付票据　339 000

　贷：银行存款　339 000

【做中学4-21】企业购入材料一批，买价80 000元，增值税10 400元。货款、增值税已通过银行存款支付，材料尚未入库。

借：在途物资　80 000

　　应交税费——应交增值税（进项税额）　10 400

　贷：银行存款　90 400

任务三　生产过程业务的核算

生产过程是工业企业经营活动的中心环节，它的主要内容是劳动者借助于劳动资料对劳动对象进行加工，把劳动对象加工成劳动产品。因此，生产过程既是产品的制造过程，同时也是物化劳动和活劳动的消耗过程。生产过程中发生的各种耗费称为企业的生产费用，它主要包括为制造产品所消耗的各种原材料、燃料、动力，生产工人应付职工薪酬、提取的职工福利费，厂房和机器设备的折旧费、修理费，以及为制造产品而发生的制造费用等。将发生的各种生产费用按产品进行归集和分配，就构成了各种产品的生产成本，或称为制造成本。有的与产品生产没有直接关系，应作为期间费用，直接计入当期损益，不构成产品生产成本。因此，生产过程的核算任务主要是核算和监督企业各项生产费用的支出，确定产品的制造成本，考核企业物化劳动和活劳动的消耗情况，促使企业加强经济核算，不断降低成本，提高企业经济效益。

一、账户的设置

（1）“生产成本”账户。该账户属于成本类账户，用来核算企业产品生产过程中发生的应计入产品成本的各项费用。该账户的借方登记生产产品直接耗用的材料费、人工费以及月末转入的制造费用；贷方登记月末结转的完工入库产品的实际成本；期末余额在借方，表示生产过程中尚未完工的在产品的实际成本。为了反映每一种产品的具体成本，该账户可按产品的种类设置明细分类账户，进行明细分类核算。

（2）“制造费用”账户。该账户属于成本类账户，用来归集和分配企业生产车间为组织和管理生产而发生的各项间接费用，如工资和福利费、折旧费、水电费、办公费等。该账户的借方登记车间实际发生的各项间接费用；贷方登记月末分配转入各种产品成本的制造费用；该账户期末无余额。

（3）“应付职工薪酬”账户。该账户属于负债类账户，用来核算企业应支付给职工的各种薪酬，包括企业按照有关规定向职工支付的工资、福利费、奖金、津贴等。该账户的贷方登记应付职工的各种薪酬的总额；借方登记实际支付的薪酬以及代扣款项；期末余额在贷方，表示尚未支付的职工薪酬。

（4）“累计折旧”账户。该账户属于资产类账户，它是固定资产的抵减账户，用来核算固定资产因使用而损耗的价值。该账户的贷方登记固定资产折旧的计提数（即固定资产的减少值）和盘盈固定资产的已提折旧额；借方登记出售、报废、毁损和盘亏固定资产的已提折旧额；期末余额在贷方，表示固定资产已计提的累计折旧数。用“固定资产”账户借方余额减去“累计折旧”账户贷方余额（即原始价值减去累计折旧额），就是固定资产的净值。

（5）“库存商品”账户。该账户属于资产类账户，用来核算企业库存的各种商品的成本。该账户的借方登记已完工入库的产品成本；贷方登记销售发出的产品成本；期末余额在借方，表示企业库存商品的实际成本。该账户应按产品的种类、品种和规格设置明细分类账户，进行明细分类核算。

（6）“管理费用”账户。该账户属于损益类账户，用来核算和监督公司（企业）行政管理部门为组织和管理生产经营活动发生的各种费用。该账户的借方登记发生的各项管理费用；贷方登记期末全部转入当期损益的数额；期末结转后本账户无余额。为了具体核算管理费用的发生情况，该账户应按管理费用的项目设置明细分类账户，进行明细分类核算。

（7）“财务费用”账户。该账户属于损益类账户，用来核算和监督企业为筹集生产经营所需资金而发生的费用。该账户的借方登记企业发生的各项财务费用；贷方登记期末转入当期损益的数额；期末结转后本账户无余额。

二、业务的核算

企业在生产产品过程中所发生的各项费用，称为生产费用。生产费用按其计入产品成本的方式不同可分为直接费用和间接费用。凡是发生时能直接确定其产品归属的费用，称为直接费用，包括直接材料、直接人工、其他直接支出。其中，直接材料是指企业在生产产品过程中，直接用于生产产品、构成产品实体的材料；直接人工是指从事产品生产的工人的工资、奖金、津贴等。凡是费用的发生与多种产品有关，称为间接费用，核算时计入制造费用，包括生产部门管理人员工资及福利费、生产机器设备的折旧费、生产部门的水电费、办公费等。这些费用不能直接计入某一种产品的成本，需要先通过专门账户归集，然后再按照一定的标准分配到各种产品成本中。

（1）生产领料。生产过程领用的原材料应根据用途进行分类，计入相应的成本或费用。其中，生产产品耗用的原材料属于直接材料，应记入“生产成本”账户；生产车间一般耗用的材料属于间接费用，应记入“制造费用”账户；行政管理部门耗用的材料不应计入产品的成本，而应记入“管理费用”账户，作为期间费用直接从当期利润中扣除。所以，发生领料业务时，借记“生产成本”、“制造费用”或“管理费用”账户，贷记“原材料”账户。

【做中学4-22】企业从仓库领用甲、乙、丙材料用于生产A、B两种产品，领料汇总表见表4-1。

表4-1　领料汇总表　单位：元

项　目	甲材料	乙材料	丙材料	合　计
制造A产品耗用	8 000	10 000		18 000
制造B产品耗用	2 000	5 000		7 000
小　计	10 000	15 000		25 000
车间一般耗用			3 000	3 000
管理部门领用			2 000	2 000
合　计	10 000	15 000	5 000	30 000

编制会计分录如下：

借：生产成本——A产品　18 000
　　　　　　——B产品　7 000
　　制造费用　3 000
　　管理费用　2 000
　贷：原材料——甲材料　10 000
　　　　　　——乙材料　15 000
　　　　　　——丙材料　5 000

（2）支付职工薪酬。根据国家规定，产品制造企业应按照劳动的质量和数量，向职工支付工资。企业职工除取得工资外，还要享受各种福利待遇。企业每期应按工资总额的一定比例（工资总额的14%）计提职工福利费。工资和福利费是生产费用的组成部分。福利费的用途，包括支付职工医药费、置办集体福利设施、发放生活困难补助、支付医务福利人员工资等。

在对企业职工的工资及福利费进行核算时，应根据工资结算汇总表或按月编制的"工资及福利费分配表"的内容，贷记"应付职工薪酬"账户，借记相应的成本、费用账户。实际发放工资时，借记"应付职工薪酬"账户，贷记"银行存款"或"库存现金"账户。

【做中学4-23】企业结算本月应付给职工工资50 000元，其中制造A产品工人工资20 000元，制造B产品工人工资12 000元，车间管理人员工资8 000元，行政管理人员工资10 000元。编制会计分录如下：

借：生产成本——A产品　20 000
　　　　　　——B产品　12 000
　　制造费用　8 000
　　管理费用　10 000
　贷：应付职工薪酬——工资　50 000

【做中学4-24】沿用【做中学4-23】资料，企业按工资总额的14%提取职工福利费。编制会计分录如下：

借：生产成本——A产品　2 800
　　　　　　——B产品　1 680
　　制造费用　1 120
　　管理费用　1 400
　贷：应付职工薪酬——职工福利　7 000

【做中学4-25】企业以现金50 000元发放职工工资。编制会计分录如下：

借：应付职工薪酬——工资　50 000
　贷：库存现金　50 000

（3）计提固定资产折旧。在实际工作中，固定资产在使用过程中必定会发生价值的损耗，企业应按照固定资产的原值和核定的折旧率按月计提固定资产折旧，并计入相应产品成本或期间费用。其中，生产车间固定资产计提折旧记入“制造费用”账户；行政管理部门固定资产计提折旧记入“管理费用”账户；销售部门固定资产计提折旧记入“销售费用”账户。所以，企业计提固定资产折旧时，借记“制造费用”“管理费用”等账户，贷记“累计折旧”账户。

【做中学4-26】企业按规定计提本月固定资产折旧8 000元，其中生产车间固定资产折旧6 000元，行政管理部门固定资产折旧2 000元。编制会计分录如下：

借：制造费用　6 000
　　管理费用　2 000
　贷：累计折旧　8 000

（4）其他费用的核算。在生产过程中，除了发生材料费、人工费、折旧费外，还会发生其他费用，如燃料动力费、车间办公费、水电费、保险费等。这些费用，有些可计入产品成本，应记入“制造费用”账户；有些则计入当期损益，应记入“管理费用”或“销售费用”等账户。

【做中学4-27】企业用现金购买办公用品，其中生产车间花费180元，管理部门花费300元。编制会计分录如下：

借：制造费用　180
　　管理费用　300
　贷：库存现金　480

【做中学4-28】企业以银行存款支付本月水电费6 800元，其中生产车间5 800元，管理部门1 000元。编制会计分录如下：

借：制造费用　5 800
　　管理费用　1 000
　贷：银行存款　6 800

（5）制造费用的分配结转。各项间接费用在发生时，首先在“制造费用”账户中归集，期末将归集的制造费用按照一定的分配标准在各受益对象之间进行分配，由各产品负担，构成产品成本的一部分。因此，应将由各产品负担的制造费用，从“制造费用”账户贷方转出，记入“生产成本”账户借方。

【做中学4-29】月末，企业将本月发生的制造费用30 000元按生产工人工资进行分配，其中A产品应负担制造费用12 000元，B产品应负担制造费用18 000元。编制会计分录如下：

借：生产成本——A产品 12 000
　　　　　　——B产品 18 000
　贷：制造费用 30 000

（6）结转完工产品成本。产品完工后，应进行完工产品成本计算。首先将各项费用归集到“生产成本”账户的借方，然后将各项费用在本月完工产品和月末在产品之间进行分配，确定完工产品成本。产品完工并验收入库时，借记“库存商品”账户，贷记“生产成本”账户。

【做中学4-30】月末，企业完工入库A产品1 000台，实际单位成本为350元/台，B产品1 200台，实际单位成本为500元/台。编制会计分录如下：

借：库存商品——A产品 350 000
　　　　　　——B产品 600 000
　贷：生产成本——A产品 350 000
　　　　　　　——B产品 600 000

任务四　销售过程业务的核算

销售过程是制造企业生产经营过程的第三个阶段。在销售过程中，企业要将生产过程中生产出来的产成品销售出去，收回货币资金，以弥补企业为生产产品而发生的生产耗费，保证生产经营过程的顺利进行。销售过程是企业生产经营过程的最后一个阶段，也是资金周转最重要的过程，如果企业生产出来的产品不能销售出去，产品价值就不能实现，企业再生产过程将难以为继。

企业销售产品取得的收入为产品销售收入。在确认销售收入时，首先应明确销售收入的入账时间。根据权责发生制，销售收入的确认通常是以销售过程完成、商品所有权转移，同时收到货款或取得在未来确定的时间内收取货款的证据为标志。随着产品销售的实现，按照配比原则，企业为取得一定数量的销售收入必须付出一定代价，被售出产品的实际生产成本就转化为产品销售成本。为了实现产品销售，企业还会发生各种销售费用，如包装费、运杂费、保险费、广告费和为销售本企业产品而专设的销售机构的经费等。此外，企业在取得产品销售收入时，还必须按国家规定缴纳销售税金及附加费，如消费税、城市维护建设税和教育费附加等。根据配比原则，企业销售收入抵补各项销售支出后的差额为产品销售利润。所有这一切，构成了销售过程主要经济业务的核算内容。

一、账户的设置

（1）“主营业务收入”账户。该账户属于损益类账户，用来核算企业销售产品或提供劳务取得的收入。该账户的贷方登记本期销售产品、提供劳务取得的收入；借方登记销售退回、折让发生额和期末转入“本年利润”账户的金额；期末结转后该账户无余额。在生产企业，该账户可按照产品种类设置明细分类账户，进行明细分类核算。

（2）“主营业务成本”账户。该账户属于损益类账户，用来核算企业销售产品或提供劳务等业务成本的确认和结转情况。该账户的借方登记本期为取得主营业务收入而发生的成本；贷方登记转入“本年利润”账户的成本金额；期末结转后该账户无余额。在生产企业，该账户可按照产品种类设置明细分类账户，进行明细分类核算。

（3）“税金及附加”账户。该账户属于损益类账户，用来核算企业在经营活动中发生的消费税、城市维护建设税、资源税和教育费附加等相关税费。该账户的借方登记企业应缴纳的产品销售税金及附加费；贷方登记期末转入“本年利润”账户的金额；期末结转后该账户无余额。该账户应按照税费种类设置明细分类账户，进行明细分类核算。

（4）“销售费用”账户。该账户属于损益类账户，用来核算企业销售产品和材料、提供劳务的过程中所发生的各种费用，包括包装费、运输费、广告费、销售人员薪酬等。该账户的借方登记企业发生的各种销售费用；贷方登记期末转入“本年利润”账户的金额；期末结转后该账户无余额。该账户应按照费用种类设置明细分类账户，进行明细分类核算。

（5）“应收账款”账户。该账户属于资产类账户，用来核算企业因销售产品、提供劳务等经营活动应向购货单位或接受劳务单位收取的款项。该账户的借方登记应收取的款项；贷方登记已收回的应收款项或因故确认为坏账转销的应收款项；期末余额在借方，表示尚未收回的款项。该账户应按照客户单位名称设置明细分类账户，进行明细分类核算。

（6）“预收账款”账户。该账户属于负债类账户，用来反映和监督企业预收款项的发生与偿付情况。企业由于业务需要根据合同预收购买单位一定数量的货款，就意味着企业负债的增加，应记入“预收账款”账户的贷方；企业销售产品或提供劳务以抵偿预收货款时，就意味着企业负债的减少，应记入“预收账款”账户的借方；期末余额在贷方，表示企业已经预收了货款，但尚未用产品或劳务偿付这一款项。该账户应按照购买单位的名称设置明细分类账户，进行明细分类核算。

（7）“其他业务收入”账户。该账户属于损益类账户，用来核算企业除主营业务活动以外的其他经营活动实现的收入，如出租固定资产、销售材料等。该账户的贷方登记已实现的收入；借方登记期末转入“本年利润”账户的金额；期末结转后该账户无余额。该账户可按照其他业务种类设置明细分类账户，进行明细分类核算。

（8）“其他业务成本”账户。该账户属于损益类账户，用来核算企业为取得其他业务收入而发生成本的确认和结转情况。该账户的借方登记发生的除主营业务以外的其他业务成本；贷方登记期末转入“本年利润”账户的成本金额；期末结转后该账户无余额额。该账户可按照其他业务种类设置明细分类账户，进行明细分类核算。

二、业务的核算

（1）主营业务收入与成本的确认。企业销售商品或提供劳务实现的收入，应按实际收到或应收的金额，借记“银行存款”“应收账款”“应收票据”等账户，按确认的收入，贷记“主营业务收入”账户，并根据售价收取的增值税销项税额，贷记“应交税费——应交增值税（销项税额）”账户。遵循配比原则，确认为取得主营业务收入而发生的实际成本，借记“主营业务成本”账户，贷记“库存商品”账户。

【做中学4-31】企业销售A产品50台，每台售价480元，增值税销项税额3 120元，贷款尚未收到。编制会计分录如下：

借：应收账款　　27 120
　贷：主营业务收入　　24 000
　　　应交税费——应交增值税（销项税额）　　3 120

【做中学4-32】企业月末结转本月已销售的A、B产品的销售成本，其中A产品的单位成本为350元/台，B产品的单位成本为500元/台。本月销售A产品200台，B产品60台。编制会计分录如下：

借：主营业务成本——A产品　　70 000
　　　　　　　　——B产品　　30 000
　贷：库存商品——A产品　　70 000
　　　　　　　——B产品　　30 000

【做中学4-33】企业月末收回销货款27 120元，存入银行。编制会计分录如下：

借：银行存款　　27 120
　贷：应收账款　　27 120

（2）其他业务收入与成本的确认。企业因出租固定资产、销售材料等非主营业务而取得收入时，应按实际收到或应收的金额，借记“银行存款”“应收账款”“应收票据”等账户，按确认的收入，贷记“其他业务收入”账户，涉及的增值税销项税额，贷记“应交税费——应交增值税（销项税额）”账户。同样按照配比原则，确认为取得其他业务收入而发生的实际成本，借记“其他业务成本”账户，贷记“原材料”“累计折旧”等账户。

【做中学4-34】企业销售一批原材料，价款28 000元，增值税3 640元，款项收到并存入银行。编制会计分录如下：

借：银行存款　　31 640
　贷：其他业务收入　　28 000
　　　应交税费——应交增值税（销项税额）　　3 640

【做中学4-35】企业向某单位转让专利技术的使用权，获得收入100 000元，存入银行。编制会计分录如下：

借：银行存款　　100 000

贷：其他业务收入　　100 000

【做中学4-36】企业月末结转本月销售材料的成本19 000元。编制会计分录如下：

借：其他业务成本　　19 000

贷：原材料　　19 000

（3）税金及附加的确认。按照相关规定，企业销售商品实现收入，应向国家税务机关缴纳各种销售税金及附加费，包括消费税、城市维护建设税、资源税以及教育费附加等。月末根据当月销售额或税额，按照规定的税率计算应缴纳的税金，并于下月初上缴。确定应交的税额后，借记“税金及附加”账户，贷记“应交税费”各明细账户。实际上缴时，借记“应交税费”各明细账户，贷记“银行存款”账户。

【做中学4-37】经计算，企业本月销售A、B产品应缴纳的城市维护建设税12 600元，教育费附加5 400元。编制会计分录如下：

借：税金及附加　　18 000

贷：应交税费——应交城市维护建设税　　12 600

——应交教育费附加　　5 400

（4）销售费用的确认。销售费用是企业在销售过程中以及在专设销售机构中发生的各种费用，如广告费、运输费、装卸搬运费、包装费以及销售人员的工资等。发生各项销售费用时，借记“销售费用”账户，贷记“银行存款”等账户。

【做中学4-38】企业用银行存款支付产品宣传广告费3 000元。编制会计分录如下：

借：销售费用　　3 000

贷：银行存款　　3 000

任务五　利润分配过程的核算

利润或亏损都是企业经营结果在财务上的表现。利用利润这一指标，可以考核企业的工作成果，因此，利润是衡量企业工作质量的重要指标。财务成果是企业生产经营活动的最终成果，是企业各项收入抵补各项支出后的差额，表现为利润或亏损。

企业通过供、产、销过程取得的产品销售利润，还不是企业的最终财务成果。企业在生产经营过程中，由于种种原因，还会发生一些其他收支业务，这些也是财务成果的组成部分。

利润形成核算的主要内容有：与利润形成有关的各项收支业务；月末计算和结转当期利润总额；年末计提并结转当年应交所得税；进行当年利润分配。

一、利润的构成

（1）营业利润。它是企业一定时期生产经营活动所形成的利润，是企业利润总额的主要来源。以营业收入为基础，减去营业成本、税金及附加、销售费用、管理费用、研发费用、财务费用，加其他收益，加（减）投资收益、净敞口套期收益、公允价值变动收益、信用减值损失、资产减值损失和资产处置收益计算出营业利润。其计算公式如下：

营业利润=营业收入-营业成本-税金及附加-销售费用-管理费用-研发费用-财务费用+其他收益±投资收益±净敞口套期收益±公允价值变动收益±信用减值损失±资产减值损失±资产处置收益

营业收入=主营业务收入+其他业务收入

营业成本=主营业务成本+其他业务成本

（2）利润总额。以营业利润为基础，加上营业外收入，减去营业外支出计算出利润总额。其计算公式如下：

利润总额=营业利润+营业外收入-营业外支出

（3）净利润。以利润总额为基础，减去所得税费用计算出净利润或净亏损。其计算公式如下：

净利润=利润总额-所得税费用

二、账户的设置

（1）“投资收益”账户。该账户属于损益类账户，用来核算企业对外投资取得的投资收入或发生的投资损失。该账户的贷方登记对外投资所取得的收入；借方登记对外投资发生的损失；期末将余额转入“本年利润”账户，结转后该账户无余额。

（2）“营业外收入”账户。该账户属于损益类账户，用来核算企业取得的与生产经营活动没有直接关系的各项收入，包括非货币性资产交换利得、处置无形资产收益、罚款收入、教育费附加返还款等。该账户的贷方登记发生的各项营业外收入；借方登记期末转入“本年利润”账户的金额；结转后该账户无余额。

（3）“营业外支出”账户。该账户属于损益类账户，用来核算企业发生的与生产经营活动没有直接关系的各项支出，包括固定资产盘亏支出、处置固定资产的净损失、处置无形资产的净损失、非常损失、罚款支出、债务重组损失、捐赠支出、计提的无形资产减值准备、计提的固定资产减值准备等。该账户的借方登记发生的各项营业外支出；贷方登记期末转入“本年利润”账户的金额；结转后该账户无余额。

（4）“本年利润”账户。该账户属于所有者权益类账户，用来核算企业在本年内实现的利润（或亏损）总额。该账户的贷方登记期末从有关收入类账户转入的各项收入、收益金额；借方登记期末从成本费用类账户转入的各项费用、支出金额；借方余额反映本期发生的亏损额，贷方余额反映本期实现的净利润额。无论亏损还是盈利，年末都必须将其余额转入“利润分配”账户，“本年利润”账户不保留年末余额。

（5）“利润分配”账户。该账户属于所有者权益类账户，用来核算企业一定时期内净利润的分配或亏损的弥补以及历年结存的未分配利润（或未弥补亏损）情况。该账户的借方登记实际分配的利润额，包括提取的盈余公积金和分配给投资人的利润以及年末从“本年利润”账户转入的全年累计亏损额；贷方登记用盈余公积金弥补的亏损额等其他转入额以及年末从“本年利润”账户转入的全年实现的净利润额。

（6）“盈余公积”账户。该账户属于所有者权益类账户，用来核算企业从税后利润中提取的盈余公积金，包括法定盈余公积和任意盈余公积的增减变动及其结余情况。该账户的贷方登记盈余公积金的增加；借方登记盈余公积金的减少；期末余额在贷方，表示结余的盈余公积金。

（7）“应付股利”账户。该账户属于负债类账户，用来核算企业应分配给投资人股利（现金股利）或利润（非股份制企业）的增减变动及其结余情况。该账户的贷方登记应付给投资人的股利或利润；借方登记实际支付给投资人的股利或利润；期末余额在贷方，表示尚未支付的股利或利润。

（8）“所得税费用”账户。该账户属于损益类账户，用来核算企业确认的应从当期利润总额中扣除的所得税费用。该账户的借方登记企业当期按税法规定应负担的所得税费用；贷方登记期末转入“本年利润”账户借方的所得税费用；结转后该账户无余额。

三、业务的核算

（1）利润形成。会计期末（月末、季末、年末）结账时，应将各收入类账户的余额由借方结转到“本年利润”账户贷方，将各费用类账户的余额由贷方结转到“本年利润”账户借方，通过“本年利润”账户来汇总反映和确认利润的形成情况。企业在获得利润之后，还应按税法规定以企业的利润总额为征税对象计算并缴纳所得税。应纳所得税的计算公式如下：

应纳所得税税额=应纳税所得额×所得税税率

计算出的应纳所得税作为企业的一项费用支出，借记“所得税费用”账户，贷记“应交税费——应交所得税”账户，期末从“所得税费用”账户贷方转出，记入“本年利润”账户借方。此时，“本年利润”账户贷方余额是企业实现的净利润，税后利润才可供企业分配。

【做中学4-39】企业月末各收入、费用类账户的余额资料见表4-2。

表4-2 收入、费用类账户余额表 单位：元

账户名称	借方余额	贷方余额
主营业务收入		139 800
其他业务收入		1 000
投资收益		5 000
营业外收入		2 000
主营业务成本	60 000	
税金及附加	4 000	
其他业务成本	900	
销售费用	5 000	
管理费用	4 000	
财务费用	400	
营业外支出	1 500	

根据上述资料，结转各收入、费用类账户余额。编制会计分录如下：

借：主营业务收入 139 800
　　其他业务收入 1 000
　　投资收益 5 000
　　营业外收入 2 000
　贷：本年利润 147 800

借：本年利润 75 800
　贷：主营业务成本 60 000
　　　税金及附加 4 000
　　　其他业务成本 900
　　　销售费用 5 000
　　　管理费用 4 000
　　　财务费用 400
　　　营业外支出 1 500

【做中学4-40】12月末，企业本月实现的利润总额为72 000元，假设利润总额与应纳税所得额相等，其他因素不考虑，按规定税率25%计算应交所得税。

应交所得税=72 000×25%=18 000（元）

根据上述资料，编制会计分录如下：

借：所得税费用 18 000
　贷：应交税费——应交所得税 18 000

借：本年利润 18 000
　贷：所得税费用 18 000

（2）利润分配。企业取得的净利润，应按规定进行分配。根据《公司法》的规定，企业当年实现的净利润，首先应弥补以前年度尚未弥补的亏损，对于剩余部分，应按照下列顺序进行分配：

首先，提取法定盈余公积。法定盈余公积应按本年实现净利润10%的比例提取。企业提取的法定盈余公积累计额超过注册资本50%以上的，可以不再提取。企业提取的法定盈余公积主要用于弥补亏损、转增资本。

其次，提取任意盈余公积。任意盈余公积按照公司股东会或股东大会决议，从公司税后利润中提取。非公司制企业经类似权力机构批准，也可提取任意盈余公积。

最后，向投资者分配利润或股利。企业实现的净利润在扣除上述项目后，再加上年初未分配利润和其他转入额，形成可供投资者分配的利润。

按规定提取法定盈余公积时，借记“利润分配”账户，贷记“盈余公积”账户。向投资者分配利润时，借记“利润分配”账户，贷记“应付股利”账户。年度终了，企业应将“利润分配”账户所属的其他明细账的余额转入“利润分配——未分配利润”账户，结转后，“利润分配”账户除“未分配利润”明细账户外，其他明细账户应无余额。

【做中学4-41】企业本年实现的净利润为450 000元，按10%提取法定盈余公积

45 000元。编制会计分录如下：

借：利润分配——提取法定盈余公积　　45 000

　贷：盈余公积——法定盈余公积　　45 000

【做中学4-42】根据决议，企业决定分配给投资者现金股利60 000元。编制会计分录如下：

借：利润分配——应付现金股利　　60 000

　贷：应付股利　　60 000

【做中学4-43】企业年末结转本年实现的净利润450 000元。编制会计分录如下：

借：本年利润　　450 000

　贷：利润分配——未分配利润　　450 000

【做中学4-44】企业年末结清利润分配账户所属的各有关明细账户，其中“利润分配——提取法定盈余公积”45 000元，“利润分配——应付现金股利”60 000元。编制会计分录如下：

借：利润分配——未分配利润　　105 000

　贷：利润分配——提取法定盈余公积　　45 000

　　　　　　——应付现金股利　　60 000

应会考核

应知考核

□ 业务考核

【考核项目】

在借贷记账法下，企业筹集资金、供应、生产、销售过程的业务核算

【背景资料】

1.练习企业筹集资金业务的核算。

某企业2020年3月发生下列经济业务：①企业收到外商投资人民币500 000元，款项已存入银行。②企业收到甲投资者投入全新的设备2台，价值200 000元。③经批准将资本公积100 000元转增注册资本。④企业从银行借入一笔5年期限的借款，金额为500 000元。⑤企业从银行取得期限为6个月的借款100 000元。

2.练习工业企业供应过程经济业务的核算。

某企业2020年3月发生下列经济业务：①向阳光公司购进甲材料200吨，每吨100元，增值税进项税额2 600元，价税合计22 600元，已通过银行转账支付，材料已验收入库。②向四维公司购进丙材料2 000吨，每吨20元，增值税进项税额5 200元，价税合计45 200元，款项尚未支付，材料已验收入库。③向海星公司购进甲材料300吨，每吨200元，增值税进项税额7 800元，已通过银行存款支付其中的20 200元，其余款项尚未支付，材料尚在途中。

3.练习工业企业生产过程经济业务的核算。

某企业2020年3月发生下列经济业务：

（1）3日仓库发出下列材料：A产品耗用甲材料200吨，每吨200元，乙材料50吨，每吨20元；B产品耗用乙材料10吨，每吨20元，丙材料60吨，每吨20元；车间一般耗用乙材料5吨，每吨20元；厂部耗用甲材料1吨，每吨200元。

（2）5日用银行存款支付银行的手续费300元。

（3）6日用银行存款支付水电费30 000元，其中行政管理部门耗用4 000元，车间耗用26 000元。

（4）7日用现金支付办公费210元，其中行政管理部门120元，车间90元。

（5）8日收到银行通知，支付本月借款利息600元。

（6）11日提取现金13 600元，并发放工资。

（7）25日计提本月固定资产的折旧费4 000元，其中生产车间固定资产应提折旧3 000元，行政管理部门固定资产应提折旧1 000元。

（8）30日分配本月职工的工资13 600元，其中生产工人工资9 600元，车间管理人员工资1 500元，行政管理人员工资2 500元。

（9）31日按工资总额的14%计提职工福利费。

（10）31日结转本月完工产品成本91 144元，其中A产品完工成本68 465元，B产品完工成本22 679元。

4.练习销售过程经济业务的核算。

某企业2020年3月发生下列经济业务：①向申发公司销售C产品50件，每件200元，共计10 000元，增值税销项税额1 300元，款项尚未收到。②向华康公司销售C产品10件，每件200元，D产品60件，每件50元，共计5 000元，增值税销项税额650元，收到一张5 650元的转账支票。③用银行存款支付广告费5 000元。④出售以前库存积压的丙材料2 000元，取得售料款2 100元，款已存入银行，结转已售材料的收入及成本。⑤结转本月出售产品的成本，其中C产品成本4 000元，D产品成本1 200元。⑥计算应缴纳的城市维护建设税3 000元，教育费附加1 285元。⑦用银行存款缴纳的城市维护建设税3 000元，教育费附加1 285元。

【考核要求】

根据上述背景资料，分别编制会计分录。

□ 项目实训

【实训项目】

企业经济业务综合核算

【实训资料】

亚都公司2020年3月发生的部分经济业务如下：

（1）收到投资人投入货币资金200 000元，经协商确认180 000元作为注册资本，20 000元作为资本公积，款项已存入银行。

（2）收到投资人投入乙材料400 000元。

（3）开出转账支票支付前欠甲公司货款35 000元。

（4）某单位送来面额为16 000元的转账支票一张，作为购买A产品80件的预付货款，当即送存银行。

（5）以银行存款5 000元预付供应单位材料款。

（6）购进甲材料8吨，每吨1 200元，增值税进项税额1 248元，运费400元，材料已验收入库，货款尚未支付。

（7）从供应单位购进乙材料5吨，每吨1 000元，增值税进项税额650元，以原预付款抵付，余额650元以存款支付。

（8）购入办公用品100元，用现金支付。

（9）根据仓库领料单汇总，本月上旬材料耗用情况如下：甲材料A产品生产耗用25 600元，厂部管理部门耗用400元；乙材料B产品生产耗用7 820元，车间一般耗用1 180元。

（10）分配本月工资，其中生产A产品的工人工资30 000元，生产B产品的工人工资15 000元，厂部管理人员工资5 000元，车间管理人员工资7 000元，专设销售机构人员工资8 000元。

（11）按工资总额的14%计提职工福利费。

（12）本月应提固定资产折旧费18 400元，其中厂部计提6 400元，车间计提12 000元。

（13）预提本月应负担的银行短期借款利息150元。

（14）以银行存款支付8 000元水电费，其中车间耗用5 500元，管理部门耗用2 500元。

（15）结转本月完工产品成本，A产品800件，单位成本1 500元/件，B产品300件，单位成本800元/件。

（16）购入设备一台，价款80 000元，增值税进项税额10 400元，运费800元，安装费1 200元，设备价税款、运费、安装费以银行存款支付。

（17）出售A产品160件，每件2 500元，共计400 000元，增值税销项税额52 000元，购货单位送来面额为350 000元的转账支票一张，余款暂欠。

（18）销售B产品100件，每件1 300元，增值税销项税额16 900元，收到购货单位签发的商业汇票一张。

（19）结转本月已售产品成本，其中A产品650件，单位成本1 500元/件，B产品180件，单位成本800元/件。

（20）以银行存款支付广告费1 450元。

（21）以银行存款支付销售B产品的运输费和包装费1 500元。

（22）月末结转本月的各项收入及费用，其中主营业务收入1 859 000元，其他业务收入35 000元，主营业务成本1 119 000元，税金及附加130 130元，其他业务成本23 000元，管理费用46 500元，财务费用9 600元，销售费用5 500元。

（23）根据本月的利润总额计算应纳所得税税额184 889元。

（24）计提法定盈余公积37 538元。

【技能要求】

根据上述经济业务，编制亚都公司3月份相关会计分录。

项目五

外汇业务核算和国际结算

知识目标

1.理解：外汇的概念及其种类、汇率与标价方法

2.熟知：汇率的种类、外汇管理、记账本位币的确定

3.掌握：外币业务核算、汇兑损益外汇的管理、国际结算方式及其账务处理

技能目标

1.能够合理地运用外汇业务的账户结构和对应的账户

2.能够对外汇业务进行会计分录的编制和相应的账务处理

3.能够掌握国际结算汇付、托收、信用证方式的流程及其相应的会计账务处理

素质目标

能运用所学外汇业务核算和国际结算理论与实务知识研究相关案例，培养和提高学生在特定业务情境中分析问题与决策设计的能力；能结合“外汇业务核算和国际结算”教学内容，结合行业规范或标准，分析会计行为的善恶，强化学生的职业道德素质。

知识精讲

任务一　外汇概述

一、外汇的概念

理解外汇（foreign exchange，FX），需要从动态和静态两个不同的角度出发，而静态的外汇又有广义与狭义之分。

（一）动态的外汇定义

从动态角度来理解，外汇是指人们将一种货币兑换成另一种货币来清偿各国间债权债务关系的行为，即“国际汇兑”。

历史上，外汇最早的概念是指动态的外汇，是指经过银行等金融机构把一国货币兑换成另一国货币的一种专门性的经营活动或行为。“汇”是指资金的流动，“兑”是指通过金融机构进行的货币兑换。“汇”与“兑”的结合就是把一种货币兑换成另一种货币，然后以一定的方式（如汇款和托收），借助于各种流通工具，对国与国之间的债权债务关系进行非现金结算的经营活动。所以，动态的外汇强调了外汇的起源和实质，也揭示了人们为什么需要外汇。在这种含义下，外汇等同于国际结算活动。

（二）静态的外汇定义

静态的外汇是指以外币表示的可以在国际结算中使用的各种支付手段和各种对外债权。在这种含义下，外汇等同于外币资产。人们更习惯于将外汇理解为静态的含义。

随着国际交往的增加和信用工具的发展，外汇的内涵也日益丰富，所以静态的外汇还有狭义和广义之分。

1.狭义的静态外汇

狭义的静态外汇是指以外币表示的，可以用于国际结算的支付手段。通常所说的外汇就是这种含义，一般以下列形式存在：存放在境外的外国货币、以外币表示的各种支付凭证以及能够直接用于国际结算的以外币表示的其他可以取得收入的债权凭证，主要包括银行存款凭证、汇票、支票、本票和电汇凭证等。其中，银行存款是狭义外汇概念的主体。

2.广义的静态外汇

广义的静态外汇泛指一切以外国货币表示的、能用于国际结算以及在国际收支逆差时可以动用的一系列金融资产。

国际货币基金组织定义的外汇就属于广义的范畴，即“外汇是货币行政当局（中央银行、货币管理机构、外汇平准基金组织及财政部）以银行存款、国库券、长短期政府债券等形式所持有的在国际收支逆差时可以使用的债权。”它强调外汇是一国货币当局所持有的具有专门用途的债权，实际上仅指一个国家所拥有的外汇储备，而不包括一国普通居民所持有的外国债权。

各国涉及外汇管理的法令条例中也多采用这一概念。如《中华人民共和国外汇管理条例》中指出：“外汇是指下列以外币表示的可以用作国际清偿的支付手段和资产：①外币现钞，包括纸币、铸币；②外币支付凭证或者支付工具，包括票据、银行存款凭证、银行卡等；③外币有价证券，包括债券、股票等；④特别提款权；⑤其他外汇资产。”

国际经济交往中大量使用的外汇都是通过银行的结算系统实现收付的。由此可知，在广义外汇中称之为外汇的，在狭义外汇中就不一定属于外汇的范畴。狭义外汇强调的是能直接用于清偿国际债务，广义外汇还包括经过转换（交易）能用于清偿国际债务的部分。例如，以外币表示的有价证券是外币信用凭证，但不能直接用于清偿和支付，只有将它们在金融市场上出售，使其变为在国外的银行存款时才能用于国际结算，故不属于通常意义上的外汇。同样，外国钞票也不能算作外汇，因为外国钞票禁止在非发行国流通，只有把外钞运回发行国，并贷记在银行账户上，从而转换成外币存款，以便进入国际结算过程，才能称为外汇。

二、外汇的特征

一种货币能够充当外汇是有一定的前提条件的，这些条件表明外汇具有一定的特征。

1.国际性或普遍接受性

外汇必须是以外国货币表示的国际上能普遍接受和使用的金融资产。本币即使可以换成外币或者以外币表示的资产，也不能称为外汇。

2.可自由兑换性

外汇必须是可以为任何目的、在任何情况下、不受任何限制地兑换成其他支付手段的外币资产，不能自由兑换的就不是外汇。

3.可偿还性

外汇必须是在国外能得到偿付的货币债权。只有拥有支付能力才能称为外汇，空头支票、被拒付的汇票、不能兑换成其他国家货币的外国钞票均不能视作外汇。

从更广泛的意义上讲，由于国际货币收付极其复杂，外汇存在的形态并不限于外币资产。根据国际协议，限定用于国际支付的本国货币或以本国货币标示的债券也被视为外汇。我国曾存在过“外汇人民币”，专门用以办理涉外收支。此外，欧洲货币市场上的“欧洲美元”“欧洲美元债券”对美国来说就是外汇。依此类推，其他“欧洲货币”和“欧洲债券”对货币发行国来说也是外汇。

三、外汇的种类

（一）自由外汇与记账外汇

按照外汇兑换时所受限制的程度划分，外汇可分为自由外汇与记账外汇。

1.自由外汇

自由外汇是指不需要货币发行国当局批准就可以自由兑换成其他货币，或是可以向第三国办理支付的外国货币及其支付手段。自由外汇可以成为国际结算货币，但并不是所有可自由兑换的货币都是国际结算货币。世界上虽有不少国家宣布其货币可自由兑换，但鉴于其经济活动总量及该国在世界上的地位，真正能在国际上广泛使用和接受的仅有美元、欧元、英镑、日元、瑞士法郎等少数货币。因而，可自由兑换货币在币种上远远超过国际结算货币。一国可以实行本币的自由兑换，但如果该货币没有被世界上其他国家所接受用于国际贸易和投资的计价和支付，就不能作为国际结算货币。

2.记账外汇

记账外汇亦称双边外汇，即不经货币发行国批准，不能自由兑换成其他货币也不能对第三国进行支付的外汇。例如，我国曾在对某些发展中国家和苏联的进出口贸易中，为了节省双方的自由外汇，签订双边支付协定，采用记账外汇进行清算。记账外汇有如下特点：①只在双方国家指定银行开立专门账户记载，并由双方协商决定其汇率、记账方法和使用范围。②协定项下的收支定期轧差，差额由双方协商，可结转到下一年度或折算成双方同意的第三国货币。③不能转给第三国使用，也不能自由兑换。记账外汇带有封闭性，与经济全球化潮流不相吻合。

（二）贸易外汇与非贸易外汇

按外汇的来源与用途划分，外汇可分为贸易外汇与非贸易外汇。

1.贸易外汇

贸易外汇是指由商品的输出和输入引起收付的外汇。商品输出可赚取外汇，商品输入则需支付外汇。在一般情况下，贸易外汇收入是一个国家最主要的外汇来源，贸易外汇支出则是外汇的主要用途。

2.非贸易外汇

非贸易外汇是指由非贸易往来引起收付的外汇，如劳务外汇、旅游外汇和侨汇等。

（三）即期外汇与远期外汇

按外汇买卖交割的期限划分，外汇可分为即期外汇与远期外汇。

1.即期外汇

即期外汇又称现汇，一般是指在外汇买卖成交后即日收付或在两个营业日之内办理交割的外汇。

2.远期外汇

远期外汇又称期汇，是指按远期外汇合同约定的日期在未来某一天办理交割的外汇。远期外汇的交割期限一般为1年以内，在多数情况下是1～6个月，3个月期的最多。

（四）官方外汇与私人外汇

按照外汇持有者身份划分，外汇可分为官方外汇与私人外汇。

1.官方外汇

官方外汇是指政府或国际组织持有的外汇。

2.私人外汇

私人外汇是指企业和家庭持有的外汇。

四、国际标准化货币符号

为了能够准确而简易地表示各国货币的名称，便于开展国际贸易、金融业务和计算机数据通信，国际标准化组织规定了货币的标准代码。该标准代码为三字符货币代码，前两个字符代表该种货币所属的国家或地区，第三个字符代表货币单位。常用国家和地区的货币名称符号代码见表5-1，为了便于识别和记忆，我们将代码表进行了简化。

五、外币的折算

外币折算是指将不同的外币金额换算成等值记账本位币或特定外币的程序，是会计上对原有外币金额的重新表述。外币交易之所以要进行折算，是因为会计计量需要有一个单一的尺度。在外币交易中，原始计量货币是不同的，在记入账册之前，必须将外币金额折算为等值本国货币。否则，用不同货币单位表述的金额不可能反映经济事项，也不能用于编制财务报表。

表 5-1　　常用国家和地区的货币名称、代码表

国家和地区	货币名称	货币代码
China（中国）	Renminbi Yuan（人民币）	CNY
Hong Kong（中国香港）	Hong Kong Dollar（港元）	HKD
Japan（日本）	Yen（日元）	JPY
Korea（韩国）	Won（韩元）	KRW
Singapore（新加坡）	Singapore Dollar（新加坡元）	SGD
Vietnam（越南）	Dong（盾）	VND
Thailand（泰国）	Baht（泰铢）	THB
Malaysia（马来西亚）	Malaysia Ringgit（马来西亚林吉特）	MYR
European Union（欧盟）	Euro（欧元）	EUR
United Kingdom（英国）	Pound Sterling（英镑）	GBP
Switzerland（瑞士）	Swiss Franc（瑞士法郎）	CHF
United States（美国）	US Dollar（美元）	USD
Canada（加拿大）	Canadian Dollar（加拿大元）	CAD
Mexico（墨西哥）	Mexican Peso（墨西哥比索）	MXN
Australia（澳大利亚）	Australian Dollar（澳大利亚元）	AUD
New Zealand（新西兰）	New Zealand Dollar（新西兰元）	NZD

任务二　汇率与标价方法

一、汇率的概念

汇率（exchange rate）是指一个国家的货币用另一个国家的货币所表示的价格，也就是用一个国家的货币兑换成另一个国家的货币时买进、卖出的价格，换句话说，汇率就是两种不同货币之间的交换比率或比价，故又称为“汇价”“兑换率”。

外汇作为一种特殊的商品，可以在外汇市场上买卖，这就是外汇交易，进行交易的外汇必须有价格，因此汇率又被称为“汇价”。由于外汇市场上的供求经常变化，汇率也经常发生波动，因此汇率又被称为“外汇行市”。在一些国家，本币兑换外币的汇率通常在银行挂牌对外公布，这时汇率又被称为“外汇牌价”。

二、汇率的标价方法

确定两种货币之间的比价，首先应确定用哪个国家的货币作为标准。由于确定的标

准不同，产生了不同的标价方法。无论哪种标价方法，我们把数量固定不变的货币称为标准货币或基准货币，数量不断改变的货币称为报价货币或从价货币。

（1）直接标价法（direct quotation）。它又称为应付标价法（giving quotation），是以一定单位（1个、100个或10 000个外币单位）的外国货币为标准，折算成若干单位的本国货币来表示，即以本国货币表示外国货币的价格。当今世界上，绝大多数国家均使用直接标价法。我国人民币对外币也采用这种标价方法。

在直接标价法下，汇率具有以下两个特征：①标准货币是外币，报价货币是本币；②外汇汇率的升（贬）值与报价货币数额的多少呈同方向变化。外国货币的数额保持固定不变，本国货币的数额随着外国货币或本国货币币值的变化以及外汇供求条件的变化而变动。如果一定单位的外国货币升值或本国货币贬值，则报价货币的数额增加；反之，如果一定单位的外国货币贬值或本国货币升值，则报价货币的数额减少。

（2）间接标价法（indirect quotation）。它又称为应收标价法（receiving quotation），是以一定单位的本国货币为标准，折算成若干单位的外国货币来表示，即以外国货币表示本国货币的价格。当今世界上，实行间接标价法的国家和地区较少，主要有英国、美国、欧元区、新西兰、加拿大、澳大利亚等。

在间接标价法下，汇率具有以下两个特征：①标准货币是本币，报价货币是外币；②外汇汇率的升（贬）值与报价货币数额的多少呈反方向变化。本国货币的数额保持固定不变，外国货币的数额随着本国货币或外国货币币值的变化以及外汇供求条件的变化而变动。如果外国货币升值或本国货币贬值，则报价货币的数额减少；反之，如果外国货币贬值或本国货币升值，则报价货币的数额增加。

这里需要注意：

第一，我们在判断直接标价法和间接标价法时，一定要明确来源于哪一个外汇市场。例如，某日在纽约市场，1美元=1.6545瑞士法郎，为间接标价法；对于同样的汇价，若在苏黎世市场则变为直接标价法；若在中国香港市场，则既不是直接标价法，也不是间接标价法。

第二，对于同一外汇市场，直接标价法和间接标价法互为倒数。例如，某日在纽约市场，1美元=1.6545瑞士法郎，为间接标价法；而1瑞士法郎=1/1.6545美元，则为直接标价法。

（3）美元标价法和非美元标价法。美元标价法（US dollar quotation），是以一定单位的美元为标准，折算成若干单位的其他货币来表示。非美元标价法，是以非美元货币为标准，折算成若干单位的美元来表示。在国际外汇市场上，除英镑、澳大利亚元、新西兰元、欧元、南非兰特等几种货币采用非美元标价法以外，其余大多数货币均采用美元标价法。这一惯例已被全世界的市场参与者所接受。

直接标价法和间接标价法都是针对本国货币和外国货币之间的关系而言的。相对于某个国家或某个外汇市场而言，本币以外其他各种货币之间的比价则无法用直接标价法或间接标价法来表示。事实上，第二次世界大战以后，特别是欧洲货币市场兴起以来，国际金融市场之间外汇交易量迅速增长，为便于在国际上进行外汇业务交易，银行间的报价一般都以美元为标准来表示各国货币的价格，至今已成习惯。世界各金融中心的国际银行所公布的外汇牌价，一般都是美元对其他主要货币的汇率。非美元货币之间的汇率则将各自对美元的汇率作为基础，进行套算。

三、汇率的种类

外汇汇率的种类很多，有各种不同的划分方法，特别是在实际业务中，分类更加复杂，主要有以下几种分类：

1.从汇率制定的角度，分为基本汇率和套算汇率

（1）基本汇率（basic rate）。它又称基准汇率，是指一国货币对关键货币的比率。所谓关键货币（key money），是指在国际交往中使用最多、在外汇储备中所占比重最大，在国际上普遍接受的可自由兑换的货币。美元作为国际上主要的结算货币和储备货币，成为外汇市场的关键货币。因而，目前大多数国家都把本国货币与美元的汇率作为基本汇率。基本汇率是确定一国货币与其他国家货币汇率的基础。

（2）套算汇率（cross rate）。它又称交叉汇率，是通过两种不同货币与关键货币的汇率间接地计算出两种不同货币之间的汇率。套算汇率的计算方法有两种，即“同项相乘法”和“交叉相除法”。“同项相乘法”适用于关键货币不同的套算汇率的计算，“交叉相除法”适用于关键货币相同的套算汇率的计算。套算汇率的具体套算方法可分为以下三种情况：

第一，如果在两种非美元货币的报价中，美元都是基础货币，则计算的方法是交叉相除法，以被除数所代表的货币作为交叉汇率中的计价货币，以除数所代表的货币作为交叉汇率中的基础货币。

【做中学5-1】已知USD/CHF：1.6240～1.6248；USD/EUR：0.8110～0.8118。计算EUR/CHF的汇率。

解：已知的两个汇率中美元均为基础货币，所求交叉汇率EUR/CHF中，EUR为基础货币，原来给定的汇率中含有该基础货币的汇率数0.8110～0.8118作为分母，并将其交叉；CHF为标价货币，原来给定的汇率中含有该标价货币的汇率数1.6240～1.6248作为分子。则：

EUR/CHF的买入价为：1.6240÷0.8118=2.0005。

EUR/CHF的卖出价为：1.6248÷0.8110=2.0035。

交叉汇率为：EUR/CHF：2.0005～2.0035。

第二，如果在两种非美元货币的报价中，美元都是计价货币，则计算的方法是交叉相除法，以被除数所代表的货币作为交叉汇率中的基础货币，以除数所代表的货币作为交叉汇率中的计价货币。

【做中学5-2】已知：AUD/USD：0.7350～0.7360；GBP/USD：1.5870～1.5880。计算GBP/AUD的汇率。

解：已知的两个汇率中美元均为标价货币，所求交叉汇率GBP/AUD中，GBP为基础货币，原来给定的汇率中含有该基础货币的汇率数1.5870～1.5880作为分子；AUD为

标价货币，原来给定的汇率中含有该标价货币的汇率数0.7350～0.7360作为分母，并将其交叉。则：

GBP/AUD的买入价为：1.5870÷0.7360=2.1563。

GBP/AUD的卖出价为：1.5880÷0.7350=2.1605。

GBP/AUD的汇率为2.1563～2.1605。

第三，如果一种非美元货币的汇率以美元为计价货币，而另一种非美元货币的汇率以美元作为基础货币，则计算的方法是同项相乘法。

【做中学5-3】已知：USD1=JPY133.68/133.98，GBP1=USD1.4083/1.4113。求：GBP/JPY的交叉汇率。

解：银行买进日元：GBP1=JPY188.26（133.68×1.4083）。

银行卖出日元：GBP1=JPY189.09（133.98×1.4113）。

则英镑对日元的汇率为：GBP1=JPY188.26/189.09。

2.从银行买卖外汇的角度，分为买入汇率、卖出汇率、中间汇率、现钞汇率

（1）买入汇率（buying rate）。它又称买入汇价或买价，是银行从同业或客户买入外汇时所使用的汇率。

（2）卖出汇率（selling rate）。它又称卖出汇价或卖价，是银行向同业或客户卖出外汇时所使用的汇率。

买入汇率和卖出汇率都是从银行（报价银行）的角度出发的，外汇银行买卖外汇的目的是追求利润，因而它们总是以低价买入某种货币，然后高价卖出，即外汇银行在经营外汇的过程中始终遵循贱买贵卖原则。买入汇率和卖出汇率二者之间的差额就是银行买卖外汇的收益。在直接标价法下，外币折合本币数额较少的那个汇率是买入汇率，外币折合本币数额较多的那个汇率是卖出汇率；在间接标价法下，本币折合外币数额较多的那个汇率是买入汇率，本币折合外币数额较少的那个汇率是卖出汇率；在既不是直接标价法，也不是间接标价法下，标准货币折合报价货币数额较少的那个汇率是标准货币买入汇率（报价货币卖出汇率），标准货币折合报价货币数额较多的那个汇率是标准货币卖出汇率（报价货币买入汇率）。

按照汇率标价惯例，无论何种汇率的标价方法，总是数字较小的在前面，数字较大的在后面。为了方便记忆，我们总结出买入汇率和卖出汇率的判断方法：直接标价法，"前买后卖"（即买入价在前，卖出价在后）；间接标价法，"前卖后买"（即卖出价在前，买入价在后）；标准货币，"前买后卖"（即标准货币的买入价在前，卖出价在后）；报价货币，"前卖后买"（即报价货币的卖出价在前，买入价在后）。

（3）中间汇率（middle rate）。它又称中间价，是银行外汇的买入汇率与卖出汇率的平均数，即买入汇率加卖出汇率之和除以2。中间汇率不是外汇买卖的执行价格，常用于对汇率的分析。报刊、电视报道汇率时，常用中间汇率。

（4）现钞汇率（bank notes rate）。它又称现钞买入价，是银行从客户那里购买外币现钞时所使用的汇率。现钞买入价一般低于现汇买入价，而现钞卖出价与现汇卖出价相同。前述的买入汇率和卖出汇率是指银行购买或卖出外币支付凭证的价格。银行

在买入外币支付凭证后，通过划账，资金很快就存入外国银行，开始生息或可调拨使用。一般国家规定，不允许外国货币在本国流通。银行收兑进来的外国现钞，除少量部分用来满足外国人回国或本国人出国的兑换需要外，余下部分积累到一定的数量后，必须运送到各外币现钞发行国或存入其发行国银行及有关外国银行才能使用或获取利息，这样就产生了外币现钞的保管、运送、保险等费用及利息损失。银行要将这些费用及利息损失转给卖出外币现钞的顾客，所以银行买入外币现钞的汇率要低于现汇买入汇率（见表5-2）。

表5-2　中国银行人民币外汇牌价

序号	代码	名称	现汇买入价	现钞买入价	现汇卖出价	现钞卖出价	更新时间
1	BOCZAR	南非兰特（ZAR）	48.2000	44.5000	48.5200	52.2200	2019-09-16 23：33：00
2	BOCUSD	美元（USD）	705.5200	699.7800	708.5100	708.5100	2019-09-16 23：33：00
3	BOCTWD	新台币（TWD）	—	22.0800	—	23.8000	2019-09-16 23：33：00
4	BOCTHB	泰国铢（THB）	23.0700	22.3600	23.2500	23.9600	2019-09-16 23：33：00
5	BOCSGD	新加坡元（SGD）	512.0900	496.2900	515.6900	517.2300	2019-09-16 23：33：00
6	BOCSEK	瑞典克朗（SEK）	72.7500	70.5000	73.3300	73.5400	2019-09-16 23：33：00
7	BOCRUB	卢布（RUB）	11.0100	10.3300	11.0900	11.5100	2019-09-16 23：33：00
8	BOCNZD	新西兰元（NZD）	447.7000	433.8800	450.8400	456.3700	2019-09-16 23：33：00
9	BOCNOK	挪威克朗（NOK）	78.5200	76.1000	79.1600	79.3800	2019-09-16 23：33：00
10	BOCMYR	马来西亚元（MYR）	169.3300	—	170.8500	—	2019-09-16 23：33：00
11	BOCMOP	澳门元（MOP）	87.6100	84.6700	87.9600	90.7800	2019-09-16 23：33：00
12	BOCKRW	韩元（KRW）	0.5944	0.5735	0.5992	0.6210	2019-09-16 23：33：00
13	BOCJPY	日元（JPY）	6.5198	6.3173	6.5676	6.5714	2019-09-16 23：33：00
14	BOCHKD	港币（HKD）	90.2300	89.5100	90.5900	90.5900	2019-09-16 23：33：00
15	BOCGBP	英镑（GBP）	875.0300	847.8400	881.4700	883.6200	2019-09-16 23：33：00
16	BOCEUR	欧元（EUR）	774.8400	750.7600	780.5500	782.2900	2019-09-16 23：33：00
17	BOCDKK	丹麦克朗（DKK）	103.6900	100.4900	104.5300	104.8200	2019-09-16 23：33：00
18	BOCCHF	瑞士法郎（CHF）	709.4100	687.5200	714.3900	716.7400	2019-09-16 23：33：00
19	BOCCAD	加拿大元(CAD)	531.7200	514.9300	535.6400	536.9400	2019-09-16 23：33：00
20	BOCAUD	澳大利亚元(AUD)	483.6600	468.6300	487.2200	468.4000	2019-09-16 23：33：00

3.按国际货币制度的演变，分为固定汇率和浮动汇率

（1）固定汇率，是指一国货币同另一国货币的汇率保持基本固定，汇率的波动限制

在一定幅度以内。固定汇率是在金本位制和布雷顿森林货币体系下各国货币汇率安排的主要形式。在金本位制下，货币的含金量是决定汇率的基础，黄金输送点是汇率波动的界限，在这种制度下，各国货币的汇率变动幅度很小，基本上是固定的，故称固定汇率。

（2）浮动汇率，是指一个国家不规定本国货币的固定比价，也没有任何汇率波动幅度的上下限，而是听任汇率随外汇市场的供求关系自由波动，浮动汇率是自20世纪70年代初布雷顿森林货币体系崩溃以来各国汇率安排的主要形式。

4.按一国政府是否对外汇市场进行干预，分为管理浮动和自由浮动

（1）管理浮动，是指一国在实行浮动汇率的前提下，出于一定经济目的，或明或暗地干预甚至操纵外汇市场汇率变动的汇率安排方式，这种受干预的浮动汇率又称为“肮脏浮动”（dirty floating）。

（2）自由浮动，是指一国政府对外汇市场不进行任何干预，完全由外汇市场的供求关系决定汇率变动的汇率安排方式，又称为“清洁浮动”（clean floating）。管理浮动是目前浮动汇率的主要形式，几乎没有一个国家能真正实行自由浮动，即便是美国、日本、德国也不时地对外汇市场进行干预。

5.按一国货币价值是否与其他国家保持某种特殊联系，分为单独浮动、联合浮动、钉住浮动

（1）单独浮动（independent float），是指本国货币价值不与他国货币发生固定联系，其汇率根据外汇市场的供求变化单独浮动，如美元、日元、瑞士法郎、加拿大元等均采用单独浮动。

（2）联合浮动（joint float），又称蛇形浮动（snake system），是指某些国家出于保护和发展本国经济的需要，组成某种形式的经济联合体，在联合体内各成员国之间制定固定汇率，规定上下波动界限，对成员国以外其他国家的货币汇率则采取共同浮动的办法。1999年1月欧元启动前，欧洲经济共同体成员国的货币一直实行联合浮动。

（3）钉住浮动（pegged float），是指一国货币与另一国货币挂钩或与另几国货币所组成的“篮子货币”挂钩（即制定它们之间的固定汇率），然后随所挂钩的货币汇率的波动而波动。钉住浮动是在当前国际外汇市场动荡不定的情况下，发展中国家汇率安排的主要方式。

6.按汇率是否适用于不同的来源与用途，分为单一汇率和多种汇率或复汇率

（1）单一汇率（single rate），是指一国货币对某种货币仅有一种汇率，各种收支都按这种汇率结算。

（2）多种汇率（multiple rate），是指一国货币对某一外国货币的比价因用途及交易种类的不同而规定有两种或两种以上的汇率，也叫复汇率。

一国实行多种汇率的主要目的是为了某些特殊的经济利益，比如鼓励出口、限制资本流入等。这种汇率安排方式在发展中国家，尤其是在较落后的发展中国家还具有一定的普遍性，不过由于各国具体情况不同，采用的复汇率在性质上有些差异。

7.按外汇资金用途和性质，分为贸易汇率和金融汇率

（1）贸易汇率（commercial rate），是指用于进出口贸易及其从属费用方面支付结算

的汇率。

（2）金融汇率（financial rate），是指用于资本移动、旅游和其他非贸易收支方面支付结算的汇率。一般来说，一国在实行贸易汇率和金融汇率并存的复汇率时，金融汇率要比贸易汇率高一些，这样一方面可以达到鼓励出口、改善贸易收支的目的，另一方面可以控制国际资本流动对本国国际收支和经济发展所带来的冲击。

8.按各种汇率决定的不同方式，分为官方汇率和市场汇率

（1）官方汇率（official rate），是指由国家机构（财政部、中央银行或外汇管理机构）规定的汇率。

（2）市场汇率（market rate），是指在外汇自由市场上自发形成的汇率。实行官方汇率与市场汇率并存的国家主要是一些外汇管制相对较松、外汇市场又不是特别完善的国家。这些国家规定官方汇率或者只起中心汇率的作用，或者用于特定项目的支付结算，或者只是有行无市，同时也允许外汇自由买卖，因而存在着外汇买卖自由市场，这个市场决定了该国的另一个汇率，即市场汇率。市场汇率往往是该国货币的实际汇率。

9.按外汇交易支付工具和付款时间，分为电汇汇率、信汇汇率和票汇汇率

（1）电汇汇率（T/T rate），是指银行以电讯方式买卖外汇时所采用的汇率。由于电汇具有收付迅速安全、交易费用相对较高的特点，一方面电汇汇率要比信汇汇率、票汇汇率高，另一方面在当前信息社会，国际业务中基本上以电汇业务支付结算，因而电汇汇率是基础汇率，其他汇率都是以电汇汇率为基础来计算的。西方外汇市场上所显示的汇率，多为银行的电汇汇率。

（2）信汇汇率（M/T rate），是指以信函方式通知收付款时采用的汇率。信汇业务具有收付时间慢、安全性低、交易费用低的特点，因此一般来说，信汇汇率相对于电汇汇率要低一些。

（3）票汇汇率（D/D rate），是指兑换各种外汇汇票、支票和其他各种票据时所采用的汇率。票汇汇率根据票汇支付期限的不同，又分为即期票汇汇率和远期票汇汇率。即期票汇汇率（O/D rate）是银行买卖即期外汇的汇率，较电汇汇率低，大致同信汇汇率相当；远期票汇汇率（on forward rate）是银行买卖远期票汇的汇率，由于远期汇票交付时间较长，所以其汇率比即期票汇汇率还要低。

10.按外汇交割期限不同，分为即期汇率和远期汇率

（1）即期汇率（spot rate），是指买卖双方成交后，于当时或两个工作日之内进行外汇交割时所采用的汇率。

（2）远期汇率（forward rate），是指买卖双方成交后，在约定的日期办理交割时所采用的汇率。

11.按银行营业时间划分，分为开盘汇率和收盘汇率

（1）开盘汇率（opening rate），又称开盘价，是指外汇银行在一个营业日开始进行外汇买卖时使用的汇率。

（2）收盘汇率（closing rate），又称收盘价，是指外汇银行在一个营业日外汇交易终了时使用的汇率。

12.按银行外汇业务往来的对象，分为同业汇率和商人汇率

（1）同业汇率（inter-bank rate），是指外汇银行与外汇银行同业之间买卖外汇的汇率。同业汇率的形成与变化由外汇市场供求关系决定，因此同业汇率就是外汇市场汇率。同业汇率以市场的银行电汇汇率为基础，买卖之间的差价很小。

（2）商人汇率（merchant rate），是指银行与商人即客户之间买卖外汇的汇率。商人汇率是根据同业汇率适当增加一些差价决定的，一般要高于银行同业汇率，因为银行要赚取一定的外汇买卖收益作为银行的经营收入。

任务三 外汇业务的核算

一、外汇业务会计核算

（一）外汇管理

在一般情况下，各国都不允许外汇货币在本国流通。企业在从事国际贸易和投资活动时，必须用本币到外汇银行或政府指定的、可以经营外汇的非银行金融机构兑换外汇。外汇管理是指政府制定外汇管理法令、制度，对境内外汇买卖、国际结算和外汇汇率所实施的管理。

1.外汇账户的开立

境内机构（境内的国家机关、企事业单位、社会团体、部队等，包括外商投资企业）可以向所在地的外汇管理局及其分支局申请开立经常项目外汇账户。下列收入要申请开立外汇账户：经有关部门核准或者备案具有外贸经营权或经常项目的外汇收入；具有捐赠、援助、国际邮政汇兑等特殊来源和指定用途的外汇收入。

2.开立外汇账户所需的资料

开立外汇账户所需资料包括：①开立经常项目外汇账户申请书；②营业执照或社团登记证等有效证件的正本和复印件；③有关管理部门颁发的外贸业务经营许可证的正本及复印件或《外商投资外汇登记证》；④组织机构代码证的正本及复印件；⑤外汇管理局要求的其他资料。

境内机构开立账户后，在办理账户收付时，必须向银行出具《外汇账户使用证》，按规定办理账户收付业务。其后续的外汇账户的变更、撤销或关闭，都要遵守外汇管理局的相关规定。

（二）外币业务核算

1.外币业务核算的程序

外币业务，又称外汇业务，是指外贸企业以记账本位币（人民币）以外的货币进行款项收付、往来结算的经济业务，包括企业购买和销售以外币计价的货物或劳务、借入或借出外币资金、承担或清偿以外汇计价的债务等。外币业务会计核算的基本程序为：

（1）根据一定的折算汇率将外币金额折算为记账本位币金额，按照折算后的记账本位币金额登记有关记账本位币账户，同时，按照外币金额登记相应的外币账户。将外币

金额折算为记账本位币金额时，应采用外币业务发生时的汇率，也可以采用外币业务发生当期期初的汇率。

（2）各种外币账户的外币金额，期末时应按照期末汇率折合为记账本位币。期末折合后的记账本位币金额与账面记账本位币金额之间的差额，作为汇兑损益处理。

企业为了进行外币业务的核算，应设置相关的外币账户："库存现金"账户核算外币现金的增减变动及结余情况；"银行存款"账户核算各种外币存款的增减变动及结余情况；外币债权结算账户如"应收账款""应收票据""预付账款"等，核算各种外币债权的增减变动及结余情况；外币债务结算账户如"应付账款""应付票据""预收账款""短期借款"等，核算各种外币债务的增减变动及结余情况。

2.外币业务的记账方法

外币业务的记账方法有外币统账制和外币分账制。

（1）外币统账制是指企业在发生外币业务时，必须及时折算为记账本位币记账，并以此编制会计报表的制度。从我国目前的情况来看，除金融企业外，绝大多数企业采用外币统账制，所以外贸企业通常采用外币统账制。

（2）外币分账制是指企业对外币业务的日常核算按照外币进行记账，将不同的外币币种分别核算损益和编制会计报表，在资产负债表日，将不同币种的会计报表折算为记账本位币表示的会计报表，并与记账本位币业务编制的会计报表汇总，编制整个企业一定会计期间的会计报表的制度。我国金融企业因外币交易频繁，涉及外币币种较多，一般采用外币分账制记账方法进行日常核算。

二、记账本位币确定

记账本位币是指企业经营所处的主要经济环境中的货币。我国企业通常应选择人民币作为记账本位币。业务收支以人民币以外的货币为主的企业，可以选定其中一种货币作为记账本位币，但是编报的财务报表应当折算为人民币。

企业选定记账本位币，应当考虑下列因素：①该货币主要影响商品和劳务的销售价格，通常以该货币进行商品和劳务的计价和结算；②该货币主要影响商品和劳务所需人工、材料和其他费用等，以该货币进行费用的计价和结算；③融资活动获得的货币以及保存从经营活动中收取款项所使用的货币。

三、汇兑损益

汇兑损益是汇兑损失和收益的简称，是指进出口企业在进行外币业务核算时，一定数额的外币因汇率的变化，在不同的时点上对应的记账本位币数额的差额。

（1）汇兑损益的会计处理原则。其包括：①企业外币兑换、外币交易中发生的汇兑损益，应计入当期损益，在"财务费用"账户或单设"汇兑损益"账户列支。②企业为购建固定资产等发生的汇兑损益，在资产达到预定可使用状态之前发生的，可按有关规定予以资本化，计入相关固定资产的购建成本；在这之后发生的，计入当期损益。③企业为购建无形资产发生的汇兑损益，计入无形资产的价值。④支付境外投资者股利或利润发生的汇兑损益，应归属于“汇兑损益”账户。

借方 财务费用——汇兑损益	贷方
汇兑损失	汇兑收益

（2）汇兑损益的结转方法。在外贸企业的具体账务处理中，汇兑损益的结转方法有逐笔结转法和集中结转法两种。

逐笔结转法是指企业对每一笔外币业务，均按业务发生日市场汇率或期初汇率入账，每结算一次或收付一次，依据账面汇率计算一次汇兑损益，期末再按市场汇率进行调整，调整后的期末人民币余额与原账面人民币余额的差额作为当期汇兑损益。这种方法的操作特点有：①外币资产和负债的增加采用企业选用的市场汇率折算；②外币资产和负债的减少选用账面汇率进行折算，其账面汇率的计算可以采用先进先出法和加权平均法等方法确定。逐笔结转法需要随时查找或计算账面汇率，较为复杂，适用于外币业务不多的企业。

集中结转法是指企业对外币账户平时一律按选用的市场汇率（业务发生日汇率或期初汇率）记账，平时不确认汇兑损益，期末将外币账户的余额按期末汇率调整，将调整后的期末人民币余额与原账面余额的差额集中计算一笔汇兑损益。集中结转法平时不需计算汇兑损益，而是将汇兑损益的计算工作集中在期末，适用于外币业务较多的企业。

这两种方法的计算结果是一致的。

（3）汇兑差额的处理。根据《企业会计准则第19号——外币折算》第十一条的规定，在资产负债表日，企业应当分别对外币货币性项目和外币非货币性项目进行会计处理。

第一，外币货币性项目。货币性项目是指企业持有的货币资金和将以固定或可确定的金额收取的资产或者偿付的负债。货币性项目分为货币性资产和货币性负债。货币性资产包括库存现金、银行存款、应收账款、其他应收款、长期应收款等；货币性负债包括短期借款、应付账款、其他应付款、长期借款、应付债券、长期应付款等。对于外币货币性项目，因结算或采用资产负债表日的即期汇率折算而产生的汇兑差额，计入当期损益，同时调增或调减外币货币性项目的记账本位币金额。

第二，外币非货币性项目。非货币性项目是指货币性项目以外的项目，包括存货、长期股权投资、固定资产、无形资产等。以历史成本计量的外币非货币性项目，由于已在交易发生日按当日即期汇率折算，资产负债表日不应改变其原记账本位币金额，不产生汇兑差额。以公允价值计量的外币非货币性项目，如交易性金融资产（股票、基金等），采用公允价值确定日的即期汇率折算，折算后的记账本位币金额与原记账本位币金额的差额，作为公允价值变动（含汇率变动）处理，计入当期损益。

第三，外币投入资本。企业收到投资者以外币投入的资本，无论是否有合同约定汇率，均不得采用合同预定汇率和即期汇率的近似汇率折算，而应采用交易日即期汇率折算。这样外币投入资本与相应的货币性项目的记账本位币金额相等，不产生外币资本折算差额。

第四，实质上构成对境外经营净投资的外币货币性项目。企业编制合并财务报表涉及境外经营的，如有实质上构成对境外经营净投资的外币货币性项目，因汇率变动而产生的汇兑差额，应列入所有者权益“外币报表折算差额”项目，处置境外经营时，计入处置当期损益。

四、外汇业务会计核算实务

外贸企业的外汇业务会计核算内容，主要分为外币兑换（或汇兑）、外汇收入和外汇支出三种类型。

(1) 外币兑换的核算。企业发生外币兑换业务或涉及外币兑换的交易事项，应当以交易实际采用的汇率，即银行买入价或卖出价核算，汇率变动产生的折算差额计入当期损益。

(2) 外汇收入的核算。经核准在银行开立外汇存款账户的大型企业和一般企业限额内不办理结汇的外汇收入，其会计处理比较简单：当收入外汇时，根据有关单证的外汇数额办理存款手续，取得回单后，借记“银行存款”账户，贷记有关收入账户。如果企业采用人民币（或其他币种）为记账本位币，则应通过汇率折算为人民币，其会计处理与办理结汇收入的会计处理相同。

(3) 外汇支出的核算。根据外汇管理的有关规定，当前涉及企业的外汇支出有三个来源：一是企业自有限额内的外汇存款；二是凭有效单证向银行购付；三是经申请核准支付。前两者可统称为“凭有效单证外汇支出”，后者可称为“凭核准证明外汇支付”。

五、综合实例

【做中学5-4】某外资进出口公司为一般纳税企业，以人民币为记账本位币，对外币交易采用交易日即期汇率折算，按月计算汇兑损益。该公司2020年1月1日有关外币账户余额见表5-3。

表5-3　有关外币账户余额表

外币账户名称	外币余额	汇率	人民币金额
银行存款——外币存款（美元户）	USD100 000	6.1000	CNY610 000
应收账款——应收外汇账款（B公司）	USD29 000	6.1000	CNY176 900
应付账款——应付外汇账款（Y公司）	USD23 000	6.1000	CNY140 300

该公司2020年1月份发生下列经济业务：

(1) 3日，根据合同规定对国外B公司出口甲商品10 000件，人民币总成本252 000元（不含增值税）。出口甲商品外销发票金额为每件外销价CIF5美元，当日交单出口并结转出口商品销售成本，当日即期汇率为1美元=6.1100元人民币。编制会计分录如下：

借：应收账款——应收外汇账款（B公司）（USD50 000×6.1100）　　305 500

　贷：主营业务收入——自营出口销售收入（USD50 000×6.1100）　　305 500

借：主营业务成本——自营出口销售成本　　252 000

　贷：库存商品——库存出口商品（甲商品）　　252 000

（2）12日，从银行借入短期外币借款8万美元，当日即期汇率为1美元=6.1100元人民币。

借：银行存款——外币存款（USD80 000×6.1100）　　488 800

　贷：短期借款（USD80 000×6.1100）　　488 800

（3）20日，从法国进口化工材料10吨，每吨FOB巴黎2 000美元，国外运费3 000美元，付款方式T/T in advanced，海运。款项以外汇银行存款支付，当日即期汇率为1美元=6.1000元人民币。

借：在途物资——进口库存商品（化工材料）（USD20 000×6.1000）　　122 000

　贷：银行存款——外币存款（USD20 000×6.1000）　　122 000

（4）21日，接到银行通知，收到国外B公司归还货款29 000美元，当日即期汇率为1美元=6.1050元人民币。

借：银行存款——外币存款（USD29 000×6.1050）　　177 045

　贷：应收账款——应收外汇账款（B公司）（USD29 000×6.1050）　　177 045

（5）23日，以外汇银行存款偿还前欠国外Y公司账款23 000美元，当日即期汇率为1美元=6.1000元人民币。

借：应付账款——应付外汇账款（Y公司）（USD23 000×6.1000）　　140 300

　贷：银行存款——外币存款（USD23 000×6.1000）　　140 300

（6）27日，收到国外B公司出口甲商品货款，由银行划入待核查账户，当日即期汇率为1美元=6.0990元人民币。

借：银行存款——外币存款（USD50 000×6.0990）　　304 950

　贷：应收账款——应收外汇账款（B公司）（USD50 000×6.0990）　　304 950

（7）31日，美元市场即期汇率为1美元=6.0900元人民币。

银行存款=216 000×6.0900−1 318 495=1 315 440−1 318 495=−3 055（元人民币）（损失）

借：财务费用　　3 055

　贷：银行存款　　3 055

B公司应收账款=0×6.0900−405=−405（元人民币）（损失）

借：财务费用　　405

　贷：应收账款——B公司　　405

短期借款=80 000×6.0900−488 800=−1 600（元人民币）（收益）

借：短期借款　　1 600

　贷：财务费用　　1 600

任务四　国际结算及其会计核算

一、国际结算

国际结算是指国际上由于贸易活动所发生的国际货币收支和国际债权债务的结算。国际结算分为记账结算和现汇结算两种类型。记账结算是指按照两国政府签订支付协定中的有关条款，贸易双方结算都通过两国银行间开立的清算账户办理，平时结算不需要动用现汇支付，至协定年度终了，对账户的差额进行清算。现汇结算是指以两国贸易部门签订的贸易合同为依据，办理进出口业务时，双方均以现汇逐笔结清。现汇结算主要采取汇付、托收、信用证三种结算方式。

1.汇付

1）汇付的概念

汇付（remittance），又称汇款，是指付款人主动通过银行或其他途径将款项汇交收款人的一种支付方式。在汇付方式下，结算工具（委托通知或汇票）的传递方向与资金的流向相同，因此也称为顺汇。

2）汇付的当事人

（1）汇款人（remitter），是指汇出款项的人，在进出口业务中，通常是合同的买方。

（2）收款人或受益人（payee of beneficiary），是指汇款人指定接受汇款的人，在进出口业务中，通常是合同的卖方。

（3）汇出行或汇款行（remitting bank），是指接受汇款人委托汇出款项的银行，通常是汇款人所在地或进口地银行。

（4）汇入行或解付行（paying bank），是指接受汇出行委托，解付款项给收款人的银行，通常是收款人所在地或出口地银行。

3）汇付的种类

按汇兑工具的不同，汇付可分为电汇、信汇、票汇。

（1）电汇（telegraphic transfer，T/T）。它是汇出行应汇款人的申请，通过加押电报、电传或SWIFT指示和授权汇入行解付一定金额给收款人的汇款方式。相对而言，电汇费用高，但速度快，使用最为广泛（如图5-1所示）。

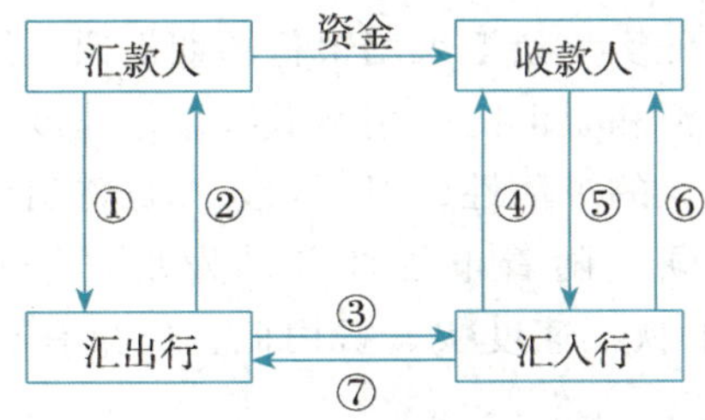

图5-1　电汇、信汇业务流程图

(2) 信汇(mail transfer, M/T)。它是汇出行应汇款人的申请，用航空信函指示汇入行解付一定金额给收款人的汇款方式。相对而言，信汇费用低，但速度慢，现在实际业务中已较少适用(如图5-1所示)。

电汇、信汇业务流程图说明如下：

电汇：①汇款人填写电汇申请书，并向汇出行付款；②汇出行向汇款人出具电汇回执；③汇出行拍发电传、电报或SWIFT给汇入行；④汇入行核对密押后将电汇通知书送达收款人；⑤收款人将收款收据盖章，交给汇入行；⑥汇入行借记汇出行账户，解付汇款给收款人；⑦汇入行将付讫借记通知书寄给汇出行。

信汇：①汇款人填写信汇申请书，并向汇出行付款；②汇出行向汇款人出具信汇回执；③汇出行制作委托书，邮寄给汇入行；④汇入行核对签字后将信汇通知书送达收款人；⑤收款人将收款收据盖章，交给汇入行；⑥汇入行借记汇出行账户，解付汇款给收款人；⑦汇入行将借记通知书寄给汇出行。

(3) 票汇(demand draft, D/D)。它是汇出行应汇款人的申请，开出银行即期汇票交汇款人，由其自行携带出国或寄送给收款人取款的汇款方式(如图5-2所示)。

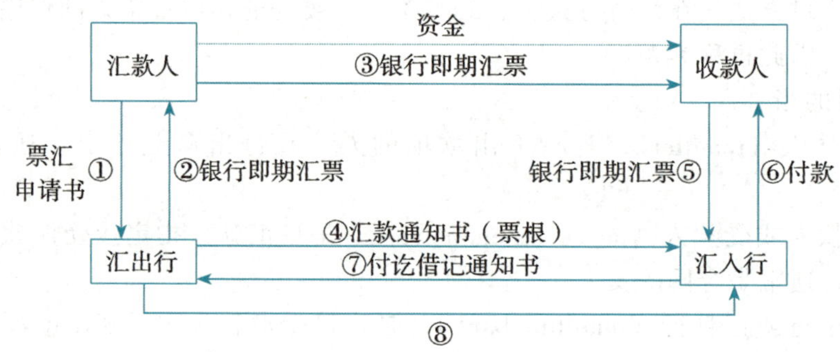

图5-2　票汇业务流程图

票汇业务流程图说明如下：

①汇款人填写票汇申请书，并交款付费给银行；②汇出行开立银行即期汇票交给汇款人；③汇款人自行邮寄汇票给收款人或亲自携带汇票出国；④汇出行开立汇票后，将汇款通知书邮寄给国外代理行；⑤收款人持汇票向汇入行取款；⑥汇入行验核汇票与票根无误后，解付票款给收款人；⑦汇入行把付讫借记通知书寄给汇出行；⑧如汇出行与汇入行没有直接账户关系，还需进行头寸清算。

上述三种汇款方式各有利弊。电汇使用电报和电传，用密押证实。信汇采用信汇委托书或支付委托书，用印鉴证实。票汇采用银行即期汇票，用签字证实。电汇手续费较高，但速度快，较安全。信汇和票汇的费用略低些，但速度慢，在邮寄途中存在遗失和延误风险。票汇虽有背书转让的灵活性，但汇款人一旦寄出汇票，就不能止付，除非遗失，其挂失手续也比较麻烦。随着电子商务的发展，采用环球银行金融电讯协会(SWIFT)计算机网络系统汇款，速度快、费用低，但只有SWIFT会员银行才可提供此种服务。

(4) 电汇、信汇、票汇三种汇款方式的比较(见表5-4)。

表 5-4　　电汇、信汇、票汇三种汇款方式的比较

方式	利	弊	成本	速度
T/T	较安全，汇款通过银行付给指定的收款人；汇款人可充分利用资金，减少利息损失	银行不能占用客户资金；汇款人要多付电讯费和手续费	高	最快
M/T	银行可占用客户资金	速度较慢，有可能在邮寄中延误或丢失	较低	比 T/T 慢
D/D	汇入行不必通知取款；背书后可流通转让；汇出行可占用客户资金	可能丢失、被窃	最低	最慢

2.托收

1）托收的概念

托收（collection）是“委托收款”的简称，是指出口人在货物装运后，开具以进口人为付款人的汇票（随附或不随附货运单据），委托出口地银行通过它在进口地的分行或代理行向进口人收取货款的一种结算方式。托收也属于商业信用，采用的是逆汇法，即资金的流动方向与支付工具的传递方向相反。

2）托收的当事人

在进出口贸易中，托收方式的基本当事人有：

（1）委托人（principal），是指委托银行办理托收业务的人。由于委托人通常开出汇票委托银行向国外付款人代收货款，因此也称为出票人。在进出口贸易中，通常为出口商。

（2）托收行（remitting bank），是指接受委托人的委托，代为收取货款的银行。一般为出口地银行。

（3）代收行（collecting bank），是指接受托收行的委托代向付款人收取票款的银行。一般为进口地银行，且通常是委托行在进口地的分行或代理行。

（4）付款人（drawee），是指汇票中的付款人，也就是代收行向其提示汇票要求付款的债务人，通常为进口商。

（5）提示行（presenting bank），是指向付款人提示汇票和托收单据的银行，属代收行系列。提示行可以是由代收行委托的与付款人有往来账户关系的银行，也可以由代收行自己兼任。

3）托收的种类

托收按是否随附商业单据，可分为光票托收与跟单托收两大类。

（1）光票托收（clean collection）。它是出口商仅凭金融票据，不随附商业票据的托收。在实际业务中，用于光票托收的金融单据包括银行汇票、本票、私人支票和商业汇票等。

（2）跟单托收（documentary collection）。它是出口商将汇票连同货运单据一起交给银行委托代收货款，即附带商业票据的托收。根据交付单据的条件分为付款交单和承兑

交单。

付款交单（documents against payment，D/P），是指代收行以进口商付款为条件向进口商交单。根据付款时间不同又分为即期付款交单和远期付款交单。

即期付款交单（D/P at sight），是指当代收行向进口商提示汇票和单据时，立即付款赎单。远期付款交单（D/P after sight），是指出口商开具远期汇票，附带单据通过托收行一并寄代收行，代收行收到单据后，立即向进口商提示汇票和单据，进口商审核后随即予以签字承兑，代收行收回汇票及单据，待汇票到期时再向进口商提示要求其付款，收到其货款后将单据交进口商。

承兑交单（documents against acceptance，D/A），是指代收行以进口商承兑为条件向进口商交单。进口商承兑汇票后即可领取货运单据，待汇票到期时再付款。

4）托收结算的操作程序

根据国际商会出版物第522号《托收统一规则》（《URC522》）的规定，托收委托人（卖方）须提供准确的托收指示，被委托的银行只是尽力替委托人收款，银行不提供付款承诺，托收业务中的商业风险由委托人承担。因此，银行要严格按照委托人的指示办理托收业务，否则银行要对自己的行为负责。D/P业务流程图和D/A业务流程图分别如图5-3、图5-4所示。

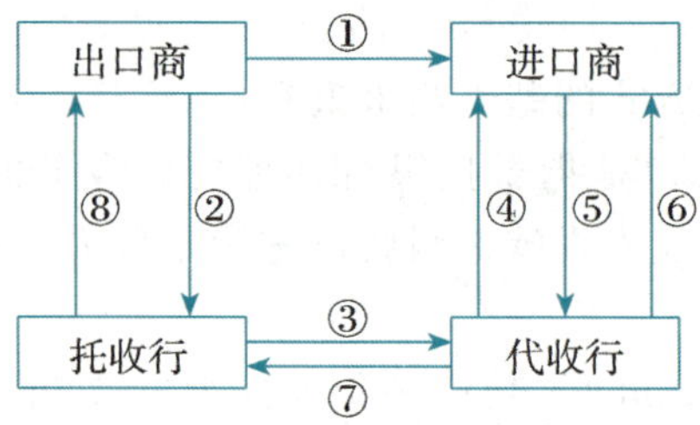

图5-3 D/P业务流程图

D/P业务流程图说明如下：

①委托人（出口商）向付款人（进口商）发货物；②出口商整理好全套单据交给托收行；③托收行将全套单据寄交代收行；④代收行向进口商提示汇票；⑤进口商见票后立即（或远期）履行付款责任；⑥进口商取得全套单据；⑦代收行将金额如数拨划给托收行；⑧托收行将金额如数拨划给出口商。

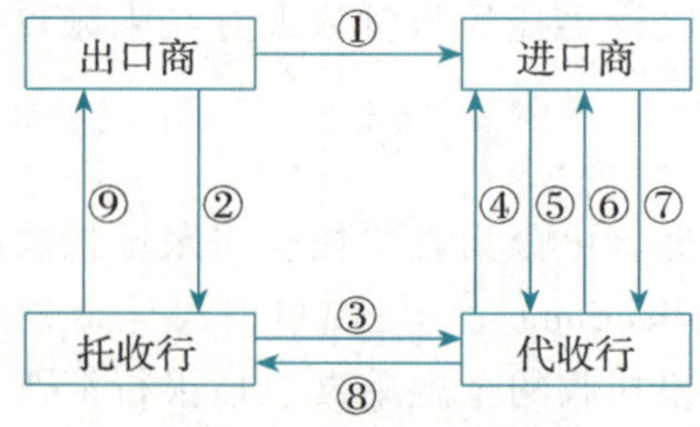

图5-4 D/A业务流程图

D/A业务流程图说明如下：

①委托人（出口商）向付款人（进口商）发货物；②出口商整理好全套单据交给托

收行；③托收行将全套单据寄交代收行；④代收行向进口商提示汇票；⑤进口商见票后履行承兑责任；⑥进口商取得全套单据；⑦进口商到期履行付款责任；⑧代收行将金额如数拨划给托收行；⑨托收行将金额如数拨划给出口商。

3.信用证

1）信用证的概念

信用证（letter of credit，L/C），是指银行（开证行）根据买方（申请人）要求及指示向卖方（受益人）开立的在一定期限内凭符合信用证条款单据即期或在一个可确定的将来日期兑付一定金额的书面承诺。这种承诺是有条件的，要求提交信用证规定的单据和单证必须相符。信用证包括提单、发票、保险单等。它强调开证行的付款或承兑必须是在受益人提供的信用证规定的与信用证条款相符的单据的情况下才能进行，这表明信用证是一家银行对信用证受益人有条件的付款承诺。

2）信用证的当事人

信用证涉及的当事人很多，且因具体情况的不同而有差异。一般来说，信用证的基本当事人有：

（1）开证申请人（applicant）。它又称为开证人（opener），是指向银行申请开立信用证的人，一般是进口商或中间商。如果开证银行以自身名义开立信用证，则信用证所涉及的当事人中没有开证申请人。

（2）受益人（beneficiary）。它是信用证上指明有权使用该证并享有权益的人，通常是出口商。

（3）开证行（opening bank，issuing bank）。它是接受开证申请人的委托，代表申请人或根据自身需要开立信用证并承担付款责任的银行，一般是进口地的银行。开证行通过开证承担了根据受益人提交的符合信用证规定的单据付款的全部责任。

（4）通知行（advising bank，notifying bank）。它是受开证行的委托，将信用证转交或通知受益人的银行，一般是出口商所在地的银行，且通常是开证行的代理银行。通知行除应谨慎核查信用证的表面真实性，并及时、准确地将其通知受益人外，无须承担其他义务。

一般来说，上述四方当事人是几乎所有信用证业务都会涉及的。此外，应受益人的要求，还可能出现其他当事人。

（5）议付行（negotiating bank）。它是根据开证行的授权买入或贴现受益人提交的符合信用证规定的汇票或单据的银行。议付行可以是信用证上指定的银行，也可以是非指定的银行。若议付行遭开证行拒付，可以向受益人追索。

（6）付款行（paying bank）。它是信用证上指定的付款银行。如果信用证未指定付款银行，开证行即为付款行。

（7）偿付行（reimbursement bank）。它是受开证行的委托或授权，对议付行或付款行进行垫款清偿的银行，一般是开证行指定的账户行。偿付行仅凭索汇行的索汇证明付款，而不受单、不审单，单据仍是寄给开证行。

（8）保兑行（confirming bank）。它是受开证行的请求在信用证上加具保兑的银行，具有与开证行相同的责任和地位。保兑行对信用证独立负责，承担必须付款或议付的责任。在付款或议付后，不论开证行倒闭或无理拒付，保兑行都不能向受益人追索。

3）信用证方式的特点

（1）信用证方式属于银行信用，开证行负第一性付款责任。信用证是开证行有条件的付款承诺，开证行一旦开出信用证，就表明其以自己的信用作了付款保证，并因此处于第一性付款人的地位，即只要受益人提交了单证相符的单据，开证行就必须付款，即使进口商倒闭或无力支付货款，开证行仍然要承担付款责任。因此，开证行的资信非常重要。

（2）信用证是一项自足文件，不依附于贸易合同而独立存在。信用证作为一种结算方式，其依据是买卖合同，信用证上的主要内容也是合同上的内容，即信用证的开具是以合同为基础的，信用证一经开出，便成为独立于贸易合同以外的契约，不受贸易合同的约束。银行只对信用证负责，对贸易合同没有审查、监督执行的义务，贸易合同的修改、变更甚至失效都丝毫不影响信用证的效力。

（3）信用证业务处理的是单据而不是货物。银行只根据表面上符合信用证条款的单据付款，也就是说，银行的信用证业务是纯粹的单据业务，是四不管的业务，即不管贸易合同、不管单据真伪、不管货物、不管是否履行。唯一的要求是单据严格符合的原则，即要求受益人提供的单据必须与信用证的要求严格一致，甚至连一个字母都不能与信用证的规定不符。

单证相符强调的是单据表面的内容与信用证条款相符，而不是指单据真正的内容相符。表面的含义可以理解为，如果受益人制作与事实完全不符的假单据，而此假单据和信用证要求一致，就能得到开证行的付款；相反，如果受益人按合同要求装运了货物，但制作单据时忽略了信用证的某个条件，即单证不符，银行就会拒绝接受单据，受益人就不能得到货款。

对开证申请人来说，即使发现单据是伪造的，即被欺诈，但只要单据表面上与信用证条款相符，开证申请人就必须向开证行付款。因为其被欺诈与信用证的开证行没有任何关系，银行对此不承担责任。

4）信用证的一般交易程序

信用证类型不同，其收付程序的具体做法也有所不同，但其基本环节大致相同。以不可撤销跟单信用证为例，信用证操作程序（如图5-5所示）如下：

（1）进出口双方签订贸易合同，在合同中规定以信用证方式付款。

（2）进口商按合同规定向当地银行提出申请，填写开证申请书并交纳保证金或提供其他担保，要求开证行开证。开证人申请开证时，应填写开证申请书，内容包括：①要求开立信用证的内容，也就是开证人按照买卖合同条款要求开证银行在信用证上列明的条款，这是开证银行向受益人或议付银行付款的依据；②开证人对开证银行的声明，用以表明双方的责任。

（3）开证行按申请书内容开立信用证，并寄交通知行办理信用证的通知事宜。

（4）通知行核对印鉴或密押无误后，将信用证传递给受益人。

（5）受益人审证、改证，确定信用证与合同无误后，备货装运出口。

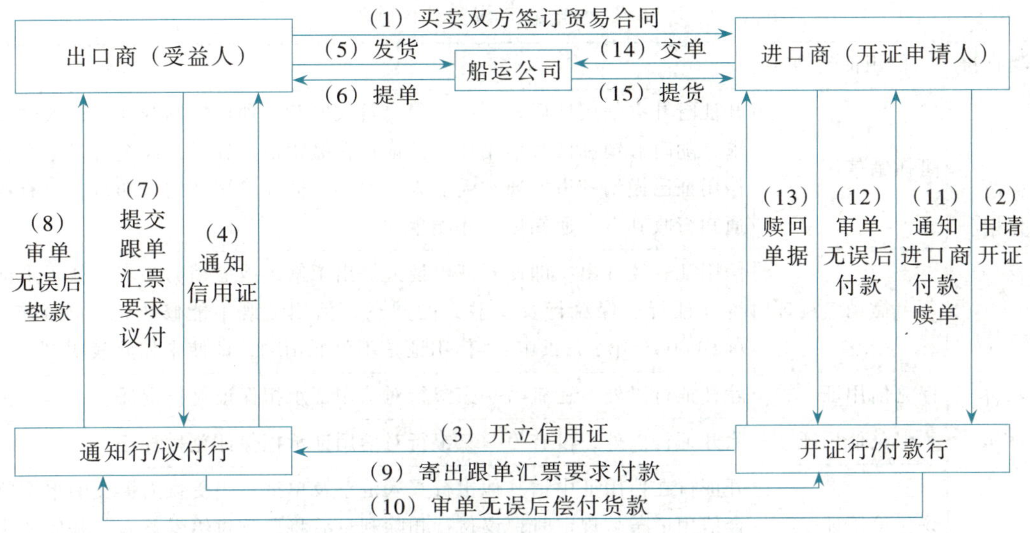

图 5–5　不可撤销跟单信用证操作流程图

（6）出口商发货装船后，从船运公司获取正本提单。

（7）出口商将缮制、核对后的全套单据、正本信用证在信用证有效期内交给议付行，要求议付。

（8）议付行审单无误后，向受益人承兑或垫付货款，即按汇票金额扣除利息等费用后付款给受益人。

（9）议付行将汇票和单据寄交付款行索偿。单据通常分为正副两批先后寄发，以免遗失。

（10）付款行收到单据后，核对无误，即对议付行付款。

（11）开证行通知进口商付款赎单。

（12）进口商核对单据无误后，付款赎单。

（13）开证行将单据交给进口商。

（14）进口商将单据交给船运公司提货。

（15）船运公司将货物交给进口商。

5）信用证的种类

信用证的种类见表5–5。

二、国际结算方式的账务处理

1.汇付结算的会计处理

（1）进口商的会计处理。预付货款时，借记“预付账款——预付外汇账款”账户，贷记“银行存款”账户；收到提单和发票账单时，借记“在途物资”账户，贷记“预付账款——预付外汇账款”账户。采取货到付款方式时，借记“在途物资”账户，贷记“应付账款——应付外汇账款”账户；支付时，借记“应付账款——应付外汇账款”账户，贷记“银行存款”账户。

表 5-5　信用证的种类

分类标准	信用证类型	特　点
修改撤销方式	可撤销信用证	开证行开立信用证后，不必征得受益人同意，即可根据开证申请人的要求，随时撤销和修改信用证。开证行在撤销信用证后，甚至可以不必将信用证已撤销的事实通知受益人，但必须通知信用证的通知行，只有在通知行收到有关通知后，才能生效
	不可撤销信用证	信用证一经开出，即使开证申请人提出了修改或撤销的要求，如果未征得开证行、保兑行及受益人的同意，信用证既不能修改也不能撤销。《UCP600》第 3 条重申："信用证是不可撤销的，即使未如此表明。"
是否保兑	保兑信用证	除开证行以外，还有另一家银行对信用证承担保证兑付责任
	不保兑信用证	除开证行以外，没有另一家银行对信用证承担保证兑付责任
兑付方式	议付信用证	开证行在信用证中请其他银行买入汇票及单据，当受益人提交的单据符合信用证条款规定时，议付行扣除利息后将票款付给受益人，是实务中最常见的信用证
	即期付款信用证	开证行或指定行收到符合信用证条款的即期汇票及单据后，立即履行付款义务。即期付款信用证不需要受益人提供汇票，只凭信用证规定的单据付款。付款行凭单付款后，对受益人没有追索权，对受益人极为有利
	延期付款信用证	开证行或指定银行收到符合信用证条款规定的单据后，在将来可确定的日期履行付款责任。在延期付款信用证中，不要求受益人提交汇票，因此，它的实质是不用汇票的远期信用证
	承兑信用证	开证行或指定银行收到符合信用证条款的远期汇票及单据后，不立即付款，而是承兑汇票，待汇票到期时才履行付款责任，是一种需要提供汇票的远期信用证
附加性质	可转让信用证	信用证的受益人（第一受益人）可以要求授权付款、承担延期付款责任、承兑或议付的银行（转让银行），或者当信用证是自由议付时，可以要求信用证中特别授权的转让的银行，将信用证全部或部分转让给一个或数个受益人（第二受益人）使用
	循环信用证	信用证被全部或部分使用后，仍可恢复原金额再使用，分为按时间循环信用证和按金额循环信用证，有自动循环使用、非自动循环使用、半自动循环使用三种循环方式
	背对背信用证	中间商收到进口人开来的、以其为受益人的信用证后，要求原通知行或其他银行以原证为基础，另外开立一张内容相似的、以其为开证申请人的新的信用证给另一受益人
	对开信用证	是通过相互向对方开立信用证进行结算的方式。主要特点是：双方同时开证；第一张信用证的受益人是第二张信用证的申请人；第一张信用证的通知行是第二张信用证的开证行；它们的金额可以相等或不同，可以同时或分别生效

（2）出口商的会计处理。收到货款时，借记“银行存款”账户，贷记“预收账款——预收外汇账款”账户；销售发运商品时，借记“预收账款——预收外汇账款”账户，贷记“主营业务收入——自营出口销售收入”账户。

【做中学5-5】某企业根据进出口合同规定按货款总值20 000美元预付订金10%即2 000美元，当日汇率为USD1=CNY6.2430，同时以人民币支付银行手续费150元。编制会计分录如下：

借：预付账款——预付外汇账款（USD2 000×6.2430） 12 486
　　财务费用——手续费 150
　贷：银行存款——外币存款（USD2 000×6.2430） 12 486
　　　　　　——人民币户 150

【做中学5-6】某出口公司收到国外进口方根据合同规定按货物总值30 000美元的15%预付货款，即4 500美元，当日汇率为USD1=CNY6.2430。根据有关单证编制会计分录如下：

借：银行存款——外币存款（USD4 500×6.2430） 28 094
　贷：预收账款——预收外汇账款（USD4 500×6.2430） 28 094

【做中学5-7】某单位到国外参加商品博览会，经申请核准以转账支票支付参展费用800美元，当日汇率为USD1=CNY6.2430。根据支票存根及有关单证编制会计分录如下：

借：销售费用（USD800×6.2430） 4 994
　贷：银行存款——外币存款（USD800×6.2430） 4 994

【做中学5-8】某企业收到国外客户以汇款方式寄来的样品款200美元，当日汇率为USD1=CNY6.2430。编制会计分录如下：

借：银行存款——外币存款（USD200×6.2430） 1 249
　贷：其他业务收入（USD200×6.2430） 1 249

2.托收结算的会计处理

（1）进口商的会计处理。支付款项获取全套货运单据时，借记“在途物资”账户，贷记“银行存款”账户；予以承兑取得全套货运单据时，借记“在途物资”账户，贷记“应付票据——外汇票据”账户，支付时，借记“应付票据——外汇票据”账户，贷记“银行存款”账户。

（2）出口商的会计处理。办妥托收手续时，借记“应收账款——应收外汇账款”账户，贷记“主营业务收入——自营出口销售收入”账户；收到货款时，借记“银行存款”账户，贷记“应收账款——应收外汇账款”账户。

【做中学5-9】某外贸公司向美国进口电器一批，收到银行转来的跟单托收付款交单凭证及全套货运单据，货款共计57 500美元，已经支付完毕，当日汇率为USD1=CNY6.2430。根据有关单证编制会计分录如下：

借：在途物资（USD57 500×6.2430） 358 973
　贷：银行存款——外币存款（USD57 500×6.2430） 358 973

【做中学5-10】某外贸公司根据合同规定向美国客户出口服装一批，货款共计50 000美元，当日汇率为USD1=CNY6.2430，已办妥跟单托收手续。编制会计分录如下：

借：应收账款——应收外汇账款（USD50 000×6.2430）　　312 150

　贷：主营业务收入——自营出口销售收入（USD50 000×6.2430）　　312 150

【做中学5-11】沿用【做中学5-10】资料，10天后收到银行转来美国客户支付50 000美元的收款通知，当日汇率为USD1=CNY6.2330。编制会计分录如下：

借：银行存款——外币存款（USD50 000×6.2330）　　311 650

　　财务费用——汇兑损益　　500

　贷：应收账款——应收外汇账款（USD50 000×6.2430）　　312 150

3.信用证方式结算的会计处理

（1）进口商的会计处理。进口商按确定的比率向银行存入保证金时，借记“其他货币资金”账户，贷记“银行存款”账户；进口商付款获取单证时，借记“在途物资”账户，贷记“其他货币资金”或“银行存款”账户。

（2）出口商的会计处理。出口商签发汇票连同全套单据及信用证送存银行办理议付手续时，借记“应收账款——应收外汇账款”账户，贷记“主营业务收入——自营出口销售收入”账户；收到银行转来的收汇通知时，借记“银行存款”账户，贷记“应收账款——应收外汇账款”账户。

【做中学5-12】某外贸公司向美国客户进口商品一批，向银行提出申请开立信用证20 000美元，按开证金额的25%支付保证金5 000美元，当日汇率为USD1=CNY6.2430，同时以银行存款人民币支付开证手续费800元。编制会计分录如下：

借：其他货币资金——信用证保证金（USD5 000×6.2430）　　31 215

　贷：银行存款——外币存款（USD5 000×6.2430）　　31 215

借：财务费用——手续费　　800

　贷：银行存款——人民币户　　800

【做中学5-13】沿用【做中学5-12】资料，10日后收到银行转来的发票和提单等单据，金额共计20 000美元，当日汇率为USD1=CNY6.2430，扣除已支付的25%保证金后，当即付清全部款项。编制会计分录如下：

借：在途物资　　124 860

　贷：其他货币资金——信用证保证金（USD5 000×6.2430）　　31 215

　　　银行存款——外币存款（USD15 000×6.2430）　　93 645

三、综合实例

1.进口商的核算

（1）预付货款。进口商采取预付货款方式进口商品，预付货款时，借记“预付外汇账款”账户，贷记“银行存款”账户；收到商品提单和发票等单证时，借记“商品采购”账户，贷记“预付外汇账款”账户。

【做中学5-14】长虹电器进出口公司向韩国首尔公司进口电器商品一批。

(1) 7月6日，根据合同规定预先汇付韩国首尔公司货款30 000美元，当日汇率为USD1=CNY6.2330。编制会计分录如下：

借：预付外汇账款（USD30 000×6.2330）　　186 990

　贷：银行存款——外币存款（USD30 000×6.2330）　　186 990

(2) 7月20日，收到韩国首尔公司发来商品的发票、提单等单据，金额共计30 000美元，当日汇率为USD1=CNY6.2430。编制会计分录如下：

借：商品采购（USD30 000×6.2430）　　187 290

　贷：预付外汇账款（USD30 000×6.2330）　　186 990

　　汇兑损益　　300

(2) 货到付款。进口商采取货到付款方式进口商品，收到出口商寄来商品提单和发票等单据时，借记“商品采购”账户，贷记“应付外汇账款”账户；汇付商品货款时，借记“应付外汇账款”账户，贷记“银行存款”账户。

【做中学5-15】华为服装进出口公司向香港九龙服装公司进口服装一批。

(1) 7月15日，收到香港九龙服装公司寄来的商品提单和发票等单据，金额共计28 000美元，当日汇率为USD1=CNY6.2430。编制会计分录如下：

借：商品采购（USD28 000×6.2430）　　174 804

　贷：应付外汇账款（USD28 000×6.2430）　　174 804

(2) 7月18日，汇付香港九龙服装公司货款28 000美元，当日汇率为USD1=CNY6.2430。编制会计分录如下：

借：应付外汇账款（USD28 000×6.2430）　　174 804

　贷：银行存款——外币存款（USD28 000×6.2430）　　174 804

(3) 跟单托收。进口商收到银行转来的跟单托收付款交单结算凭证，支付款项获取全套货运单据时，借记“商品采购”账户，贷记“银行存款”账户。

【做中学5-16】长虹电器进出口公司从日本进口电器一批，收到银行转来的跟单托收付款交单凭证及全套货运单据，货款共计37 500美元，予以支付，当日汇率为USD1=CNY6.2430。编制会计分录如下：

借：商品采购（USD37 500×6.2430）　　234 113

　贷：银行存款——外币存款（USD37 500×6.2430）　　234 113

进口商收到银行转来的跟单托收承兑交单结算凭证并予以承兑，取得全套货运单据时，借记“商品采购”账户，贷记“应付票据——外汇票据”账户；付清货款时，借记“应付票据——外汇票据”账户，贷记“银行存款”账户。

2.出口商的核算

(1) 预付货款。出口商出口商品要求进口商采取预付货款方式，收到货款时，借记“银行存款”账户，贷记“预收外汇账款”账户；销售发运商品时，借记“预收外汇账款”账户，贷记“自营出口销售收入”账户。

【做中学5-17】长虹电器进出口公司向美国纽约公司出口电器一批。

（1）7月16日，根据合同规定预收美国纽约公司订购电器的款项33 000美元，存入银行，当日汇率为USD1=CNY6.2430。编制会计分录如下：

借：银行存款——外币存款（USD33 000×6.2430）　206 019

　贷：预收外汇账款（USD33 000×6.2430）　206 019

（2）7月22日，发运销售给美国纽约公司的电器，金额33 000美元，当日汇率为USD1=CNY6.2430。编制会计分录如下：

借：预收外汇账款（USD33 000×6.2430）　206 019

　贷：自营出口销售收入（USD33 000×6.2430）　206 019

（2）货到付款。进口商要求采取货到付款方式时，出口商必须先发运商品，寄出商品提单和发票，借记“应收外汇账款”账户，贷记“自营出口销售收入”账户；收到货款时，借记“银行存款”账户，贷记“应收外汇账款”账户。

【做中学5-18】华为服装进出口公司向香港九龙服装公司出口服装一批。

（1）7月25日，根据合同规定向香港九龙服装公司发出商品，货款共计28 000美元，当日汇率为USD1=CNY6.2430。编制会计分录如下：

借：应收外汇账款（USD28 000×6.2430）　174 804

　贷：自营出口销售收入（USD28 000×6.2430）　174 804

（2）7月28日，收到香港九龙服装公司服装货款28 000美元，当日汇率为USD1=CNY6.2430。编制会计分录如下：

借：银行存款——外币存款（USD28 000×6.2430）　174 804

　贷：应收外汇账款（USD28 000×6.2430）　174 804

（3）跟单托收。出口商按合同要求装运商品上船，向银行办妥托收手续后，借记“应收外汇账款”账户，贷记“自营出口销售收入”账户；收到货款时，借记“银行存款”账户，贷记“应收外汇账款”账户。

【做中学5-19】华为服装进出口公司向美国路易斯公司出口服装一批。

（1）9月1日，根据合同规定销售给美国路易斯公司服装，货款共计48 000美元，当日汇率为USD1=CNY6.2430，服装已装运上船，并向银行办妥跟单托收手续。编制会计分录如下：

借：应收外汇账款（USD48 000×6.2430）　299 664

　贷：自营出口销售收入（USD48 000×6.2430）　299 664

（2）9月20日，收到银行转来的美国路易斯公司支付48 000美元的收账通知，当日汇率为USD1=CNY6.2330。编制会计分录如下：

借：银行存款——外币存款（USD48 000×6.2330）　299 184

　　汇兑损益　480

　贷：应收外汇账款（USD48 000×6.2430）　299 664

应会考核

应知考核

□ 业务考核

【考核项目一】

汇兑损益的账务处理

【背景资料】

海昌进出口公司采用当日汇率对外币业务进行折算，并按月计算汇兑损益。

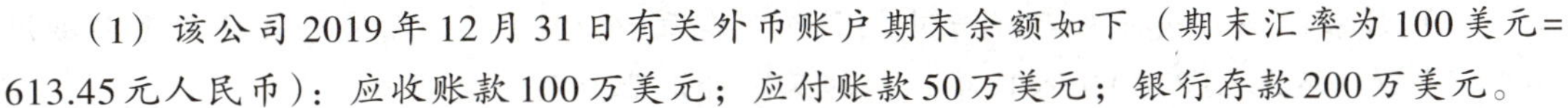

（1）该公司2019年12月31日有关外币账户期末余额如下（期末汇率为100美元=613.45元人民币）：应收账款100万美元；应付账款50万美元；银行存款200万美元。

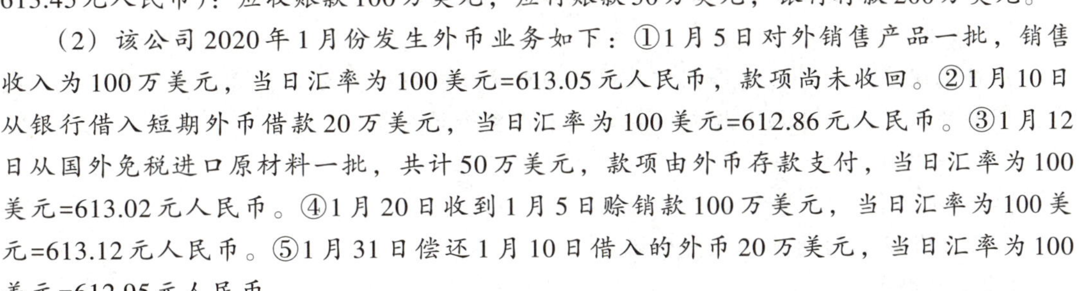

（2）该公司2020年1月份发生外币业务如下：①1月5日对外销售产品一批，销售收入为100万美元，当日汇率为100美元=613.05元人民币，款项尚未收回。②1月10日从银行借入短期外币借款20万美元，当日汇率为100美元=612.86元人民币。③1月12日从国外免税进口原材料一批，共计50万美元，款项由外币存款支付，当日汇率为100美元=613.02元人民币。④1月20日收到1月5日赊销款100万美元，当日汇率为100美元=613.12元人民币。⑤1月31日偿还1月10日借入的外币20万美元，当日汇率为100美元=612.95元人民币。

【考核要求】

根据上述背景资料：①编制该企业1月份外币业务的会计分录；②计算1月份的汇兑损益并进行账务处理。

【考核项目二】

汇兑损益的调整

【背景资料】

茂新进出口公司是一家外商投资公司，为一般纳税企业，选择确定的记账本位币为人民币，其外币交易采用交易日即期汇率折算，该公司有外汇银行存款账户（美元账户期初余额为367 840美元，汇率为1美元=6.2950元人民币，折合人民币金额为2 315 552.80元人民币；港元账户期初余额为0）。该公司本期从英国进口一批工业油料，进口价格条件为FOB伦敦，货款共计227 000美元，进口后，该批工业油料以国内合同价2 600 000元向国内用户进行销售。该项进口业务的进行情况如下：

（1）收到银行转来的全套进口单证，审核无误后以外汇银行存款支付货款，当日美元即期汇率中间价为1美元=6.2980元人民币。

（2）收到保险公司开来的保险费有关单据，应支付上列进口工业油料保险费4 290港元，今以美元兑换成港元后予以支付，当日港元即期汇率卖出价为1港元=0.8900元人民币，中间价为1港元=0.8852元人民币；当日美元即期汇率买入价为1美元=6.2850元人民币，中间价为1美元=6.2930元人民币。

（3）收到外运公司的有关单据，应支付上列进口工业油料国外运费12 907英镑。现以直接购汇方式填写《对外付款、承兑通知书》，向银行办理手续后予以支付，当日英镑即期汇率卖出价为1英镑=10.3200元人民币，中间价为1英镑=10.3140元人民币。

（4）上列进口工业油料到达我国口岸后，以人民币银行存款支付进口关税119 102元以及增值税296 121元。

（5）今将上列进口工业油料验收入库，结转该进口商品的进口成本。

（6）现将上列进口工业油料全部销售给国内用户H公司，根据内销合同开出增值税发票，货价2 000 000元（不含税价），增值税税率13%，上列款项收到并存入银行。根据货物出仓单同时结转该批货物的内销成本。

（7）月末，当日美元即期汇率中间价为1美元=6.2910元人民币，当日港元即期汇率中间价为1港元=0.8700元人民币，结转两个外汇账户的汇兑损益。

【考核要求】

根据上述背景资料：①编制该公司各项业务必要的会计分录；②计算各外币账户期末应调整的汇兑损益金额并编制必要的期末调整会计分录。

□ 项目实训

【实训项目】

外币业务核算的明细账及其登记

【实训资料】

蓝天进出口公司为增值税一般纳税企业，适用的增值税税率为13%。蓝天公司以人民币为记账本位币，外币交易采用交易日即期汇率折算，月末按照月末的即期汇率对外币账户的期末余额进行调整并计算汇兑损益。

1.该公司6月1日有关外币账户余额见表5-6。

表5-6 有关外币账户余额表

外币账户名称	外币余额	汇率	人民币金额
银行存款——美元户	USD200 000	6.8500	CNY1 370 000
应收外汇账款——美元户	USD600 000	6.8500	CNY4 110 000
应付外汇账款——美元户	USD300 000	6.8500	CNY2 055 000

2.蓝天公司6月份发生的有关外币经济业务如下：

（1）1日，从中国银行借入150 000港币，期限为3个月，年利率2.5%，到期还本付息，当日港币即期汇率为1港币=0.8800元人民币。当即存入银行，按月计提借款利息。

（2）6日，以现汇支付上月日本正大公司货款100 000美元，当日美元即期汇率为1美元=6.8600元人民币。

（3）11日，收到银行转来的现汇水单，收妥上月出口美国客户的货款200 000美元，当日美元即期汇率为1美元=6.8500元人民币。全部保留外汇现汇。

（4）15日，因进口商品向银行购买14 000美元存入信用证保证金户，当日美元即期汇率为1美元=6.8500元人民币，当日美元卖出价为1美元=6.8600元人民币。

(5) 19日，持80 000美元到银行兑换为人民币，当日美元买入价为1美元=6.8500元人民币，当日美元即期汇率为1美元=6.8600元人民币。

(6) 20日，持20 000美元到银行兑换成欧元，当日美元买入价为1美元=6.8500元人民币，卖出价为1美元=6.8600元人民币；当日欧元买入价为1欧元=9.9000元人民币，卖出价为1欧元=9.9100元人民币。换取的欧元存入银行存款欧元户。

(7) 21日，从美国购入商品500件，每件价格2 200美元，货款尚未支付。以人民币银行存款支付进口关税1 784 200元以及进口增值税1 819 884元，当日美元即期汇率为1美元=6.8400元人民币。

(8) 23日，以外币银行存款归还应付账款150 000美元，当日美元即期汇率为1美元=6.8300元人民币。

(9) 25日，出口销售一批商品，销售价款300 000美元，货款尚未收到，当日美元即期汇率为1美元=6.8200元人民币。

(10) 26日，收到银行转来的现汇水单，收妥上月出口销售货款150 000美元，当日美元即期汇率为1美元=6.8200元人民币。全部保留外汇现汇。

(11) 30日，计提本月借款利息，当日港币即期汇率为1港币=0.8700元人民币。

(12) 30日，市场汇率为1美元=6.8200元人民币，1欧元=8.9900元人民币，1港币=0.8700元人民币。

【技能要求】

(1) 根据上述外币经济业务，编制相关会计分录。会计分录所使用的会计科目需列至明细科目。

(2) 根据上述外币经济业务，登记有关外币明细账户及汇兑损益明细账户，计算6月末各外币账户期末汇兑损益，编制会计分录并登记入账，结出各账户本期发生额及期末余额。

各外币账户的格式如图5-6所示。

银行存款——外币存款（港币户）

年		凭证号数	摘要	收入			支出			结存		
月	日			原币金额	汇率	人民币金额	原币金额	汇率	人民币金额	原币金额	汇率	人民币金额

银行存款——外币存款（美元户）

年		凭证号数	摘要	收入			支出			结存		
月	日			原币金额	汇率	人民币金额	原币金额	汇率	人民币金额	原币金额	汇率	人民币金额

银行存款——外币存款（欧元户）

年		凭证号数	摘要	收入			支出			结存		
月	日			原币金额	汇率	人民币金额	原币金额	汇率	人民币金额	原币金额	汇率	人民币金额

其他货币资金——信用证保证金（美元户）

年		凭证号数	摘要	借方			贷方			借或贷	余额		
月	日			原币金额	汇率	人民币金额	原币金额	汇率	人民币金额		原币金额	汇率	人民币金额

应收账款——应收外汇账款（美元户）

年		凭证号数	摘 要	借 方			贷 方			借或贷	余 额		
月	日			原币金额	汇率	人民币金额	原币金额	汇率	人民币金额		原币金额	汇率	人民币金额

应付账款——应付外汇账款（美元户）

年		凭证号数	摘 要	借 方			贷 方			借或贷	余 额		
月	日			原币金额	汇率	人民币金额	原币金额	汇率	人民币金额		原币金额	汇率	人民币金额

短期借款——短期外汇借款（港币户）

年		凭证号数	摘 要	借 方			贷 方			借或贷	余 额		
月	日			原币金额	汇率	人民币金额	原币金额	汇率	人民币金额		原币金额	汇率	人民币金额

财务费用——汇兑差额

年		凭证号数	摘要	借方发生额	借方明细		
月	日				利息支出	银行手续费	汇兑差额

图5-6 各外币账户的格式

项目六

出口业务核算

知识目标

1.理解：出口货物的类型和程序，加工补偿出口销售业务的种类及经营方式

2.熟知：出口商品购进的方式及交接方式，自营出口销售的业务程序，商品销售收入的确认原则

3.掌握：出口商品购进业务的核算，自营出口销售业务的核算，外贸企业代理出口销售业务的核算，外贸企业来料加工、来件装配和来样生产出口销售业务的核算

技能目标

1.能够熟悉出口业务核算的账户结构和对应账户

2.能够掌握出口业务会计分录的编制和相应处理

3.能够通过代理出口销售业务应遵循的原则、代理出口销售外汇货款结算的方法对代理出口销售业务进行核算

素质目标

运用所学出口业务核算理论与实务知识研究相关案例，培养和提高学生在特定业务情境中分析问题与决策设计的能力；能结合“出口业务核算”教学内容，结合行业规范或标准，分析会计行为的善恶，强化学生的职业道德素质。

知识精讲

任务一　出口货物概述

一、出口货物的类型

随着我国对外贸易体制的改革和完善，我国出口贸易企业的发展呈现多元化趋势。各行各业的大小企业，经申请核准后均可从事外贸经营业务。这些外贸企业性质不同，

行业有别，规模不一。出口贸易业务按其经营的性质不同，主要分为贸易出口、援外出口、补偿贸易出口三种。

1.贸易出口

贸易出口是指进出口双方经过磋商达成协议，签订合同，通过办理结算与销售货物取得货款的一种交易行为。贸易出口按不同的标准，还可划分为具体的经营方式。贸易出口是主要出口方式，按性质不同又有以下几种分类：

1）按有无协定，分为协定贸易出口和非协定贸易出口

（1）协定贸易出口，是指两个国家或几个国家之间根据贸易协定的原则和范围进行对外贸易。在贸易协定的基础上，由双方国家的有关贸易进出口总公司签订合同，具体执行。一般采用记账结算、立即付款的结算方式，不开信用证。只要有关单据符合双方签订的交货合同条件及合同所规定的要求，付款方银行则立即付款。

（2）非协定贸易出口，是指两个国家之间在没有签订贸易协定的情况下，进行对外贸易。由进出口企业通过交易谈判或函电成交后，以逐笔签订合同或确认书的方式进行。一般采用信用证或托收方式进行结算。

2）按使用外汇的方式，分为记账外汇出口和现汇外汇出口

（1）记账外汇出口，是指出口收回的外汇，只能用来抵付从对方国家进口所支付的外汇，而不能自由地使用，即两国之间的进出口贸易的货款结算，由贸易双方指定的银行记账、相互抵销，而不采取逐笔结算的方式。如协定贸易出口，就是记账外汇出口。但外贸企业在交单结汇后，可以从银行取得本位币的销货款。

（2）现汇外汇出口，是指两国之间的进出口贸易的货款结算，使用现汇的方式，可以自由转移、调拨、对换和使用，通过银行结算。如非协定贸易出口，就是现汇外汇出口。

3）按外贸企业的经营责任，分为自营出口和代理出口

（1）自营出口，是指外贸企业自己经营出口业务，经营的盈亏均纳入本企业的总盈亏核算，实行统一核算。

（2）代理出口，是指企业代理其他单位经营出口业务，经营的盈亏由委托单位负责，而代理企业只收取一定的代理手续费。

4）按外贸企业的经营方式，分为直接出口、转口贸易出口、易货出口、进料加工出口、以出顶进出口、加工装配出口和中小型补偿贸易出口

（1）直接出口，是指出口企业直接将出口货物装运并交进口商的出口业务。

（2）转口贸易出口，是指将进口商品专卖，并运交第三国进口商的出口业务。

（3）易货出口，是指易货对等交易的出口业务。

（4）进料加工出口，是指进口原材料由国内生产企业加工后再出口的出口业务。

（5）以出顶进出口，是指将出口商品在国内以收取外汇的形式销售给进口单位的业务。

（6）加工装配出口，是指由国外生产厂商提供原料、零部件、元器件，由国内企业

按照对方的要求进行加工或装配后再出口的业务。

（7）中小型补偿贸易出口，是指国内外贸企业以信贷方式从国外生产企业引进技术设备，进行产品生产并分期偿还引进技术设备货款的业务。

5）按与国外代理商的关系，分为包销、委托代理、展卖和寄售

（1）包销，是指在国外一定地区和一定时期内，对某种或几种出口商品，由包销商独家专营的业务。

（2）委托代理，是指委托国外代理商代销，按销售额付给一定比例佣金的业务。

（3）展卖，是指利用国外的博览会、国内的商品交易会，与国外经销商达成交易的业务。

（4）寄售，是指委托外商在当地代销，所得货款扣除佣金和规定的费用后，汇交外贸企业的业务。

2.援外出口

援外出口是由有关部门根据我国与受援国政府之间签订的协定和协议，以行政方式下达或通过招标方式由有关外贸企业组织执行的出口业务。外贸企业组织出口货源，按照规定的交货条件及计价办法，办理对外出口运输和交单结算手续，银行不结汇付款。交货后，按进价加一切费用的保障原则，列出成本单上报，并通过主管部门向外经贸部门办理货款的收归手续。

3.补偿贸易出口

补偿贸易出口是指在信贷基础上，采取从国外客户进口机器设备、技术，作价形成贷款，而后用该机器设备生产的产品偿还贷款的一种特殊贸易出口业务。

二、出口货物的程序

尽管各种出口业务性质有别，盈亏负担不同，但在货物出口程序、有关手续的办理和应用凭证方面基本相同。一般而言，出口货物的程序如图6-1所示。

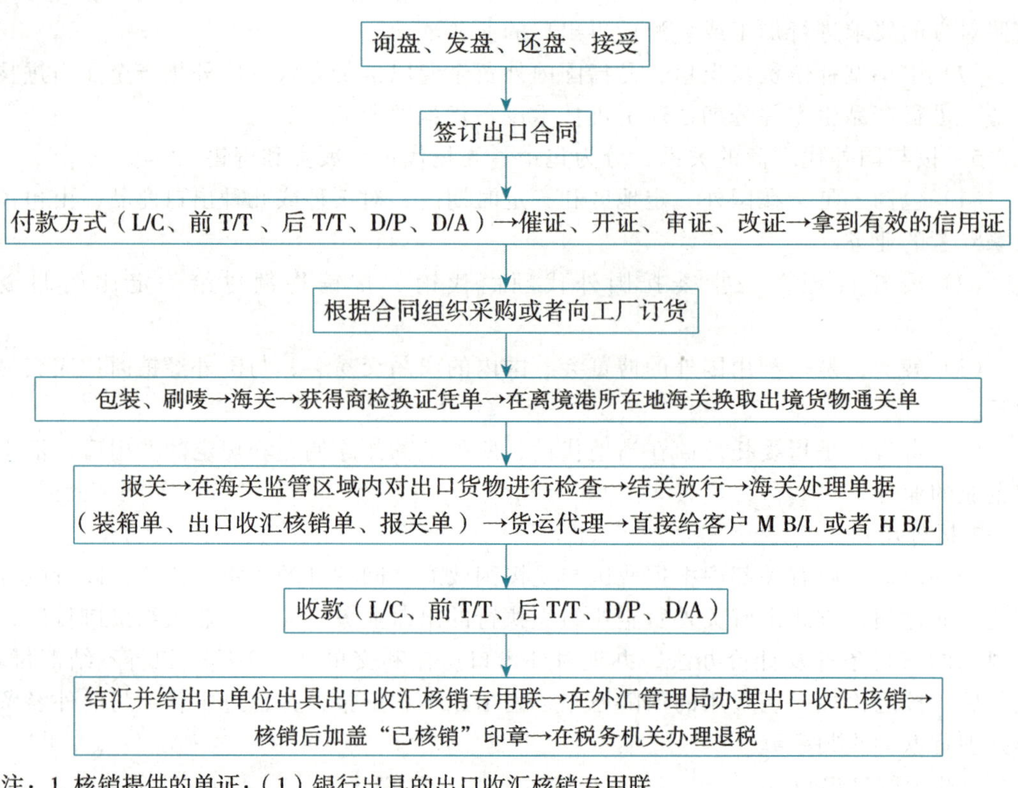

注：1. 核销提供的单证：（1）银行出具的出口收汇核销专用联
（2）外汇管理局出具的出口收汇核销单
（3）出口收汇报关单证明联
（4）商业发票
（5）核销报告表
2. 退税提交的单证：（1）报关单（出口退税证明联）
（2）出口销售发票
（3）结汇水单或收汇通知书（银行出具的出口收汇核销专用联）
（4）产品征税证明（缴款书）
（5）出口收汇已核销证明（出口收汇核销单退税专用联）
（6）进货增值税发票抵扣联
（7）与出口退税有关的其他材料

图 6-1　出口货物的程序

任务二　出口商品购进业务核算

一、出口商品购进的方式及交接方式

1. 出口商品购进的方式

出口商品的购进按照收购方式不同，可分为直接购进和委托代购两种。

（1）直接购进。它是指外贸企业向工矿企业、农场及有关单位直接签订购销合同或协议收购出口产品。它适用于收购大宗工矿产品、农副产品和土特产品。

（2）委托代购。它是指外贸企业以支付手续费的形式委托商业、粮食和供销社收购出口产品。它适用于收购货源零星分散的农副、土特产品。

2.出口商品购进的交接方式

出口商品购进的交接方式通常包括：①送货制。它是指供货单位将商品送到外贸企业指定的仓库或其他地点，由外贸企业验收入库的一种方式。②提货制。它又称取货制，是指外贸企业指派专人到供货单位指定的仓库或其他地点提取并验收商品的一种方式。③发货制。它是指供货单位根据购销合同规定的发货日期、品种、规格和数量等条件，将商品委托运输单位由铁路、公路或水路运送到所在地或其他指定地区，如车站、码头等，由外贸企业领取并验收入库的一种方式。④厂商就地保管制。它是指外贸企业委托供货厂商代为保管商品，到时凭保管凭证办理商品交接的一种方式。

3.出口商品购进的业务程序

出口商品购进的业务程序主要有签订购销合同、验收出口商品和支付商品货款。

（1）签订购销合同。外贸企业应根据国际市场的需求，按照合同法的有关规定，及时与供货单位签订购销合同，明确规定商品的名称、规格、型号、商标、等级和质量标准；商品的数量、计量单位、单价和金额；商品的交货日期、方式、地点、运输和结算方式以及费用负担、违约责任和索赔条件等，以明确购销双方的权利和义务。

（2）验收出口商品。外贸企业对购进的出口商品应按照购销合同或协议的规定进行验收。对于一般的技术性不强的出口商品，应进行品种、规格、型号、商标、等级、花色、质量、包装等方面的检查验收；对于外贸企业无条件验收的技术复杂、规格特殊的出口商品，如精密仪器、成套设备、化工产品等，应由供货企业提供商品检验证明书，并点验商品的数量，检查商品的包装；对于应由商品检验单位检验的出口商品，应取得该单位的合格证明书，并点验商品的数量，检查商品的包装。

（3）支付商品货款。外贸企业除了经批准发放的农副产品以及定购大型机器设备、船舶、特殊专用材料、设备可以预付定金或货款外，同城商品采购主要采用支票结算方式，外贸企业在收到商品后，就应支付货款；异地商品采购主要采用托收承付结算方式，贯彻“商品发运托收，单货同行，钱货两清”的原则。外贸企业应根据合同的规定，验单或验货合格后付款，以维护购销双方的权益。

4.出口商品采购成本的构成

（1）出口商品采购成本一般包括购买价格、税费、运输费、装卸费、保险费以及其他可归属于存货采购成本的费用。

（2）对于直接收购或委托代购的农副产品以及企业从农业生产者手中购买以收购原价加税费作为采购成本的自产农业产品，免征增值税。但按照规定，购进免税农产品内销时准予扣除一部分进项税额。

5.出口商品购进的入账时间

出口商品购进的入账时间应以出口商品所有权或支配权为标准。在结算凭证先到、商品未到的情况下，以收到结算凭证或开出承兑汇票的时间为购进商品的入账时间。在购进的出口商品先到、结算凭证未到的情况下，仍以收到结算凭证的时间为入账时间。但是，对于月末结算凭证仍未到而无法付款或无法开出承兑商业汇票的入库商品，先按暂估价记入“库存商品”账户，下月初再用红字冲回。

二、出口商品购进业务的核算

1.本地收购的核算

（1）送货制。在送货制方式下，外贸企业进货人员在审查供货单位签发的销货发票无误后，填制商品进仓通知单并交给供货单位，通知其将商品送到指定的仓库。仓库验收后，在进仓通知单上加盖“收讫”戳记，据以办理货款结算。送货制是本地收购的主要形式，其货款结算一般采用支票结算方式。

【做中学6-1】大连开元进出口贸易公司从大连明星制衣服装厂购进10 000元服装用于出口，增值税税率为13%，以银行存款付讫。编制会计分录如下：

借：商品采购——大连明星制衣服装厂　　10 000

　　应交税费——应交增值税（进项税额）　　1 300

　贷：银行存款　　11 300

如果先收货后付款，其会计分录为：

借：库存商品——库存出口商品　　10 000

　　应交税费——应交增值税（进项税额）　　1 300

　贷：应付账款　　11 300

支付货款时：

借：应付账款　　11 300

　贷：银行存款　　11 300

（2）提货制。在提货制方式下，外贸企业进货人员对供货单位开出的提货单和销售发票审核无误后，即可办理货款结算手续。同时，由业务部门填制商品进仓通知单连同提货单交储运部门办理提货进仓手续。财会部门根据进仓单和供货单位发票及结算凭证等，进行会计处理。

【做中学6-2】大连开元进出口贸易公司从大连明星制衣服装厂购进10 000元服装用于出口，增值税税率为13%，储运部门组织办理提货，以银行存款付讫。编制会计分录如下：

借：商品采购——大连明星制衣服装厂　　10 000

　　应交税费——应交增值税（进项税额）　　1 300

　贷：银行存款　　11 300

借：库存商品——库存出口商品　　10 000

　贷：商品采购——大连明星制衣服装厂　　10 000

如果付款在后，则付款时先通过“应付账款”科目进行过渡性核算，实际支付货款时：

借：应付账款　　11 300

　　贷：银行存款　　　　　　　　　　　　　　　　　　　　　　　　11 300

【注意】在送货制和提货制方式下，会计核算基本上差不多，就是进仓单的流程稍微有所不同。

2.外地收购的核算

外贸企业从外地收购出口商品，一般采用发货制方式，即由供货单位将商品委托运输部门发运到购货单位所在地的车站、码头交货。同时，向当地银行申请办理委托收款结算手续，向购货单位收取货款。由于手续存在时间先后的差异，又分为以下两种情况：

第一，单到货未到的账务处理。企业应对在途商品的所有权予以确认，先通过"在途物资"账户核算，等商品运达并验收入库后，再结转至"库存商品——库存出口商品"账户。

【做中学6-3】大连开元进出口贸易公司从大连华达服装有限公司购进10 000元服装用于出口，增值税税率为13%，结算凭证已到并通过银行付款，但商品仍在运输途中。编制会计分录如下：

借：在途物资——出口商品采购　　　　　　　　　　　　10 000
　　应交税费——应交增值税（进项税额）　　　　　　　　1 300
　　贷：银行存款　　　　　　　　　　　　　　　　　　　　　　11 300

货物到达交货地点并验收无误后，财会部门根据进仓单与"在途物资"账户进行账务处理，编制会计分录如下：

借：库存商品——库存出口商品　　　　　　　　　　　　10 000
　　贷：在途物资——出口商品采购　　　　　　　　　　　　　　10 000

第二，货到单未到的账务处理。外贸企业根据运输部门的到货通知单，先由储运部门提货验收进仓，财会部门一般不作会计处理，待收到有关结算凭证并支付货款时再进行有关的会计处理。如果月末仍未收到结算凭证，则按暂估价入账，下月初红字冲回。

【做中学6-4】上海华德进出口贸易公司于4月20日从外地光源服装有限公司购进10 000元服装用于出口，增值税税率为13%，货已到位，结算凭证于5月15日收到并通过开户银行付款。编制会计分录如下：

4月30日，按暂估价11 000元入账：

借：库存商品——库存出口商品　　　　　　　　　　　　11 000
　　贷：应付账款　　　　　　　　　　　　　　　　　　　　　　11 000

5月初，红字冲回原暂估价部分：

借：库存商品——库存出口商品　　　　　　　　　　　　[11 000]
　　贷：应付账款　　　　　　　　　　　　　　　　　　　　　　[11 000]

5月15日，收到开户银行转来托收凭证并支付货款时：

借：库存商品——库存出口商品　　　　　　　　　　　　10 000
　　应交税费——应交增值税（进项税额）　　　　　　　　1 300
　　贷：银行存款　　　　　　　　　　　　　　　　　　　　　　11 300

三、出口商品购进其他业务的核算

1.进货退出的核算

进货退出是指商品购进验收入库后，因数量、质量、品种、规格不符，再将商品退回原供货单位。外贸企业由于进货量大，一般对于原箱整件包装的商品，在验收时只作抽样检查，因此在入库后复验商品时，往往会发现商品的数量、质量、品种、规格不符，为此外贸企业应及时与供货单位联系，调换或补回商品，或者作进货退出处理。在发生进货退出业务时，由供货单位开出红字专用发票，外贸企业收到后由业务部门据以填制“进货退出单”，通知储运部门发运商品。财会部门根据储运部门转来的“进货退出单”，进行进货退出的核算。

【做中学6-5】大连华为服装进出口公司向大连星海服装厂购进“劲霸”男式西服500套，每套300元，货款已付讫。今复验发现其中50套质量不符合要求，经联系后同意退货。增值税税率为13%。

（1）9月5日，收到大连星海服装厂退货的红字专用发票，开列退货款15 000元，退增值税税额1 950元，并收到业务部门和储运部门分别转来的“进货退出单”（结算联）和“进货退出单”（出库联）068号。编制会计分录如下：

借：应收账款——大连星海服装厂　　16 950
　贷：库存商品——库存出口商品　　15 000
　　　应交税费——应交增值税（进项税额）　　1 950

（2）9月6日，收到对方退来货款及增值税的转账支票16 950元，存入银行。编制会计分录如下：

借：银行存款　　16 950
　贷：应收账款——大连星海服装厂　　16 950

2.购进商品退补价的核算

有时外贸企业购进的商品，由于供货单位的疏忽，可能发生单价开错或价格计算错误等情况，需要调整商品货款，因此就产生了购进商品退补价的核算。在发生商品退补价时，应由供货单位填制更正发票交给外贸企业，由业务部门审核后，送交财会部门，经复核无误后，据以进行退补价款的核算。

（1）购进商品退价的核算。购进商品退价是指原先结算货款的进价高于实际进价，应由供货单位将高于实际进价的差额退还给外贸企业。

【做中学6-6】大连大化进出口公司向大连黑妹牙膏厂购进“美加净”牙膏2 000箱，每箱35.4元，已钱货两讫。今收到大连黑妹牙膏厂开来的红字更正发票，列明每箱应为34.5元，应退货款1 800元，增值税税额234元，退货和退税款尚未收到，增值税税率为13%。编制会计分录如下：

借：应收账款——大连黑妹牙膏厂　　2 034
　贷：库存商品——库存出口商品　　1 800
　　　应交税费——应交增值税（进项税额）　　234

（2）购进商品补价的核算。购进商品补价是指原先结算货款的进价低于实际进价，应由外贸企业将低于实际进价的差额补付给供货单位。

【做中学6-7】大连二汽进出口公司向大连儿童车厂购进“光头强”牌童车1 200辆，每辆35元，已钱货两讫。今收到大连儿童车厂更正发票，列明每辆应为36元，应补付货款1 200元，增值税税额156元，增值税税率为13%。编制会计分录如下：

借：库存商品——库存出口商品　　1 200

　　应交税费——应交增值税（进项税额）　　156

　贷：应付账款——大连儿童车厂　　1 356

“应付账款”是负债类账户，用以核算企业因购买商品、原材料和接受劳务供应等而应付给供应单位的款项。发生时，记入贷方；偿还时，记入借方；余额在贷方，表示企业尚欠供应单位的款项。该账户应按供应单位进行明细分类核算。

3.购进商品发生短缺和溢余的核算

外贸企业购进商品，应认真进行验收，以确保账实相符。如果商品发生短缺或溢余情况，除根据实收数量入账外，还应查明缺溢原因，及时予以处理。购进商品发生短缺或溢余的主要原因有：在运输途中由于不可抗拒的自然条件和商品性质等因素，使商品发生损耗或溢余；运输单位失职造成事故或丢失商品；供货单位工作上的疏忽造成少发或多发商品以及不法分子贪污盗窃等。因此，对于商品短缺或溢余，要认真调查、具体分析、明确责任、及时处理，以保护企业财产的安全。

储运部门在验收商品时，如发现实收商品与供货单位专用发票（发货联）上所列数量不符时，必须会同运输单位进行核对，做好鉴定证明，以便查明原因后进行处理，并在“收货单”上注明实收数量，填制“商品购进短缺溢余报告单”。“商品购进短缺溢余报告单”一式数联，其中一联连同鉴定证明送交业务部门，由其负责处理；另一联送交财会部门，审核后作为记账的依据。

（1）购进商品发生短缺的核算。外贸企业购进商品发生短缺时，在查明原因前，应通过“待处理财产损溢”账户进行核算。查明原因后，如果是供货单位少发商品，经联系后，可由其补发商品或作进货退出处理。如果是运输途中的定额损耗，一般不进行账务处理，可提高入库商品的单位成本；如果是运输途中的超定额损耗，则作为“销售费用”列支。如果是责任事故，应由运输单位或责任人承担经济责任的，作为“其他应收款”处理；应由本企业承担损失的，报经批准后，作为“管理费用”列支。如果是自然灾害等原因造成的净损失，作为“营业外支出”处理。

【做中学6-8】大连棒棰岛食品进出口公司向哈尔滨土特产公司购进蘑菇4 000千克，每千克30元，货款共计120 000元，增值税税额15 600元，运杂费600元，采用托收承付结算方式，增值税税率为13%。

（1）接到银行转来的托收凭证及附来的专用发票（发票联）、运杂费凭证，经审核无误后，予以承付。编制会计分录如下：

借：商品采购——哈尔滨土特产公司　　120 000

　　应交税费——应交增值税（进项税额）　　15 600

借：销售费用——进货运杂费　　600
　贷：银行存款　　136 200

（2）商品到达后，储运部门验收时，发现实收3 948千克，短缺52千克，货款共计1 560元，并填制“商品购进短缺溢余报告单”。财会部门根据储运部门转来的“收货单”及“商品购进短缺溢余报告单”，经复核无误后，结转入库商品采购成本，并对短缺商品进行核算。编制会计分录如下：

借：库存商品——库存出口商品　　118 440
　　待处理财产损溢——待处理流动资产损溢　　1 560
　贷：商品采购——哈尔滨土特产公司　　120 000

（3）经联系后，查明短缺的蘑菇中有50千克是对方少发商品，已开来退货的红字专用发票，应退货款1 500元，增值税税额195元。编制会计分录如下：

借：应收账款——哈尔滨土特产公司　　1 695
　贷：待处理财产损溢——待处理流动资产损溢　　1 500
　　　应交税费——应交增值税（进项税额）　　195

（4）查明其余2千克短缺的蘑菇是自然损耗，经批准予以转账。编制会计分录如下：

借：销售费用——商品损耗　　60
　贷：待处理财产损溢——待处理流动资产损溢　　60

（2）购进商品发生溢余的核算。外贸企业购进商品发生溢余，在查明原因前，应通过“待处理财产损溢”账户进行核算。查明原因后，如果是运输途中的自然升溢，应冲减“销售费用”账户；如果是供货单位多发商品，可与对方联系，由其补来专用发票后，作为商品购进处理。

【做中学6-9】大连棒棰岛食品进出口公司向哈尔滨土特产公司购进黑木耳2 500千克，每千克40元，货款共计100 000元，增值税税额13 000元，运杂费500元，采用托收承付结算方式，增值税税率为13%。

（1）接到银行转来的托收凭证及附来的专用发票（发票联）和运杂费凭证，经审核无误后，予以承付。编制会计分录如下：

借：商品采购——哈尔滨土特产公司　　100 000
　　应交税费——应交增值税（进项税额）　　13 000
　　销售费用——进货运杂费　　500
　贷：银行存款　　113 500

（2）商品到达后，储运部门验收时，发现实收2 521千克，溢余21千克，货款共计840元。财会部门对储运部门转来的“收货单”及“商品购进短缺溢余报告单”复核无误后，结转入库商品采购成本，并对溢余商品进行核算。编制会计分录如下：

借：库存商品——库存出口商品　　100 840
　贷：商品采购——哈尔滨土特产公司　　100 000
　　　待处理财产损溢——待处理流动资产损溢　　840

(3) 经联系后，查明溢余的黑木耳中有20千克是对方多发商品，已补来专用发票，开列货款800元，增值税税额104元，现作为商品购进；其余1千克系自然升溢。编制会计分录如下：

借：待处理财产损溢——待处理流动资产损溢　　840

　贷：商品采购——哈尔滨土特产公司　　800

　　　销售费用——商品损耗　　40

(4) 从银行汇付哈尔滨土特产公司20千克黑木耳的货款800元及增值税税额104元。编制会计分录如下：

借：商品采购——哈尔滨土特产公司　　800

　　应交税费——应交增值税（进项税额）　　104

　贷：银行存款　　904

“待处理财产损溢”是资产类账户，用以核算企业已发生而尚需等待批准处理的各项财产物资的盘亏、盘盈、短缺、溢余、收益和损失。发生盘亏、短缺、损失以及转销盘盈、溢余、收益时，记入借方；发生盘盈、溢余、收益以及转销盘亏、短缺、损失时，记入贷方；若余额在借方，表示尚未处理的各种财产物资的净损失，若余额在贷方，表示尚未处理的各种财产物资的净溢余。该账户应分别设置“待处理流动资产损溢”“待处理固定资产损溢”明细分类账户。

4.购进商品发生拒付货款和拒收商品的核算

外贸企业从异地购进商品，对于银行转来供货单位的托收凭证及其所附的专用发票（发票联）、运杂费凭证等，必须认真与合同进行核对，如发现与购销合同不符、重复托收以及货款或运杂费多计等情况，应在银行规定的承付期内填制“拒绝承付理由书”，拒付货款。对于与购销合同不符或重复托收的，应拒付全部托收款；对于部分与购销合同不符的，应拒付不符部分的托收款；对于货款或运杂费多计的，应拒付多计的数额。企业在提出拒付款项时，应实事求是，不能因供货单位的部分差错而拒付全部货款，更不能借故无理拒付货款，从而损害供货单位的利益。

对于供货单位发来的商品及随货同行的专用发票（发货联），同样要与购销合同进行核对，并认真检验商品的品种、规格、数量和质量，如有不符，可以拒收商品。在拒收商品时，应由业务部门填制“拒收商品通知单”，尽快通知供货单位，并填制“代管商品收货单”一式数联，其中两联送交储运部门。储运部门验收后，加盖“收讫”戳记，将其数量作为账外记录，并将拒收商品妥善保管，与库存商品分别存放，不能动用。其中一联由储运部门转交财会部门，据以记入“代管商品物资”账户的借方。“代管商品物资”是表外账户，只作单式记录，不与其他账户发生对应关系。

异地商品购进，由于托收凭证的传递与商品运送的渠道不同，因此支付货款与商品验收入库的时间往往不一致，从而引起拒付货款与拒收商品有先有后，将会出现以下三种情况：

(1) 先拒付货款，后拒收商品。企业收到银行转来的托收凭证，发现内附的专用发票与购销合同不符，拒付货款。等商品到达后，再拒收商品。由于没有发生结算与购销关系，只需在拒收商品时，将拒收商品记入“代管商品物资”账户。

（2）先拒收商品，后拒付货款。企业收到商品时，发现商品与购销合同不符，可拒收商品，将拒收商品记入“代管商品物资”账户的借方。等银行转来托收凭证时，再拒付货款。

（3）先承付货款，后拒收商品。企业收到银行转来的托收凭证，将内附的专用发票与购销合同核对相符后，承付了货款。等商品到达验收时，发现商品与购销合同不符，除了将拒收商品记入“代管商品物资”账户的借方外，还应将拒收商品的货款、增值税税额及运杂费，分别从“商品采购”账户、“应交税费”账户及“销售费用”账户一并转入“应收账款”账户。待业务部门与供货单位协商解决后，再进一步作出账务处理。

【做中学6-10】大连松下电器进出口公司向吉林一汽空调器厂购进空调200台，每台1 000元，货款共计200 000元，增值税税额26 000元，运杂费600元，采用托收承付结算方式，增值税税率为13%。

（1）银行转来吉林一汽空调器厂托收凭证，内附专用发票（发票联）、运杂费凭证等，经审核无误，予以承付。编制会计分录如下：

借：商品采购——吉林一汽空调器厂　　200 000
　　应交税费——应交增值税（进项税额）　　26 000
　　销售费用——进货运杂费　　600
　贷：银行存款　　226 600

（2）商品到达后，验收时发现其中有10台空调质量不符合合同规定，予以拒收，由业务部门与对方联系解决，拒收商品代为保管。

①合格的190台空调已验收入库，结转商品采购成本。编制会计分录如下：

借：库存商品——库存出口商品　　190 000
　贷：商品采购——吉林一汽空调器厂　　190 000

②将拒收10台空调的货款、增值税税额及该部分商品应承担的运杂费转入“应收账款”账户。编制会计分录如下：

借：商品采购——吉林一汽空调器厂　　10 000
　　应交税费——应交增值税（进项税额）　　1 300
　　销售费用——进货运杂费　　30
　贷：应收账款——吉林一汽空调器厂　　11 330

同时，在“代管商品物资”账户内借记10 000元。

（3）经联系后，大连松下电器进出口公司将拒收的10台空调退回。

①以库存现金垫付退回10台空调的运杂费35元。编制会计分录如下：

借：应收账款——吉林一汽空调器厂　　35
　贷：库存现金　　35

②吉林一汽空调器厂汇来退货款、增值税税额及垫付的运杂费共计11 365元，存入银行。编制会计分录如下：

借：银行存款　　11 365

　　贷：应收账款——吉林一汽空调器厂　　11 365

同时，在“代管商品物资”账户内贷记10 000元。

5.购货折扣和购货折让的核算

（1）购货折扣的核算。外贸企业在赊购商品时，赊销方为了促使赊购方尽快清偿账款而给予一定的折扣优惠，从而产生了购货折扣。购货折扣是指赊购方在赊购商品后，因迅速清偿赊购账款而从赊销方取得的折扣优惠。

外贸企业赊购商品，当出现以付款日期为条件而发生购货折扣时，应采用总价法。总价法是以商品的发票价格作为其买价入账，当企业取得购货折扣时，再冲减当期的财务费用。

【做中学6-11】大连松下电器进出口公司向哈尔滨电视机厂赊购彩色电视机，厂方给予的付款条件为：10天内付清货款，购货折扣为1%，超过10天支付的为全价。

（1）8月1日，大连松下电器进出口公司赊购电视机200台，每台1 000元，货款共计200 000元，增值税税额26 000元，增值税税率为13%，电视机已验收入库。

①根据专用发票，编制会计分录如下：

借：商品采购——哈尔滨电视机厂　　200 000

　　应交税费——应交增值税（进项税额）　　26 000

　　贷：应付账款——哈尔滨电视机厂　　226 000

②根据收货单，编制会计分录如下：

借：库存商品——库存出口商品　　200 000

　　贷：商品采购——哈尔滨电视机厂　　200 000

（2）8月10日，大连松下电器进出口公司签发转账支票一张，金额为226 000元，支付本月1日赊购电视机的货款及增值税税额。编制会计分录如下：

借：应付账款——哈尔滨电视机厂　　226 000

　　贷：银行存款　　224 000

　　　　财务费用　　2 000

（2）购货折让的核算。购货折让是指外贸企业购进的商品，因品种、规格和质量等原因，从销货单位所取得的价格上的减让。外贸企业在发生购货折让时，应以商品的买价扣除购货折让后的净额入账，而且增值税税额与货款同步，享有购货折让。

【做中学6-12】大连喜洋洋纺织品进出口公司向大连毛纺厂购进毛涤花呢4 000米，每米20元，货款共计80 000元，增值税税额10 400元，增值税税率为13%。

（1）签发转账支票90 400元支付货款及增值税税款。编制会计分录如下：

借：商品采购——大连毛纺厂　　80 000

　　应交税费——应交增值税（进项税额）　　10 400

　　贷：银行存款　　90 400

（2）验收商品时，发现质量不符要求，与对方沟通后，同意予以10%的购货折让。

①收到厂方的销货折让发票，并收到对方退回的折让款8 000元及增值税税款1 040元，存入银行。编制会计分录如下：

借：银行存款　　9 040
　　贷：商品采购——大连毛纺厂　　8 000
　　　　应交税费——应交增值税（进项税额）　　1 040

②将商品验收入库。编制会计分录如下：

借：库存商品——库存出口商品　　72 000
　　贷：商品采购——大连毛纺厂　　72 000

四、出口商品委托代购的核算

外贸企业经营出口的农副、土特产品中，有不少是种植户、养殖户生产的，生产分散。为了满足国际市场的需求，增加货源，外贸企业在未设收购网点的地区，通常委托其他企业进行代购。

出口商品采取委托代购方式，代购资金通常由受托单位自行解决。外贸企业除了要承担代购农副产品的收购价格外，还要承担代购费用和代购手续费。

此外，税法规定对农副产品的进项税额，按买价依照9%的扣除率计算。其计算公式如下：

购进农副产品进项税额=买价×9%

提示：自2019年4月1日起，纳税人购进农产品，原适用10%扣除率的，扣除率调整为9%。纳税人购进用于生产或者委托加工13%税率货物的农产品，按照10%的扣除率计算进项税额。

购进烟叶，买价应包括购进农产品发票上注明的价款和按规定缴纳的烟叶税。烟叶收购单位收购烟叶时按照国家有关规定以现金形式直接补贴烟农的生产投入补贴（以下简称价外补贴），实质为农产品买价的一部分。但烟叶收购单位应将价外补贴与烟叶收购价格在同一张农产品收购发票或者销售发票上分别注明，否则，价外补贴不得计算增值税进项税额进行抵扣。公式为：

收购烟叶准予抵扣的进项税额=（收购金额+烟叶税）×9%

其中：

收购金额=收购价款×（1+10%）

烟叶税=收购金额×20%

收购烟叶准予抵扣的进项税额=［收购价款×（1+10%）］×（1+20%）×9%

=买价×1.1×1.2×9%

收购烟叶采购成本=买价×1.1×1.2×91%

因此，农副产品的采购成本由买价减去进项税额再加上代购费用组成。

委托代购的农副产品，其代购费用有“费用包干”和“实报实销”两种方式。代购费用包干是指外贸企业只按代购额的一定比例支付代购费用，如实际发生的代购费用超过包干定额费用，由代购单位负担，如有结余，作为其收益。采用这种方式能促进代购单位改善经营管理，精打细算，节约费用开支。代购费用实报实销是指外贸企业根据受托单位实际支出的代购费用给予报销。这种方式一般在代购费用难以预先确定时采用。

无论代购费用是采用包干方式还是实报实销方式，发生的代购费用均应计入农副产品成本，而发生的代购手续费，则应列入“销售费用”账户。

【做中学6-13】大连茶叶进出口公司委托庄河供销社代购茶叶4 000千克，合同规定每千克收购价20元，收购金额共计80 000元，代购包干费用率为5%，代购手续费率为6%，茶叶已运到，增值税税率为13%。

（1）财会部门对业务部门送来的商品验收单审核无误后，将全部收购款项汇付对方，按收购金额的9%作为进项税额。编制会计分录如下：

借：商品采购——庄河供销社	76 000	
应交税费——应交增值税（进项税额）	7 200	
销售费用——手续费	4 800	
贷：银行存款		88 000

（2）茶叶已由仓库全部验收入库，结转茶叶的采购成本。编制会计分录如下：

借：库存商品——库存出口商品	76 000	
贷：商品采购——庄河供销社		76 000

任务三　自营出口销售业务核算

一、自营出口销售概述

自营出口销售是指外贸企业自己经营出口销售，并自负出口销售盈亏的业务。它是外贸企业销售收入的主要来源。

1. 自营出口销售的业务程序

自营出口销售的业务程序有出口贸易前的准备工作、出口贸易的磋商、签订出口贸易合同和履行出口贸易合同四个业务程序。

1）出口贸易前的准备工作

外贸企业为了使出口贸易得以顺利进行，应进行调查研究，充分了解国外市场的情况，包括了解进口商所在国的自然条件、进出口贸易的规模、外贸政策、贸易管制状况、关税措施、贸易惯例、运输条件等；了解进口商或消费者对我国出口商品在品质、规格、包装等方面的反映和意见，研究国外市场的供求关系和市场价格的变化情况；了解进口商的资信情况、经营范围和经营能力等。

2）出口贸易的磋商

确定出口贸易对象后，应进行磋商。一笔交易的磋商过程通常分为询盘、发盘、还盘与反还盘、接受四个环节。

（1）询盘。它又称询价，是指交易的一方要购买或出售某种商品而向另一方发出探询买卖该种商品有关交易条件的一种表示。其内容通常包括商品的品种、规格、性能、价格条件、交货日期和付款条件等。

（2）发盘。它又称报价，是指发盘人向受盘人提出一定的交易条件，并愿意按照这些条件成交订约的表示。

（3）还盘与反还盘。还盘又称还价，是指受盘人对发盘内容提出不同意见，或要求修改某些条件的表示；反还盘是指发盘人对还盘人再提出新的意见。一笔交易往往要经过多次的还盘和反还盘的过程才能成立。

（4）接受。它是指受盘人在发盘的有效期内无条件地同意发盘中所提出的交易条件，愿意订立贸易合同的一种表示。

3）签订出口贸易合同

外贸企业与进口商在磋商成功的基础上签订贸易合同。贸易合同是指贸易双方通过磋商就某一项具体业务确定各方权利和义务，并取得意见一致的书面协议。贸易合同通常由出口商填制，经双方核对无误并签字后，各执正本一份，据以执行。

4）履行出口贸易合同

外贸企业履行出口贸易合同，可分为以下五个环节：

（1）组织出口货源。外贸企业应根据贸易合同或信用证的规定准备好出口商品。出口商品的品种、质量、数量、包装及交货期等都必须与合同相符，以免遭到买方的拒收或索赔。需要由海关检验的商品，则应申请检验，以取得由海关填发的商检证书。

（2）催证、审证及通知派船或租船。外贸企业如未按时收到信用证，应及时催证，并对收到的信用证进行审查，如发现存在问题，应及时通知对方修改。审查或修改无误后，根据合同规定通知对方派船接运或租船托运。

（3）办理托运手续。外贸企业接到进口商派船通知后，应持全套出口单据办理托运手续，并向海关申报出口。海关放行后，出口商品才能装船出运。

（4）交单收汇。外贸企业办妥出口商品装运手续，取得正本提单或运单后，应当立即持全套出口单证交银行审单收汇，同时应向进口商发出装船通知。

（5）索赔与理赔。如进口商未按合同规定履约，从而造成经济损失的，外贸企业应向进口商提出索赔；反之，如进口商验收商品，发现有违反合同规定而提出索赔的，应根据其提供的合法证明，按照合同的条款，认真处理。如属供货单位责任的，外贸企业应与供货单位联系，予以解决；如不属供货单位责任范围或不符合合同规定的，应据以拒绝理赔。

2.商品销售收入的确认原则

外贸企业商品销售收入的确认，必须同时符合下列四个条件：

1）企业已将商品所有权上的主要风险和报酬转移给买方

风险主要是指商品由于贬值、损坏、报废等所造成的损失。报酬是指商品中包含的未来的经济利益，包括商品因升值等给企业带来的经济利益。当商品发生的任何损失均不需要本企业承担，带来的经济利益也不归本企业所有时，则意味着该商品所有权上的风险和报酬已移出该企业。判断商品所有权上的主要风险和报酬是否已转移给买方，需要视不同情况而定：

（1）大多数情况下，所有权上的风险和报酬的转移伴随着所有权凭证的转移或实物的交付而转移。

（2）有些情况下，企业已将所有权凭证或实物交付给买方，但商品所有权上的主要风险和报酬并未转移。企业可能在以下几种情况下保留商品所有权上的主要风险和报酬：①企业销售的商品在数量、质量、品种、规格等方面不符合合同规定的要求，又未根据正常的保证条款予以弥补，因而仍负有责任。②企业销售商品的收入是否能够取得，取决于卖方销售其商品的收入是否能够取得，如代销商品，委托方应在受托方售出商品并取得受托方提供的代销清单时确认收入。③企业尚未完成售出商品的安装或检验工作，且此项安装或检验任务是销售合同的重要组成部分。④销售合同中规定了由于特定原因买方有权退货的条款，而企业又不能确定退货的可能性。

（3）有些情况下，企业已将商品所有权上的主要风险和报酬转移给买方，但实物尚未交付。这时应在所有权上的主要风险和报酬转移时确认收入，而不管实物是否交付。如交款提货的销售，买方支付完货款并取得提货单，即认为该商品所有权已经转移，卖方应确认收入。

2）企业失去对商品的管理权与控制权

企业失去对商品的管理权与控制权是指企业既没有保留通常与所有权相联系的继续管理权，也没有对已售出的商品实施控制。企业将商品所有权上的主要风险和报酬转移给买方后，如仍然保留通常与所有权相联系的继续管理权，或仍然对售出的商品实施控制，则此项销售不能成立，不能确认相应的销售收入。

3）与交易相关的经济利益能够流入企业

经济利益是指直接或间接流入企业的现金或现金等价物。在销售商品的交易中，与交易相关的经济利益即为销售商品的价款。销售商品的价款能够有把握收回，是收入确认的一个重要条件，企业在销售商品时，如估计价款收回的可能性不大，即使收入确认的其他条件均已满足，也不应确认收入。

销售商品的价款能否收回，主要根据企业以前和买方交往的直接经验，或从其他方面取得的信息，或政府的有关政策等进行判断。企业在判断价款收回的可能性时，应进行定性分析，当确定价款收回的可能性大于不能收回的可能性时，即认为价款能够收回。

一般情况下，企业售出的商品符合合同或协议规定的要求，并已将发票账单交付买方，买方也承诺付款，即表明销售商品的价款能够收回。如企业判断价款不能收回，应提供可靠的证据。

4）相关的收入和成本能够可靠地计量

收入能够可靠地计量是确认收入的基本前提。企业在销售商品时，售价通常已经确定。但在销售过程中，由于某种不确定因素也有可能出现售价变动的情况，则在新的售价未确定前不应确认收入。

根据收入和费用配比原则，与同一项销售有关的收入和成本应在同一会计期间内予以确认。因此，即使在其他条件均已满足的情况下，若成本不能可靠地计量，则相关的收入也不能确认。如订货销售，企业已收到买方全部或部分货款，但库存无现货，对收到的价款仅能确认为一项负债。

外贸企业出口销售业务在出口商品办妥装运手续，取得正本提单或运单，并持全套出口单证向银行交单办理收汇手续时已符合以上四项原则的，应予以确认销售收入。

3.自营出口销售收入的计价

自营出口贸易有船上交货价格（FOB），成本加运费、保险费价格（CIF）和成本加运费价格（CFR）等多种价格条件。为了规范核算口径，外贸企业不论以什么价格条件成交，均以船上交货价格（FOB）扣除佣金后计价，如以CIF价格或CFR价格成交的，还应扣除运费和保险费或运费进行计价。

二、自营出口销售的核算

1.商品托运及出口销售收入的核算

外贸企业出口销售通常采用信用证结算，业务部门根据贸易合同和信用证的规定，开具出库单一式数联，由储运部门据以向运输单位办理托运，然后将出库单（记账联和转账联）转给财会部门，财会部门根据出库单（记账联），借记“待运和发出商品”账户，贷记“库存商品”账户。

业务部门在出口商品装船时，取得全套货运单据，持出口发票正本向银行交单办理收汇手续，取得银行回单。财会部门取得业务部门转来的发票副本及银行回单时，借记“应收外汇账款”账户，贷记“自营出口销售收入”账户。然后将储运部门转来的出库单（转账联）所列商品的品名、规格、数量与发票副本核对相符后，结转商品销售成本，借记“自营出口销售成本”账户，贷记“待运和发出商品”账户。收到货款时，借记“银行存款”账户，贷记“应收外汇账款”账户。

【做中学6-14】大连食品进出口公司根据出口贸易合同销售给日本大阪酒业公司黄酒200吨，采用信用证结算。

（1）3月1日，收到储运部门转来出库单（记账联）列明出库黄酒200吨，每吨2 500元，予以转账。编制会计分录如下：

借：待运和发出商品——黄酒　　500 000

　贷：库存商品——库存出口商品　　500 000

（2）3月5日，收到业务部门转来销售黄酒的发票副本和银行回单，发票列明黄酒200吨，每吨400美元CIF价格，货款共计80 000美元，当日汇率为USD1=CNY6.2400。编制会计分录如下：

借：应收外汇账款——大阪酒业公司（USD80 000×6.2400）　　499 200

　贷：自营出口销售收入——货款（USD80 000×6.2400）　　499 200

（3）3月5日，同时根据出库单（转账联）结转出口黄酒销售成本。编制会计分录如下：

借：自营出口销售成本　　500 000

　贷：待运和发出商品——黄酒　　500 000

（4）3月15日，收到银行收汇通知，80 000美元已收汇，银行扣除100美元手续费后将其余部分已存入外汇存款账户，当日汇率为USD1=CNY6.2300。编制会计分录如下：

借：银行存款——外币存款（USD79 900×6.2300） 497 777

财务费用——手续费（USD100×6.2300） 623

汇兑损益 800

贷：应收外汇账款——大阪酒业公司（USD80 000×6.2400） 499 200

"待运和发出商品"是资产类账户，用以核算企业已经出库待运、尚未确认商品销售的数额。企业发出商品运往码头、车站，准备装船、装车时，记入借方；发运商品销售收入确认，结转自营出口销售成本及商品出仓后退关甩货时，记入贷方；余额在借方，表示尚未确认销售的待运和发出商品的结存额。

"应收外汇账款"是资产类账户，用以核算企业因出口销售商品、向国外提供劳务等应向外商收取的外汇账款。发生时，记入借方；收回时，记入贷方；余额在借方，表示尚未收回外汇账款的数额。

2. 支付国内费用的核算

外贸企业在商品出口贸易过程中，发生的商品自所在地发运至边境、口岸的各项运杂费、装船费等费用，均应列入"销售费用"账户。

【做中学6-15】3月4日，大连食品进出口公司签发转账支票支付绍兴运输公司将黄酒运送至上海港的运杂费6 000元，并信汇上海港黄酒的装船费1 500元。编制会计分录如下：

借：销售费用——运杂费 6 000

——装卸费 1 500

贷：银行存款 7 500

3. 支付国外费用的核算

国外费用主要有运费、保险费和国外佣金三项。

（1）支付国外运费和保险费的核算。外贸企业出口贸易有多种不同的价格条件，不同的价格条件所负担的费用是不同的。若以FOB价成交，外贸企业就不用承担国外运费和保险费；若以CFR价成交，外贸企业只承担国外运费；若以CIF价成交，外贸企业将承担国外运费和保险费。

国外运费是指国际贸易价格条件所规定的、应由出口商支付并负担的、从装运港到目的港的运输费用。外贸公司收到运输单位送来的运费凭证，应核对出口发票号码、计费重量、运输等级、运费金额等内容，审核无误后，据以支付运费。

保险费是指企业为转移商品在运输途中的风险，并在遭受损失时能得到必要的补偿，向保险公司投保并负担支付的费用。其计算公式如下：

保险费=出口商品的CIF价格×110%×保险费率

由于自营出口商品销售收入是按FOB价格扣除佣金后计价的，因此外贸企业负担的国外运费和保险费应冲减"自营出口销售收入"账户。

【做中学6-16】大连食品进出口公司出口销售给日本大阪酒业公司黄酒200吨，发生国外运费和保险费。

（1）3月2日，收到外轮运输公司发票一张，金额2 500美元，系200吨黄酒的运费，当即从外币账户汇付对方，当日汇率为USD1=CNY6.2400。编制会计分录如下：

借：自营出口销售收入——运费（USD2 500×6.2400）　　15 600

　贷：银行存款——外币存款（USD2 500×6.2400）　　15 600

（2）3月3日，按黄酒销售发票金额80 000美元的110%向保险公司投保，保费率为2‰，签发转账支票从外币账户支付，当日汇率为USD1=CNY6.2300。编制会计分录如下：

借：自营出口销售收入——保险费（USD176×6.2300）　　1 096.48

　贷：银行存款——外币存款（USD176×6.2300）　　1 096.48

（2）支付国外佣金的核算。佣金是指按价格条件或合同规定应支付给中间商的推销报酬。佣金有明佣、暗佣和累计佣金三种支付方式。

其一，明佣。它又称发票内佣金，是指在贸易价格条件中规定的佣金。采取明佣支付方式，出口商在销售发票上不但列明销售金额，而且还列明佣金率、佣金以及扣除佣金后的销售净额。外贸企业在向银行办理交单收汇时，应根据发票中列明的销售净额收取货款，不再另行支付佣金。根据银行回单和销售发票中的销售净额借记“应收外汇账款”账户，根据佣金金额借记“自营出口销售收入”账户；根据销售金额，贷记“主营出口销售收入”账户。

其二，暗佣。它又称发票外佣金，是指在贸易价格条件中未作规定，但在贸易合同中规定的佣金。采取暗佣支付方式，出口商在销售发票上只列明销售金额。外贸企业在向银行办理交单收汇时，应根据发票中列明的销售金额收取货款。根据银行回单和销售发票，借记“应收外汇账款”账户，贷记“自营出口销售收入”账户。同时根据贸易合同中列明的佣金金额，借记“自营出口销售收入”账户，贷记“应付外汇账款”账户。收到货款汇付佣金时，借记“应付外汇账款”账户，贷记“银行存款”账户。

【做中学6-17】大连食品进出口公司向日本大阪酒业公司出口200吨黄酒，货款共计80 000美元，采取暗佣支付方式，佣金率为3%。

（1）3月5日，根据出口黄酒3%的佣金率将应付客户暗佣入账，当日汇率为USD1=CNY6.2400。编制会计分录如下：

借：自营出口销售收入——佣金（USD2 400×6.2400）　　14 976

　贷：应付外汇账款（USD2 400×6.2400）　　14 976

（2）3月16日，货款已于15日收到，现将黄酒佣金汇付日本大阪酒业公司，当日汇率为USD1=CNY6.2300。编制会计分录如下：

借：应付外汇账款（USD2 400×6.2400）　　14 976

　贷：银行存款——外币存款（USD2 400×6.2300）　　14 952

　　汇兑损益　　24

此外，暗佣也可以在出口后向银行议付信用证时，由银行按规定的佣金率，将佣金在结汇款中扣除。按销售净额借记“银行存款”账户，按扣除的佣金金额借记“应付外汇账款”账户，按销售金额贷记“应收外汇账款”账户。

“自营出口销售收入”是损益类账户，用以核算企业自营出口的销售收入。企业取得自营出口销售收入时，记入贷方；发生自营出口销售国外运费、保险费、佣金、销货退回、出口理赔以及期末转入“本年利润”账户时，记入借方。

其三，累计佣金。它是指出口商与国外包销商、代理商订立协议，规定在一定时期内按累计销售金额及相应的佣金率定期计付的佣金。佣金率通常是累进计算的，在到期汇付时入账。累计佣金倘若能直接认定到具体出口商品的，其核算方法与其他佣金一样，应冲减“自营出口销售收入”账户；倘若不易认定到具体出口商品的，则应列入“销售费用”账户。

4.出口商品退税的核算

我国同国际上其他国家一样，对出口商品实行退税的政策，以增强商品在国际市场上的竞争力。外贸企业凭销售发票副本、出口报关单等有关凭证，向企业所在地的税务机关申报办理出口退税手续。退税款项主要是购进出口商品时所支付的增值税进项税额。此外，国家还对烟、酒及酒精、化妆品、护肤护发品、汽油、柴油等在生产环节征收消费税的商品，退还消费税。

增值税在申报退税后，根据应退的增值税税额，借记“应收出口退税款”账户；根据出口商品购进时支付的增值税税额，贷记“应交税费”账户；两者的差额，也就是国家不予退税的金额，应列入“自营出口销售成本”账户的借方。消费税在申报退税时，借记“应收出口退税款”账户，贷记“自营出口销售成本”账户。收到增值税和消费税退税款时，借记“银行存款”账户，贷记“应收出口退税款”账户。

【做中学6-18】大连食品进出口公司出口黄酒一批，黄酒购进时数量为200吨，进价金额为500 000元。

（1）3月31日，黄酒购进时增值税税率为13%，已付增值税税额65 000元，向税务机关申报出口的退税率为9%。编制会计分录如下：

借：应收出口退税款　　45 000
　　自营出口销售成本　　20 000
　贷：应交税费——应交增值税（出口退税）　　65 000

（2）3月31日，黄酒每吨应退消费税240元，向税务机关申报退税。编制会计分录如下：

借：应收出口退税款　　48 000
　贷：自营出口销售成本　　48 000

“自营出口销售成本”是损益类账户，用以核算企业自营出口的销售成本。企业结转自营出口销售成本以及支付的增值税中不予退税的部分转入时，记入借方；转入应退消费税、冲减销货退回成本以及期末转入“本年利润”账户时，记入贷方。

5.预估国外费用的核算

外贸企业出口贸易业务销售收入确认的时间与支付国外运费、保险费和佣金的时间往往不一致。在会计期末，为了正确核算会计期间的销售收入和利润，应遵循配比原则，对于已作自营出口销售收入入账，而尚未支付的国外费用应预估入账，借记“自营出口销售收入”账户，贷记“应付外汇账款”账户。下期期初实际支付时，借记“应付外汇账款”账户，贷记“银行存款”账户。如果实际支付金额与预估金额有差异时，其差额列入“自营出口销售收入”账户。

【做中学6-19】东风食品进出口公司销售给美国路易斯公司红枣一批，已入账。

（1）12月31日，预估红枣国外运费1 800美元，保险费125美元，当日汇率为USD1=CNY6.2400。编制会计分录如下：

借：自营出口销售收入——运费（USD1 800×6.2400）　　11 232
　　　　　　　　　　——保险费（USD125×6.2400）　　780
　贷：应付外汇账款（USD1 925×6.2400）　　12 012

（2）次年1月3日，签发转账支票支付运输公司国外运费1 825美元，支付保险公司保险费125美元，当日汇率为USD1=CNY6.2400。编制会计分录如下：

借：应付外汇账款（USD1 925×6.2400）　　12 012
　　自营出口销售收入——运费（USD25×6.2400）　　156
　贷：银行存款——外币存款（USD1 950×6.2400）　　12 168

三、自营出口销售其他业务的核算

1.退关甩货的核算

退关甩货是指出口商品发货出库后，因故未能装运上船（车）就被退回仓库。储运部门接到业务部门转来出口商品止装通知后，应立即采取措施，将已发出的商品予以提回，并办理入库手续。财会部门根据转来的退关止装入库凭证，借记“库存商品”账户，贷记“待运和发出商品”账户。

【做中学6-20】大连华发服装进出口公司收到储运部门转来退关止装入库单，列明出库衬衫200箱，每箱500元，因规格不符，已退回验收入库。编制会计分录如下：

借：库存商品——库存出口商品（衬衫）　　100 000
　贷：待运和发出商品——衬衫　　100 000

2.销货退回的核算

出口商品销售后，因故遭到国外退货时，由业务部门及时分别与储运部门和财会部门联系，确定退回商品的运输和货款的处理意见。

财会部门根据出口商品的提单及原发票复印件等凭证冲转出口销售收入，应区别情况进行核算。

如果是支付明佣方式的销货退回，应根据销售金额借记“自营出口销售收入——货款”账户，根据佣金金额贷记“自营出口销售收入——佣金”账户，根据销售净额贷记“应收外汇账款”账户。

如果是支付暗佣方式的销货退回，应根据销售金额，借记“自营出口销售收入——货款”账户，贷记“应收外汇账款”账户；根据佣金金额，借记“应付外汇账款”账户，贷记“自营出口销售收入——佣金”账户。

外贸企业在冲转出口销售收入的同时，还应冲转出口销售成本。按其成本金额，借记“待运和发出商品——国外退货”账户，贷记“自营出口销售成本”账户。销售退回商品验收入库时，根据收货单借记“库存商品——库存出口商品”账户，贷记“待运和发出商品——国外退货”账户。

销货退回商品出口时支付的国外运费、保险费以及国内支付的运杂费和装卸费等也应予以冲转。根据支付的国内外费用总额借记“待处理财产损溢”账户，根据支付的国外费用贷记“自营出口销售收入”账户，根据支付的国内费用贷记“销售费用”账户。

销货退回商品发生的国内外费用，应借记“待处理财产损溢”账户，贷记“银行存款”账户。

这样，“待处理财产损溢”账户归集了销货退回商品发生的所有国内外费用。查明原因后，如果属于供货单位的责任，并决定由其负责赔偿时，应转入“其他应收款”账户；如果属于外贸企业责任，表明是企业管理不善所造成的，经批准后，应转入“管理费用”账户。

【做中学6-21】大连精工服装进出口公司向日本神户公司出口服装一批，销售金额为50 000美元CIF价格，明佣1 000美元。该批服装的进价成本为375 000元，已支付国内运杂费1 200元、装卸费450元、国外运费1 200美元、保险费110美元，记账汇率为USD1=CNY6.2400。因服装的规格不符，商品已被退回。

（1）4月5日，收到出口退回商品提单、原发票复印件，当日汇率为USD1=CNY6.2400，冲转商品销售收入。编制会计分录如下：

借：自营出口销售收入——货款（USD50 000×6.2400）　　312 000
　贷：自营出口销售收入——佣金（USD1 000×6.2400）　　6 240
　　应收外汇账款（USD49 000×6.2400）　　305 760

（2）同时冲转出口销售成本。编制会计分录如下：

借：待运和发出商品——国外退货　　375 000
　贷：自营出口销售成本　　375 000

（3）冲转商品出口时发生的国内外费用。编制会计分录如下：

借：待处理财产损溢——待处理流动资产损溢　　9 824.4
　贷：自营出口销售收入——运费（USD1 200×6.2400）　　7 488
　　——保险费（USD110×6.2400）　　686.4
　　销售费用——运杂费　　1 200
　　——装卸费　　450

（4）4月7日，汇付退回服装的国外运费1 200美元，保险费110美元，当日汇率为USD1=CNY6.2400。编制会计分录如下：

借：待处理财产损溢——待处理流动资产损溢（USD1 310×6.2400）　　8 174.4
　贷：银行存款——外币存款（USD1 310×6.2400）　　8 174.4

（5）4月8日，签发转账支票支付退回商品的国内运费及装卸费1 600元。编制会计分录如下：

借：待处理财产损溢——待处理流动资产损溢　　1 600

贷：银行存款　　1 600

（6）4月10日，收到储运部门转来的收货单，退回商品，已验收入库。编制会计分录如下：

借：库存商品——库存出口商品　　375 000

贷：待运和发出商品——国外退货　　375 000

（7）4月12日，查明退货系供货单位光新服装厂的责任，与其联系后，国内外费用决定由其负责赔偿。编制会计分录如下：

借：其他应收款　　19 598.8

贷：待处理财产损溢——待处理流动资产损溢　　19 598.8

3.索赔和理赔的核算

索赔是指外贸企业因对方违反合同规定遭受损失时，根据规定向对方提出的赔偿要求。外贸企业出口销售业务索赔经进口商确认，同意赔偿时，借记“应收外汇账款”账户，贷记“营业外收入”账户。

理赔是指外贸企业因违反合同规定使对方遭受损失，受理对方根据规定提出来的赔偿要求。在出口业务中，如果进口商发现出口商品的数量、品种、规格、质量与合同不符，包装不善，商品逾期装运以及不属于保险责任范围的商品短缺、残损严重等情况，并提供有关证明，向外贸企业提出索赔时，外贸企业经核实，确认情况属实后，应认真进行理赔。

外贸企业在确认理赔时，借记“待处理财产损溢”账户，贷记“应付外汇账款”账户。然后查明原因，区别情况进行处理。

第一，如查明出口商品的品种、规格、质量与合同不符，系供货单位责任，应要求其赔偿，经协商同意赔偿时，借记“其他应收款”账户，贷记“待处理财产损溢”账户。

第二，如查明出口商品包装不善、商品逾期装运系本企业管理不善造成，经批准后，借记“管理费用”账户，贷记“待处理财产损溢”账户。

第三，如查明系少发商品，商品仍在本企业仓库里，则应作销货退回处理。根据对方索赔的金额，借记“自营出口销售收入”账户，贷记“待处理财产损溢”账户；同时根据少发商品的数量和成本单价，借记“库存商品”账户，贷记“自营出口销售成本”账户。

第四，如查明系错发商品，所发商品的单价低于合同商品的单价，根据对方索赔的金额，借记“自营出口销售收入”账户，贷记“待处理财产损溢”账户；同时调整库存商品的明细账户，将两者成本的差额冲减“自营出口销售成本”账户。

【做中学6-22】大连星光电器进出口公司向美国芝加哥公司出口29寸彩电250台，每台240美元CIF价格，货款共计60 000美元，明佣1 200美元，记账汇率为USD1=CNY6.2400，已钱货两清。

（1）7月10日，美国芝加哥公司因收到的彩电系25寸，规格不符，索赔9 800美元，经审核无误，同意理赔，当日汇率为USD1=CNY6.2400。编制会计分录如下：

借：待处理财产损溢——待处理流动资产损溢（USD9 800×6.2400）　61 152

　贷：应付外汇账款（USD9 800×6.2400）　61 152

（2）7月12日，查明彩电确系本单位发错商品，冲减商品销售收入，其中佣金200美元，当日汇率为USD1=CNY6.2400。编制会计分录如下：

借：自营出口销售收入——货款　62 400

　贷：自营出口销售收入——佣金（USD200×6.2400）　1 248

　　待处理财产损溢——待处理流动资产损溢（USD9 800×6.2400）　61 152

（3）7月12日，收到储运部门转来出库单两张，一张是红字出库单，列明29寸彩电250台，每台1 250元；另一张是蓝字出库单，列明25寸彩电250台，每台960元，调整商品销售成本。编制会计分录如下：

借：库存商品——库存出口商品（29寸彩电）　312 500

　贷：库存商品——库存出口商品（25寸彩电）　240 000

　　自营出口销售成本　72 500

任务四　代理出口销售业务核算

一、代理出口销售概述

代理出口销售是指外贸企业代替国内委托单位办理对外销售、托运、交单和结汇等全过程的出口销售业务，或者仅代替办理对外销售、交单和结汇的出口销售业务。如果只代替办理部分出口销售业务，而未代替办理交单、结汇业务的，只能称为代办出口销售业务。

1.代理出口销售业务应遵循的原则

外贸企业经营代理出口销售业务应遵循不垫付商品资金，不负担国内外直接费用，不承担出口销售业务的盈亏，只按照出口销售发票金额及规定的代理手续费率向委托单位收取外汇手续费的原则。根据这一原则，委托单位必须提供出口货源，负担一切国内外直接费用，并承担出口销售业务的盈亏。

代理出口销售业务发生的国内外直接费用，均应由委托单位负担，费用的结算可以由委托的外贸企业垫付，然后向委托单位收取，也可以由委托单位预付，以后再进行清算。

外贸企业经营代理出口销售业务前，应与委托单位签订代理出口合同或协议，就经营商品、代理范围、商品交接、保管运输、费用负担、货款结算方式、手续费率、外汇划拨、索赔处理等有关业务内容作出详细的规定，以明确各方的权利和责任。对于代理出口商品使用的凭证，均应加盖“代理业务”戳记，以便于识别。

2.代理出口销售外汇货款结算的方法

外贸企业代理出口销售外汇货款结算方法有异地收（结）汇法和全额收（结）汇法两种。

异地收（结）汇法是指受托外贸企业在商品出口销售向银行办理交单收汇时，办妥必要的手续，由银行在收到外汇货款时，向代理出口销售业务的受托外贸企业和委托单位分割收（结）汇的方法。采取这种方法，银行在收到外汇时，如含有佣金的，在扣除应付佣金后，将外贸企业代垫的国内外直接费用和应收取的代理手续费向受托外贸企业办理收（结）汇，同时将外汇余额直接划拨委托单位。

全额收（结）汇法是指银行在收到外汇时，全额向受托外贸企业办理收（结）汇的方法。采取这种方法，受托外贸企业收汇后，扣除垫付的国内外直接费用和应收取的代理手续费，将外汇余额通过银行转付委托单位。

二、外贸企业代理出口销售业务的核算

1.代理出口商品收发的核算

外贸企业根据合同规定收到委托单位发来代理出口商品时，应根据储运部门转来代理业务入库单上所列的金额，借记“受托代销商品”账户，贷记“代销商品款”账户。代理商品出库后，应根据储运部门转来的代理业务出库单上所列的金额，借记“待运和发出商品——受托代销商品”账户，贷记“受托代销商品”账户。

【做中学6-23】大连华发服装进出口公司受理常熟服装厂代理出口服装业务，男西服已运到。

（1）9月2日，收到储运部门转来代理业务入库单，列明入库男西服800套，每套350元。编制会计分录如下：

借：受托代销商品——常熟服装厂　　280 000

　贷：代销商品款——常熟服装厂　　280 000

（2）9月5日，收到储运部门转来代理业务出库单，列明出库男西服800套，每套350元。编制会计分录如下：

借：待运和发出商品——受托代销商品　　280 000

　贷：受托代销商品——常熟服装厂　　280 000

2.代理出口商品销售收入的核算

外贸企业代理出口商品交单办理收汇手续，取得银行回单时就意味着销售已经确认，然而这是委托单位的销售收入，因此通过“应付账款”账户核算。根据代理出口商品的销售金额，借记“应收外汇账款”账户，贷记“应付账款”账户；同时结转代理出口商品的销售成本，根据代理出口商品的出库金额，借记“代销商品款”账户，贷记“待运和发出商品——受托代销商品”账户。

【做中学6-24】大连华发服装进出口公司根据代理出口合同销售给美国波斯顿公司男西服。

（1）9月6日，收到业务部转来代理销售男西服的发票副本和银行回单，发票列明男西服800套，每套62.5美元CIF价格，货款共计50 000美元，佣金1 000美元，当日汇率为USD1=CNY6.2400。编制会计分录如下：

借：应收外汇账款（USD49 000×6.2400）　　305 760

贷：应付账款——常熟服装厂（USD49 000×6.2400） 305 760

（2）9月6日，同时根据代理业务出库单（转账联）结转代理出口男西服销售成本。编制会计分录如下：

借：代销商品款——常熟服装厂 280 000

贷：待运和发出商品——受托代销商品 280 000

3.垫付国内外直接费用的核算

外贸企业在垫付国内外直接费用时，借记“应付账款”账户，贷记“银行存款”账户。

【做中学6-25】大连华发服装进出口公司代理销售男西服发生国内外直接费用。

（1）9月7日，签发转账支票两张，分别支付大连运输公司将西服运送大连港的运杂费956元、支付大连港西服的装船费700元。编制会计分录如下：

借：应付账款——常熟服装厂 1 656

贷：银行存款 1 656

（2）9月8日，签发转账支票两张，分别支付外轮运输公司的运费800美元、保险公司的保险费150美元，当日汇率为USD1=CNY6.2400。编制会计分录如下：

借：应付账款——常熟服装厂（USD950×6.2400） 5 928

贷：银行存款——外币存款（USD950×6.2400） 5 928

4.代理出口销售收汇的核算

外贸企业代理出口销售收汇时，如采取异地结汇法，收到银行转来的垫付代理出口商品的国内外直接费用和代理手续费时，根据收到的金额，借记“银行存款”账户，贷记“应收外汇账款”账户；并根据业务部门转来按代理出口销售收入金额的一定比例收取代理手续费发票的金额，借记“应收外汇账款”账户，贷记“其他业务收入”账户；同时根据银行划拨委托单位的金额，借记“应付账款”账户，贷记“应收外汇账款”账户。

【做中学6-26】大连华发服装进出口公司代理销售男西服采取异地结汇法，代理业务的手续费率为2%，发生收汇业务。

（1）9月20日，收到银行转来分割收结汇的收账通知，金额为2 150美元，其中代理业务代垫国内运费956元、装船费700元，代垫国外运费800美元、保险费150美元，代理手续费1 000美元，款项全部存入外币存款户，当日汇率为USD1=CNY6.2400。编制会计分录如下：

借：银行存款——外币存款（USD2 150×6.2400） 13 416

贷：应收外汇账款（USD2 150×6.2400） 13 416

（2）9月20日，同时根据代理业务收取代理手续费发票（记账联）金额1 000美元。编制会计分录如下：

借：应收外汇账款——常熟服装厂（USD1 000×6.2400） 6 240

贷：其他业务收入（USD1 000×6.2400） 6 240

（3）9月20日，同时根据银行转来分割结汇通知，划拨常熟服装厂收汇余额47 850

美元。编制会计分录如下：

借：应付账款——常熟服装厂（USD47 850×6.2400）　　298 584

　　贷：应收外汇账款（USD47 850×6.2400）　　298 584

外贸企业代理出口销售业务如采取全额收（结）汇法，收到银行转来收汇通知收取全部款项时，借记“银行存款——外币存款”账户，贷记“应收外汇账款”账户。然后由业务部门按代理出口销售收入的一定比例开具收取代理手续费的发票，其中一联记账联送交财会部门扣款。财会部门根据代理出口销售收入金额减去垫付的国内外费用后的差额借记“应付账款”账户；根据业务部门转来的代理手续费发票记账联贷记“其他业务收入”账户，将两者之间的差额汇付委托单位，根据汇款回单，贷记“银行存款”账户。

“受托代销商品”是资产类账户，用以核算企业接受其他单位委托代理出口的商品和代销的商品。企业收到其他单位代理出口商品或代销商品时，记入借方；代理出口商品发运后或代销商品销售后，结转其成本时，记入贷方；余额在借方，表示委托代理出口商品和代销商品的结存额。

“代销商品款”是负债类账户，用以核算企业接受代理出口商品和代销商品的货款。企业收到代理出口商品或代销商品时，记入贷方；代理出口商品或代销商品销售时，记入借方；余额在贷方，表示尚未销售的代理出口商品和代销商品的数额。

5.代理出口销售业务税金的核算

外贸企业代理出口销售业务的退税由委托单位自行办理。外贸企业代理出口销售业务所取得的代理手续费收入，根据税法规定，按规定的税率缴纳增值税，在月末提取时，借记“其他业务成本”账户，贷记“应交税费”账户；次月初在向税务机关缴纳增值税时，借记“应交税费”账户，贷记“银行存款”账户。

【做中学6-27】大连华发服装进出口公司按代理出口销售手续费收入6 240元的6%计提增值税。编制会计分录如下：

借：其他业务成本　　374.4

　　贷：应交税费——应交增值税　　374.4

任务五　加工出口销售业务核算

一、外贸企业加工补偿出口销售

1.加工补偿出口销售业务的种类

加工补偿出口销售业务按照补偿形式的不同，可分为来料加工、来件装配、来样生产出口销售业务和补偿贸易出口销售业务两种。

来料加工、来件装配和来样生产出口销售业务是指由外商提供原材料、零部件、元器件，必要时提供某些设备，由外贸企业按照外商的要求加工或装配成产品后再销售给外商，外贸企业收取加工费的销售业务。

补偿贸易出口销售业务是指由外商提供生产技术、设备和必要的材料，由外贸企业负责生产，然后用生产的产品分期归还外商的销售业务。

2.加工补偿出口销售业务的经营方式

加工补偿出口销售业务按照经营方式的不同，可分为自营加工补偿出口销售业务和代理加工补偿出口销售业务两种。

自营加工补偿出口销售业务是指由外贸企业独自与外商签订合同，承担加工补偿业务，然后组织工厂进行生产，向外商交货时收取加工费，或以生产的产品偿还引进技术、设备及材料价款的销售业务。

代理加工补偿出口销售业务是指由工厂委托外贸企业对外签订合同，由工厂直接负责生产，负担加工补偿业务中所发生的国内外费用，外贸企业代理出口结汇，收取外汇手续费的销售业务。

二、外贸企业来料加工、来件装配和来样生产出口销售业务的核算

1.自营来料加工、来件装配和来样生产出口销售业务的核算

自营来料加工、来件装配和来样生产，在收到外商提供的原材料时，有计价核算和不计价核算两种方式。

（1）自营来料加工、来件装配和来样生产原材料计价的核算。外贸企业采取原材料计价的核算形式，在收到外商提供的原材料时，借记“原材料”账户，贷记“应付外汇账款”账户。外贸企业将原材料拨付工厂生产加工时，借记“委托加工物资”账户，贷记“原材料”账户。工厂加工完毕交来产品，按与工厂约定的加工费标准支付加工费时，借记“委托加工物资”账户，贷记“银行存款”账户。加工产品验收入库，财会部门收到储运部门转来的收货单时，根据加工产品耗费的材料和加工费金额，借记“库存商品——来料加工出口商品”账户，贷记“委托加工物资”账户。

【做中学6-28】大连华发服装进出口公司根据合同约定，接受日本东京服装公司来料5 000米，加工生产2 000套女时装。

（1）3月1日，收到日本东京服装公司发来衣料5 000米，每米4美元，共计20 000美元，衣料已验收入库，当日汇率为USD1=CNY6.2400。编制会计分录如下：

借：原材料（USD20 000×6.2400）　　124 800

　贷：应付外汇账款（USD20 000×6.2400）　　124 800

（2）3月2日，将5 000米衣料全部拨付中新服装厂加工生产女时装2 000套。编制会计分录如下：

借：委托加工物资——女时装　　124 800

　贷：原材料　　124 800

（3）3月30日，中新服装厂2 000套女时装加工完毕，每套加工费40元，当即签发转账支票付讫。编制会计分录如下：

借：委托加工物资——女时装　　80 000

　贷：银行存款　　80 000

（4）3月31日，储运部门转来加工商品入库单，2 000套女时装已验收入库。编制会计分录如下：

借：库存商品——来料加工出口商品　　204 800

　贷：委托加工物资——女时装　　204 800

外贸企业将加工商品出运时，借记“待运和发出商品”账户，贷记“库存商品”账户。商品出运支付的国内费用列入“销售费用”账户，支付的国外费用则冲减“自营其他销售收入”账户。然后将全套货运单据交付银行，向外商收取加工费，根据银行回单金额（即加工费）借记“应收外汇账款”账户，根据耗用外商发来原材料的金额借记“应付外汇账款”账户，根据两者之和贷记“自营其他销售收入”账户。与此同时结转其销售成本，借记“自营其他销售成本”账户，贷记“待运和发出商品”账户。银行收妥款项后，根据银行收取的收汇手续费凭证借记“财务费用”账户，根据银行收账通知借记“银行存款”账户，根据收汇总额贷记“应收外汇账款”账户。如因汇率变动发生差额，应列入“汇兑损益”账户。

【做中学6-29】大连华发服装进出口公司为日本东京服装公司加工女时装2 000套，每套加工费8美元，加工费共计16 000美元。收到外商发来衣料20 000美元，记账汇率为USD1=CNY6.2400，2 000套女时装全部生产成本为245 600元。

（1）4月1日，储运部门转来加工商品出库单，列明2 000套女时装已出库装船。编制会计分录如下：

借：待运和发出商品　　245 600

　贷：库存商品——来料加工出口商品　　245 600

（2）4月2日，签发转账支票支付2 000套女时装国内运费和装船费1 200元。编制会计分录如下：

借：销售费用　　1 200

　贷：银行存款　　1 200

（3）4月2日，签发转账支票支付女时装国外运费1 020美元，保险费80美元，当日汇率的中间价为USD1=CNY6.2400。编制会计分录如下：

借：自营其他销售收入（USD1 100×6.2400）　　6 864

　贷：银行存款——外币存款（USD1 100×6.2400）　　6 864

（4）4月3日，向银行交单收取加工费16 000美元，转销外商发来材料款。编制会计分录如下：

借：应收外汇账款（USD16 000×6.2400）　　99 840

　　应付外汇账款（USD20 000×6.2400）　　124 800

　贷：自营其他销售收入——加工补偿出口销售（USD36 000×6.2400）　　224 640

（5）4月3日，同时结转其销售成本。编制会计分录如下：

借：自营其他销售成本——加工补偿出口销售　　245 600

　贷：待运和发出商品　　245 600

（6）4月15日，收到银行转来收账通知16 000美元已收妥，银行扣除20美元收汇手续费，其余部分已存入外币存款账户。编制会计分录如下：

借：银行存款——外币存款（USD15 980×6.2400）　　99 715.2

　　财务费用——手续费（USD20×6.2400）　　124.8

　贷：应收外汇账款（USD16 000×6.2400）　　99 840

（2）自营来料加工、来件装配和来样生产原材料不计价的核算。外贸企业对自营业务采取原材料不计价的核算形式，在收到外商提供的原材料时，借记“代管商品物资——加工材料”账户。将原材料拨付工厂加工时，贷记“代管商品物资——加工材料”账户。工厂加工完毕交来产品，按与工厂约定的加工费标准支付加工费时，借记“自营其他销售成本”账户，贷记“银行存款”账户。加工产品验收入库时，借记“代管商品物资——加工商品”账户。加工商品出运装船时，贷记“代管商品物资——加工商品”账户。加工商品出运支付的国内费用，列入“销售费用”账户；支付的国外费用则冲减“自营其他销售收入”账户。然后将全套货运单据交付银行，向外商收取加工费，根据银行回单，借记“应收外汇账款”账户，贷记“自营其他销售收入”账户。

“代管商品物资”是表外账户，用以核算企业负责保管的不计价入账的各项材料、商品、包装物等物资，收进时，记入借方；发生时，记入贷方。该账户可以只计数量，不计金额。“代管商品物资”账户不与其他账户发生对应关系，只作单式记录。

2.代理来料加工、来件装配和来样生产出口销售业务的核算

（1）代理来料加工、来件装配和来样生产原材料计价的核算。外贸企业收到外商提供的原材料，将原材料拨付给工厂生产加工的核算方法与自营来料加工、来件装配和来样生产经营方式的核算方法相同，不再重述。

工厂加工完毕交来产品，按合同约定的加工费标准结算加工费时，借记“委托加工物资”账户，贷记“应付外汇账款”账户。加工产品验收入库，财会部门收到储运部门转来的收货单时，根据“委托加工物资”账户归集的金额，借记“库存商品——来料加工出口商品”账户，贷记“委托加工物资”账户。

【做中学6-30】大连华发服装进出口公司根据合同约定代理新欣服装厂接受美国芝加哥公司来料3 000米，加工1 000套男西服的业务。

（1）8月1日，收到美国芝加哥公司发来衣料3 000米，每米6美元，货款共计18 000美元，衣料已验收入库，当日汇率为USD1=CNY6.2400。编制会计分录如下：

借：原材料（USD18 000×6.2400）　　112 320

　贷：应付外汇账款（USD18 000×6.2400）　　112 320

（2）8月2日，将3 000米衣料全部拨付新欣服装厂加工男西服1 000套。编制会计分录如下：

借：委托加工物资——男西服　　112 320

　贷：原材料　　112 320

（3）8月28日，新欣服装厂1 000套男西服加工完毕，每套加工费15美元，结算加工费，当日汇率为USD1=CNY6.2400。编制会计分录如下：

借：委托加工物资——男西服（USD15 000×6.2400）　　93 600

　贷：应付外汇账款（USD15 000×6.2400）　　93 600

（4）8月30日，收到储运部门转来加工商品收货单，新欣服装厂送来的1 000套男西服已验收入库。编制会计分录如下：

借：库存商品——来料加工出口商品　　205 920

　贷：委托加工物资——男西服　　205 920

外贸企业将加工商品出运时，借记“待运和发出商品”账户，贷记“库存商品”账户。商品出运支付的国内外直接费用，借记“应付外汇账款”账户，贷记“银行存款”账户。然后将全套货运单据交付银行，向外商收取加工费，由于这是代理来料加工业务，仅收取代理手续费，交单收汇不能作为商品销售收入处理，只能转销“待运和发出商品”，根据银行收款回单借记“应收外汇账款”账户，根据外商发来原材料的价款借记“应付外汇账款”账户，根据加工商品的成本贷记“待运和发出商品”账户。收到银行收账通知时，根据支付银行收汇手续费的金额借记“财务费用”账户，根据实际入账金额借记“银行存款”账户；根据收汇金额贷记“应收外汇账款”账户。最后根据应向外商收取的加工费扣除为工厂垫付的国内外直接费用后的金额借记“应付外汇账款”账户，根据应收取的代理手续费贷记“其他业务收入”账户，两者之间差额贷记“银行存款”账户。

【做中学6-31】大连华发服装进出口公司代理为美国芝加哥公司加工男西服1 000套，每套加工费15美元，加工费共计15 000美元。收到外商发来衣料18 000美元，全部出口合同金额为33 000美元，记账汇率为USD1=CNY6.2400，1 000套男西服的全部金额为273 240元。

（1）8月31日，储运部门转来加工商品出库单，列明1 000套男西服已出库装船。编制会计分录如下：

借：待运和发出商品　　273 240

　贷：库存商品——来料加工出口商品　　273 240

（2）9月1日，签发转账支票支付1 000套男西服国内运费和装船费1 242元，并支付国外运费1 125美元，保险费75美元，当日汇率的中间价为USD1=CNY6.2400。编制会计分录如下：

借：应付外汇账款（USD1 399×6.2400）　　8 730

　贷：银行存款——人民币户　　1 242

　　　　　　——外币存款（USD1 200×6.2400）　　7 488

（3）9月2日，向银行交付全套货运单据，向外商收取加工费15 000美元，当日汇率的中间价为USD1=CNY6.2400，并转销外商发来材料款。根据银行回单，编制会计分录如下：

借：应收外汇账款（USD15 000×6.2400）　　93 600

　　应付外汇账款（USD18 000×6.2400）　　112 320

　贷：待运和发出商品（USD33 000×6.2400）　　205 920

（4）9月18日，收到银行转来收账通知15 000美元已收妥，银行扣除18.75美元收汇手续费后，其余款项已存入外汇存款账户。编制会计分录如下：

借：财务费用——手续费（USD18.75×6.2400）　　117

　　银行存款——外币存款（USD14 981.25×6.2400）　　93 483

　贷：应收外汇账款（USD15 000×6.2400）　　93 600

（5）9月20日，根据规定按出口合同金额的4%收取代理手续费1 320美元，再扣除发运商品垫付的国内外费用后将余款划拨新欣服装厂。编制会计分录如下：

借：应付外汇账款（USD13 601×6.2400）　　84 870.24

　贷：其他业务收入（USD1 320×6.2400）　　8 236.8

　　　银行存款——外币存款（USD12 281×6.2400）　　76 633.44

（2）代理来料加工、来件装配和来样生产原材料不计价的核算。外贸企业对代理采取原材料不计价的核算形式，在收到外商提供的原材料和将原材料拨付工厂加工时，通过“代管商品物资——加工材料”账户核算。收到工厂加工完毕产品验收入库时，借记“代管商品物资——加工商品”账户。加工商品出运装船时，贷记“代管商品物资——加工商品”账户。加工商品出运垫付的国内外费用，借记“应付外汇账款——加工企业”账户，贷记“银行存款”账户。然后将全套货运单据交付银行，向外商收取加工费，根据银行收款回单，借记“应收外汇账款——外商”账户，贷记“应付外汇账款——加工企业”账户。收到银行收账通知时，根据支付银行收汇手续费的金额借记“财务费用”账户，根据银行实际入账金额借记“银行存款”账户；根据收汇金额贷记“应收外汇账款”账户。最后根据收取的外商加工费减去为工厂垫付的国内外直接费用的差额借记“应付外汇账款”账户；根据应收取的代理手续费贷记“其他业务收入”账户，两者之间的差额贷记“银行存款”账户。

三、外贸企业商品采购的明细分类核算

外贸企业为了掌握商品采购的详细情况，加强对商品采购的管理，并促使在途商品尽快验收入库投放市场，就必须对商品采购进行明细分类核算。商品采购的明细分类核算，主要采用同行登记法。

同行登记法又称平行记账法，是采用两栏式账页，将同一批次购进的商品对其支付货款和商品验收入库，都分别记入账页同一行次的“借方栏”和“贷方栏”。通过借贷双方的相互对照，逐一核销，用以反映商品采购的动态，有利于检查和监督购进商品的结算和入库情况。由于同一批次购进的商品可能分批到达，因此在账页每一行次的贷方，可以根据各单位的具体需要，再增加若干小行，以便反映商品分批到达验收入库的情况。

月末应将商品采购明细分类账中只有借方栏发生额没有贷方栏发生额各行次的金额，以及借方栏发生额大于本行贷方栏发生额差额之和，作为商品采购明细分类账的借方余额，表示已经支付了货款的在途商品的成本，是企业的资产。将只有贷方栏发生额没有借方栏发生额各行次的金额之和，作为商品采购明细分类账的贷方余额，表示商品

已经验收入库，而货款尚未支付的应付账款，是企业的负债。为了反映企业资产与负债的真实情况，应根据商品采购明细分类账的贷方余额，借记“商品采购”账户，贷记“应付账款”账户。下月初再用红字，借记“商品采购”账户，贷记“应付账款”账户，以冲转上月末的会计分录。

此外，商品采购明细分类账也可以采用三栏金额式账页，其登记方法与一般账户相同。

应会考核

应知考核

□ 业务考核

【考核项目一】

代理出口销售业务的账务处理

【背景资料】

山东美泰进出口有限公司受淄博服装厂委托代理出口棉质男式睡衣业务。根据代理出口合同销售给美国波斯顿公司棉质男式睡衣800套，每套CIF纽约80美元，货款总额64 000美元，假设代理手续费率为2%。代理业务发生的国内外直接费用由淄博服装厂负担，代理出口销售货款采取全额结汇法，增值税税率为6%。山东美泰进出口公司的有关代理业务如下：

（1）收到储运部门转来代理业务入库单，列明入库棉质男式睡衣800套，每套420元。

（2）收到储运部门转来代理业务出库单，棉质男式睡衣发往港口装船，列明出库棉质男式睡衣800套，每套420元。

（3）收到银行转来的发票，分别为支付淄博运输公司运杂费600元、港口装船费650元，外轮运输公司运费800美元、保险公司保险费150美元，当日汇率为100美元=613.82元人民币，经审核无误，当即签发转账支票予以支付。

（4）收到业务部门转来代理出口的发票副本和银行回单，发票列明棉质男式睡衣800套，每套CIF纽约80美元，货款总额64 000美元，当日汇率为100美元=613.22元人民币。

（5）按代理协议，银行转来结汇通知，扣除银行手续费20美元，并收取货款，当日汇率为100美元=613.02元人民币。

（6）业务部门转来按代理出口销售收入全额的2%开具代理手续费发票1 280美元，当日汇率为100美元=613.02元人民币。

（7）财会部门根据代理出口协议扣除垫付的各项国内外直接费用、应收取的代理手续费后，将外汇余款通过银行转付给淄博服装厂。

（8）按代理手续费收入7 846.66元的6%计提增值税。

【考核要求】

根据上述资料，编制相关会计分录。

【考核项目二】

自营出口销售业务的账务处理

【背景资料】

上海申达进出口公司为一般纳税企业，以人民币为记账本位币，对外币交易采用交易日即期汇率折算。上海申达进出口公司本期发生业务如下：

（1）根据外销合同规定对外出口G商品15箱，每箱重量0.49吨，总体积为10.676立方米。由上海装中国远洋运输公司轮船（班轮），经香港转船至苏丹港。上列出口G商品发票金额为每吨外销价CIF 15 000美元，今日交单出口，当日即期汇率为1美元=6.3500元人民币，货款尚未收到。该商品采购成本为每吨80 000元。

（2）上列出口G商品根据合同规定应付国外中间商0.8%的佣金，当日即期汇率为1美元=6.3500元人民币。

（3）上列出口G商品应付海运运费，其计算资料为G商品属于10级货，计算标准按总体积计算，中国—香港航线费率表中10级货的费率为25美元，香港中转费为15美元，香港—红海航线费率表中10级货的费率为100美元，当日即期汇率为1美元=6.3500元人民币。

（4）应付上列出口G商品保险费，其计算资料为投保金额为发票金额的110%，保险费率为0.68%，当日即期汇率为1美元=6.3400元人民币。

（5）该月仅此一笔出口业务，出口退税率为13%，月末出口退税单证已收齐，向税务局申报出口退税。

【考核要求】

根据上述各项业务，编制必要会计分录。

□ 项目实训

【实训项目】

外币业务核算的明细账及其登记

【实训资料】

广东粤通进出口公司与德国乙公司订立出口磷50吨的合同，每吨CIF汉堡1 560欧元。同时会同国内甲工厂与外商A签订来料加工合同，由外商提供不计价的原材料，甲工厂加工成丙成品后由广东粤通进出口公司交付外商A，结余原材料归还外商A。广东粤通进出口公司按实收外汇净额3%收取手续费。有关业务进程如下：

（1）乙公司开来德国汉堡市银行即期付款信用证，由德雷斯登银行上海分行通知上海某公司，并担任付款行，通知手续费率0.1%。当日人民币对欧元的汇率为100欧元=836.78元人民币。

（2）收到不计价的原材料20吨。

（3）将不计价的原材料拨给甲工厂进行加工。

（4）公司仓库出库单列明磷的库存成本为每吨4 500元。

（5）收到保险公司保险单，计收出口磷的保险费5 000欧元，又收到有关部门的检验费单据，按出口价的0.3%计收人民币。当日人民币对欧元的汇率为100欧元=832.64

元人民币。

（6）支付出口磷的国内运费8 000元。

（7）收到海运提单副本，海运运费单据一份20 000欧元，又收到报关单副本一联，办理通关手续时，支付该商品的出口关税，出口关税税率为20%。当日人民币对欧元的汇率为100欧元=832.06元人民币。

（8）公司业务部门转来全套出口发票，内容同合同。公司财务部门将汇票连同全套出口单据向银行交单，并要求付款。当天结汇，收入外汇中扣除手续费0.15%及单据邮递电报费50欧元。结汇水单上当日人民币对欧元的汇率为100欧元=831.25元人民币。另外向该行购汇委托汇付德方中间商佣金2%，汇款手续费率为0.1%。购汇水单上当日人民币对欧元的汇率为100欧元=833.58元人民币。

（9）甲工厂将原料加工成丙成品3 500件，并向广东粤通进出口公司交货，广东粤通进出口公司收货后办理托运出口。

（10）广东粤通进出口公司为甲工厂代垫各项国内费用6 000元，并支付运杂费200美元。当日人民币对美元的汇率为100美元=613.58元人民币。

（11）广东粤通进出口公司向银行交单办理结汇，外汇工缴费30 000美元。当日人民币对美元的汇率为100美元=613.28元人民币。

（12）收到德国乙公司索赔函，少装2吨，要求按原CIF价赔偿，附商检证书。经确认，确系我方少装，当即确认，向银行申请购汇汇付3 120欧元，并付汇款手续费0.1%。购汇水单上当日人民币对欧元的汇率为100欧元=832.78元人民币。

（13）广东粤通进出口公司接到收款通知，外汇工缴费收到。当日人民币对美元的汇率为100美元=612.97元人民币。

（14）广东粤通进出口公司将收到的外汇工缴费扣除代垫运杂费及3%手续费后的余款拨付甲工厂。

（15）计算广东粤通进出口公司手续费及应交增值税、城建税、教育费附加。

（16）甲工厂交来结余原材料2吨，收到业务部门开具的原材料结算清单及盖有“来料加工”戳记的入库单。

【实训要求】

根据上述出口综合业务，结合所学的知识，编制相关会计分录。要求计算的需列出计算过程，会计分录所使用的会计科目需列至明细科目。

项目七

进口业务核算

知识目标

1.理解：进口货物的程序，进口货物付汇手续

2.熟知：自营进口商品销售收入的确认原则，代理进口销售的核算原则，易货贸易业务的结算方式

3.掌握：自营进口在途物资成本的构成，自营进口商品购进、销售的核算，代理进口业务的账务处理，易货贸易业务的核算

技能目标

1.能够合理地运用进口业务的会计方法

2.能够熟练地对自理、代理进口业务进行会计核算，灵活运用易货贸易理论进行会计业务处理

素质目标

运用所学进口业务核算理论与实务知识研究相关案例，培养和提高学生在特定业务情境中分析问题与决策设计的能力；能结合“进口业务核算”教学内容，结合行业规范或标准，分析会计行为的善恶，强化学生的职业道德素质。

知识精讲

任务一　进口货物概述

一、进口货物的分类

目前，我国企业经营进口货物按其所采取的方式和盈亏负担的不同，主要分为以下几类：

（1）自营进口货物。它是指外贸企业根据国内市场的需求，自行确定进口方案，自

行寻找国内市场，自行与国外供货客户签订合同而组织进口，进口后一次或分次供应国内厂商或消费者，并自行负担进口经营盘亏。

（2）代理进口货物。它是指涉外企业受有关单位或企业的委托，与国外供货客户签订合同并负责对外履行，进口环节所发生的全部税费、业务盈亏均由委托方承担，代理企业只按代理货款收取一定的手续费。

（3）进料加工。它是指从国外进口原材料或零部件等，经过加工后再出口的一种贸易方式，其中进口是一个环节。由于进料加工业务的原料和成品“两头在外”，国家对进口料件实行税收优惠政策。

（4）易货贸易。它是一种非货币交易，是“以我之有易我之无，进出结合”的贸易方式。易货贸易包括出口和进口两个环节，其形式大体可分为直接易货、对开信用证易货、记账易货，目前主要是边境地区的双边直接易货贸易。

（5）代销国外商品。它是指国内企业接受国外供货商提供的商品代其在国内销售，并收取一定的手续费。

二、进口货物的程序

进口货物的程序如图 7-1 所示。

三、进口货物付汇手续

（1）进口单位凭进口合同、信用证开证申请书、信用证结算方式要求的有效商业单证、进口付汇备案表（或有）、进口许可证或登记表、进口证明（或有）以及委托代理协议（或有）到银行直接办理付汇手续。

（2）进口单位凭进口合同、付款通知单（D/A 或 D/P）、跟单托收结算方式要求的有效商业单据、许可证、登记表、进口证明（或有）、进口付汇备案表（或有）以及委托代理协议（或有）到银行直接办理付汇手续。

（3）进口单位办理预付货款项下购付汇时，凭进口合同、进口付汇核销单及形式发票等相关单证直接到外汇指定银行办理。

（4）进口单位凭进口合同、发票、正本进口报关单、提单、进口付汇核销单、许可证、登记表、进口证明（或有）、各种不同贸易方式及运输方式对应的凭证单据、进口付汇备案表（或有）以及委托代理协议（或有）到银行直接办理。

（5）进口单位凭有关经贸主管部门的核准业务书面批件、购货合同、售货合同、形式发票、买方开具的信用证或经国内银行核对密押的外方银行开具的付款保函、开证申请书以及贸易进口付汇核销单（付汇时）到银行直接办理付汇手续。

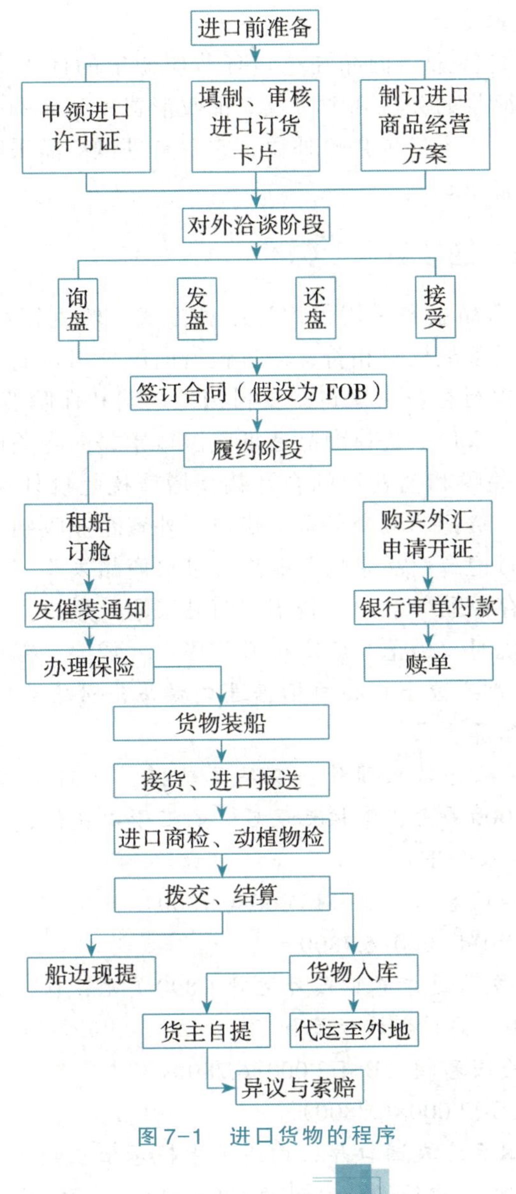

图7-1　进口货物的程序

任务二　自营进口销售业务核算

一、自营进口在途物资成本的构成

自营进口商品的采购成本由国外进价和进口税费两部分构成。

（1）国外进价。进口商品的进价一律以CIF价格为基础，如果与出口商以FOB价格或CFR价格成交的，商品离开对方口岸后，应由外贸企业负担的国外运费和保险费均作为商品的国外进价入账。外贸企业收到的能够直接认定的进口商品佣金，应冲减商品的国外进价。对于难以按商品直接认定的佣金，如累计佣金，可直接冲减“自营进口销售成本”账户。

（2）进口税费。它是指进口商品在进口环节应缴纳的计入进口商品成本的各种税费。进口税费包括海关征收的关税和消费税。征收消费税商品的范围和税率与出口商品相同。商品进口环节征收的增值税是价外税，它不是进口商品采购成本的构成部分，应将其列入“应交税费”账户。

二、自营进口商品购进的核算

外贸企业采购国外商品主要采用信用证结算方式。收到银行转来国外全套结算单据，将其与信用证或合同条款核对相符，通过银行向国外出口商承付款项时，借记“商品采购”账户，贷记“银行存款”账户。支付国外运费和保险费时，借记“商品采购”账户，贷记“银行存款”账户。进口商品运抵我国口岸，向海关申报进口关税、消费税和增值税时，根据进口关税和消费税的合计数（增值税是价外税，暂不作账务处理），借记“商品采购”账户，贷记“应交税费”账户。外贸企业收到出口商付来佣金时，借记“银行存款”账户，贷记“商品采购”账户。进口商品采购完毕，验收入库，结转其采购成本时，借记“库存商品”账户，贷记“商品采购”账户。外贸企业支付进口商品的关税、消费税和增值税时，借记“应交税费”账户，贷记“银行存款”账户。

【做中学7-1】东方食品进出口公司根据进口贸易合同从美国奥尔良公司进口美国卷烟一批，采用信用证结算方式。

（1）6月1日，接到银行转来国外全套结算单据，开列卷烟500箱，每箱96美元FOB价格，货款共计48 000美元，审核无误后，购汇予以支付，当日卖出汇率为USD1=CNY6.7800。编制会计分录如下：

	借方	贷方
借：商品采购——美国卷烟（USD48 000×6.7800）	325 440	
贷：银行存款（USD48 000×6.7800）		325 440

（2）6月2日，购汇支付进口卷烟国外运费1 890美元，保险费110美元，当日卖出汇率为USD1=CNY6.7800。编制会计分录如下：

	借方	贷方
借：商品采购——美国卷烟（USD2 000×6.7800）	13 560	
贷：银行存款（USD2 000×6.7800）		13 560

（3）6月19日，卷烟运达我国口岸，向海关申报卷烟应纳进口关税税额84 750元，应纳消费税税额282 500元，应纳增值税税额120 062.5元。编制会计分录如下：

	借方	贷方
借：商品采购——美国卷烟	367 250	
贷：应交税费——应交进口关税		84 750
——应交消费税		282 500

（4）6月20日，美国奥尔良公司付来佣金1 500美元，当日买入汇率为USD1=CNY6.7600，收到银行转来结汇水单。编制会计分录如下：

	借方	贷方
借：银行存款（USD1 500×6.7600）	10 140	
贷：商品采购——美国卷烟（USD1 500×6.7600）		10 140

（5）6月21日，500箱进口卷烟验收入库，结转其采购成本。编制会计分录如下：

借：库存商品——库存进口商品　　706 250

　贷：商品采购——美国卷烟　　706 250

（6）6月26日，以银行存款支付进口卷烟的进口关税、消费税和增值税。编制会计分录如下：

借：应交税费——应交进口关税　　84 750.0

　　　　　——应交消费税　　282 500.0

　　　　　——应交增值税（进项税额）　　120 062.5

　贷：银行存款　　487 312.5

三、自营进口商品销售收入的确认

根据《企业会计准则》关于划分资产所有权的规定，应向国内客户开具销货发票并办理货款结算或拥有货款索取权的时间作为自营进口销售收入的确认时间。进口商品的结算时间有单到结算、货到结算和出库结算三种。具体采取哪一种结算时间，由外贸企业与国内客户协商确定。

（1）单到结算。它是指外贸企业不论进口商品是否到达我国港口，只要收到银行转来国外全套结算单据，经审核符合合同规定，即向国内客户办理货款结算，以确认销售收入的实现。

（2）货到结算。它是指外贸企业收到运输公司进口商品已到达我国港口的通知后，即向国内客户办理货款结算，以确认销售收入的实现。

（3）出库结算。它是指外贸企业的进口商品到货后，先验收入库，等出库销售时，根据销售发票办理结算，以确认销售收入的实现。

四、自营进口商品销售的核算

1. 自营进口商品销售采取单到结算的核算

外贸企业自营进口商品采取单到结算方式，在银行转来国外全套结算单据时，就可以向国内客户办理货款结算，这样进口在途物资的核算与销售的核算几乎同时进行。然而进口商品采购成本的归集有一个过程，只有在途物资成本归集完毕后才能结转商品销售成本。由于商品没有入库就已经销售，可以将归集的在途物资成本直接从“商品采购”账户转入“自营进口销售成本”账户。

【做中学7-2】浦江照相器材进出口公司根据合同从日本大阪公司进口日本照相机300只，采用信用证结算方式，采取单到结算方式销售给静安公司。

（1）7月5日，接到银行转来国外全套结算单据开列照相机200只，每只300美元CIF价格，货款共计60 000美元，佣金1 200美元，经审核无误，扣除佣金后，购汇支付货款，当日卖出汇率为USD1=CNY6.8000。编制会计分录如下：

借：商品采购——日本照相机（USD58 800×6.8000）　　399 840

　贷：银行存款（USD58 800×6.8000）　　399 840

（2）7月6日，接到业务部门转来增值税专用发票列明照相机200只，每只2 900

元，货款580 000元，增值税税额75 400元，收到静安公司签发并承兑的商业汇票。编制会计分录如下：

借：应收票据　　655 400

　贷：自营进口销售收入　　580 000

　　应交税费——应交增值税（销项税额）　　75 400

（3）7月15日，照相机运抵我国口岸，向海关申报应纳进口关税税额99 960元，应交增值税税额84 966元。编制会计分录如下：

借：商品采购——日本照相机　　99 960

　贷：应交税费——应交进口关税　　99 960

（4）7月20日，照相机采购完毕，结转其销售成本。编制会计分录如下：

借：自营进口销售成本　　499 800

　贷：商品采购——日本照相机　　499 800

（5）7月25日，支付进口照相机的进口关税和增值税。编制会计分录如下：

借：应交税费——应交进口关税　　99 960

　　　　　——应交增值税（进项税额）　　84 966

　贷：银行存款　　184 926

2. 自营进口商品销售采取货到结算的核算

外贸企业自营进口商品采取货到结算方式，在进口商品运达我国港口时，进口商品采购成本的归集已经完成，因此，与国内客户办理货款结算时，在反映自营进口商品销售收入的同时，也可以结转其销售成本。具体核算方法与自营进口商品销售采取单到结算的核算方法相同，不再重述。

3. 自营进口商品销售采取出库结算的核算

外贸企业自营进口商品采取出库结算方式，进口商品在验收入库后，已记入“库存商品”账户，具体核算方法在本节自营进口商品购进部分已作了阐述，这里不再重复。

已入库的进口商品再出库销售给国内客户时，根据应收的款项借记“应收账款”或“应收票据”账户；根据销售金额贷记“自营进口销售收入”账户，根据应收的增值税税额贷记“应交税费”账户；同时根据其采购成本结转销售成本，借记“自营进口销售成本”账户，贷记“库存商品”账户。

五、自营进口商品销售其他业务的核算

（1）销货退回的核算。自营进口商品销售采取单到结算方式，在银行转来国外全套结算单据时，在进行商品购进核算的同时，又进行了商品销售的核算。然而，在商品运达我国港口后，发现商品的质量与合同规定严重不符，外贸企业可根据海关出具的商品检验证明书，按照合同规定与国外出口商联系，将商品退回给出口商，收回货款、进口费用和退货费用，然后向国内客户办理退货手续。

【做中学7-3】沿用【做中学7-2】资料，浦江照相器材进出口公司购进的200只照相机运到时，海关出具了商品检验证明书，证明该批照相机为不合格产品，经与出口商

日本大阪公司联系后，同意作退货处理。

（1）8月10日，购汇垫付退还日本大阪公司200只照相机的国外运费568美元、保险费132美元，当日卖出汇率为USD1=CNY6.8000。编制会计分录如下：

借：应收外汇账款（USD700×6.8000）　　4 760

　贷：银行存款（USD700×6.8000）　　4 760

（2）8月10日，将200只照相机作进货退出处理，并向税务部门申请退还已支付的进口关税。编制会计分录如下：

借：应收外汇账款　　399 840

　　应交税费——应交进口关税　　99 960

　贷：自营进口销售成本　　499 800

（3）8月10日，同时作销货退回处理，开出红字专用发票，应退静安公司货款655 400元，增值税税额75 400元。编制会计分录如下：

借：自营进口销售收入　　580 000

　　应交税费——应交增值税（销项税额）　　75 400

　贷：应付账款　　655 400

（4）8月24日，收到日本大阪公司退回的货款及代垫费用59 500美元，当日买入汇率为USD1=CNY6.7600，收到银行转来结汇水单。编制会计分录如下：

借：银行存款（USD59 500×6.7600）　　402 220

　　汇兑损益　　2 380

　贷：应收外汇账款（USD59 500×6.8000）　　404 600

（5）8月25日，签发转账支票支付静安公司退货款655 400元。编制会计分录如下：

借：应付账款　　655 400

　贷：银行存款　　655 400

（6）8月31日，收到税务机关退还进口关税税额99 960元和增值税税额84 966元。编制会计分录如下：

借：银行存款　　184 926

　贷：应交税费——应交进口关税　　99 960

　　　　　　——应交增值税（进项税额）　　84 966

自营进口商品销售采取入库结算方式，在进口商品入库以后再销售给国内客户。如果国内客户购进商品后，因发现商品的品种、规格、质量与合同不符等原因提出退货，经外贸企业业务部门同意后，由其填制红字专用发票送各有关部门办理退货手续。财会部门收到业务部门转来的红字专用发票，根据发票所列的销售金额借记“自营进口销售收入”账户，根据发票所列的增值税税额借记“应交税费”账户；根据价税合计额贷记“应付账款”账户。如果退回的商品已结转了销售成本，同时还应予以转回，根据其采购的成本，借记“库存商品”账户，贷记“自营进口销售成本”账户。

（2）索赔和理赔的核算。自营进口商品销售采取单到结算方式，当进口商品到达时，所有权已属于国内客户，由其检验商品。如果发生商品短缺、质量与合同规定不符，应区别情况进行处理。如果属于运输单位责任或属于保险公司负责赔偿的范围，由国内客户向运输单位或保险公司索赔；如果属于国外出口商的责任，应由外贸企业根据海关出具的商品检验证明书在合同规定的对外索赔期限内向出口商提出索赔，并向国内客户理赔。

【做中学7-4】东方粮油进出口公司7月份从美国达拉斯公司购进黄豆200吨，每吨500美元CIF价格，货款共计100 000美元，佣金2 000美元，当日卖出汇率为USD1=CNY6.8000，应缴纳进口关税税额19 600元，增值税税额89 180元。这批黄豆采取单到结算方式，已售给泰康食油厂，每吨4 000元，货款共计800 000元，增值税税额104 000元，款已收妥入账。8月5日，黄豆到达港口，泰康食油厂检验黄豆时发现其中20吨已霉烂变质。

（1）8月7日，收到泰康食油厂转来海关出具的商品检验证明书，20吨黄豆霉烂变质系美国达拉斯公司的责任。泰康食油厂向外商提出索赔，经协商后，外商同意赔偿9 800美元，予以冲减商品销售成本。编制会计分录如下：

借：应收外汇账款（USD9 800×6.8000）　　66 640
　贷：自营进口销售成本（USD9 800×6.8000）　　66 640

（2）8月7日，同时作销货退回处理，开出红字专用发票，应退货款80 000元，增值税税额10 400元。编制会计分录如下：

借：自营进口销售收入　　80 000
　　应交税费——应交增值税（销项税额）　　10 400
　贷：应付账款　　90 400

（3）8月8日，向税务机关申请退还20吨霉烂变质黄豆已交的进口关税税额1 960元。编制会计分录如下：

借：应交税费——应交进口关税　　1 960
　贷：自营进口销售成本　　1 960

（4）8月20日，收到美国达拉斯公司付来赔偿款9 800美元，当日买入汇率为USD1=CNY6.7600，予以结汇。编制会计分录如下：

借：银行存款（USD9 800×6.7600）　　66 248
　　汇兑损益　　392
　贷：应收外汇账款（USD9 800×6.8000）　　66 640

（5）8月31日，收到税务机关退还20吨变质黄豆的进口关税税额1 960元，增值税税额8 918元，存入银行。编制会计分录如下：

借：银行存款　　10 878
　贷：应交税费——应交进口关税　　1 960
　　　　　　——应交增值税（进项税额转出）　　8 918

“自营进口销售收入”是损益类账户，用以核算企业自营进口商品的销售收入。企业取得自营进口商品销售收入时，记入贷方；发生自营进口销售商品国外运费、保险费、销货退回、理赔以及期末转入“本年利润”账户时，记入借方。

“自营进口销售成本”是损益类账户，用以核算企业自营进口商品的销售成本。企业结转自营进口商品销售成本时，记入借方；冲减销货退回商品成本以及期末转入“本年利润”账户时，记入贷方。

任务三　代理进口销售业务核算

一、代理进口销售概述

代理进口销售是涉外企业受国内客户委托代为办理进口货物的一种业务。代理进口销售不核算销售收入和销售成本，只收取手续费，所以账务处理比较简单。

外贸企业与国内委托方经协商达成代理协议时，双方应签订代理进口销售合同或协议书，明确规定代理货物的名称、价格条件、运输方式、费用负担、风险责任、手续费率等，明确双方权利和义务，以便共同遵照执行。如果发生争执，据以处理。

二、代理进口销售的核算原则

（1）根据代理进口业务的性质，委托方必须预付进口货物资金，代理方在收妥预付资金后，方能与国外出口客户签订进口合同。

（2）受托进口企业以自己的名义对外签订进口合同，支付进口货物的国外货款。

（3）代理进口业务发生的国外运费、保险费等一切直接费用，均由委托方承担。

（4）代理进口货物支付的关税、增值税、消费税等税款，由委托方承担或由受托方垫付后向委托方收回。

（5）受托进口企业对委托方的结算均采取单到结算方式，以实际进口成本按CIF价结算。

（6）代理手续费按CIF价的一定比例收取。

（7）代理进口销售实现的盈亏由委托方负担。

三、代理进口货物结算单

受托进口企业完成代理进口货物业务后，应向委托方办理清算手续，开具“代理进口货物结算单”（如图7-2所示）。

四、代理进口业务的账务处理

（1）外贸企业代理进口业务通常要求委托单位预付货款，在收到委托单位的预付货款时，借记“银行存款”账户，贷记“预收账款”或“预收外汇账款”账户。

（2）收到银行转来国外全套结算单据，将其与信用证或合同条款核对无误后，通过银行向国外出口商承付款项时，借记“预收账款”账户，贷记“银行存款”账户。

（3）外贸企业业务部门根据代理进口商品金额CIF价格的一定比例开具收取代理手续费的发票，财会部门根据业务部门转来的发票（记账联）确认代理进口业务销售收入的实现，借记“预收账款”账户，贷记“其他业务收入”账户。

代理进口货物结算单

付款单位： 年 月 日 进字第 号

<table>
<tr><td rowspan="2">进口合同号</td><td rowspan="2"></td><td>货价原币金额</td><td>外币牌价</td><td>人民币金额</td></tr>
<tr><td></td><td></td><td></td></tr>
<tr><td>品　名</td><td></td><td colspan="2">国外运费</td><td></td></tr>
<tr><td rowspan="2">数量</td><td>净重：</td><td colspan="2">国外保险费</td><td></td></tr>
<tr><td>毛重：</td><td colspan="2">关税</td><td></td></tr>
<tr><td>船名/提单号</td><td></td><td colspan="2">增值税</td><td></td></tr>
<tr><td>装船日期</td><td></td><td colspan="2">银行财务费</td><td></td></tr>
<tr><td>到货口岸</td><td></td><td colspan="2">外运劳务费</td><td></td></tr>
<tr><td>价格条款</td><td></td><td colspan="2">代垫货款利息</td><td></td></tr>
<tr><td rowspan="3">备注</td><td rowspan="3"></td><td colspan="2">手续费</td><td></td></tr>
<tr><td colspan="2"></td><td></td></tr>
<tr><td colspan="2">合计</td><td></td></tr>
</table>

表内有关项目的说明：

①货价，按进口发票外币金额乘以当日外汇牌价（卖出价）计算。

②国外运费，为实际支付或按定额计算的运费外币金额乘以当日外汇牌价（卖出价）。

③国外保险费，为实际支付或按规定费率计算的保险费外币金额乘以当日外汇牌价（卖出价）。

④各项进口税款，按实际支付额计算。

⑤银行财务费，等于进口货款乘以银行财务费率。

图 7-2 代理进口货物结算单

【做中学 7-5】大连东风日化进出口公司受理武宁公司代理进口法国香水业务，以FOB价格成交。

（1）8月1日，收到武宁公司预付代理进口法国香水款项1 366 100元。编制会计分录如下：

借：银行存款　　1 366 100

　贷：预收账款　　1 366 100

（2）8月12日，购汇支付法国塞纳公司香水的国外运费1 424美元、保险费176美元，当日卖出价为USD1=CNY6.2400。编制会计分录如下：

借：预收账款（USD1 600×6.2400）　　9 984

　贷：银行存款（USD1 600×6.2400）　　9 984

（3）8月15日，收到银行转来法国塞纳公司全套结算单据，开列香水200箱，每箱400美元FOB价格，货款共计80 000美元，佣金1 600美元，审核无误，扣除佣金后支付货款，当日卖出价为USD1=CNY6.2400。编制会计分录如下：

借：预收账款（USD78 400×6.2400） 489 216

　贷：银行存款（USD78 400×6.2400） 489 216

（4）8月15日，同时按代理进口香水货款CIF价格的2.5%向武宁公司收取代理手续费2 000美元，当日中间价为USD1=CNY6.2400。编制会计分录如下：

借：预收账款（USD2 000×6.2400） 12 480

　贷：其他业务收入（USD2 000×6.2400） 12 480

（5）8月25日，法国香水运达我国口岸，向海关申报应纳进口关税税额148 680元、消费税税额346 920元、增值税税额196 588元。编制会计分录如下：

借：预收账款 692 188

　贷：应交税费——应交进口关税 148 680

　　　　　——应交消费税 346 920

　　　　　——应交增值税（进项税额） 196 588

（6）8月31日，支付代理进口香水的进口关税、消费税和增值税。编制会计分录如下：

借：应交税费——应交进口关税 148 680

　　　　——应交消费税 346 920

　　　　——应交增值税（进项税额） 196 588

　贷：银行存款 692 188

代理进口业务如发生索赔和理赔时，其核算方法与自营进口业务相同，不再重述。

"其他业务收入"是损益类账户，用以核算企业除自营业务收入以外的代理业务收入、出租资产业务收入等。企业发生代理业务手续费收入、出租资产业务收入时，记入贷方；月末结转"本年利润"账户时，记入借方。

"其他业务成本"是损益类账户，用以核算企业除自营业务成本以外的其他业务所发生的支出，包括代理业务和出租资产业务所发生的相关成本和费用以及相关的税费。发生时，记入借方；月末结转"本年利润"账户时，记入贷方。

任务四　易货贸易业务核算

一、易货贸易概述

易货贸易是指由贸易双方订立易货贸易合同或协议，规定在一定期限内，用一种或几种出口商品交换另一种或几种进口商品的业务。

1.易货贸易业务的结算方式

易货贸易业务由贸易双方事先在合同中规定进行计价和结算的货币币种，货款可采取逐笔平衡或分别结算，一般是以对开信用证或记账的方式进行结算。

对开信用证结算方式是指贸易双方各自开立以对方为受益人，金额相等或基本上相等的信用证，并在信用证内规定，应在收到对方开立的金额相等或基本上相等的信用证时才能生效的结算方式。

记账结算方式是指由贸易双方银行互设清算账户记账，双方出口商品在发运后将全套结算单据送交本国银行，由双方银行记账；同时贸易双方应相应设立外汇结算专户记账，互相冲抵，并在规定期限内进行平衡的结算方式。采用这种结算方式，如出现差额，由逆差方以现汇或商品补差。

2.易货贸易业务的原则和特点

易货贸易业务的原则是计划外自找货源、自找销路、单独核算、外汇平衡和自负盈亏。

易货贸易由出口业务和进口业务两个部分组成，然而它们是统一的整体，易货贸易商品出口，换回易货贸易商品进口，并在进口商品销售后，才完成一个完整的易货贸易业务，其销售价值才真正实现。根据这一特点，易货贸易的核算应将出口业务和进口业务结合起来进行核算。

二、易货贸易业务的核算

1.易货贸易出口业务的核算

外贸企业经营易货贸易出口业务应根据易货贸易合同或协议的规定采购出口商品，将商品验收入库、商品出库发运，向银行办理交单收汇、支付国内外直接费用、向税务部门申请退税和取得收汇通知或结汇水单等业务的核算方法与自营出口销售业务基本相同，但其销售收入和销售成本是通过“自营其他销售收入”和“自营其他销售成本”账户进行核算。

【做中学7-6】大连丰田五金进出口公司与韩国釜山公司签订易货贸易合同，合同规定我方出口2 000辆凤凰牌自行车，每辆34美元CIF价格，货款68 000美元；同时我方进口钢材200吨，每吨340美元CIF价格，货款68 000美元。采取对开信用证结算方式。

(1) 7月1日，向上海自行车厂购进凤凰牌自行车2 000辆，每辆200元，货款400 000元，增值税税额52 000元，款项签发转账支票付讫。编制会计分录如下：

借：商品采购	400 000	
应交税费——应交增值税（进项税额）	52 000	
贷：银行存款		452 000

(2) 7月2日，2 000辆自行车已验收入库。编制会计分录如下：

借：库存商品——库存出口商品	400 000	
贷：商品采购		400 000

(3) 7月3日，2 000辆自行车已出库装船。编制会计分录如下：

借：发出商品	400 000	
贷：库存商品——库存出口商品		400 000

(4) 7月4日，收到业务部门转来易货贸易销售自行车的发票副本和银行回单，开列凤凰牌自行车2 000辆，每辆34美元CIF价格，当日买入汇率为USD1=CNY6.7500。

编制会计分录如下：

借：应收外汇账款（USD68 000×6.7500） 459 000

贷：自营其他销售收入——易货贸易（USD68 000×6.7500） 459 000

（5）7月4日，同时结转易货贸易销售自行车的成本。编制会计分录如下：

借：自营其他销售成本——易货贸易 400 000

贷：发出商品 400 000

（6）7月5日，支付易货贸易国外运费1 268美元、保险费132美元，当日卖出汇率为USD1=CNY6.7900。编制会计分录如下：

借：自营其他销售收入——易货贸易（USD1 400×6.7900） 9 506

贷：银行存款（USD1 400×6.7900） 9 506

（7）7月10日，向税务机关申报退税，增值税退税率为10%。编制会计分录如下：

借：应收出口退税款 40 000

自营其他销售成本 16 000

贷：应交税费——应交增值税（出口退税） 56 000

（8）7月20日，收到银行转来结汇水单，68 000美元收妥结汇，银行扣除80美元收汇手续费，其余部分已结汇，当日买入汇率为USD1=CNY6.7500。编制会计分录如下：

借：银行存款（USD67 920×6.7500） 458 460

财务费用（USD80×6.7500） 540

贷：应收外汇账款（USD68 000×6.7500） 459 000

2.易货贸易进口业务的核算

外贸企业收到银行转来外商全套结算单据时，与易货贸易合同或协议核对无误后，据以支付货款，商品运达我国口岸后，申报进口关税、消费税和增值税，并按事先签订的合同将进口商品销售给国内客户，其核算方法与自营进口业务基本相同。其销售收入和销售成本也是通过“自营其他销售收入”和“自营其他销售成本”账户进行核算。

【做中学7-7】沿用【做中学7-6】资料，收到易货贸易中韩国釜山公司发来的钢材。

（1）7月21日，接到银行转来韩国釜山公司全套结算单据，开列钢材200吨，每吨340美元CIF价格，货款共计68 000美元，审核无误后，购汇予以支付，当日卖出汇率为USD1=CNY6.8000。编制会计分录如下：

借：商品采购——钢材（USD68 000×6.8000） 462 400

贷：银行存款（USD68 000×6.8000） 462 400

（2）7月30日，钢材运达我国口岸，申报应纳进口关税税额46 200元，增值税税额66 118元。编制会计分录如下：

借：商品采购——钢材 46 200

贷：应交税费——应交进口关税 46 200

（3）7月31日，钢材已全部售给武泰公司，收到业务部门转来增值税专用发票，列明钢材200吨，每吨2 800元，货款共计560 000元，增值税税额72 800元，款项已收到转账支票，存入银行。编制会计分录如下：

借：银行存款　632 800

　贷：自营其他销售收入——易货贸易　560 000

　　　应交税费——应交增值税（销项税额）　72 800

（4）7月31日，同时结转钢材销售成本。编制会计分录如下：

借：自营其他销售成本——易货贸易　508 600

　贷：商品采购——钢材　508 600

（5）8月2日，以银行存款支付钢材的进口关税和增值税。编制会计分录如下：

借：应交税费——应交进口关税　46 200

　　　　　　——应交增值税（进项税额）　66 118

　贷：银行存款　112 318

“自营其他销售收入”是损益类账户，用以核算企业自营加工补偿出口商品的销售收入和易货贸易进出口商品的销售收入。企业取得自营加工补偿出口商品销售收入和易货贸易进出口商品销售收入时，记入借方；发生销货退回及期末转入“本年利润”账户时，记入借方。

“自营其他销售成本”是损益类账户，用以核算企业自营加工补偿出口商品的销售成本和易货贸易进出口商品的销售成本。企业结转自营加工补偿出口商品销售成本和易货贸易进出口商品销售成本时，记入借方；发生销货退回转销销售成本及期末转入“本年利润”账户时，记入贷方。

应会考核

应知考核

□ 业务考核

【考核项目一】

进口商品购进的核算

【背景资料】

浙江海岭进出口公司为一般纳税企业，以人民币为记账本位币，其外币交易采用交易日即期汇率折算。该公司本期自营进口业务如下：

（1）根据合同从日本进口仪表一批，进货价格条件为FOB东京，货款共计250 000美元。今接到银行转来全套进口单证，经审核无误后，货款以外汇银行存款对外付款，当日即期汇率为1美元=6.3300元人民币。

（2）收到中国人民保险公司有关单据，上列进口仪表保险费3 120美元，今以外汇银行存款支付保险费，当日即期汇率为1美元=6.3300元人民币。

（3）今收到外运公司的有关单据，应付上列进口仪表的国外运费5 700美元，当日即期汇率为1美元=6.3400元人民币。

（4）上列进口仪表到达口岸后，以银行存款支付进口关税及增值税，关税税率为10%，增值税税率为13%，当日即期汇率为1美元=6.3400元人民币。

（5）上列进口仪表验收入库，仓库保管员转来入库单。

（6）现将上列进口仪表全部销售给国内大华公司，今开出增值税发票售价2 000 000元，增值税税率13%。上列销售款项已收到，同时根据仓库保管员开来的货物出仓凭证，结转上列销售进口仪表的销售成本。

【考核要求】

根据上述背景资料，编制该企业的会计分录。

【考核项目二】

进口退货索赔业务的处理

【背景资料】

某外贸公司为一般纳税企业，以人民币为记账本位币，其外币交易采用交易日即期汇率折算。本期从英国进口一批零件，进口价格为FOB伦敦，货款共计310 000美元，进口后该批零件以国内合同价2 700 000元向国内用户销售。该项进口业务的进行情况如下：

（1）收到银行转来的全套进口单证，审核无误后支付货款，当日即期汇率为1美元=7.0300元人民币。

（2）收到保险公司有关单据，应支付上列进口零件保险费9 300美元，当日即期汇率为1美元=7.0100元人民币。

（3）收到外运公司有关单据，上列进口零件的国外运费18 100美元，当即以外汇银行存款支付，当日即期汇率为1美元=7.0400元人民币。

（4）上列进口零件到达我国口岸后，以银行存款支付进口关税税额118 493元和增值税税额423 386.7元。

（5）上列进口零件抵达我国口岸后，结转该进口商品的进口成本。

（6）现将上列进口零件全部销售给国内用户H公司，今根据内销合同开出增值税发票金额为2 700 000元（不含税价），增值税税率为13%，款项收到存入银行；同时根据货物出仓单结转该批货物的销售成本。

（7）国内订货单位H公司验收时，发现上列进口零件有部分质量不符合合同规定，要求按合同规定退赔货款94 770元。今报海关检验出证后，决定先向H公司支付理赔款。

（8）即日发函与外商交涉，由外贸公司根据进口合同及海关检验证明向外商索赔13 580美元，当日即期汇率为1美元=6.9800元人民币。

（9）今接外商来电同意按合同理赔，今收到外商理赔款存入银行（当日即期汇率同上）。

【考核要求】

根据上述背景资料，编制该企业的会计分录。

□ 项目实训

【实训项目】

进口业务、税费的综合业务处理

【实训资料】

山东华风进出口公司是一家商业外贸公司，为一般纳税企业，以人民币为记账本位币，对外币交易采用交易日即期汇率折算。该公司本期发生业务如下：

（1）该公司根据一份对日本的出口合同，向本市惠新公司购入C-3型商品500件，所取得的增值税专用发票注明该批商品价款为56 000元，增值税进项税额7 280元。上列款项以银行存款支付，所购商品已验收入库。

（2）从英国进口755型原料10吨，每吨CIF伦敦2万美元，付款方式为T/T in advanced，海运。当日即期汇率为1美元=6.1150元人民币，款项以外汇银行存款支付。

（3）该公司将购入的C-3型商品500件全部出口日本，外销C-3型商品装船并取得装船提单后，根据信用证规定将全套出口单证向银行办理交单手续。出口商品外销发票列明每件CFR大阪22美元，佣金3%。今财务部门确认外销收入并结转出口商品成本，当日即期汇率为1美元=6.1150元人民币。

（4）上列进口755型原料进口关税税额8.3797万元，增值税税额37.0388万元。商品到达我国口岸后，以人民币银行存款支付进口关税及增值税。

（5）银行在收妥上列出口C-3型商品外汇收入后，转入山东华风进出口公司的待核查账户，当日即期汇率为1美元=6.1130元人民币。

（6）上列进口755型原料抵达我国口岸验收入库后，结转该批进口原料的进口成本。

（7）今收到长风远洋货运公司开来的运费发票，应付上列外销C-3型商品海运运费530美元，当日即期汇率为1美元=6.1180元人民币。

（8）上列C-3型商品外销后，今按规定填制“出口货物退（免）税申报表”并收齐有关单证，信息核对无误后，向公司所在地退税机关申报办理出口退税。山东华风进出口公司该批外销C-3型商品的退税率为10%。

【实训要求】

根据该公司上列各项业务，编制必要的会计分录。

项目八

加工贸易业务核算

知识目标

1. 理解：加工贸易的概念，保税制度、来料加工、进料加工的基本知识及政策规定
2. 熟知：来料加工、进料加工的区别
3. 掌握：来料加工、进料加工、补偿贸易的会计核算要点

技能目标

1. 能够明确国家对开展加工贸易和补偿贸易的相关政策，海关、税务机关的规定和监管措施

2. 能够熟练地掌握来料加工和进料加工中自营和代理业务的会计处理，补偿贸易业务的会计处理

素质目标

能运用所学加工贸易业务核算理论与实务知识研究相关案例，培养和提高学生在特定业务情境中分析问题与决策设计的能力；能结合“加工贸易业务核算”教学内容，结合行业规范或标准，分析会计行为的善恶，强化学生的职业道德素质。

知识精讲

任务一　加工贸易与保税制度概述

一、加工贸易的概念和特点

1. 加工贸易的概念

从广义上讲，加工贸易是外国企业（通常是工业发达国家和新兴工业化国家或地区的企业）以投资的方式把某些生产能力转移到东道国或者利用东道国已有的生产能力为自己加工装配产品，然后运出东道国境外销售。从狭义上讲，加工贸易是部分国家对来

料或进料加工采用海关保税监管的贸易。跨越国界的生产加工和销售是加工贸易的显著特点。

我国《加工贸易审批管理暂行办法》规定，加工贸易是指企业从境外保税进口全部或部分原辅材料、零部件、元器件、包装物料，经境内企业加工或装配后，将制成品复出口的经营活动，包括进料加工和来料加工（传统的“三来一补”业务即来料加工、来样加工、来件装配和补偿贸易）。

进料加工是指进口料件由经营企业付汇进口，制成品由经营企业外销出口的加工贸易。来料加工是指进口料件由外商提供，即不需付汇进口，也不需用加工费偿还，制成品由外商销售，经营企业收取加工费的加工贸易。这里的“经营企业”是指负责对外签订加工贸易进出口合同的各类进出口企业和外商投资企业，以及经国家授权机关批准获得来料加工经营许可的对外加工装配服务公司。经过多年的快速发展，加工贸易已经成为我国第一大对外贸易方式，极大地推动了我国对外进出口业务的增长。

2.加工贸易与一般贸易的区别

（1）从参与贸易的货物来源分析，一般贸易货物主要来自本国的要素资源，符合我国的原产地规则；而加工贸易货物主要来自国外的要素资源，不符合我国的原产地规则，只是在我国进行加工或装配。

（2）从参与贸易的企业收益分析，从事一般贸易的企业所获得的收益主要来自生产成本或收购成本与国际市场价格之间的差价，而从事加工贸易的企业实质上只是收取了加工费。

（3）从税收的角度分析，一般贸易的进口要缴纳进口环节税，出口时在征收增值税后退还部分税收；而加工贸易进口料件不征收进口环节税，实行海关监督保税，出口时也不再征收增值税。

3.来料加工与进料加工的区别

（1）原材料、零部件和产品的所有权不同。在来料加工业务中，外商提供原材料、零部件、元器件，并按外商的要求进行加工装配，生产出来的产品所有权归外商所有，由外商支配；而在进料加工业务中，经营单位对原辅料和生产加工出来的成品拥有所有权，可以完全根据自己的意图对外销售。

（2）外贸企业所处的地位和贸易性质不同。在来料加工业务中，外商与经营单位是委托与被委托关系，经营单位接受外商委托并要按外商的要求进行生产加工，收取工缴费，纯属加工贸易性质；而在进料加工业务中，经营单位是自主经营，与销售料件的外商和购买半成品的外商均是买卖关系，经营单位从中赚取销售成品与进口原材料之间的差价，使外汇增值，属于一般国际贸易性质。

（3）产品的销售方式不同。在来料加工业务中，生产加工出来的产品由外商负责运到我国境外后自行销售，销售的好坏与我方毫无关系；而在进料加工业务中，经营单位在产品生产加工出来后要自己负责对外推销，产品销售情况的好坏与自己密切相关。

（4）税收政策规定不同。进料加工复出口货物实行退税（或免抵退税）；来料加工复出口货物实行免税。

4.加工贸易与中外合资的区别

（1）性质不同。在加工贸易业务中，外商不作价提供原材料、零部件、元器件，必要时不作价或作价提供机器设备，所有权归外商，我方只是接受委托为其加工装配，赚取加工费，不承担产品的经营风险，纯属加工贸易性质。而合资经营则不同，合资双方（或第三方）以土地、机器设备、技术、专利等作为资本，共同投资，投资各方对企业以及原辅材料和产品共同享有一定的管理权和控制权，他们共同经营，共同负担盈亏和风险。

（2）产品销售方式不同。在加工贸易方式下，加工装配后的产品完全由委托加工装配的外商负责运到我国境外，自行销售，我方只承担按加工装配协议规定的质量、期限交货的责任，其余都是外商的事。而合资经营则不同，由于合资各方共同经营企业，共同负担盈亏，企业生产出来的产品由企业自行销售，既可在我国境内销售，又可在国际市场上销售，产品的销售直接关系到合资各方的切身利益，是各方最为关心的问题。

（3）经济利益分配不同。在加工贸易业务中，我方对外承担加工装配赚取工缴费，产品卖出价格的高低、收入的多少都是外商的事；而合资经营则不同，企业经营情况的好坏决定着投资各方的经济利益，关系到利润分成的多少。

（4）当事人地位不同。在加工贸易方式下，外商是委托方，我方是被委托方，加工贸易合同一经签订，我方就要按照外商在合同中提出的加工装配产品的要求进行加工生产；而合资经营则不同，投资各方都是企业的管理者和所有者，各方之间的地位是平等的，不存在委托与被委托的关系，各方都参与企业的管理工作。

二、保税制度

保税制度是一种国际通行的海关制度，是指经海关批准的境内企业所进口的货物在海关的监管下，在境内指定的场所储存、加工、装配，可免交、部分免交、缓交进口环节税收的一种海关监管业务制度。保税制度是国家利用海关关税的免、减、缓等对特定进口商品的优惠待遇，是鼓励发展加工装配贸易的一种措施。

保税制度的实施通常是限于特定贸易方式（如进料或来料加工贸易）下特定的进口贸易，只有这些货物才能在一定的期限内享受关税的免、减、缓待遇。这些货物被称为保税货物。

目前与我国保税制度相对应的保税监管区主要有：一是为国际商品贸易服务的保税仓库、保税物流中心、保税区、保税物流园区、保税港区、寄售代销和免税品商店；二是为加工制造服务的保税工厂、保税集团、出口加工区等。保税的具体形式有：

（1）保税仓库。它是保税制度中应用最广泛的一种形式，是指经海关核准的专门存放保税货物的专用仓库。我国的保税仓库限于存放供来料加工、进料加工复出口的货物，或者暂时存放后再复出口的货物以及经海关批准缓办纳税手续进境的货物。有进出口经营权的企业可以向海关申请建立保税仓库。保税仓库的保税货物一般都是完全保税，即免交关税，有一定的保税期限。保税仓库中保税货物的存储期为1年，如因特殊情况可以向海关申请延期，但延期最长不超过1年。

（2）保税工厂。它是在海关监管下用保税进口料件加工生产复出口货物的专门工厂或车间。我国的保税工厂限于经海关特准有进出口经营权专门为生产出口产品进行保税加工的企业或承接进口料件加工复出口的生产企业。在保税工厂中，为外商加工、装配产品和为生产出口产品而进口的原材料、零部件、配套件、辅料、包装物及加工过程中直接消耗的数量合理的化学物品，海关准予缓办进口纳税手续，并按实际加工出口产品所耗用的进口料件，免征关税、增值税、消费税。保税工厂的保税货物，一般都是有条件保税，即部分缴纳或缓缴关税，其保税期限因不同产品的生产加工复出口时间的不同而异。因不能如期完成加工或者生产的货物不能出口而卖给了国内市场，就要恢复征税。

保税工厂应该为材料和产品设置独立的账册记账。工厂对每一批来料或进料都应向海关申领一本专用的“加工手册”作为这些账册的原始凭证。海关人员将不定期地审查这些记录并作实地盘点。从1996年起，海关总署又推出了海关派员驻厂监管的形式，称为“驻员保税工厂”。驻员保税工厂一般是从事进料加工复出口的特大型企业、从事特种行业（如飞机、船舶）加工的大型企业和经批准从事国家鼓励投资项目的大型出口外商投资企业。

（3）保税区。保税仓库和保税工厂是在“国内”场所海关申请设立的，而保税区是在国境和关境之间建立起来的，是指在海关监控管理下进行存放和加工保税货物的特定区域。

保税区具有进出口加工、国际贸易、保税仓储商品展示等功能，享有“免证、免税、保税”政策，实行“境内关外”运作方式，是中国对外开放程度最高、运作机制最便捷、政策最优惠的经济区域之一。从境外进入保税区的货物，其进口关税和进口环节税，除法律、法规另有规定外，执行下列关税政策：①区内生产性的基础设施建设项目所需的机器、设备和其他基建物资，予以免税；②区内企业自用的生产、管理设备和自用合理数量的办公用品及其所需的维修零配件、生产用燃料以及建设生产厂房、仓储设施所需的物资、设备，予以免税；③保税区行政管理机构自用合理数量的管理设备和办公用品及其所需的维修零配件，予以免税；④区内企业为加工出口产品所需的原材料、零部件、元器件、包装物件，予以保税。

任务二　进料加工贸易会计核算

一、进料加工的概念

进料加工是指企业用外汇购买进口原料、元器件、零部件和包装材料，经生产加工成成品返销出口收汇的业务。进料加工贸易，海关对进口材料全额或按比例免税，货物出口免征消费税，按“免、抵、退”政策计算退（免）的增值税。

目前，有权经营进料加工业务的单位有专业外贸公司、工贸公司以及经批准有权经营进出口业务的独立经济实体。

二、进料加工的税收规定

（1）专为加工出口产品而进口的料件，海关按实际加工复出口的数量，免征关税和缓交增值税，在复出口退税时抵扣。

（2）对签有对口合同及以保税工厂监管方式进口用于加工出口产品，而在生产过程中完全消耗掉的合理消耗材料，如染化料、触媒剂、洗涤剂、催化剂等化学物品，进口时予以全额保税。

（3）对用于加工成品必不可少的，但在加工过程中并没有完全消耗掉的仍有使用价值的物品和生产工程中产生的副产品及边角料，海关根据其使用价值，分别估价征税或酌情减免税。

（4）国外客商免费或有价提供用于生产出口产品所需进口的数量零星的辅料、包装物料，凭出口合同免予缴纳进口关税和进口环节的增值税、消费税。

（5）由于改进生产工艺和改善经营管理而结余的料件或增产的成品转为内销时，海关审核情况属实，其价值在进口料件总值规定比例以内，并且总值在规定人民币金额以内的可予免税。

三、进料加工的会计处理

1.进料加工业务方式

外贸企业的进料加工业务有两种方式：

（1）委托加工，即外贸企业以进料加工贸易方式从国外进口的料件无偿调拨给加工企业进行加工，加工收回后只支付加工费，货物复出口后凭加工费的增值税专用发票、报关单等规定的资料办理退税。

（2）作价加工，即外贸企业以进料加工贸易方式从国外进口的料件作价给加工企业进行生产加工，货物收回后支付整个货物的款项，复出口后凭整个货物的增值税专用发票、报关单等规定的资料申报退税。

无论是委托加工还是作价加工，实际上均由进口、加工及出口三个环节组成，因此会计核算也按照这三个环节来进行。但是由于受出口退税政策的影响，外贸企业进料加工业务采用作价方式的，其会计核算相对复杂。

2.委托加工方式和作价加工方式的核算

（1）进口原辅料件的核算。

【做中学8-1】大连某外贸企业与外商签订进料加工复出口协议，进口面料500米，价值按照银行外汇牌价折算人民币100 000元，加工成西服出口，出口离岸价折算人民币120 000元。

（1）根据全套进口单据，编制会计分录如下：

借：在途物资——在途进料加工物资（××原材料）　　100 000

　贷：应付外汇账款——××外商　　100 000

（2）根据银行单据实际支付货款，编制会计分录如下：

借：应付外汇账款——××外商　　100 000

　贷：银行存款　　100 000

（3）为加工复出口进口的原辅料件，根据对应出口合同的具体情况，海关实行减免进口关税及进口增值税制度，即进出口合同需要数量基本一致时，可以免征或少征；如无法提供对应合同时，则按比例征税或全额征税。

按规定执行免税85%、缴纳15%征税制度时，关税税率为20%，增值税税率为13%，编制会计分录如下：

进口关税税额=100 000×20%×15%=3 000（元）

进口增值税税额=（100 000+3 000）×15%×13%=2 008.5（元）

借：应交税费——应交进口关税　　3 000

　　　　　——应交增值税（进项税额）　　2 008.5

　贷：银行存款　　5 008.5

同时将进口关税归集到“在途物资”账户：

借：在途物资——在途进料加工物资（××原材料）　　3 000

　贷：应交税费——应交进口关税　　3 000

（4）进口材料入库，凭仓储协议和入库单，编制会计分录如下：

借：原材料——进料加工原材料（××原材料）　　103 000

　贷：在途物资——在途进料加工物资（××原材料）　　103 000

（2）进口料件加工的核算。进料加工贸易在加工环节存在委托加工和作价加工两种加工方式，因此应分别对两种情况进行会计核算。

第一，委托加工方式。

【做中学8-2】沿用【做中学8-1】的资料：

（1）将进口料件无偿调拨给加工厂进行加工，提供委托加工合同，注明加工费为11 300元，由相关部门开具出库单，交财务部门进行核算，编制会计分录如下：

借：委托加工商品——××加工厂　　103 000

　贷：原材料——进料加工原材料（××原材料）　　103 000

（2）凭加工厂加工费发票结算加工费，编制会计分录如下：

借：委托加工商品——××加工厂　　10 000

　　应交税费——应交增值税（进料加工进项税额）　　1 300

　贷：银行存款　　11 300

（3）加工完成后入库，由工厂提供入库单交财务部门进行核算，编制会计分录如下：

借：库存商品——进料加工库存商品（××成品）　　113 000

　贷：委托加工商品——××加工厂　　113 000

第二，作价加工方式。它也称双作价方式，即双方分别作正常的购销关系处理，外销品所用进口料作为外贸企业转售给加工厂，加工后的成品则属外贸企业向加工厂收购。

出口企业以进料加工贸易方式减税进口原材料、零部件转售给其他企业加工时，应先填具“进料加工贸易申报表”，报经主管出口退税的税务机关同意签章后再将此申报表报送主管征税的税务机关，并据此开具增值税专用发票，按规定税率计算注明销售料件的税额，主管出口企业征税的税务机关对这部分销售料件的销售发票上所注明的应纳税额不计征入库，而由主管退税的税务机关在出口企业办理出口退税时在退税额中扣抵。

外贸企业采取作价加工方式从事进料加工复出口业务，未按规定办理《进料加工免税证明》的相应复出口产品，外贸企业不得申请办理退（免）税。

通过上述规定可以看出，进料加工采取作价方式，作价销售给加工企业开具增值税专用发票，外贸企业到退税部门凭“进料加工贸易申请表”办理免税，货物复出口后，退税部门对已办理免税部分进行扣除。实际上，采用作价方式出口退税的仍是加工费那部分的税款。

【做中学8-3】沿用【做中学8-2】资料，将进口的原料按实际进料成本作价给加工厂，提供销售合同及加工合同，开具增值税发票，并由相关部门开具出库单，一并交财务部门进行核算。

（1）进口料件作价销售后，到税务部门填具“进料加工贸易申请表”，编制会计分录如下：

借：应收账款——应收国内账款（××加工厂）　　116 390
　贷：其他业务收入——进料加工销售收入（××原材料）　　103 000
　　　应交税费——应交增值税（进料作价销项税额）　　13 390

（2）结转成本的核算，编制会计分录如下：

借：其他业务成本——进料加工销售成本（××原材料）　　103 000
　贷：原材料——进料加工原材料（××原材料）　　103 000

（3）按价税合计127 690元从该加工厂收回成品，取得入库单及加工厂的增值税发票，编制会计分录如下：

借：库存商品——进料加工库存商品（××成品）　　113 000
　　应交税费——应交增值税（进料作价进项税额）　　14 690
　贷：应收账款——应收国内账款（××加工厂）　　127 690

（4）成品复出口销售的核算，计算销售收入并核算成本，销售收入为120 000元，编制会计分录如下：

借：主营业务成本——进料加工出口销售成本（××成品）　　113 000
　贷：库存商品——进料加工库存商品（××成品）　　113 000
借：应收账款——应收外汇账款　　120 000
　贷：主营业务收入——进料加工出口销售收入（××成品）　　120 000

3.作价加工方式下进料加工复出口业务的会计处理

【做中学8-4】大连外贸企业向外商A进口原料30 000千克，价值300 000美元，将其作价转给W工厂安排加工。原料作价人民币3 000 000元，并按消耗定额计算应交成品10 000件，每件按410元人民币收购。外贸企业同时与外商B谈妥，以每件70美元的价格全部出口，汇率为USD1=CNY6.3000，近期无波动。假设无对口合同，免征85%的进口税金，关税税率为20%，增值税税率为13%，退税率为9%。

1.计算有关进口税金，并编制会计分录如下：

进口关税税额=关税的完税价格×关税税率×（1−免征率）

=300 000×6.3000×20%×（1−85%）

=56 700（元）

进口增值税税额=300 000×6.3000×（1+20%）×13%×（1−85%）=44 226（元）

（1）借：在途物资——进料加工（USD300 000×6.3000）　1 890 000

　　贷：应付外汇账款——外商A（USD300 000×6.3000）　1 890 000

（2）借：在途物资——进料加工　56 700

　　贷：应交税费——应交进口关税　56 700

（3）借：应交税费——应交进口关税　56 700

　　——应交增值税（进项税额）　44 226

　　贷：银行存款　100 926

（4）借：原材料——进料加工（1 890 000+56 700）　1 946 700

　　贷：在途物资——进料加工（1 890 000+56 700）　1 946 700

2.作价3 000 000元拨给W工厂，凭出库单及加工厂回单，编制会计分录如下：

（1）借：应收账款——W工厂　3 390 000

　　贷：其他业务收入——作价加工　3 000 000

　　　　应交税费——应交增值税（销项税额）　390 000

（2）借：其他业务成本——作价加工　1 946 700

　　贷：原材料——进料加工　1 946 700

3.加工完成后收购入库，凭入库单及工厂增值税发票，编制会计分录如下：

（1）借：库存商品——进料加工　4 100 000

　　　　应交税费——应交增值税（进项税额）　533 000

　　贷：应收账款——W工厂　4 633 000

（2）借：库存商品——库存出口商品　4 100 000

　　贷：库存商品——进料加工　4 100 000

4.出口交单时，编制会计分录如下：

（1）借：应收外汇账款——外商B（USD70×10 000×6.3000）　4 410 000

　　贷：出口商品销售收入（USD70×10 000×6.3000）　4 410 000

（2）借：出口商品销售成本　4 100 000

　　贷：库存商品——库存出口商品　4 100 000

5.审办出口退税，并编制会计分录如下：

进料加工业务可退回的增值税包括两项：一是进口环节缴纳的增值税；二是作价加

工环节缴纳的增值税。现分别计算如下：

（1）进口环节缴纳增值税的退税额与转出额：

出口退税额=关税的完税价格×（1+关税税率）×（1-免征率）×退税率

=300 000×6.3000×（1+20%）×（1-85%）×9%=30 618（元）

或 =实征增值税税额÷征税率×退税率=44 226÷13%×9%=30 618（元）

转出进项税额=实征增值税税额-出口退税额=44 226-30 618=13 608（元）

（2）作价加工环节缴纳增值税的退税额与转出额：

出口退税额=作价加工环节实际支付增值税税额÷征收率×退税率

=（进项税额-销项税额）÷征收率×退税率

=（533 000-390 000）÷13%×9%=99 000（元）

或 =收购价与拨付价差额×退税率=（4 100 000-3 000 000）×9%=99 000（元）

转出进项税额=作价加工环节支付增值税税额-出口退税额

=（533 000-390 000）-99 000=44 000（元）

（3）根据出口退税额与转出进项税额计算结果，编制会计分录如下：

出口退税额=30 618+99 000=129 618（元）

转出进项税额=13 608+44 000=57 608（元）

借：出口商品销售成本 57 608

　　贷：应交税费——应交增值税（进项税额转出） 57 608

借：应收出口退税款 129 618

　　贷：应交税费——应交增值税（出口退税） 129 618

任务三 来料加工贸易会计核算

一、来料加工的概念

来料加工是由境外委托方提供一定的原料、元器件、零部件，不需付汇进口，由加工企业根据外商的要求进行加工装配，成品交外商销售，由加工企业收取加工费的业务。来料加工贸易，海关对进口材料全额免税，货物出口免征增值税、消费税，出口货物耗用国内材料支付的进项税金不得抵扣，应计入成本。

二、来料加工与进料加工的联系与区别

来料加工与进料加工都是利用国内的技术设备和劳动力，对国外提供的原材料、零部件加工装配成成品，再运到国外市场销售，均属于“两头在外”的加工贸易方式，受政府鼓励，享受政策优惠。

来料加工与进料加工的区别如下：

（1）来料加工是对方来料，我方按其规定的花色品种、数量进行加工，我方向对方收取约定的加工费用；进料加工是我方自营的业务，自行进料，自定品种花色，自行加工，自负盈亏，进口对象与出口对象无直接关系。

（2）进料加工的进是一笔买卖，加工再出口又是一笔买卖，在进出口合同上没有联系；来料加工的原料进口和成品出口往往是一笔买卖，或是两笔相关的买卖，原料的供应方往往是成品承受人。

（3）来料加工的双方一般是委托加工关系，部分来料加工虽然包括我方的一部分原料，在不同程度上存在买卖关系，但一般我方为了保证产品的及时出口，都订有对方承购这些产品的协议；进料加工再出口，从贸易对象来讲，没有必然的联系，进归进，出归出，我方和对方都是商品买卖关系，不是加工关系。

（4）来料加工加工产品取得的收入体现在加工完成时的加工费，一般通过“其他业务收入”科目核算，也可记入“主营业务收入”账户；进料加工购入原材料加工成品的利润体现在销售时“主营业务收入”和“主营业务成本”账户的差额。

（5）来料加工的进口料件由外商提供，国内企业既不需要付汇进口，也不需要用加工费偿还，对加工增值部分实行免税，采用的国产料件进项税金转入成本；进料加工的进口料件由经营企业付汇进口，对加工增值及采用的国产料件实行“出口退税”或“免、抵、退”政策。

三、工缴费标准的确定

合理的工缴费标准不能以国内加工水平来确定，而应以国际上同行业或相似行业的加工水平来确定。从事加工装配业务的生产企业，还应按照国内加工水平核算加工产品的成本，并与工缴费比较，以确定项目的可行性。加工装配生产企业不仅要考虑外汇收入，还要注意成本核算，计算人民币是否亏损。

来料加工贸易在由外商提供全部原材料和零部件的情况下，计算工缴费时，要包括工人和管理人员的工资、生产费用、折旧费、管理费、手续费、税金；如果使用我方商标，还要包括商标费；如果为加工装配业务成立新企业，还要包括企业注册登记费。如果在外商提供部分原材料和零部件的情况下，我方补充的原材料和零部件的费用应包括在工缴费之内。研究来料加工是否可行时，一般要计算以下两个指标：

（1）工缴费盈亏率。它是工缴费外汇增值额占收取的工缴费的百分比。其计算公式为：

工缴费盈亏额=外汇增值额-工缴费

工缴费盈亏率=工缴费盈亏额÷工缴费×100%

（2）工缴费换汇率。其计算公式为：

工缴费换汇率=工缴费（人民币）÷外汇增值额（美元）×100%

四、来料加工的会计处理

来料加工贸易包括来料加工装配贸易和各作各价对口合同贸易。

（1）来料加工装配贸易。来料加工和来料装配统称为对外加工装配业务。来料加工装配贸易是指由外商免费提供全部或部分原料、辅料、零配件、元器件、配套件和包装物料（简称料件），委托我方加工单位按外商的要求进行加工装配，成品交外商销售，我方按合同规定收取工缴费的一种贸易方式。

（2）各作各价对口合同贸易。各作各价对口合同贸易是指我方与同一外方同时签订进口和出口合同，由外方提供全部或部分原料，我方按外方要求进行加工，加工成品的进口原辅料和出口成品各作各价，我方收取成品的出口值与外方来料进口值之间的差价。这种贸易所进口的原辅料不动用外汇，也不对开信用证。对开信用证的对口合同贸易按进料加工贸易统计。

按照对外签订合同和应承担的任务不同，来料加工有自营业务和代理业务两种形式。

（1）自营业务是指由外贸公司独自对外签订合同，外贸公司承担加工补偿任务，然后再组织工厂进行生产。外贸公司作自营核算，向外商收取加工费或者以生产的产成品偿还引进设备的价款。

（2）代理业务是指由工厂企业对外签订合同，工厂企业直接承担生产任务。外贸公司只作代理核算，代理进口料件，代理出口结汇，收取一定的外汇手续费，加工补偿业务中发生的一切国内外费用全都由工厂承担。

无论是自营还是代理，有进出口权的外贸企业应分别通过“作价”和“不作价”核算外商提供的原材料、设备。加工装配业务由外商提供的原材料、零部件、元器件及必要时提供的某些设备等，一般均不作价进口。补偿贸易引进的技术设备，原则上均应作价。

五、加工装配贸易方式的核算

1.代理业务形式

外商提供一切不计价的原辅料、包装材料等，通过外贸公司交工厂企业承担加工成品任务，外贸公司和工厂同时向对方计收工缴费。在这种方式下，外贸公司不是主体，材料部分对外作价，全部在“表外”处理，出口阶段按代理方式入账。

【做中学8-5】大连某加工厂会同A外贸企业与外商签订来料加工出口合同，外商提供不计价面料360 000米，通过A外贸企业交加工厂加工服装，规定原料耗用定额为每件3米，应交成品10 000打，每打加工工缴费为30美元，A外贸企业向加工厂收取工缴费收入3%的代理手续费，A外贸企业代支付的有关费用由工厂负担，结余的面料需退回外商。

（1）A外贸企业收到外商不计价原辅材料时，应凭业务或储运部门开具的加盖“来料加工”戳记的入库单，连同外商交来的进口单证，通过备查账簿在表外作单式记账，借记“外商来料”科目核算数量。

借：外商来料——A外贸企业　　360 000米

（2）将外商来料拨给加工厂时，应凭储运及业务部门开具的加盖“来料加工”戳记的出库单，连同加工厂开具的收据，通过备查账簿在表外作单式记账，不计价，借记“拨出来料”科目核算数量，同时贷记“外商来料”科目。

借：拨出来料——××加工厂　　360 000米

贷：外商来料——A外贸企业　　360 000米

（3）加工厂交来产品时，应按合约规定的耗用原料定额验收入库，凭业务或储运部门开具的盖有“来料加工”戳记的入库单，通过备查账簿作单式记账，借记“代管物资”科目核算数量，同时贷记“拨出来料”科目。

借：代管物资——A外贸企业　　10 000打

贷：拨出来料——××加工厂　　10 000打

（4）办理对外出口托运时，应凭业务或储运部门开具的盖有“来料加工”戳记的出库单，通过备查账簿作单式记账，贷记“代管物资”科目核算数量。

贷：代管物资——A外贸企业　　10 000打

（5）收到业务或储运部门交来成品已出运的有关出口单证及向银行交单时，假设当日美元汇率买入价为USD1=CNY6.3800，根据出口发票，编制会计分录如下：

借：应收账款——应收外汇账款（A外贸企业）（USD300 000×6.3800）

1 914 000

贷：应付账款——××加工厂（USD300 000×6.3800）　　1 914 000

（6）代加工厂支付境外运费，假设凭有关单据及银行购汇水单共支付运保费20 000美元，当日美元汇率卖出价为USD1=CNY6.3700，编制会计分录如下：

借：应付账款——××加工厂（USD20 000×6.3700）　　127 400

贷：银行存款（USD20 000×6.3700）　　127 400

（7）代加工厂支付各项国内费用共计5 000元，根据有关单据，编制会计分录如下：

借：应付账款——××加工厂　　5 000

贷：银行存款　　5 000

（8）A外贸企业收到加工工缴费的外汇时，假设当日美元汇率买入价为USD1=CNY6.3700，根据银行水单，编制会计分录如下：

借：银行存款（USD300 000×6.3700）　　1 911 000

应付账款——××加工厂　　3 000

贷：应收账款——应收外汇账款（A外贸企业）（USD300 000×6.3800）　1 914 000

（9）A外贸企业收到工缴费后，逐笔与加工厂进行清算并收取手续费，扣除垫付境内、外费用和汇兑损益及手续费等后，与加工厂结算，编制会计分录如下：

1 914 000−127 400−5 000−3 000=1 778 600（元）

1 914 000×3%=57 420（元）

1 778 600−57 420=1 721 180（元）

借：应付账款——××加工厂　　1 778 600

贷：其他业务收入——加工补偿　　57 420

银行存款　　1 721 180

（10）假设加工厂结余面料10 000米，凭业务部门开具的原辅料结算单以及业务或储运部门开具的盖有“来料加工”戳记的入库单，通过备查账簿在表外作单式记账。

借：外商来料——A外贸企业　　10 000米

归还外商时：

贷：外商来料——A外贸企业　　10 000米

外贸公司和工厂均应加强对来料加工原料的核算和管理，全面掌握按合约规定定额及实际耗用原料的情况，对按合约规定履约后应归还外商的结余原料，我方一律不予收购，应先通过备查账簿作借记“外商来料”，归还外商时作贷记“外商来料”。如果合约规定结余原料归加工厂，应由加工厂自行处理，并向海关办理申报补税或核销手续，对因改善经营、提高技术节约的原料，可向海关申请免交关税。

2.自营业务形式

1）外贸企业自属加工厂承办加工生产的来料加工

外商提供一切不计价的原材料、辅料、包装材料等，由外贸企业自属加工厂加工，对外收取工缴费时：

（1）外商来料不计价，借记“外商来料”表外科目。

（2）拨料给工厂也不计价，借记“拨出来料”表外科目，贷记“外商来料”表外科目。

（3）收到加工成品并支付工厂加工费时，将加工费记入“委托加工物资”科目：

借：委托加工物资——来料加工（××成品）

　贷：银行存款

同时，按耗用定额结算拨料，借记“代管物资”表外科目，贷记“拨出来料”表外科目。

借：代管物资——来料加工（××成品）

　贷：拨出来料——××加工厂

（4）出口交单收取工缴费。

借：应收账款——应收外汇账款（××外商）

　贷：其他业务收入——来料加工（××成品）

借：其他业务成本——来料加工（××成品）

　贷：委托加工物资——来料加工（××成品）

（5）支付境外运保费。

借：其他业务收入——来料加工（××成品）

　贷：银行存款

（6）支付国内有关费用。

借：其他业务成本——来料加工（××成品）

　贷：银行存款

（7）收到货款结汇。

借：银行存款

　贷：应收账款——应收外汇账款（××外商）

2）委托加工厂加工

（1）外商来料作价，收到外商来料。

借：原材料

贷：应付账款——××外商

(2) 将来料发给加工厂。

借：委托加工物资

贷：原材料

(3) 加工厂加工完成，交来成品。

借：库存商品

贷：委托加工物资（原材料部分）

应付账款——××加工厂（加工费部分）

(4) 发运及出口交单。

借：应收账款——××外商

贷：其他业务收入

借：其他业务成本

贷：库存商品

3）作价给加工厂加工

(1) 外商来料作价，收到外商来料。

借：原材料

贷：应付账款——××外商

(2) 将来料发给加工厂。

借：应收账款——××加工厂（或银行存款）

贷：其他业务收入

借：其他业务成本

贷：原材料

(3) 加工厂加工完成，交来成品。

借：库存商品

贷：应付账款——××加工厂（或银行存款）

(4) 发运及出口交单。

借：应收账款——××外商

贷：其他业务收入

借：其他业务成本

贷：库存商品

【做中学8-6】沿用【做中学8-5】的资料，改由A外贸企业独自与外商签订合同，承担加工补偿任务，外商付给A外贸企业每打成本30美元的外汇加工费，A外贸企业自属加工厂承办生产任务，并支付加工厂每打成品180元的加工费。

(1) A外贸企业收到外商提供的不作价原辅材料以及将该原辅材料拨交工厂委托加工时，同样以表外科目“外商来料”和“拨出来料”作记录。详见【做中学8-5】的(1)和(2)。

（2）加工厂交来成品时，按合约规定的耗用原料数量作表外科目记录。详见【做中学8-5】的（3）。

（3）支付工厂加工费，编制会计分录如下：

借：其他业务成本——委托加工　　1 800 000

　贷：银行存款　　1 800 000

（4）办理对外出口托运。详见【做中学8-5】的（4）。

（5）收到业务或储运部门交来成品已出运的有关出口单证，假设当日美元买入价为USD1=CNY6.3800，编制会计分录如下：

借：应收账款——应收外汇账款（A外贸企业）（USD300 000×6.3800）

　　1 914 000

　贷：其他业务收入——委托加工（USD300 000×6.3800）　　1 914 000

（6）支付境外运保费，编制会计分录如下：

借：其他业务收入——委托加工　　127 400

　贷：银行存款　　127 400

（7）支付各项国内费用，编制会计分录如下：

借：其他业务成本——委托加工　　5 000

　贷：银行存款　　5 000

（8）A外贸企业收到加工工缴费的外汇，编制会计分录如下：

借：银行存款（USD300 000×6.3700）　　1 911 000

　　其他业务成本——委托加工　　3 000

　贷：应收账款——应收外汇账款（A外贸企业）（USD300 000×6.3800）　　1 914 000

【做中学8-7】沿用【做中学8-6】资料，改由A外贸企业采取作价加工的方式组织国内某加工厂生产，比照国内同类产品作价每米30元，并支付加工厂每打成品180元的加工费。

（1）A外贸企业收到外商提供的面料，编制会计分录如下：

借：原材料——A外贸企业　　10 800 000

　贷：应付账款——应付外汇账款（A外贸企业）　　10 800 000

（注：视同进口但不付汇，只在出口后冲减）

（2）将来料作价给加工厂，编制会计分录如下：

借：银行存款（或应收账款——××加工厂）　　10 800 000

　贷：其他业务收入——作价加工　　10 800 000

借：其他业务成本——作价加工　　10 800 000

　贷：原材料——A外贸企业　　10 800 000

（3）加工厂交来成品，编制会计分录如下：

借：库存商品——××服装（10 800 000+1 800 000）　　12 600 000

　贷：银行存款（或应付账款——××加工厂）（10 800 000+1 800 000）　　12 600 000

（4）A外贸企业将加工成品办理出口托收，编制会计分录如下：

借：发出商品——××服装　　12 600 000

　贷：库存商品——××服装　　12 600 000

（5）向银行办理出口交单，收到工缴费外汇以及支付各项费用。详见【做中学8-6】的（5）、（6）、（7）和（8）。

另外，在出口后增加一笔分录，结转付给加工厂的加工费及成本，编制会计分录如下：

借：应付账款——应付外汇账款（A外贸企业）　　10 800 000

　　其他业务成本——作价加工　　1 800 000

　贷：发出商品——××服装　　12 600 000

通过备查账簿在表外作单式记账：

　贷：代管物资——××服装　　12 600 000元

另外，对客户同时提供部分设备的，如不作价的只作账外登记，不另作会计分录；如设备作价，又符合"固定资产"条件的（假设该设备作价50 000美元），转账日美元汇率中间价为USD1=CNY6.3800，凭有关进口单证，编制会计分录如下：

借：固定资产——来料加工设备（USD50 000×6.3800）　　319 000

　贷：应付账款——应付外汇账款（××客户）（USD50 000×6.3800）　　319 000

上述固定资产拨给加工厂时，应根据对内加工合同有关设备处理的规定，区别有偿、无偿、租赁借调等不同情况，按固定资产管理的有关规定进行会计处理，如明确由外贸企业提取折旧，有关折旧费用应列入产成品成本。出口交单时，用应收加工商品复出口销售收入冲减应付设备款。

任务四　补偿贸易会计核算

一、补偿贸易的概念与核算内容

补偿贸易是指一方提供技术、设备，对方不付现汇，待工程建成投产后，以其产品或双方事先规定的其他商品偿还进口技术、设备价款的一种贸易方式。它按照出口企业形式可分为外贸企业的补偿贸易和生产企业直接的补偿贸易两种。其核算内容如下：

（1）国家现行政策规定，对外补偿贸易项目生产的出口货物，在生产环节应征收增值税、消费税，货物补偿报关出口后予以办理退税。

（2）外贸企业承担的补偿贸易是指外贸企业与外商签订补偿贸易合同，在引进技术、设备、材料后，将其作价卖给工厂，然后以收购货物的方式，再对外商进行补偿。由于外贸企业采取了收购货物出口补偿的方式，对这种补偿贸易的退税管理，可以比照外贸企业自营出口货物退税的办法办理。这种补偿贸易与自营出口业务的区别是该项目出口货物成本是在加工补偿出口销售中体现，因此，出口退税要以加工补偿出口销售账为计算依据。

（3）生产企业直接承担的补偿贸易出口退（免）税规定，生产企业直接承担的补偿贸易，虽然要由外贸企业进行出口结汇，但由于补偿盈亏和有关设备与成品进出口所发生的费用都由工厂负担。外贸企业只收取一定比例的手续费，工贸之间属于代理出口关系，应比照代理出口办法退税。因此，生产企业必须凭外贸企业提供的代理出口货物证明、外销发票、出口货物报关单（出口退税联）等有关单证申报退（免）税。

二、补偿贸易的特点

补偿贸易的特点，一般表现在以下几个方面：

（1）贸易与信贷相结合。一方进口机器设备或技术等，是在对方提供信贷的基础上进行的，这是构成补偿贸易的基本前提。信贷的提供多体现为商品的信贷，但也可以是银行信贷或其他方式借得的信贷。

（2）贸易与生产相联系。补偿贸易的双方都十分关心生产情况，出口方往往关心工程项目的进展和产品的生产情况，而进口方则关心产品在出口国家和其他市场上的销售情况。

（3）机器设备和技术的进口与产品的出口相联系。机器设备和技术的出口方必须承诺回购进口方的产品或服务，进口方多数情况下是利用进口的机器设备和技术所生产的产品来偿还出口方的货款。

（4）贸易双方是买卖关系。补偿贸易中机器设备和技术的进口方不但承担支付货款的义务，而且承担付息的责任，并对机器设备拥有完全的所有权。

三、补偿贸易的类型

1.直接产品补偿

它也称产品返销型，是最基本的补偿方式。采用这种方式出口机器设备的一方在签订出口合同时，必须承担按期购买一定数量的由其提供的机器设备生产的产品，即负有购买直接产品的义务；进口方用直接产品分期偿还合同价款。这种补偿贸易形式一般适用于直接购买机器设备和技术。

2.间接产品补偿

在此方式下，进口设备、技术的价款不用现汇支付，也不用设备、技术所生产的产品偿还，而是用双方约定的其他产品在设备投产后分期偿还。

3.产品与现汇结合补偿

在此方式下，进口方引进的设备、技术作价，一部分以直接产品或间接产品偿还，一部分可以用现汇偿付，比例在签订的合同中规定。

4.第三方补偿

这种补偿贸易形式发生在引进设备、技术的进出口双方中间存在第三者的情况下，当进口方引进的设备、技术所生产的产品不适于出口方时，可以由中间人承担返销义务，然后中间人再偿付出口方，这种业务也称为“三角补偿贸易”。

四、补偿贸易与其他贸易的区别

1.补偿贸易与一般贸易的区别

一般贸易通常以货币为支付手段；补偿贸易实质上是以商品为支付手段。一般贸易通常不以信贷为条件；补偿贸易离不开信贷，信贷往往是贸易的组成部分。一般贸易，一方为买方，另一方为卖方，交易手续简便；补偿贸易双方既是买方，又是卖方，具有双重身份，有时供货或销售的义务还可转让给第三方，交易手续比较复杂。

2.补偿贸易与易货贸易的区别

两者都是买卖双方直接进行交易，一般不发生货币的流通，货币在贸易中仅仅是计价的手段。两者的不同在于，易货贸易往往是一次性行为，与买卖过程同时发生，大致同时结束；补偿贸易一般持续时间较长，有的3～5年，有的甚至长达10年以上，每一笔交易往往包括多次的买卖活动。

五、补偿贸易的核算原则

（1）补偿贸易引进对象不同，其会计核算也不同。补偿贸易业务中引入的对象可以是机器设备，也可以是技术、材料或劳务。不同的引进对象有不同的会计核算形式，补偿贸易业务的多样化带来会计核算的复杂性。

（2）补偿贸易引进对象的偿还方式不同，其会计核算也不同。如补偿贸易引入的设备、技术、材料等作为资产处理，出口偿还的产品不管是否用引进的设备或技术生产，都作为出口销售处理。

（3）对于由工厂自行承担合同责任部分，外贸企业在会计核算上除应与来料加工同样处理外，对外商提供的设备、技术、材料等应补偿的资金，外贸企业仅负担按合同规定进行抵扣的清算责任，抵扣完的各项资产应由工厂作为自由财产，按有关规定进行会计处理。

（4）对于由外贸企业自行承担合同责任部分，外贸企业在会计核算上除外商来料应与来料加工同样处理外，对外商提供的技术应作为无形资产处理，对外商提供的设备应根据对内签订合同的具体情况进行处理。如作为企业固定资产的，应按固定资产的有关规定进行会计核算；如将外商提供的设备作为外贸企业对加工厂的投资或共同另建新厂的，应按长期股权投资的有关规定进行会计核算。

六、补偿贸易的效益分析

补偿贸易既是一种筹资形式，同时也是一种投资行为，因此，补偿贸易的效益从筹资和投资两个方面进行，通过补偿贸易的偿还期、外资收益率、人民币资金换汇率和利润率指标进行估算。

1.偿还期

它又称支付能力偿还期，简称可偿还期，是指从事补偿贸易的进口公司，每年的外汇收入在扣除成本和其他费用后，用以偿付进口技术设备贷款需要的时间期限。其计算公式为：

补偿贸易偿还期=引进外资项目总成本÷（年外汇收入-年外汇成本）

可偿还期是衡量进口公司偿付能力的重要指标，同时也是衡量补偿贸易项目经济效益的一个重要指标。一般来说，偿还期越短，表示公司偿付能力越强，项目的经济效益越高；否则，偿还期越长，公司的支付能力越弱。如果偿还期超过进口设备的服务年限，说明补偿贸易项目经济效益差。因此，进口公司在利用补偿贸易之前，应在项目的可行性研究中估算可偿还期，并以此来判断项目是否可取，对公司是否合算。如果计算的偿还期过长，则应放弃该项目或对项目重新进行审查。

2.外资收益率

它是指进口公司使用进口的技术设备在服务期内的外汇净收入，在偿付设备贷款和利息后，归公司所得部分在净收入中所占的比重。其计算公式为：

外资收益率=（年外汇纯利×服务期-外资总成本）÷（年外汇纯利×服务期）×100%

=（1-偿还期÷服务期）×100%

按国际标准，当补偿贸易的外资收益率在60%以上时，被认为对公司是合算的。

3.人民币资金换汇率

它是指在补偿贸易项目中每使用一个单位的人民币所能获得的外汇数量。其计算公式为：

人民币资金换汇率=年外汇纯利×服务期÷人民币资金投入量×100%

4.利润率

它是指补偿贸易的总投资所获得利润的多少。其计算方法是将补偿贸易的一切收入支出，均按外汇牌价折算成本国货币来计算统一的利润率。其计算公式为：

补偿贸易利润率=（总收入-总成本）÷总成本×100%

七、补偿贸易的账务处理

1.补偿贸易引入对象核算

补偿贸易引入设备和零部件时，借记“在建工程”账户，贷记“长期应付款”账户；补偿贸易引入原材料时，借记“材料采购”账户，贷记“长期应付款”账户；补偿贸易引入技术时，借记“无形资产”账户，贷记“长期应付款”账户。

2.补偿贸易引入对象进口关税核算

补偿贸易引入设备和零部件时，借记“在建工程”账户，贷记“应交税费——应交进口关税”账户；补偿贸易引入原材料时，借记“材料采购”账户，贷记“应交税费——应交进口关税”账户；补偿贸易引入技术时，借记“无形资产”账户，贷记“应交税费——应交进口关税”账户；支付时，借记“应交税费——应交进口关税”账户，贷记“银行存款”账户。

3.其他业务核算

引入设备交付使用时，借记“固定资产”账户，贷记“在建工程”账户；计提长期应付款利息时，借记“财务费用”账户，贷记“长期应付款”账户；产品实现出口销售时，借记“应付外汇账款”账户，贷记“其他业务收入”账户，同时核算成本，借记“其他业务成本”账户，贷记“库存商品”账户。

【做中学8-8】2019年12月，北华公司与德国WNV公司签订了一份补偿贸易合同并在当地海关办理了备案手续。合同规定，北华公司从德国引进一台汽车配件加工设备，设备价款为100 000欧元，设备备件价款为10 000欧元。设备投产后，以该设备生产的汽车补偿引进的设备及备件款。合同规定双方出口货物均采用FOB价计价。

2020年1月，引进的设备运抵北华公司，共发生海运费和保险费2 500欧元，发生国内清关及运费3 000元（设备备件运费和保险费等忽略）。设备当月安装调试完毕后投入使用。在安装过程中，发生国内安装材料费5 000元、安装费8 000元，材料款和安装费均以支票支付。设备和设备备件的进口关税税率均为9.7%，进口增值税税率为13%。当月欧元对人民币汇率为EUR1=CNY8.1600，采用材料按实际成本计价。

（1）根据企业进口设备及备件的发票、运费发票、入库验收单等，结转补偿贸易引进设备和设备备件的成本。编制会计分录如下：

借：在建工程——汽配加工设备　836 400
　　原材料——汽配加工设备备件　81 600
　贷：长期应付款——补偿贸易引进设备款　897 600
　　　其他应付款——货运公司　20 400

（2）根据海关进口完税凭证、运保费单据和银行付款单据，结转引进设备的关税、增值税及运保费。编制会计分录如下：

借：应交税费——应交增值税（进项税额）　128 006.74
　　　　　　——应交进口关税　87 067.20
　　其他应付款——货运公司　20 400.00
　贷：银行存款——人民币户　235 473.94

（3）根据海关的进口完税凭证等，结转补偿贸易引进设备及备件成本。

借：在建工程——汽配加工设备　79 152.00
　　原材料——汽配加工设备备件　7 915.20
　贷：应交税费——应交进口关税　87 067.20

（4）根据银行付款单据、工资表等，结转安装设备国内采购的原材料和人工费用。

借：在建工程——汽配加工设备　13 000
　贷：银行存款——人民币户　13 000

（5）根据企业设备安装完工验收单等，结转安装完毕并交付使用的固定资产。

借：固定资产——汽配加工设备　928 552
　贷：在建工程——汽配加工设备　928 552

应会考核

应知考核

□ 业务考核

【考核项目】

来料加工业务的会计核算

【背景资料】

广州新世纪进出口公司是一家商业外贸公司，为增值税一般纳税企业，以人民币为记账本位币，对外币交易采用期初即期汇率折算，当月期初即期汇率中间价为1美元=6.4000元人民币。该公司有自属奥蓝服装加工厂，2020年3月该公司根据与外商G签订的一份来料加工合同进行来料加工业务，该公司在进行该项业务过程中已经向主管出口退税的税务机关办理免税证明。

该公司本月发生以下业务：①收到外商提供不计价面料、辅料等材料1 500米，折合人民币共计410 000元；②将外商提供不计价面料、辅料等材料拨给自属加工厂加工成B型休闲服装；③该公司收到下属奥蓝服装加工厂加工完毕的B型休闲服装，并以银行存款支付加工费220 000元；④该公司将完工后的B型休闲服装报关出口，根据合同规定向外商收取该批来料加工产品加工费43 750美元，同时结转该批来料加工产品加工成本；⑤以外汇银行存款支付来料加工业务的境外运保费1 875美元；⑥接银行通知，收到外商G来料加工加工费43 750美元。

【考核要求】

根据上述背景资料，编制该公司的会计分录。

□ 项目实训

【实训项目】

代理业务的会计核算

【实训资料】

运通进出口公司为一家商业外贸公司，以人民币为记账本位币，对外币交易采用月初即期汇率折算。2020年4月接受国内新昌箱包工业公司的委托，为该公司代理出口C型箱包业务。运通进出口公司与新昌箱包工业公司所签订的代理协议规定代理手续费率为1.2%，4月1日美元即期汇率中间价为1美元=6.2100元人民币。运通进出口公司本月发生代理业务如下：

（1）收到新昌箱包工业公司发来C型箱包5 000只，经验收后入库代为保管。

（2）将C型箱包5 000只代理出口发运，财务部门收到注明代为保管该批货物的出仓单。

（3）今备齐相关出口单证向银行办理出口交单，该项代理出口外销发票列明C型箱包每只外销单价为CIF纽约112美元，代理出口货款尚未收到。

（4）该项代理出口业务中，以银行存款代垫支付该批箱包自出仓到离岸后的国内直接费用2 140元。

（5）接银行通知，该项箱包代理出口业务货款已收汇并划入运通进出口公司待核查账户。

（6）该项代理出口业务发生国外运输费7 620美元、保险费2 100美元，运通进出口公司以外汇银行存款先予支付。

（7）该项代理业务根据外销合同规定应付国外中间商佣金2.8%，运通进出口公司以外汇银行存款先予支付。

（8）今接银行通知，划入运通进出口公司待核查账户的该项代理出口收入已经结汇，当日美元即期汇率买入价为1美元=6.1980元人民币，中间价为1美元=6.2090元人民币。结汇后，扣除该项代理业务过程中已支付国外运输费、保险费、代垫国内费用、发生汇兑损益以及佣金和代理手续费后，将结汇余额划付新昌箱包工业公司。

【实训要求】

根据该公司上列各项业务，编制必要会计分录。

项目九

进出口货物纳税业务核算

知识目标

1. 理解：进出口货物纳税的计税依据和税率
2. 熟知：关税、增值税、消费税、出口退税的相关定义及有关规定
3. 掌握：不同企业、不同出口类型出口免、退税的计算方法，各项免、抵、退税额的勾稽关系，申报免、退税的手续及相应的会计处理方法

技能目标

1. 能够熟悉进出口货物应纳或应退税金运用的会计账户
2. 能够熟练进出口货物应纳或应退税金的会计处理方法

素质目标

能运用所学进出口货物纳税业务核算理论与实务知识研究相关案例，培养和提高学生在特定业务情境中分析问题与决策设计的能力；能结合“进出口货物纳税业务核算”教学内容，结合行业规范或标准，分析会计行为的善恶，强化学生的职业道德素质。

知识精讲

任务一　进出口货物纳税业务概述

一、计税依据

关税以进出口货物的价格为计税依据。进出口货物的价格应当等于进出口货物数量乘以单位完税价格。进口货物以海关审定的成交价格为基础的到岸价格作为完税价格。

实际成交价格是一般贸易进口或者出口货物的买方为购买该项货物向卖方实际支付或者应当支付的价格。到岸价格包括货价和货物运抵我国境内输入地点起卸前的包装费、运费、保险费和其他劳务费等费用。

进口货物的到岸价格经海关审查未能确定的，海关可以以下列价格为基础估定完税价格：①该项进口货物同一出口国或者地区购进的相同或者类似货物的成交价格。②该项进口货物的相同或者类似货物在国际市场上的成交价格。③该项进口货物的相同或者类似货物在国内市场上的批发价格，减去进口关税、进口环节其他税收和进口后的运输、储存、销售费用及利润后的价格。④海关用其他合理方法估定的价格。

运往境外修理的机械器具、运输工具和其他货物，出境时已经向海关报明并在海关规定的期限之内复运进境的，应当以海关审定的修理费和料件费作为完税价格。

运往境外加工的货物，出境时已经向海关报明并在海关规定的期限之内复运进境的，应当以加工后的货物进境时的到岸价格与原出境货物或者相同、类似货物在进境时的到岸价格之间的差额作为完税价格。

以租赁（包括租借）方式进口的货物，应当以海关审定的货物租金作为完税价格。

经批准减税、免税进口的货物，在转让或者出售需要补税时，可以按照该货物原进口时的完税价格纳税。

进口货物的完税价格，应当包括为了在境内制造、使用、出版或者发行的目的而向境外支付的与该进口货物有关的专利、商标、著作权以及专有技术、计算机软件和资料等费用。

出口货物应当以海关审定的货物离岸价格扣除关税后作为完税价格。其计算公式为：

出口货物完税价格=离岸价格÷（1+出口关税税率）

离岸价格应当按照应税出口货物运离出境前最后一个口岸的离岸价格计算。如果该货物是从内地起运的，则将该货物从内地运至出境口岸所支付的运输费用可以扣除。当离岸价格不能确定时，完税价格由海关估定。

进出口货物的到岸价格、离岸价格或者租金、修理费、料件费等以外国货币计价的，应当按照海关填发税款缴纳证之日的汇价折合成人民币，然后计算纳税。

进出口货物的收发货人或者他们的代理人，应当如实向海关申报进出口货物的成交价格。如果申报的成交价格明显低于或者高于相同或者类似货物的成交价格，海关可以根据相同或者类似货物的成交价格、国际市场价格、国内市场价格或者其他合理的方法估定完税价格。

进出口货物的收发货人或者他们的代理人，在向海关递交进出口货物报关单时，应当交验载明货物真实价格、运费、保险费和其他费用的发票、包装清单和其他有关单证（必要时，海关还可以检查买卖双方的有关合同、账册、单据和文件，或者作其他调查）；否则，应当按照海关估定的完税价格纳税，事后补交单证的，税款也不作调整。

二、税率

1.税率的种类

进口关税的税率分为普通税率和优惠税率两种。原产于与我国未订有关税互惠协议的国家或者地区的进口货物，按照普通税率纳税（经国务院关税税则委员会特别批准者除外）；原产于与我国订有关税互惠协议的国家或者地区的进口货物，按照优惠税率纳税。进出口货物应当按照《中华人民共和国海关进出口税则》（以下简称《海关进出口税则》规定的分类原则归入合适的税号，并按照适用的税率纳税。

根据我国《中华人民共和国进出口关税条例》（以下简称《进出口关税条例》）的规定，国务院关税税则委员会可以根据国家对外经济贸易政策的需要制定关税暂定税率，即在《海关进出口税则》规定的进口优惠税率和出口税率的基础上，对某些进口货物（但只限于从与我国订有关税互惠协议的国家和地区进口的货物）和出口货物实施的更为优惠的关税税率。这种税率一般按照年度制定，并且随时可以根据需要恢复按照法定税率征税。

2.税率的适用

进出口货物应当按照收发货人或者他们的代理人申报进口或者出口之日实施的税率纳税。进口货物到达之前，经海关核准先行申报的，应当按照装载此项货物的运输工具申报进境之日实施的税率纳税。进出口货物的补税和退税，应当按照该货物原申报进口或者出口之日所实施的税率办理，但是下列情况除外：

第一，经过批准减税、免税的进口货物，后来由于情况变化，经海关批准转让或者出售需要补税的，应当按照该货物进口之日实施的税率纳税。

第二，加工贸易进口料件等属于保税性质的进口货物，如果经批准转为内销，应当按照向海关申报转为内销当日实施的税率纳税；未经批准擅自转为内销的，应当按照海关查获日期实施的税率纳税。

第三，暂时进口货物转为正式进口货物需要补税时，应当按照该货物转为正式进口之日实施的税率纳税。

第四，分期支付租金的租赁进口货物分期纳税时，应当按照该货物进口之日实施的税率纳税。

第五，经批准缓税进口的货物以后纳税时，不论是一次缴清还是分期缴清，都应当按照该货物进口之日实施的税率纳税。

第六，查获的走私进口货物需要补税时，应当按照查获日期实施的税率纳税。

第七，由于税则归类的改变、完税价格的审定或者其他工作差错而需要补税的，应当按照原征税日期实施的税率纳税。

任务二　关税核算

一、关税

1.关税的概念

关税是由海关代表国家，按照国家制定的关税政策和公布实施的税法及进出口税则，对进出关境的货物和物品征收的一种流转税。

2.关税的因素

（1）关税征税主体。它也称关税征收主体，根据《中华人民共和国海关法》的规定，行使征收关税职能的国家机关是中华人民共和国海关，征收关税是海关的一项主要任务。未经法律的授权，其他任何单位和个人均无权征收关税。

（2）关税征收对象。它也称关税征收客体，法律规定进出一国关境的货物或物品是征收关税的标的物，它是区别关税和其他税种的重要标志。

（3）关税纳税义务人。它也称关税纳税人或关税纳税主体，是指依法负有直接向国家缴纳关税义务的法人或自然人。我国关税的纳税义务人是进口货物的收货人、出口货物的发货人、进出境物品的所有人。

以下情形相关责任人应承担缴纳税款责任：

第一，报关企业接受纳税义务人的委托，以纳税义务人的名义办理报关纳税手续，因报关企业违反规定而造成海关少征、漏征税款的，报关企业对少征或漏征税款、滞纳金与纳税义务人承担纳税连带责任。

第二，报关企业接受纳税义务人的委托，以报关企业的名义办理报关纳税手续的，报关企业与纳税义务人承担纳税的连带责任。

第三，除不可抗力外，在保管海关监管货物期间，海关监管货物损毁或者灭失的，对海关监管货物负有保管义务的人应当承担相应的纳税责任。

第四，欠税的纳税义务人，有合并、分立情形的，在合并、分立之前，应当向海关报告，依法缴清税款。纳税义务人合并时未缴清税款的，由合并后的法人或者其他组织继续履行未履行的纳税义务；纳税义务人分立时未缴清税款的，由分立后的法人或者其他组织对未履行的纳税义务承担连带责任。

第五，纳税义务人在减免税货物、保税货物监管期间，有合并、分立或者其他资产重组情形的，应当向海关报告。按照规定需要缴税的，应当依法缴清税款；按照规定可以继续享受减免税、保税待遇的，应当到海关办理变更纳税义务人的手续。

第六，纳税义务人在减免税货物、保税货物监管期间，有撤销、解散、破产或者其他依法终止经营情形的，应当在清算前向海关报关。海关应当依法对纳税义务人的应缴税款予以清缴。

3.关税的分类

1）按照货物的流向，可分为进口关税、出口关税

（1）进口关税。它是指一国海关以进境货物和物品为课税对象所征收的关税。在国际贸易中，它一直被各国公认是一种重要的经济保护手段。

（2）出口关税。它是指海关以出境货物、物品为课税对象所征收的关税。征收出口关税的主要目的是限制和调控某些商品的过度、无序出口，特别是防止本国一些重要自然资源和原材料的无序出口。为鼓励出口，世界各国一般不征收出口税或仅对少数商品征收出口税。

2）按照计征标准或计税方法，可分为从价税、从量税、复合税、滑准税

（1）从价税。它是以进口货物的完税价格作为计税依据，以应征税额占货物完税价

格的百分比作为税率，货物进口时，以此税率和实际进口货物完税价格来计算应征税额。这种计税方法的优点是能合理分担税负，做到质优价高税高、质劣价低税低；缺点是计征关税的手续较为繁杂。目前，我国关税的计征方法主要是采用从价税的计征方法。

（2）从量税。它是以进口商品的数量、重量、体积、容积等计量单位为计税基准的一种计征关税的方法。计税时以货物的计量单位乘以每单位应纳税金额来计算应纳关税税额。这种计税方法的优点是计征方法简便，每一种进口商品的单位应税额固定；缺点是由于应税额固定，物价涨落时税额不能相应变化，关税的调控作用相对减弱。我国目前对冻鸡、啤酒、石油原油和感光胶卷等征收从量税。

（3）复合税。它是对某种进口商品混合使用从价税和从量税的一种计征关税的方法。复合税的计征方法具有较大的灵活性，对某种商品可以同时征收一定数额的从价税和从量税，或对低于某一价格进口的商品只按从价税计征关税，高于这一价格，则混合使用从价税和从量税等。复合税具有既可发挥从量税抑制低价进口商品的特点，又可发挥从价税税负合理、稳定的特点。我国目前采用复合税的货物有录像机、放像机、摄像机、非家用型摄录一体机、部分数字照相机等。

（4）滑准税。它是一种关税税率随进口商品价格由高至低而由低至高设置计征关税的方法。某一种商品的进口价格越高，其进口关税税率就越低；反之，则相反。采用滑准税计征方法纳税的商品，能保持其国内价格的相对稳定，使其不受国际市场价格波动的影响。我国目前对关税配额外进口一定数量的棉花（税号：5201.0000）实行滑准关税。

3）按照是否施惠，可分为普通关税、优惠关税

（1）普通关税。它又称一般关税，是指对与本国没有签署贸易或经济互惠等友好协定的国家或地区原产地货物征收的非优惠关税。目前我国对少数与我国没有外交关系且不属于世界贸易组织成员的国家或地区进口货物适用普通关税。对无法判明原产地的货物，适用普通关税。

（2）优惠关税。它是指对来自特定国家或地区的进口货物在关税方面给予优惠待遇，按照比普通关税税率低的税率征收关税。优惠关税一般有最惠国待遇关税、协定优惠关税、特定优惠关税、普通优惠关税四种。

4）按照是否根据税则征税，可分为正税和附加税

（1）正税。它是指按照《海关进出口税则》中规定的进口税率征收的关税。正税具有规范性、相对稳定性的特点。

（2）附加税。它是指国家由于特定需要，对货物除征收关税正税之外另行征收的关税。进口附加税一般具有临时性，包括反倾销税、反补贴税、保障措施关税、报复性关税等。只有符合反倾销、反补贴条例规定的反倾销税、反补贴税才可以征收。

二、关税的计算

1.进口关税税款的计算

1）从价关税

（1）计算公式。

进口关税税额=完税价格①×法定进口关税税率

（2）计算程序。其包括：①按照归类原则确定税则归类，将应税货物归入恰当的税目税号；②根据原产地规则，确定应税货物所适用的税率；③根据完税价格审定办法和规定，确定应税货物的完税价格；④根据汇率使用原则，将外币折算成人民币；⑤按照计算公式正确计算应征税款。

（3）计算实例。

【做中学9-1】厦门进出口汽车有限公司从日本购进丰田皇冠轿车10辆，共计成交价格为FOB大阪120 000美元，实际支付运费5 000美元、保险费800美元。已知汽车的规格为4座位，汽缸容量2 000cc，外币折算率为1美元=6.1197元人民币。确定税则归类，汽缸容量2 000cc的小轿车归入税目税号8703.2314，原产国日本适用最惠国税率43.8%。要求计算进口关税。

审定完税价格为125 800美元（120 000+5 000+800），将外币价格折算成人民币为769 858.26元（125 800×6.1197）。

正常征收的进口关税税额=完税价格×法定进口关税税率

=769 858.26×43.8%

=337 197.92（元）

2）从量关税

（1）计算公式。

进口关税税额=商品进口数量×从量关税税额

（2）计算程序。其包括：①按照归类原则确定税则归类，将应税货物归入恰当的税目税号；②根据原产地规则，确定应税货物所适用的税率；③确定其实际进口量；④根据完税价格审定办法、规定，确定应税货物的完税价格（计征增值税需要）；⑤根据汇率使用原则，将外币折算成人民币；⑥按照计算公式正确计算应征税款。

（3）计算实例。

【做中学9-2】柯达（厦门）有限公司从我国香港购进柯达彩色胶卷50 400卷（规格135/36），成交价格为每卷CIF境内某口岸10元港币，已知外币折算率为1港币=0.8200元人民币。确定税则归类，彩色胶卷归入税目税号3702.5410，原产地香港适用最惠国税率155元/平方米。要求计算进口关税。

确定其实际进口量为2 910.6平方米（50 400×0.05775），以规定单位换算表折算，

① 海关确定进口货物完税价格有六种估价方法：成交价格方法、相同货物成交价格方法、类似货物成交价格方法、倒扣价格方法、计算价格方法和合理方法。这六种估价方法必须依次使用，即只有在不能使用前一种估价方法的情况下，才可以顺延使用其他估价方法。如果进口货物收货人提出要求并提供相关资料，经海关同意，可以颠倒倒扣价格方法和计算价格方法的适用次序。

规格“135/36”彩色胶卷0.05775平方米/卷)，将外币总价格折算成人民币为413 280元(50 400×10×0.8200，计征增值税需要)。

进口关税税额=商品进口数量×从量关税税率

=2 910.6×155

=451 143（元）

3）复合关税

（1）计算公式。

进口关税税额=商品进口数量×从量关税税额+完税价格×关税税率

（2）计算程序。其包括：①按照归类原则确定税则归类，将应税货物归入恰当的税目税号；②根据原产地规则，确定应税货物所适用的税率；③确定其实际进口量；④根据完税价格审定办法、规定，确定应税货物的完税价格；⑤根据汇率使用原则，将外币折算成人民币；⑥按照计算公式正确计算应征税款。

（3）计算实例。

【做中学9-3】上海某公司从日本购进电视摄像机20台，其中有10台成交价格为每台CIF境内某口岸5 000美元，其余10台成交价格为每台CIF境内某口岸10 000美元，已知外币折算率为1美元=6.1197元人民币。确定税则归类，该批摄像机归入税目税号8525.3099，原产国日本适用最惠国税率，其中每台CIF境内某口岸5 000美元的关税税率为单一从价税35%，每台CIF境内某口岸10 000美元的关税税率为13 280元人民币再加3%的从价关税。要求计算进口关税。

审定后完税价格分别为50 000美元和100 000美元，将外币价格折算成人民币分别为305 985元和611 970元。

从价进口关税税额=完税价格×法定进口关税税率

=305 985×35%=107 094.75（元）

复合进口关税税额=商品进口数量×从量关税税率+完税价格×关税税率

=10×13 280+611 970×3%

=132 800+183 59.10=151 159.10（元）

合计进口关税税额=从价进口关税税额+复合进口关税税额

=107 094.75+151 159.10=258 253.85（元）

2.出口关税税款的计算

（1）计算公式。

出口关税税额=出口货物完税价格①×出口关税税率

出口关税税额=离岸价格÷（1+出口关税税率）×出口关税税率

=FOB（中国境内口岸）÷（1+出口关税税率）×出口关税税率

（2）计算程序。其包括：①按照归类原则确定税则归类，将应税货物归入恰当的税目税号；②根据完税价格审定办法、规定，确定应税货物的完税价格；③根据汇率使用原则，将外币折算成人民币；④按照计算公式正确计算应征税款。

---

① 我国《进出口关税条例》对出口货物完税价格的审定原则是：出口货物的完税价格由海关以该货物向境外销售的成交价格为基础审查确定，并应包括货物运至中华人民共和国境内输出地点装载前的运输及其相关费用、保险费，但其中包含的出口关税税额，应当扣除。

（3）计算实例。

【做中学9-4】国内某企业将一批合金生铁从广州出口到新加坡，申报出口量86吨，成交价格为每吨FOB广州98美元，已知外汇折算率为1美元=6.1197元人民币。确定税则归类，该批合金生铁归入税目税号7201.5000，税率为20%。要求计算出口关税。

审定离岸价格为8 428美元，将外币价格折算成人民币为515 76.83元。

出口关税税额=离岸价格÷（1+出口关税税率）×出口关税税率

=51 576.83÷（1+20%）×20%=8 596.14（元）

三、关税的核算

有进出口经营权的商品流通企业（包括商业、粮食、外贸、物资供销、医药商业、供销合作社等），按其经营方式的不同，其进出口业务可以分为自营和代理两大类。不同经营方式下的进出口业务，有关关税核算的方法和内容也不一样。

1. 自营进出口业务关税的核算

商品流通企业自营进口业务所计缴的关税，以CIF价格作为完税价格，在会计核算上，通过设置“应交税费——应交进口关税”和“商品采购”账户加以反映。应缴纳的进口关税，借记“商品采购”账户，贷记“应交税费——应交进口关税”账户；实际缴纳时，借记“应交税费——应交进口关税”账户，贷记“银行存款”账户。也可不通过“应交税费——应交进口关税”账户，而直接借记“商品采购”账户，贷记“银行存款”“应付账款”等账户（出口业务会计处理与此相同）。

商品流通企业自营出口业务所计缴的关税，以FOB价格作为完税价格。在会计核算上，通过设置“应交税费——应交出口关税”和“税金及附加”账户加以反映。应缴纳的出口关税，借记“税金及附加”账户，贷记“应交税费——应交出口关税”账户；实际缴纳时，借记“应交税费——应交出口关税”账户，贷记“银行存款”账户。

【做中学9-5】大连某外贸企业从国外自营进口商品一批，CIF价格折合人民币为100万元，进口关税税率为43.8%，代征增值税税率为13%，消费税税率为8%。根据海关开出的专用缴款书，以银行转账支票付讫税款。

（1）计算应缴纳的各项税额：

进口关税税额=1 000 000×43.8%=438 000（元）

进口消费税税额=（1 000 000+438 000）÷（1-8%）×8%=125 043（元）

进口增值税税额=（1 000 000+438 000+125 043）×13%=203 196（元）

（2）根据计算结果归集成本，编制会计分录如下：

借：商品采购　　1 000 000

　贷：应付账款　　1 000 000

借：商品采购　　563 043

　贷：应交税费——应交进口关税　　438 000

　　　　　　——应交消费税　　125 043

（3）上缴税费时，编制会计分录如下：

借：应交税费——应交增值税（进项税额）　　203 196

　　　　　　——应交进口关税　　438 000

　　　　　　——应交消费税　　125 043

　贷：银行存款　　766 239

（4）商品验收入库时，编制会计分录如下：

借：库存商品　　1 563 043

　贷：商品采购　　1 563 043

【做中学9-6】大连某进出口公司自营出口商品一批，我国口岸FOB价格折合人民币为800 000元，出口关税税率为20%。根据海关开出的专用缴款书，以银行转账支票付讫税款。

出口关税税额=800 000÷（1+20%）×20%=133 333（元）

编制会计分录如下：

借：应收账款　　800 000

　贷：主营业务收入　　800 000

借：税金及附加　　133 333

　贷：应交税费——应交出口关税　　133 333

实际缴纳关税时：

借：应交税费——应交出口关税　　133 333

　贷：银行存款　　133 333

2.代理进出口业务关税的核算

代理进出口业务，对受托方来说，一般不垫付货款，大多以收取手续费形式为委托方提供代理服务。因此，由于进出口而计缴的关税均由委托单位负担，受托单位即使向海关缴纳了关税，也只是代垫或代付，日后仍要从委托方收回。

代理进出口业务所计缴的关税，在会计核算上，通过设置“应交税费”账户来反映，其对应账户有“应付账款”“应收账款”“银行存款”等。

【做中学9-7】大连A单位委托某进出口公司进口商品一批，银行转来预付账款600 000元。该批进口商品我国口岸CIF价格为70 000美元，进口关税税率为10%，当日外汇牌价为USD1=CNY6.3500，代理手续费按CIF价格的2%收取。现该批商品已运达，向委托单位办理结算。

（1）计算应缴纳的税额：

进口人民币货价=70 000×6.3500=444 500（元）

进口关税税额=444 500×10%=44 450（元）

代理手续费=444 500×2%=8 890（元）

（2）收到委托单位划来预付款项时，编制会计分录如下：

借：银行存款　　600 000

　贷：预收账款——A单位　　600 000

（3）对外承付进口货物款项时，编制会计分录如下：

借：预收账款——A单位　444 500

　贷：银行存款　444 500

（4）进口关税结算与缴纳时，编制会计分录如下：

借：预收账款——A单位　44 450

　贷：应交税费——应交进口关税　44 450

借：应交税费——应交进口关税　44 450

　贷：银行存款　44 450

（5）将进口商品交付委托单位并收取手续费时，编制会计分录如下：

借：预收账款——A单位　8 890

　贷：其他业务收入——手续费　8 890

（6）将委托单位剩余的进口货款退回时，编制会计分录如下：

借：预收账款——A单位　102 160

　贷：银行存款　102 160

【做中学9-8】大连某进出口公司代理国内B工厂出口一批商品，我国口岸FOB价格为50 000美元，出口关税税率为20%，手续费率为3%，当日外汇牌价为USD1=CNY6.3500。

（1）计算应缴纳的税额：

出口人民币货价=50 000×6.3500=317 500（元）

出口关税税额=317 500÷（1+20%）×20%=52 917（元）

代理手续费=317 500×3%=9 525（元）

（2）出口结汇时，编制会计分录如下：

借：应收账款——应收外汇账款　317 500

　贷：应付账款——B工厂　317 500

（3）收到货款时，编制会计分录如下：

借：银行存款　317 500

　贷：应收账款——应收外汇账款　317 500

（4）缴纳出口关税时，编制会计分录如下：

借：应付账款——B工厂　52 917

　贷：银行存款　52 917

（5）扣收手续费并将余款退给B工厂时，编制会计分录如下：

借：应付账款——B工厂　264 583

　贷：其他业务收入——手续费　9 525

　　　银行存款　255 058

四、关税的缴纳及退补

1.关税的缴纳

进出口货物的收发货人及其代理人，应当在海关填发税款缴纳凭证之日起15日内（法定公休日顺延），向指定银行缴纳税款。到期不缴纳的，除依法追缴外，由海关自到期次日起至缴清税款日止，按日加收欠缴税款额滞纳金。缴纳关税时，需填“海关进（出）口关税专用缴款书”（见表9-1），并携带有关单证。

表9-1　海关进（出）口关税专用缴款书

收入系统：海关系统　　　填发日期：　年　月　日

<table>
<tr><td rowspan="3">收款单位</td><td colspan="2">收入机关</td><td colspan="2">中央金库</td><td rowspan="3">缴款单位（人）</td><td>名称</td><td></td></tr>
<tr><td>科目</td><td></td><td>预算级次</td><td></td><td>账号</td><td></td></tr>
<tr><td colspan="2">收款国库</td><td colspan="2"></td><td>开户银行</td><td></td></tr>
<tr><td>税号</td><td colspan="2">货物名称</td><td>数量</td><td>单位</td><td>完税价格（¥）</td><td>税率（%）</td><td>税款金额（¥）</td></tr>
<tr><td></td><td colspan="2"></td><td></td><td></td><td></td><td></td><td></td></tr>
<tr><td></td><td colspan="2"></td><td></td><td></td><td></td><td></td><td></td></tr>
<tr><td></td><td colspan="2"></td><td></td><td></td><td></td><td></td><td></td></tr>
<tr><td colspan="6">金额人民币（大写）　万　仟　佰　拾　元　角　分</td><td>合计（¥）</td><td></td></tr>
<tr><td>申请单位编号</td><td colspan="2"></td><td colspan="2">报关单编号</td><td></td><td rowspan="5">填制单位
制单人
复核人
单证专用章</td><td rowspan="5">收款国库（银行）</td></tr>
<tr><td>合同（批文）</td><td colspan="2"></td><td colspan="2">运输工具（号）</td><td></td></tr>
<tr><td>缴款期限</td><td colspan="2"></td><td colspan="2">提/装货号</td><td></td></tr>
<tr><td rowspan="2">注</td><td colspan="5">一般征税</td></tr>
<tr><td colspan="5">国际代码</td></tr>
</table>

注：从填发缴款书之日起限15日内缴纳（法定节假日顺延），预期按日加征税款总额1‰的滞纳金。

2.关税的退税

第一，已缴纳进口关税和进口环节税款的进口货物，因品质或者规格原因原状退货复运出境的。

第二，已缴纳出口关税的出口货物，因品质或者规格原因原状退货复运进境的，并已重新缴纳因出口而退还的国内环节有关税收的。

第三，已缴纳出口关税的货物，因故未装运出口已退关的。

第四，已征税放行的散装进出口货物发生短卸、短装，如果该货物的发货人、承运人或者保险公司已对短卸、短装部分退还或者赔偿相应货款的，纳税义务人可以向海关申请退还进口或者出口短卸、短装部分的相应税款。

第五，进出口货物因残损、品质不良、规格不符的原因，由进出口货物的收发货人、承运人或者保险公司赔偿相应货款的，纳税义务人可以向海关申请退还赔偿货款部分的相应税款。

第六，因海关误征，致使纳税义务人多缴税款的。

任务三　增值税、消费税核算

进口货物、物品海关放行后，进入国内流通领域，与国内货物同等对待，应征国内税。目前，由海关环节征收的国内税（即进口环节海关代征税）有增值税、消费税两种。

一、增值税

1.增值税的概念

增值税是对在中华人民共和国境内销售货物或者加工、修理修配劳务（以下简称劳务），销售服务、无形资产、不动产以及进口货物的单位和个人就其实现的增值额征收的一个税种。关键是对“增值额”的理解，它是指企业和个人在生产经营过程中新创造的那部分价值，一般可以从以下四个方面来理解：①就某企业而言，增值额=销售额-购入商品金额或增值额=销售额-劳务金额；②就某一产品而言，增值额=$\sum$各环节增值额=产品最终售价；③从理论上讲，增值额相当于商品价值C+V+M扣除物化劳动转移价值C后余下的部分，即V+M；④从实际应用来看，增值额是指生产经营收入扣除税法规定的扣除项目金额后的金额，即增值额=销售额-法定扣除项目金额。

增值税以全部流转额为计税销售额，税负具有转嫁性，实行比例税率。按全部销售额计算税款，但只对货物或劳务价值中新增价值部分征税；实行税款抵扣制度，对以前环节已纳税款予以抵扣；税款随着货物的销售逐个环节转移，最终消费者是全部税款的承担者。

2.增值税的征收依据

增值税是价外税，其计算方法有扣税法和扣额法两种，我国目前只采用扣税法。扣税法是指先按销售货物或应税劳务的销售额计算增值税税额（简称销项税额），然后再按税法规定抵扣购进货物或者应税劳务时已缴纳的增值税税额（简称进项税额），计算其应纳增值税税额的方法。

3.增值税的纳税人

凡在中华人民共和国境内销售货物或者提供加工、修理修配劳务以及进口货物的单位和个人，为增值税的纳税义务人。境外的单位或个人在境内销售应税劳务而境内未设有经营机构的，其应纳税款以代理人为扣缴义务人；没有代理人的，以购买者为扣缴义务人。

增值税的纳税人根据其生产经营规模大小和会计核算健全与否两项标准，可以分为一般纳税人和小规模纳税人。

（1）属于小规模纳税人的年销售额标准。增值税小规模纳税人标准为年应征增值税销售额500万元及以下。

年应税销售额是指纳税人在连续不超过12个月或4个季度的经营期内累计应征增值税销售额，包括纳税申报销售额（指纳税人自行申报的全部应征增值税销售额，其中包括税务机关代开发票销售额和免税销售额）、稽查查补销售额和纳税评估调整销售额（计入查补税款申报当月或当季的销售额，不计入税款所属期销售额）。销售服务、无形资产或者不动产有扣除项目的纳税人，其应税行为年应税销售额按未扣除之前的销售额计算。增值税小规模纳税人偶然发生的转让不动产的销售额，不计入应税行为年应税销售额。

（2）一般纳税人的资格登记。纳税人在年应税销售额超过规定标准的月份（或季度）的所属申报期结束后15日内向其机构所在地主管税务机关办理一般纳税人登记手续，包括向主管税务机关填报“增值税一般纳税人登记表”，如实填写固定生产经营场所等信息，并提供税务登记证件；未按规定时限办理的，主管税务机关应当在规定时限结束后5日内制作“税务事项通知书”，告知纳税人应当在5日内向主管税务机关办理相关手续；逾期仍不办理的，次月起按销售额依照增值税税率计算应纳税额，不得抵扣进项税额，直至纳税人办理相关手续为止。

年应税销售额未超过规定标准的纳税人，会计核算健全，能够提供准确税务资料的，可以向主管税务机关办理一般纳税人资格登记，成为一般纳税人。

会计核算健全，是指能够按照国家统一的会计制度规定设置账簿，根据合法、有效凭证核算。

纳税人自一般纳税人资格生效之日起，按照增值税一般计税方法计算应纳税额，并可以按照规定领用增值税专用发票，财政部、国家税务总局另有规定的除外。生效之日，是指纳税人办理一般纳税人资格登记的当月1日或者次月1日，由纳税人在办理登记手续时自行选择。

除国家税务总局另有规定外，一经登记为一般纳税人后，不得转为小规模纳税人。

转登记日前连续12个月（以1个月为1个纳税期）或者连续4个季度（以1个季度为1个纳税期）累计销售额未超过500万元，按照《中华人民共和国增值税暂行条例实施细则》第二十八条的规定已登记为增值税一般纳税人的单位和个人，在2019年12月31日前，可选择转登记为小规模纳税人。一般纳税人转登记为小规模纳税人后，转登记日当期仍按照一般纳税人的有关规定计算缴纳增值税。自转登记日的下期起，按照简易计税方法计算缴纳增值税；转登记纳税人尚未申报抵扣的进项税额以及转登记日当期的期末留抵税额，计入“应交税费——待抵扣进项税额”核算。

4.国内进项税额的确认和计算依据

进项税额是指纳税人购进货物或者接受应税劳务所支付或者负担的增值税税额。在商品购销活动中，销售方收取的销项税额，也就是购买方支付的进项税额。外贸企业在其经营活动中既会发生销售货物、劳务、服务、无形资产、不动产（以下简称发生应税销售行为），又会发生购进货物、劳务、服务、无形资产、不动产，因此都会有收取的销项税额和支付的进项税额。增值税的核心就是纳税人收取的销项税额抵扣其支付的进项税额，其余额为纳税人实际缴纳的增值税税额。

（1）国内购进商品进项税额的确认。外贸企业国内购进商品支付的进项税额并不是都可以从销项税额中抵扣的，需要确认能抵扣的进项税额。

第一，能抵扣的进项税额。企业能从销项税额中抵扣的进项税额有下列几项内容：①从销售方取得的增值税专用发票上注明的增值税额。②从海关取得的海关进口增值税专用缴款书上注明的增值税额。③购进农产品，除取得增值税专用发票或者海关进口增值税专用缴款书外，按照农产品收购发票或者销售发票上注明的农产品买价和扣除率计算的进项税额，国务院另有规定的除外。进项税额计算公式：购进农业产品进项税额=买价×扣除率。④自境外单位或者个人购进劳务、服务、无形资产或者境内的不动产，从税务机关或者扣缴义务人取得的代扣代缴税款的完税凭证上注明的增值税额。

第二，不能抵扣的进项税额。企业不能从销项税额中抵扣的进项税额有下列几项内容：。①纳税人购进货物、劳务、服务、无形资产、不动产，取得的增值税扣税凭证不符合法律、行政法规或者国务院税务主管部门有关规定的；②用于简易计税方法计税项目、免征增值税项目、集体福利或者个人消费的购进货物、劳务、服务、无形资产和不动产；③非正常损失的购进货物，以及相关的劳务和交通运输服务；④非正常损失的在产品、产成品所耗用的购进货物（不包括固定资产）、劳务和交通运输服务；⑤国务院规定的其他项目。

（2）进口商品进项税额的计算依据。进项税额的计算依据是组成计税价格和增值税税率。

第一，组成计税价格。进口商品以关税完税价格加上关税和消费税之和，作为计算进口商品增值税的组成计税价格。

第二，增值税税率。增值税的税率适用于增值税一般纳税人。根据《财政部 税务总局 海关总署关于深化增值税改革有关政策的公告》（财政部、税务总局、海关总署公告2019年第39号）相关文件，自2019年4月1日起，原适用16%税率且出口退税率为16%的出口货物劳务，出口退税率调整为13%；原适用10%税率且出口退税率为10%的出口货物、跨境应税行为，出口退税率调整为9%。调整后，增值税一般纳税人适用税率为13%、9%、6%和0共4档（见表9-2）。

5. 销项税额的计算依据

销项税额的计算依据是销售额和增值税税率，其计算公式如下：

销项税额=销售额×增值税税率

销售额是指纳税人发生应税销售行为向购买方收取的全部价款和价外费用，但不包括收取的销项税额。价外费用是指价外向购买方收取的手续费、补贴、基金、集资费、返还利润、奖励费、违约金（延期付款利息）、包装费、储备费、优质费、运输装卸费、代收款项以及其他各种性质的价外费用。凡随同发生应税销售行为向购买方收取的价外费用，无论其会计上如何核算，均应计入销售额计算应纳税额。

表 9-2　　增值税适用税率表

税　率		适用范围
基本税率	13%	(1) 销售或进口货物（除低税率适用范围外） (2) 加工、修理修配劳务 (3) 有形动产租赁服务
低税率	9%	(1) 销售或者进口下列货物：①农产品（粮食）、食用植物油、鲜奶；②自来水、暖气、冷气、热水、煤气、石油液化气、天然气、沼气、居民用煤炭制品；③图书、报纸、杂志；④饲料、化肥、农药、农机、农膜；⑤二甲醚、食用盐；⑥国务院规定的其他货物 (2) 音像制品、电子出版物 (3) 交通运输服务（包括陆路、水路、航空、管道运输） (4) 邮政服务（包括邮政普遍服务、邮政特殊服务和其他邮政服务） (5) 基础电信服务 (6) 建筑服务，包括：①工程服务；②安装服务；③修缮服务；④装饰服务；⑤其他建筑服务 (7) 销售不动产 (8) 不动产租赁服务 (9) 转让土地使用权
	6%	(1) 增值电信服务 (2) 金融服务，包括：①贷款服务；②直接收费金融服务；③金融商品转让服务 (3) 保险服务 (4) 生活服务，包括：①文化体育服务；②教育医疗服务；③旅游娱乐服务；④餐饮住宿服务；⑤居民日常服务；⑥其他生活服务 (5) 现代服务，包括：①研发和技术服务；②信息技术服务；③文化创意服务；④物流辅助服务；⑤签证咨询服务；⑥广播影视服务；⑦商务辅助服务；⑧其他现代服务 (6) 销售无形资产（不含转让土地使用权）
零税率		(1) 出口货物（国务院另有规定的除外） (2) 在境内载运旅客或者货物出境 (3) 在境外载运旅客或者货物入境 (4) 在境外载运旅客或者货物 (5) 航天运输服务 (6) 向境外单位提供的完全在境外消费的研发服务、设计服务、软件服务、合同能源管理服务、信息系统服务、业务流程管理服务、离岸服务外包业务、电路设计及测试服务 (7) 向境外单位提供的完全在境外消费的广播影视节目（作品）的制作和发行服务 (8) 向境外单位提供的完全在境外消费的转让技术 (9) 财政部和国家税务总局规定的其他服务

6.增值税税款的计算

（1）计算公式。我国增值税采用从价方法计征。

增值税组成价格=进口关税完税价格+进口关税税额+消费税税额

应纳增值税税额=增值税组成价格×增值税税率

（2）计算实例。

【做中学9-9】大连某公司进口货物一批，经海关审核其成交价格为1 200美元，按兑换率1美元=6.1191元人民币，折合人民币为7 342.92元。已知该批货物的关税税率为12%，消费税税率为10%，增值税税率为13%。要求计算应征增值税税额。

先计算关税税额、消费税税额，再计算增值税税额。

应征关税税额=完税价格×关税税率

=7 342.92×12%=881.15（元）

应征消费税税额=（完税价格+关税税额）÷（1–消费税税率）×消费税税率

=（7 342.92+881.15）÷（1–10%）×10%=913.79（元）

应纳增值税税额=（完税价格+关税税额+消费税税额）×增值税税率

=（7 342.92+881.15+913.79）×13%=1 187.92（元）

【做中学9-10】2019年5月，某化工进出口公司从与我国有关税互惠协定的国家进口某批货物，国外支付购买价为300 000元，运抵我国输入地点的包装费为20 000元、运费及保险费为15 000元，该进口货物的关税适用特惠税率为5%。

要求：计算该公司进口货物应纳关税、增值税税额。

解答：进口货物应以海关审定的成交价格为基础确定计税依据。该公司进口环节应纳关税及增值税计算如下：

关税完税价格=货价+包装、运输、保险等费用

=300 000+20 000+15 000=335 000（元）

应纳关税=335 000×5%=16 750（元）

应纳增值税=（335 000+16 750）×13%=45 727.50（元）

7.增值税的核算账户体系

增值税会计处理规定，一般纳税人应设置“应交税费——应交增值税”二级账户，并使用多栏式明细账页。“应交税费——应交增值税”账户的借方和贷方各设若干专栏，以完整、真实地反映企业的进项税额、销项税额、出口退税等，便于正确计算企业实际应缴纳的增值税税额，也便于税务部门的征收管理（见表9-3）。

表9-3　应交税费——应交增值税

略	借方						贷方					
	合计	进项税额	已交税金	减免税款	转出未交增值税	出口抵减内销产品应纳税额	合计	销项税额	出口退税	进项税额转出	转出多交增值税	余额

小规模纳税人明细账户的设置比较简单，只需在“应交税费”账户下设置“应交增值税”明细账户。贷方登记应交的增值税；借方登记实际缴纳的增值税；贷方余额反映未缴或欠缴的增值税，借方余额反映多缴的增值税。

涉外企业一般要缴纳进口货物的增值税，而出口货物的增值税在流通企业实行免、退税政策，在生产企业实行免、抵、退税政策。关于进口缴纳增值税的核算和账务处理，在“项目七　进口业务核算”中列明。增值税“价外税”的性质，决定其不计入进口成本，通过“应交税费”账户核算。进口货物按税法规定缴纳的三种税种，关税、消费税计入进口成本，而增值税不计入进口成本。

【做中学9-11】大连某企业根据合同从国外进口货物一批，总成交价格为CIF大连10 000欧元，关税税率为10%，消费税税率为5%，增值税税率为13%，当日汇率为EUR1=CNY9.4500。

进口人民币货价=10 000×9.4500=94 500（元）

关税税额=94 500×10%=9 450（元）

消费税税额=（94 500+9 450）÷（1−5%）×5%=4 950（元）

增值税税额=（94 500+9 450+4 950）×13%=14 157（元）

编制会计分录如下：

借：商品采购（或库存商品）	108 900	
应交税费——应交增值税（进项税额）	14 157	
贷：应付账款——××外商		94 500
银行存款（或应付账款）		28 557

二、消费税

1.消费税的概念

消费税是指对我国境内外从事生产、委托加工和进口应税消费品的单位和个人，就其销售额或销售数量在特定环节征收的一种税。

消费税征税项目具有选择性，征税环节具有单一性，征收方法具有多样性，税收调节具有特殊性。消费税具有转嫁性，目的是为了调节我国的消费结构，引导消费方向，确保国家财政收入。

2.消费税的征纳

消费税由税务机关征收，进口环节的消费税由海关征收。进口环节消费税除国务院另有规定外，一律不得给予减税或者免税。进口环节消费税的起征额为人民币50元，低于50元免征。在中华人民共和国境内生产或委托加工和进口《中华人民共和国消费税暂行条例》（以下简称《消费税暂行条例》）规定的消费品（以下简称“应税消费品”）的单位和个人，为消费税的纳税义务人。进口的应税消费品，由纳税义务人（进口人或其代理人）向报关地海关申报纳税。进口环节消费税的征收管理适用关税征收管理的规定。我国消费税采用从价、从量或复合税的方法计征。

3.消费税的征收范围

消费税的征收范围仅限于少数消费品，应税消费品大致可分为以下四大类：①危害身体健康、社会秩序、生态环境的特殊消费品，如鞭炮、焰火、烟、酒精、酒等；②奢侈品、非生活必需品，如贵重首饰及珠宝玉石、化妆品等；③高能耗及高档消费品，如小轿车、摩托车、汽车轮胎等；④不可再生和替代的资源类消费品，如汽油、柴油等。

4.消费税的税目及税率

进口的应税消费品，于报关时缴纳消费税，并由海关代征（见表9-4）。部分进口应税消费品的税率由原来的从价定率单一方法改为从价定率和复合计税两种方法。

表9-4 消费税税目、税率及征收环节表

税目	税率	征收环节
一、烟		
1.卷烟		
（1）甲类卷烟	批发环节：11%加0.005元/支 生产环节：56%加0.003元/支	生产、委托加工、进口和批发环节
（2）乙类卷烟	批发环节：11%加0.005元/支 生产环节：36%加0.003元/支	生产、委托加工、进口和批发环节
2.雪茄烟	36%	生产、委托加工和进口环节
3.烟丝	30%	生产、委托加工和进口环节
二、酒		
1.白酒	20%加0.5元/500克（或者500毫升）	生产、委托加工和进口环节
2.黄酒	240元/吨	
3.啤酒		
（1）甲类啤酒	250元/吨	
（2）乙类啤酒	220元/吨	
4.其他酒	10%	
三、高档化妆品	15%	生产、委托加工和进口环节
四、贵重首饰及珠宝玉石		
1.金银首饰、铂金首饰、钻石及钻石饰品	5%	零售环节
2.其他贵重首饰和珠宝玉石	10%	生产、委托加工和进口环节

续表

税目	税率	征收环节
五、鞭炮、焰火	15%	生产、委托加工和进口环节
六、成品油		
1.汽油	1.52元/升	生产、委托加工和进口环节
2.柴油	1.20元/升	
3.航空煤油	1.20元/升（暂缓征收）	
4.石脑油	1.52元/升	
5.溶剂油	1.52元/升	
6.润滑油	1.52元/升	
7.燃料油	1.20元/升	
七、摩托车		
1.气缸容量（排气量，下同）在250毫升的	3%	生产、委托加工和进口环节
2.气缸容量在250毫升以上的	10%	
八、小汽车		
1.乘用车（每辆零售价格在130万元（不含增值税）以下）		生产、进口环节
（1）气缸容量（排气量，下同）在1.0升（含1.0升）以下的	1%	
（2）气缸容量在1.0升以上至1.5升（含1.5升）的	3%	
（3）气缸容量在1.5升以上至2.0升（含2.0升）的	5%	
（4）气缸容量在2.0升以上至2.5升（含2.5升）的	9%	
（5）气缸容量在2.5升以上至3.0升（含3.0升）的	12%	
（6）气缸容量在3.0升以上至4.0升（含4.0升）的	25%	
（7）气缸容量在4.0升以上的	40%	
2.中轻型商用客车（每辆零售价格在130万元（不含增值税）以下）	5%	

续表

税目	税率	征收环节
3.超豪华小汽车（每辆零售价格在130万元（不含增值税）及以上）	10%	零售环节（加征）
九、高尔夫球及球具	10%	生产、委托加工和进口环节
十、高档手表	20%	生产、委托加工和进口环节
十一、游艇	10%	生产、委托加工和进口环节
十二、木制一次性筷子	5%	生产、委托加工和进口环节
十三、实木地板	5%	生产、委托加工和进口环节
十四、电池	4%	生产、委托加工和进口环节
十五、涂料	4%	生产、委托加工和进口环节

【做中学9-12】大连某涉外企业进口成套化妆品若干，CIF大连外币价折合人民币500 000元，关税税率为40%，消费税税率为15%，增值税税率为13%。

消费税组成计税价格=500 000×（1+40%）÷（1-15%）

≈823 529（元）

应纳消费税税额=823 529×15%≈123 529（元）

增值税组成计税价格=500 000+500 000×40%+123 529=823 529（元）

应纳增值税税额=823 529×13%≈107 059（元）

5.消费税税款的计算

（1）计算公式。我国消费税采用从价、从量的方法计征。从价征收的消费税按照组成计税价格计算（如贵重首饰、化妆品等），其计算公式为：

消费税组成计税价格=（进口关税完税价格+进口关税税额）÷（1-消费税税率）

应纳消费税税额=消费税组成计税价格×消费税税率

从量征收的消费税（如黄酒、啤酒、汽油、柴油），其计算公式为：

应纳消费税税额=应征消费税消费品数量×消费税单位税额

同时实行从量和从价征收的消费税是上述两种征税方法之和，即复合税（如卷烟、粮食白酒、薯类白酒），其计算公式为：

应纳消费税税额=应征消费税消费品数量×消费税单位税额+消费税组成计税价格×消费税税率

（2）计算实例。

【做中学9-13】大连某进出口公司进口啤酒3 800升，经海关审核其成交价格为CIF境内某口岸1 672美元，兑换率为1美元=6.1197元人民币。已知啤酒的关税税率为3元/升，消费税税率进口完税价格≥360美元/吨的为250元/吨，进口完税价格<360美元/吨的为220元/吨。要求计算应征消费税税额。

首先计算关税税额，然后计算消费税税额。

应征关税税额=商品进口数量×从量关税税率

=3 800×3=11 400（元）

进口人民币货价=1 672×6.1197=10 232.14（元）

进口啤酒数量=3 800÷988=3.85（吨）

进口完税价格单价=1 672÷3.85=434.29（美元/吨）

由于进口完税价格≥360美元/吨，因此消费税税率为250元/吨。

应纳消费税税额=应征消费税消费品数量×消费税单位税额

=3.85×250=962.50（元）

6.消费税的核算账户

企业缴纳消费税时，通过“税金及附加”和“应交税费”两个账户核算。企业按发生的消费税数额，借记“税金及附加”账户，贷记“应交税费”账户。消费税应在“应交税费”账户下设置“应交消费税”明细账户进行核算。该明细账户采用三栏式，贷方核算企业按规定应缴纳的消费税；借方核算企业实际缴纳的消费税或待扣的消费税；期末贷方余额表示尚未缴纳的消费税，借方余额表示企业多缴纳的消费税。

7.进口消费税的核算

进口货物缴纳的消费税是价内税，应计入进口消费品成本。在货物进口时，根据进口人民币总值连同应缴纳的关税、消费税，借记“材料采购”“库存商品”等账户，贷记“银行存款”“应付账款”等账户。进口货物向海关交税后方能提货，为简化核算程序，关税与消费税可不通过“应交税费”账户而直接记入“银行存款”账户。

【做中学9-14】天津某贸易公司从国外进口应税消费品一批，总值为CIF天津50 000美元，汇率为USD1=CNY6.3500。假设关税税率为15%，消费税税率为30%，增值税税率为13%。货款未付，税款以支票结算。

计算应交的各项税额：

组成计税价格=（50 000+50 000×15%）÷（1−30%）×6.3500≈521 607（元）

关税税额=50 000×15%×6.3500=47 625（元）

消费税税额=521 607×30%≈156 482（元）

增值税税额=521 607×13%≈67 809（元）

编制会计分录如下：

借：库存商品　521 607

　　应交税费——应交增值税（进项税额）　67 809

　贷：银行存款　271 916

　　　应付账款——应付外汇账款　317 500

任务四　出口退（免）税核算

一、出口货物退（免）税的概念

出口货物退（免）税是国家对出口货物已承担或应承担的增值税和消费税实行退还

或免征。这是国家为鼓励出口创汇，增强本国货物在国际市场上的竞争能力而采取的一项税收优惠，有的国家采取出口退税的政策，有的国家采取出口免税的政策。

二、出口货物退（免）税的作用

现行的出口货物退（免）税政策在鼓励出口，增强出口货物的竞争力，促进出口贸易的发展，支持配合外贸体制的改革，促进出口企业提高经济效益，增强我国的外汇储备能力，促进国民经济的增长等方面发挥了重要作用。

三、出口货物退（免）税的享受对象

（1）对外贸易经营者，是指依法办理工商登记或者其他执业手续，经商务部及其授权单位赋予出口经营资格的从事对外贸易经营活动的法人、其他组织或者个人。其中，个人（包括外国人）是指注册登记为个体工商户、个人独资企业或者合伙企业。

（2）没有出口经营资格委托出口的生产企业。

（3）特定退（免）税的企业和人员，是指按国家有关规定可以申请出口货物退（免）税的企业和人员。

四、出口退（免）税货物的基本条件

现行《出口货物退（免）税管理办法》规定，已出口的凡属于增值税、消费税征税范围的货物，除国家明确规定不予退（免）税的货物外，都是出口退（免）税的货物范围，均应予以退还已征增值税和消费税或免征应征的增值税和消费税。除国家另有规定外，享受出口退（免）税政策的出口货物一般应同时具备以下四个条件：

（1）必须是属于增值税、消费税征税范围的货物。《增值税暂行条例》和《消费税暂行条例》对增值税和消费税的征收范围，均已有明确规定。强调应具备这一条件，主要是考虑我国出口货物退税政策以征税为前提这一基本原则，因此出口退税只能是对已征税的出口货物退还其已征增值税、消费税税额，未征税的出口货物则不能退还上述“两税”；否则，所退税款就没有来源。免税也只能是对应税的货物免税，不属于征税范围的货物，则不存在免税。将出口退（免）税视同出口补贴，要求对所有出口货物都予以办理退（免）税的观点，是不正确的。

（2）必须是报关离境的货物。所谓报关离境即出口，就是货物输出关境，这是区别货物是否予以退（免）税的主要标准之一。凡是报关不离境的货物，不论出口企业以外汇结算还是以人民币结算，也不论企业在财务上和其他管理上作何处理，均不能视为出口货物予以退（免）税。

（3）必须是在财务上作销售处理的货物。现行外贸企业财务会计制度规定，出口商品销售陆运以取得承运货物收据或铁路联运运单，海运以取得出口货物装船提单，空运以取得空运单并向银行办理交单后作为销售收入的实现。出口货物销售价格一律以离岸价（FOB）折算成人民币入账。出口货物只有在财务上作销售处理后，才能办理退税申报。

（4）必须是出口收汇并已核销的货物。将出口退税与出口收汇核销挂钩，可以有效地防止出口企业高报出口价格骗取退税，提高出口收汇率，强化出口收汇核销制度。

出口货物只有同时具备上述四个条件，才能向主管退税机关申报办理退（免）税；否则，不予办理退（免）税。

五、出口货物退（免）税的办法

1.出口货物退（免）增值税的方法

现行出口货物退（免）增值税的方法主要有三种：

（1）退税。退税是指对本环节增值税免税，进项税额退税。外贸企业以及实行外贸企业财务制度的工贸企业收购货物对外销售，其自身销售环节的增值部分免税，收购成本部分因外贸企业在收购这些货物时，支付货款的同时也已支付了生产、经营该类产品的企业已纳的增值税，因此货物出口后按收购成本与退税率计算退税并退还给外贸企业。这类企业是享受出口货物退（免）税的主要企业。

（2）“免、抵、退”税办法。“免”税是指对生产企业出口的自产货物，免征本企业生产销售环节的增值税；“抵”税是指生产企业出口的自产货物所耗用原材料、零部件等应予退还的进项税额，抵顶内销货物的应纳税款；“退”税是指生产企业出口的自产货物在当期内因应抵顶的进项税额大于应纳税额而未抵顶完的税额，经主管退税机关批准后，予以退税。这种办法主要适用于生产企业自营或委托外贸企业代理出口（以下简称生产企业出口）自产货物。对生产企业出口非自产货物的管理办法另行规定。生产企业是指独立核算，经主管税务机关认定为增值税一般纳税人，并且具有实际生产能力的企业和企业集团。

（3）免税。对出口货物免征增值税。这种办法主要适用于来料加工复出口以及小规模纳税人自营和委托出口的货物。计算机软件出口（海关出口商品码9803）实行免税，其进项税额不予抵扣或退税。

2.出口货物退（免）消费税的方法

现行出口货物退（免）消费税的办法，除规定不予退税的应税消费品外，主要采取免税和退税两种办法。

（1）对有进出口经营权的生产企业自营出口或委托外贸企业代理出口的应税消费品，一律在生产环节免征消费税。

（2）对外贸企业收购出口的应税消费品实行退税的办法，对没有进出口经营权的生产企业委托外贸企业代理出口货物的应税消费品实行“先征后退”税的办法。

六、出口货物退（免）税的计税依据

出口退（免）税的计税依据是具体计算应退（免）税款的依据和标准。确定退（免）税依据，既关系到征税和退税多少的问题，同时又关系到国家的财政收入和支出，所以正确计算出口退（免）税的计税依据十分重要。

1.外贸企业出口退税的计税依据

（1）外贸企业出口货物应退增值税的计税依据。外贸企业出口货物的来源一般有从增值税一般纳税人生产企业收购、从增值税小规模纳税人收购、作价加工收回、委托加工收回。在计算出口退（免）税时，应就以上几种货物收购方式分别确认计税依据。

第一，从增值税一般纳税人生产企业收购、作价加工收回货物计税依据的确定。按规定，外贸企业申报出口退税时要附送“三票两单”，在这两种方式下，出口退税的计税依据可以直接从附送的增值税专用发票中认定，不需经过另外的计算，即以增值税专用发票上注明的金额为退税的计算依据。

第二，从增值税小规模纳税人收购货物计税依据的确定。其提供的发票为主管征税机关代开的增值税专用发票，计税依据为增值税专用发票上注明的金额。

第三，委托加工收回货物计税依据的确定。外贸企业委托加工的出口货物，其退税的依据按下列公式计算：

出口货物退税计税依据=原、辅材料金额+工缴费

上述公式中，“原、辅材料金额”是指外贸企业购入原、辅材料时取得的增值税专用发票上所列的金额，“工缴费”是指受托企业开具的增值税专用发票上所列的金额。

（2）外贸企业出口货物应退消费税的计税依据。属从价定率计征消费税的货物应依外贸企业从工厂购进货物时征收消费税的价格为依据；属从量定额计征消费税的货物应依货物购进和报关出口的数量为依据；属复合计税办法的，按从价定率和从量定额相结合的方法计算应退消费税税款。

2.生产企业出口退税的计税依据

（1）生产企业出口货物应退增值税的计税依据。生产企业出口货物，其应退增值税税额的计税依据为“离岸价”。生产企业出口货物通常有两种结算价格，即离岸价（FOB）和到岸价（CIF）。离岸价（也称装运港船上交货价）是指以装运港船上交货为条件的成交价格；到岸价是指以运达外商指定目的港为条件的成交价格，即成本加运费加保险费的价格。采用离岸价结算的，其本身体现的就是出口货物的销售价格，在财务上也以此作为销售依据；采用到岸价结算的，因其价格中包含运、保费，属非货物价格，不属于本企业货物销售收入。不论采用哪一种结算价格，生产企业出口货物申报退税的计税依据一律为离岸价。若出口货物采用到岸价（CIF）或成本加运费价成交的，在企业提供有效凭证后，予以扣除实际支付的国外运费、保险费、佣金；既不能确定价格类别也不能提供有效凭证的，以海关确定的离岸价计算出口退税的计税依据。用公式表示为：

第一，以离岸价结算的公式：

出口货物退税计税依据=离岸价×外汇人民币牌价

第二，以到岸价结算的公式：

出口货物退税计税依据=（到岸价-国外运费-保险费-佣金）×外汇人民币牌价[①]

生产企业出口货物以海、陆、空、邮运出口，均以取得提单并向银行办妥交单手续的当天，作为出口货物销售收入的实现时间登记出口销售账。出口货物不论以何种外币结算，凡有中国人民银行公布外汇汇率的，均按财务制度规定的汇率直接折算成人民币登记有关账册。生产企业可以采用当月1日或当日的汇率作为记账汇率（一般为中间价），确定后报所在地主管税务机关备案，一个清算年度内不予调整。

（2）生产企业出口货物应退（免）消费税的计税依据。有出口经营权的生产企业自营出口或委托外贸企业代理出口的应税消费品，依据其实际出口数量或出口销售收入在生产环节免征消费税。没有进出口经营权的生产企业委托外贸企业代理出口的应税消费品，属从价定率征收的，以出口货物的离岸价为计算应退消费税的计税依据；属从量定额征收的，以出口货物实际报关出口数量为计算应退消费税的计税依据；属复合计税征收的，分别以出口货物的离岸价和出口数量为计算应退消费税的计税依据。

七、出口货物退（免）税的退税率

我国现行增值税出口退税率调整为13%、10%、9%、6%和0五档，出口货物的消费税退税率和消费税征税率一致。征16%退16%和征16%退13%的调整为征13%退13%；征16%退10%调整为征13%退10%；征10%退10%的调整为征9%退9%；征16%退6%的调整为征13%退6%，征10%退6%的调整为征9%退6%，征6%退6%的还是征6%退6%；征16%退0的调整为征13%退0，征10%退0的调整为征9%退0，征0退0的还是征0退0。增值税出口退税率调整前后对比表见表9-5。

八、出口货物退（免）税的办理

（一）出口退（免）税资格备案

出口退税是指一个国家或地区对已报关离境的出口货物，由税务机关根据本国税法规定，将其在出口前国内生产和流通环节缴纳的增值税、消费税等间接税款退还给出口企业的一种税收管理制度。其主要包括：生产企业自营出口或委托出口货物、外贸企业自营出口或委托出口货物、出口企业或其他单位视同出口货物、出口企业对外提供加工修理修配劳务、适用增值税零税率应税服务等按国家政策规定可以享受出口退（免）税政策的企业。

【注意】出口企业或其他单位办理出口退（免）税资格认定时，“出口退（免）税资格认定申请表”中的“退税开户银行账号”从税务登记的银行账号中选择一个填报，不再向主管税务机关提供银行开户许可证。

---

① 国外运费：企业出口商品常用的成交方式有FOB、CW（CFR）、CIF三种，此外还有FAS、FCA、CPT、CIP、DAF、DES、DEQ、DDU、DDP等。保险费：企业收到保险公司送来的出口运输保险单或联合发票副本及保险费结算清单时，按实际支付的保险费金额冲减出口销售收入，以外币支付的与支付海运费的处理相同。佣金：支付方法有两种：一种是议付佣金，即出口后在向银行议付信用证时，由银行按规定佣金率在结汇款中代扣后，支付给国外客户；另一种是出口方在收妥全部货款后，将佣金另行汇付国外。企业在支付佣金后，应按实际支付金额冲减出口外销收入，以外币支付的与上述处理方法相同。

表 9-5　　增值税出口退税率调整前后对比表

序号	调整前征税率	调整前退税率	新征税率	新退税率
1	16%	16%	13%	13%
2	16%	13%	13%	13%
3	16%	10%	13%	10%
4	10%	10%	9%	9%
5	16%	6%	13%	6%
6	10%	6%	9%	6%
7	6%	6%	6%	6%
8	16%	0	13%	0
9	10%	0	9%	0
10	0	0	0	0

1.出口企业的申请条件

自2014年1月1日起，企业出口货物劳务及适用增值税零税率的应税服务（简称“出口货物劳务及服务”），在正式申报出口退（免）税之前，应向主管税务机关进行预申报，在主管税务机关确认申报凭证的内容与对应的管理部门电子信息无误后，方可提供规定的申报退（免）税凭证、资料及正式申报电子数据，向主管税务机关进行正式申报。

正式申报时，只计算免抵退税额，不计算免抵退税不得免征和抵扣税额。申报的出口销售额，是指单证信息齐全的出口额。

具体规定为：出口企业在办理对外贸易经营者备案登记或签订首份委托出口协议之日起30日内，提供有关资料到税务机关办理出口退（免）税资格认定。其他单位在发生出口货物劳务业务之前，到税务机关办理出口退（免）税资格认定。增值税零税率应税服务提供者，在申报办理增值税零税率应税服务退（免）税之前，应办理出口退（免）税资格认定。

企业进行正式退（免）税申报时须满足三个前置条件：

（1）收齐按规定需向主管税务机关提供的退（免）税申报凭证和资料；

（2）按规定进行退（免）税预申报；

（3）经税务机关预审，企业预申报凭证的内容与对应的管理部门电子信息核对无误。

出口企业信息查询申请表见表9-6。

表9-6　　出口企业信息查询申请表

企业海关代码：

纳税人识别号：

企业名称：

<table>
<tr><td rowspan="3">序号</td><td colspan="2">无相关电子信息单证种类及号码</td><td rowspan="2">出口（开具）日期</td><td rowspan="2">是否已经进行报关单确认或增值税发票认证</td><td rowspan="2">备注</td></tr>
<tr><td>单证种类</td><td>单证号码</td></tr>
<tr><td>1</td><td>2</td><td>3</td><td>4</td><td>5</td></tr>
<tr><td>1</td><td></td><td></td><td></td><td></td><td></td></tr>
<tr><td>2</td><td></td><td></td><td></td><td></td><td></td></tr>
<tr><td>3</td><td></td><td></td><td></td><td></td><td></td></tr>
<tr><td></td><td></td><td></td><td></td><td></td><td></td></tr>
<tr><td colspan="6">出口企业</td></tr>
<tr><td colspan="4">经办人：

财务负责人：</td><td colspan="2">企业负责人：
填报日期：
（公章）</td></tr>
</table>

【注意】已办理过出口退（免）税资格认定的出口企业或其他单位，无须再办理出口退（免）税备案。

2.办理材料

办理材料主要有：

（1）“出口退（免）税备案表”（见表9-7）两份及电子数据。

（2）“出口退（免）税备案表”中“退税开户银行账号”须从税务登记的银行账号中选择一个填报。

（3）出口企业报送的资料：①加盖备案登记专用章的“对外贸易经营者备案登记表”或“中华人民共和国外商投资企业批准证书”原件和复印件；②中华人民共和国海关进出口货物收发货人报关注册登记证明原件和复印件；③未办理备案登记发生委托出口业务的生产企业提供委托代理出口协议，不需提供①、②项资料。

表9-7　　出口退（免）税备案表

<table>
<tr><td>纳税人名称</td><td colspan="3"></td></tr>
<tr><td>纳税人英文名称</td><td colspan="3"></td></tr>
<tr><td>企业海关代码</td><td colspan="3"></td></tr>
<tr><td>电话</td><td></td><td>传真</td><td></td></tr>
<tr><td>邮编</td><td></td><td>电子信箱</td><td></td></tr>
<tr><td>企业注册地址</td><td colspan="3"></td></tr>
</table>

续表

<table>
<tr><td colspan="2">经营场所（中文）</td><td colspan="4"></td></tr>
<tr><td colspan="2" rowspan="3">纳税人识别号</td><td rowspan="3"></td><td colspan="2" rowspan="3">纳税人类型</td><td>增值税一般纳税人（ ）</td></tr>
<tr><td>增值税小规模纳税人（ ）</td></tr>
<tr><td>其他（ ）</td></tr>
<tr><td colspan="2">主管税务机关名称</td><td></td><td colspan="2">纳税信用等级</td><td></td></tr>
<tr><td colspan="2">登记注册类型代码</td><td></td><td colspan="2">行业归属代码</td><td></td></tr>
<tr><td colspan="2">隶属关系代码</td><td></td><td colspan="2">经营者类型代码</td><td></td></tr>
<tr><td colspan="2">对外贸易经营者备案登记表编号</td><td colspan="4"></td></tr>
<tr><td colspan="2">是否提供零税率应税服务</td><td>是（ ）
否（ ）</td><td colspan="2">提供零税率应税服务代码</td><td></td></tr>
<tr><td rowspan="4">工商登记</td><td>注册号</td><td></td><td rowspan="4">企业法定代表人（个体工商户负责人）</td><td>姓名</td><td></td></tr>
<tr><td>注册日期</td><td></td><td rowspan="2">身份证号</td><td rowspan="2"></td></tr>
<tr><td>有效期</td><td></td></tr>
<tr><td>注册资金</td><td></td><td>电话</td><td></td></tr>
<tr><td colspan="2">退税开户银行</td><td colspan="4"></td></tr>
<tr><td colspan="2">退税开户银行账号</td><td colspan="4"></td></tr>
<tr><td rowspan="4">企业办理退免税人员</td><td>姓名</td><td></td><td colspan="2" rowspan="2">电话</td><td rowspan="2"></td></tr>
<tr><td>身份证号</td><td></td></tr>
<tr><td>姓名</td><td></td><td colspan="2" rowspan="2">电话</td><td rowspan="2"></td></tr>
<tr><td>身份证号</td><td></td></tr>
<tr><td colspan="6">享受增值税优惠政策情况</td></tr>
<tr><td colspan="2">先征后退（ ）</td><td colspan="2">即征即退（ ）</td><td>超税负返还（ ）</td><td>其他（ ）</td></tr>
<tr><td colspan="2">主管外汇管理局</td><td colspan="4"></td></tr>
</table>

续表

<table>
<tr><td>附送资料</td><td colspan="4"></td></tr>
<tr><td colspan="5">退税计算办法及申报方式</td></tr>
<tr><td rowspan="4">退（免）税计算方法</td><td colspan="4">1.免抵退税（　）</td></tr>
<tr><td colspan="4">2.免退税（　）</td></tr>
<tr><td colspan="4">3.免税（　）</td></tr>
<tr><td colspan="4">4.其他（　）</td></tr>
<tr><td rowspan="2">纸质凭证申报方式</td><td>上门申报（　）</td><td rowspan="2">数据电文申报</td><td colspan="2">上门申报（　）</td></tr>
<tr><td>邮寄申报（　）</td><td colspan="2">远程申报（　）</td></tr>
<tr><td>是否分部核算</td><td>是（　）否（　）</td><td>分部核算部门代码</td><td colspan="2"></td></tr>
</table>

申请认定者请认真阅读以下条款，并由企业法定代表人或个体工商户负责人签字、盖章以示确认。

一、遵守各项税收法律、法规及规章。

二、在“出口退（免）税备案表”中所填写的信息及提交的材料是完整的、准确的、真实的。

三、“出口退（免）税备案表”上填写的任何事项发生变化，应到原备案机关办理备案变更。

以上如有违反，将承担一切法律责任。

此表一式两份。

法定代表人（申明签章）：

纳税人公章：

年　月　日

【注意】（1）企业办理退税认定时，不再需要提供银行开户许可证；

（2）企业办理进料加工业务退（免）税核销时，不需要再提供向报关海关查询情况的书面说明；

（3）企业不再填报“出口企业预计出口情况报告表”。

【注意】2015年5月1日以后出口的货物，出口企业申报出口退（免）税及相关业务时，我国海关免予出口企业提供纸质报关单。但申报适用启运港退税政策的货物除外。不过，有的地方海关仅对出口退税分类管理的一、二类企业实行无纸化申报。

（二）出口企业的分类管理

自2016年9月1日起，国家税务总局对出口企业进行分类管理，将其分为四类。

1.一类出口企业的评定标准

（1）生产企业应同时符合的条件

①企业的生产能力与上一年度申报出口退（免）税规模相匹配。②近3年（含评定当年，下同）未发生过虚开增值税专用发票或者其他增值税扣税凭证、骗取出口退税行

为。③上一年度的年末净资产大于上一年度该企业已办理的出口退税额（不含免抵税额）。④评定时纳税信用级别为A级或B级。⑤企业内部建立了较为完善的出口退（免）税风险控制体系。

（2）外贸企业应同时符合的条件

①近3年未发生过虚开增值税专用发票或者其他增值税扣税凭证、骗取出口退税行为。②上一年度的年末净资产大于上一年度该企业已办理出口退税额的60%。③持续经营5年以上（因合并、分立、改制重组等原因新设立企业的情况除外）。④评定时纳税信用级别为A级或B级。⑤评定时海关企业信用管理类别为高级认证企业或一般认证企业。⑥评定时外汇管理的分类管理等级为A级。⑦企业内部建立了较为完善的出口退（免）税风险控制体系。

（3）外贸综合服务企业应同时符合的条件

①近3年未发生过虚开增值税专用发票或者其他增值税扣税凭证、骗取出口退税行为。②上一年度的年末净资产大于上一年度该企业已办理出口退税额的30%。③上一年度申报从事外贸综合服务业务的出口退税额，大于该企业全部出口退税额的80%。④评定时纳税信用级别为A级或B级。⑤评定时海关企业信用管理类别为高级认证企业或一般认证企业。⑥评定时外汇管理的分类管理等级为A级。⑦企业内部建立了较为完善的出口退（免）税风险控制体系。

2.三类出口企业的评定标准

具有下列情形之一的出口企业，其出口企业管理类别应评定为三类：

（1）自首笔申报出口退（免）税之日起至评定时未满12个月。（2）评定时纳税信用级别为C级，或尚未评价纳税信用级别。（3）上一年度累计6个月以上未申报出口退（免）税（从事对外援助、对外承包、境外投资业务的，以及出口季节性商品或出口生产周期较长的大型设备的出口企业除外）。（4）上一年度发生过违反出口退（免）税有关规定的情形，但尚未达到税务机关行政处罚标准或司法机关处理标准的。（5）存在省国家税务局规定的其他失信或风险情形。

3.四类出口企业的评定标准

具有下列情形之一的出口企业，其出口企业管理类别应评定为四类：

（1）评定时纳税信用级别为D级。（2）上一年度发生过拒绝向税务机关提供有关出口退（免）税账簿、原始凭证、申报资料、备案单证等情形。（3）上一年度因违反出口退（免）税有关规定，被税务机关行政处罚或被司法机关处理过的。（4）评定时企业因骗取出口退税被停止出口退税权，或者停止出口退税权届满后未满2年的。（5）四类出口企业的法定代表人新成立的出口企业。（6）列入国家联合惩戒对象的失信企业。（7）海关企业信用管理类别认定为失信企业。（8）外汇管理的分类管理等级为C级。（9）存在省国家税务局规定的其他严重失信或风险情形。

【注意】一类、三类、四类出口企业以外的出口企业，其出口企业管理类别应评定为二类。

（三）对不同类别的出口企业的待遇

1.对一类出口企业的待遇

对一类出口企业中纳税信用级别为A级的纳税人，按照《关于对纳税信用A级纳税人实施联合激励措施的合作备忘录》的规定，实施联合激励措施。对一类出口企业申报的出口退（免）税，税务机关经审核，同时符合下列条件的，应自受理企业申报之日起，5个工作日内办结出口退（免）税手续：

（1）申报的电子数据与海关出口货物报关单结关信息、增值税专用发票信息比对无误。（2）出口退（免）税额计算准确无误。（3）不涉及国家税务总局和省国家税务局确定的预警风险信息。（4）属于外贸企业的，出口的货物是从纳税信用级别为A级或B级的供货企业购进的。（5）属于外贸综合服务企业的，接受其提供服务的中小生产企业的纳税信用级别为A级或B级。

2.对二类出口企业的待遇

对二类出口企业申报的出口退（免）税，税务机关经审核，同时符合下列条件的，应自受理企业申报之日起，10个工作日内办结出口退（免）税手续：

（1）符合出口退（免）税相关规定。（2）申报的电子数据与海关出口货物报关单结关信息、增值税专用发票信息比对无误。（3）未发现审核疑点或者审核疑点已排除完毕。

3.对三类出口企业的待遇

对三类出口企业申报的出口退（免）税，税务机关经审核，同时符合下列条件的，应自受理企业申报之日起，15个工作日内办结出口退（免）税手续：

（1）符合出口退（免）税相关规定。（2）申报的电子数据与海关出口货物报关单结关信息、增值税专用发票信息比对无误。（3）未发现审核疑点或者审核疑点已排除完毕。

4.对四类出口企业的待遇

对四类出口企业申报的出口退（免）税，税务机关应按下列规定进行审核，按上述要求完成审核，并排除所有审核疑点后，应自受理企业申报之日起，20个工作日内办结出口退（免）税手续：

（1）申报的纸质凭证、资料应与电子数据相互匹配且逻辑相符。（2）申报的电子数据应与海关出口货物报关单结关信息、增值税专用发票信息比对无误。（3）对该类企业申报出口退（免）税的外购出口货物或视同自产产品，税务机关应对每户供货企业的发票，都要抽取一定的比例发函调查。（4）属于生产企业的，对其申报出口退（免）税的自产产品，税务机关应对其生产能力、纳税情况进行评估。

（四）出口企业免退税申报

出口企业免退税申报核准包括外贸企业和外贸综合服务企业出口货物免退税申报核准。

1.申请条件

纳税人当月出口的货物须在次月的增值税纳税申报期内，向主管税务机关办理增值税纳税申报，纳税人应在货物报关出口之日次月起至次年4月30日前的各增值税纳税申报期内，收齐有关凭证，向主管税务机关办理出口货物增值税、消费税免退税申报。经主管税务机关批准的，企业在增值税纳税申报期以外的其他时间也可办理免退税申报。逾期的，企业不得申报免退税。

2.办理材料

出口企业免退税申报需报送的资料如下（下述资料中要求同时提供原件和复印件的，复印件上均应写明"与原件相符"字样并加盖单位公章）：

（1）"外贸企业出口退税汇总申报表"。

（2）"外贸企业出口退税进货明细申报表"。

（3）"外贸企业出口退税出口明细申报表"。

（4）出口货物退（免）税正式申报电子数据。

（5）增值税专用发票（抵扣联）。

（6）属委托出口货物的，还需报送：代理出口货物证明、代理出口协议副本。

（7）出口日期为2015年4月30日（含30日）之前的，还需报送：出口货物报关单（出口退税专用）。

（8）经保税区仓储企业出口货物申报退税时，还需报送：出境货物备案清单。

（9）属出口消费税应税货物的，还需报送：消费税税收（出口货物专用）缴款书或消费税出口货物完税分割单。

（10）出口货物报关单上的申报日期和出口日期期间，若海关调整商品代码，导致出口货物报关单上的商品代码与调整后的商品代码不一致的，还需报送："海关出口商品代码、名称、退税率调整对应表"。

（11）外贸企业采用单票对应法申报退税时，如进货有结余，还需报送：出口退税进货分批申报单。

（12）进口货物复出口时，还需报送：海关进口增值税专用缴款书、进口货物报关单；其中属消费税应税货物的，还需报送：海关进口消费税专用缴款书。

（13）存在《国家税务总局关于出口货物劳务退（免）税管理有关问题的公告》（国家税务总局公告2014年第51号）第一条所列情形的，还需报送："出口货物收汇申报表"、出口收汇凭证。

（14）属于《国家税务总局关于出口货物劳务退（免）税管理有关问题的公告》（国家税务总局公告2014年第51号）第一条规定的可不提供出口收汇凭证的出口企业，主管税务机关在出口退（免）税审核中，发现其申报退（免）税的出口货物存在需要进一步核实出口业务真实性的，还需报送："出口货物不能收汇申报表"。

3.办理流程（如图9-1所示）

（五）生产企业免抵退税申报

1.申请条件

适用免抵退税办法的纳税人在货物报关出口并按会计规定做销售后，在做销售的次月的增值税纳税申报期内，向主管税务机关办理增值税纳税申报，于货物报关出口之日

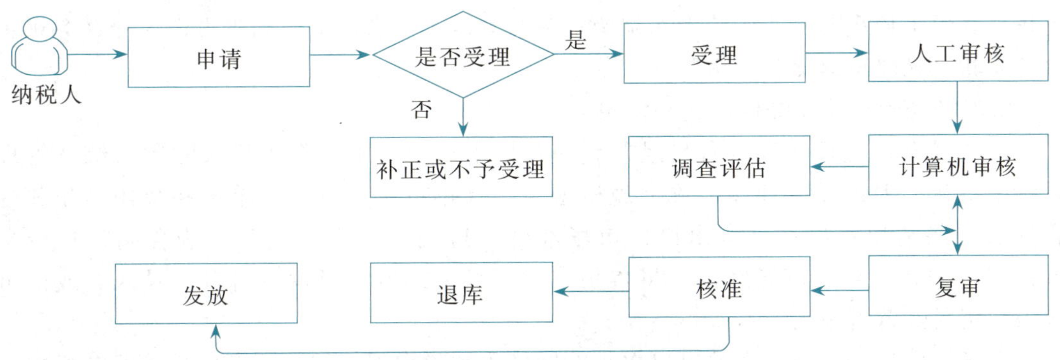

图9-1　出口企业免退税申报办理流程

次月起至次年4月30日前的各增值税纳税申报期内收齐有关凭证，向当地主管税务机关申报办理出口货物增值税免抵退税，逾期的，不得申报免抵退税。

2.办理材料

出口企业免抵退税申报需报送的资料如下（下述资料中要求同时提供原件和复印件的，复印件上均应写明“与原件相符”字样并加盖单位公章）：

（1）“免抵退税申报汇总表”。

（2）“免抵退税申报汇总表附表”。

（3）“免抵退税申报资料情况表”。

（4）“生产企业出口货物免、抵、退税申报明细表”。

（5）出口货物退（免）税正式申报电子数据。

（6）出口发票。

（7）属委托出口货物的，还需报送：代理出口货物证明、代理出口协议副本。

（8）企业购进不计提进项税额的国内免税原材料用于加工出口货物时，还需报送：“生产企业出口货物扣除国内免税原材料申请表”等。

（六）市场经营户免抵退税申报

2015年12月17日，国家税务总局规定，市场经营户自营或委托市场采购贸易经营者以市场采购贸易方式出口的货物免征增值税。

1.市场经营户的概念

市场采购贸易方式出口货物，是指经国家批准的专业市场集聚区内的市场经营户（简称“市场经营户”）自营或委托从事市场采购贸易经营的单位（简称“市场采购贸易经营者”），按照海关总署规定的市场采购贸易监管办法办理通关手续，并纳入涵盖市场采购贸易各方经营主体和贸易全流程的市场采购贸易综合管理系统管理的货物（国家规定不适用市场采购贸易方式出口的商品除外）。

【注意】经国务院批准开展市场采购贸易方式试点的市场集聚区，其市场采购贸易综合管理系统的免税管理系统经国家税务总局验收后，出口货物执行交易清单免税管理，不实行免税资料备查管理和备案单证管理。

委托出口的市场经营户应与市场采购贸易经营者签订“委托代理出口货物协议”。

受托出口的市场采购贸易经营者在货物报关出口后，应在规定的期限内向主管税务机关申请开具“代理出口货物证明”。

2.市场经营户需要提供的交易清单

市场经营户或市场采购贸易经营者应按以下要求时限，在市场采购贸易综合管理系统中准确、及时录入商品名称、规格型号、计量单位、数量、单价和金额等相关内容形成交易清单：（1）自营出口，市场经营户应当于同外商签订采购合同时自行录入；（2）委托出口，市场经营户将货物交付市场采购贸易经营者时自行录入，或由市场采购贸易经营者录入。

市场经营户应在货物报关出口次月的增值税纳税申报期内按规定向主管税务机关办理市场采购贸易出口货物免税申报；委托出口的，市场采购贸易经营者可以代为办理免税申报手续。

九、出口退（免）税的账务处理

1.外贸企业出口退税的账务处理

按照《出口货物退（免）税管理办法》规定，外贸企业出口的货物必须进行财务处理才能办理退税。

1）出口退税的主要明细账户

外贸企业办理出口退税必须设置的明细账有库存出口商品明细账、自营出口销售明细账、应收（付）外汇账款明细账、应交税费（增值税）明细账等。

（1）库存出口商品明细账。它是核算企业盈亏情况的重要账册，是按商品代码、商品品名、记载数量、金额等设置的明细账。以购进的出口货物增值税专用发票为作账依据。商品必须严格按照实际应付的全部款项扣除增值税专用发票上注明的增值税税款，为该商品的进价成本。在货物购进入库时，按照相应的会计分录，在库存出口商品明细账各栏目逐栏记录。

（2）自营出口销售明细账。它是核算出口销售的重要依据，必须严格按照制度规定向银行办理交单的口径为销售收入。自营出口销售明细账是按商品代码、商品品名、销售成本、销售收入、金额等设置的明细账。以出口企业开具的出口销售发票为作账依据。在货物报关出口后，必须及时登记自营出口销售明细账。自营出口销售明细账的贷方反映收入部分；外币金额栏反映出口销售发票的外币金额；折美元金额栏反映美元金额；人民币金额栏反映出口发票外币金额乘以当日外汇人民币牌价计算的销售收入，此销售收入与实际收汇后用结汇水单上的外汇人民币牌价计算的销售收入之差在“汇兑损益”科目反映，国外发生的运保费冲减自营出口销售收入。自营出口销售明细账的借方反映出口货物的销售成本；进价栏反映不含税金额；费用栏反映国内发生的出口费用，单独设置“销售费用”科目的，此栏不反映；余额部分借为亏损，贷为毛利。

（3）应收（付）外汇账款明细账。它用来记载企业应收或应付国外客户的出口货款、进口货款、佣金等结算款项，以出口销售发票上所列的出口销售金额为作账依据，按不同的会计科目反映，如自营出口、自营进口、代理出口、代理进口。收汇、付汇商品种类较多的企业还可根据合同号、发票号或客户再分设子目。应收外汇账款明细账借方反映企业应收外汇及按汇率折合人民币的金额；贷方反映企业实际收汇的外汇及按汇率折合人民币的金额；余额部分借为企业未收的外汇，贷为企业多收的外汇。

（4）应交税费（增值税）明细账。外贸企业设置应交税费（增值税）明细账反映增值税核算缴纳情况，以购进出口货物的增值税专用发票为作账依据。外贸企业在“应交税费”科目下设置“应交增值税”明细科目。应交增值税明细账中设置进项税额、已交税金、销项税额、出口退税、进项税额转出等栏目，分别记载有关金额。应交税费（增值税）明细账各专栏的记载内容有：

①企业购入货物准予从销项税额中抵扣的增值税，按照增值税专用发票上注明的增值税记入“进项税额”栏，进口货物缴纳的增值税也记入“进项税额”栏；

②企业按规定已缴纳的增值税记入“已交税金”栏；

③企业内销货物的增值税记入“销项税额”栏；

④出口企业外销货物适应零税率，不计销项税金，并向税务机关申请退还出口货物的进项税金，收到退税款后记入“出口退税”栏；

⑤“进项税额转出”栏反映出口企业计税金额乘以征、退税率之差计算的不予退税部分；

⑥“应交增值税”账户期末借方余额，反映出口企业多交、尚未抵扣或出口未退税的增值税；期末贷方余额，反映出口企业尚未缴纳的增值税。

2）出口退税的会计分录

外贸企业从货物购进、出口到收到应退税款，必须完成以下会计分录：

（1）购进出口货物。

借：商品采购、销售费用等

  贷：银行存款、应付账款等

（2）商品验收入库。

借：库存商品

  应交税费——应交增值税（进项税额）

  贷：商品采购

（3）出口货物已经装船、装车，并已取得装船提单、铁路运单或空运运单。

借：应收账款——应收外汇账款

  贷：自营出口销售收入

同时结转销售成本：

借：自营出口销售成本

  贷：库存商品

再将根据征退税率差计算的不予退税部分转入商品销售成本：

借：自营出口销售成本

  贷：应交税费——应交增值税（进项税额转出）

（4）出口货物收到外汇，并在银行按当日现汇买入价折合人民币开具结汇水单转入公司账户。

借：银行存款、汇兑损益等

　　贷：应收账款——应收外汇账款

(5) 退税单证齐全申报退税。

借：应收补贴款

　　贷：应交税费——应交增值税（出口退税）

实际收到退税款：

借：银行存款

　　贷：应收补贴款

3）计提销项税额的会计处理（一般纳税人）

销项税额=（出口货物离岸价格×外汇人民币牌价）÷（1+法定增值税税率）×法定增值税税率

不予退税的货物根据出口报关单有关内容在出口当期计提销项税，申报纳税。对其他文件规定不予退税的货物，根据出口报关单及退税部门的有关通知计提销项税，申报纳税。其账务处理如下：

借：银行存款（或应收账款）

　　贷：产品销售收入

　　　　应交税费——应交增值税（销项税额）

【做中学9-15】大连某进出口公司从某机床厂购进汽车轮胎一批，工厂开来的增值税专用发票所列金额为100万元，税额为13万元，并取得相应的出口货物增值税专用发票及消费税专用缴款书，货物全部报关出口后，外销销售收入折合人民币150万元。假设退税率为13%，消费税税率为10%。计算应退税税款及进行相应的会计处理。

确定该批货物为自营出口，贸易方式是一般贸易。

应退增值税税款=增值税发票不含税金额×退税率=100×13%=13（万元）

不予退税税款=增值税发票不含税金额×征退税率差

　　　　　　=100×（13%-10%）=3（万元）

应退消费税税款=消费税缴款书不含税金额×消费税税率

　　　　　　　=100×10%=10（万元）

相应的会计处理为：

货物入库，按增值税发票编制会计分录如下：

借：库存商品　　1 000 000

　　应交税费——应交增值税（进项税额）　　130 000

　　贷：银行存款　　1 130 000

货物报关出口后，按出口销售发票编制会计分录如下：

借：应收外汇账款　　1 500 000

　　贷：自营出口销售收入　　1 500 000

同时结转出口销售成本：

借：自营出口销售成本　　1 000 000

贷：库存商品　　1 000 000

计算增值税应退税款时，编制会计分录如下：

借：应收补贴款　　130 000

贷：应交税费——应交增值税（出口退税）　　130 000

计算消费税税款，同时冲减出口销售成本时，编制会计分录如下：

借：应收补贴款　　100 000

贷：自营出口销售成本　　100 000

将不予退税部分转入产品销售成本，编制会计分录如下：

借：自营出口销售成本　　30 000

贷：应交税费——应交增值税（进项税额转出）　　30 000

收到退税款后，凭收入退还书编制会计分录如下：

借：银行存款　　230 000

贷：应收补贴款　　230 000

2.生产企业出口“免、抵、退”税的账务处理

1）外销收入的确认

生产企业出口业务就其性质不同，主要有自营出口、委托代理出口、加工补偿出口、援外出口等；就其贸易性质不同，主要有一般贸易、进料加工复出口贸易、来料加工复出口贸易、国内深加工结转贸易等。外销收入是生产企业出口退（免）税的主要依据，外销收入不管通过什么成交方式，最后都要以离岸价为依据进行核算和办理出口退（免）税，因此除正常销货款外，外销收入的确认还与外汇汇率的确定、国外运保佣的处理、出口货物的退运等密切相关。

2）入账时间及依据

（1）生产企业在货物出口时，必须按会计制度的规定在财务上作销售明细账，作账时间以出口货物离岸时的当期为准。

（2）生产企业自营出口，销售收入的入账金额一律以离岸价（FOB）为基础，以离岸价以外价格条件成交的出口货物，其发生的国外运费、保险费及佣金等费用支出，均应扣除。

离岸价（FOB）以出口发票上的离岸价格为准（委托代理出口的出口发票可以是委托方开具的或受托方开具的），并与海关报关单所注明的离岸价和“口岸电子执法系统”出口退税子系统中的离岸价一致。若出口发票的离岸价和“口岸电子执法系统”出口退税子系统中的离岸价不一致，出口企业应及时向海关申报更改，海关重新出具新的电子信息和纸质“证明联”。以其他方式开具的，应扣除按会计制度的规定允许冲减出口销售收入的运费、保险费、佣金等。若出口发票不能如实反映离岸价，企业应按实际离岸价申报“免、抵、退”税，实际离岸价以“口岸电子执法系统”出口退税子系统中的离岸价为准。

3）外汇汇率的确定

企业发生外币业务时，应当采用业务发生时的汇率，也可采用业务发生当期期初的

汇率折合。如出口货物离境当月已结汇，按银行结算的实际牌价计算作账和申报；未结汇的，按出口货物离境时当月1日国家外汇管理局公布的人民币基准汇价计算作账和申报。

4）销售账簿的设置

生产企业应根据出口业务设置自营出口销售明细账、委托代理出口销售明细账、来料加工出口销售明细账、深加工结转出口销售明细账。一般采用多栏式账页记载外销收入有关情况，内外销必须分别记账，按不同征税率和退税率分账页分别核算出口销售收入，并在摘要栏内详细记载每笔出口销售。

5）"免、抵、退"税会计科目的设置

对出口货物"免、抵、退"税的核算，主要涉及"应交税费——应交增值税"、"应交税费——未交增值税"和"应收补贴款"会计科目。

（1）"应交税费——应交增值税"科目的核算内容。出口企业（仅指增值税一般纳税人，下同）应在"应交税费"科目下设置"应交增值税"明细科目，借方发生额反映出口企业购进货物、劳务、服务、无形资产、不动产支付的进项税额和实际已缴纳的增值税；贷方发生额反映出口企业发生应税销售行为应缴纳的增值税税额、出口货物退税、转出已支付或应负担的增值税；期末借方余额反映企业多交或尚未抵扣的增值税，期末贷方余额反映企业尚未缴纳的增值税。出口企业在"应交增值税"明细账中，应设置进项税额、已交税金、减免税款、出口抵减内销产品应纳税额、转出未交增值税、销项税额、出口退税、进项税额转出等专栏。

①"进项税额"专栏，记录出口企业购进货物、劳务、服务、无形资产、不动产而支付的准予从销项税额中抵扣的增值税税额。出口企业购进货物、劳务、服务、无形资产、不动产支付的进项税额，用蓝字登记；退回所购货物应冲销的进项税额，用红字登记。

②"已交税金"专栏，核算出口企业当月上交本月的增值税税额。企业缴纳当期增值税时，借记本科目，贷记"银行存款"科目。

③"减免税款"专栏，反映出口企业按规定直接减免的增值税税额。企业按规定直接减免的增值税税额，借记本科目，贷记"补贴收入"等科目。

④"出口抵减内销产品应纳税额"专栏，反映出口企业销售出口货物后，向税务机关办理免抵退税申报，按规定计算的应免抵税额。借记本科目，贷记"应交税费——应交增值税（出口退税）"科目。

⑤"转出未交增值税"专栏，核算出口企业月终转出应交未交的增值税税额。月末企业"应交税费——应交增值税"明细账出现贷方余额时，根据余额借记本科目，贷记"应交税费——未交增值税"科目。

⑥"销项税额"专栏，记录出口企业发生应税销售行为收取的增值税税额。出口企业发生应税销售行为应收取的增值税税额，用蓝字登记；退回销售货物应冲销的销项税额，用红字登记。现行出口退税政策规定，实行"免、抵、退"税的生产企业，出口货物销售收入不计征销项税额，对经审核确认不予退税的货物应按规定征税率计征销项

税额。

⑦“出口退税”专栏，记录出口企业出口的货物实行“免、抵、退”税方法的，在向海关办理报关出口手续后，凭出口报关单等有关凭证，向税务机关申报办理出口退税而应收的出口退税款以及应免抵税款。出口货物退回的增值税税额，用蓝字登记；出口货物办理退税后发生退货或退关而补交已退的税款，用红字登记。出口企业当期按规定确定应退税额、应免抵税额，借记“应收补贴款——增值税”“应交税费——应交增值税（出口抵减内销产品应纳税额）”科目，贷记本科目。

⑧“进项税额转出”专栏，记录出口企业原材料、在产品、产成品等发生非正常损失以及《增值税暂行条例》规定的免税货物和出口货物免税等不应从销项税额中抵扣、应按规定转出的进项税额。按税法规定，对出口货物不予抵扣税额的部分，应在借记“产品销售成本”科目的同时，贷记本科目。企业在核算出口货物免税收入的同时，对出口货物免税收入按征退税率之差计算出的不予抵扣税额，借记“产品销售成本”科目，贷记本科目。当月“不予抵扣税额”累计发生额应与本月免税申报的《生产企业出口货物免税明细申报表》中“不予抵扣或退税的税额”合计数一致。出口企业收到主管税务机关出具的《生产企业进料加工贸易免税证明》和《生产企业进料加工贸易免税核销证明》后，按证明上注明的“不予抵扣税额抵减额”用红字贷记本科目，同时用红字借记“产品销售成本”科目。生产企业发生国外运保佣费用支付时，按出口货物征退税率之差分摊计算，并冲减不予抵扣税额，用红字贷记本科目，同时用红字借记“产品销售成本”科目。

⑨“转出多交增值税”专栏，核算出口企业月终转出多交的增值税税额。月末企业“应交税费——应交增值税”明细账出现借方余额时，根据余额借记“应交税费——未交增值税”科目，贷记本科目。

（2）“应交税费——未交增值税”科目的核算内容。出口企业必须设置“应交税费——未交增值税”明细科目，并建立明细账。月度终了，将本月应交未交的增值税自“应交税费——应交增值税”科目转入本科目，借记“应交税费——应交增值税（转出未交增值税）”科目，贷记本科目；将本月多交的增值税自“应交税费——应交增值税”科目转入本科目，借记本科目，贷记“应交税费——应交增值税（转出多交增值税）”科目。本月上交上期应交未交的增值税，借记本科目，贷记“银行存款”科目。月末，本科目的借方余额反映企业期末结转下期继续抵扣的进项税额（即留抵税额或专用税票预缴等多缴税款），贷方余额反映期末结转下期应交的增值税。

生产企业实行“免、抵、退”税后，退税的前提必须是计算退税的当期应纳增值税为负，也就是说，当期必须有未抵扣完的进项税额，而当期未抵扣完进项税额在月末须从“应交税费——应交增值税（转出多交增值税）”科目转入本科目，退税实际上退的是本科目借方余额的一部分。在出口退税的处理上，计算应退税时，借记“应收补贴款”科目，贷记“应交税费——应交增值税（出口退税）”科目；收到退税时，借记“银行存款”科目，贷记“应收补贴款”科目。

(3)“应收补贴款”科目的核算内容。

出口企业应设置“应收补贴款”科目，一些企业也使用“应收出口退税款”科目，其借方反映出口企业销售出口货物后，按规定向税务机关办理“免、抵、退”税申报所计算得出的应退税额，企业必须设置明细账进行明细核算。生产企业出口货物进行应免抵税额、应退税额和不予抵扣税额等会计处理。

借：应收补贴款——增值税

　　应交税费——应交增值税（出口抵减内销产品应纳税额）

　　主营业务成本

　贷：应交税费——应交增值税（出口退税）

　　　　　　　——应交增值税（进项税额转出）

6)“免、抵、退”税的会计核算

(1) 购进货物的会计核算。

①采购国内原材料。价款和运杂费计入采购成本，增值税专用发票上注明的增值税税额计入进项税额。根据供货方的有关票据，作如下会计处理：

借：材料采购

　　应交税费——应交增值税（进项税额）

　贷：银行存款（或应付账款等）

原材料入库时，根据入库单作如下会计处理：

借：原材料

　贷：材料采购

②进口原材料。进口有自营进口、委托代理进口，贸易方式又分为进料加工、一般贸易、来料加工（合同约定作价），此处仅以进料加工为例，其他贸易方式除材料明细账二级科目为相应贸易外，账务处理与进料加工相同。

第一，报关进口。出口企业应根据进口合约规定，凭全套进口单证作如下会计处理：

借：材料采购——进料加工（××材料）

　贷：应付外汇账款（或银行存款）

支付进口原辅料件的各项直接费用，作如下会计处理：

借：材料采购——进料加工（××材料）

　贷：银行存款

货到口岸时，计算应纳进口关税或消费税，作如下会计处理：

借：材料采购——进料加工（××材料）

　贷：应交税费——应交进口关税

　　　　　　　——应交进口消费税

第二，缴纳进口料件的税金。出口企业应根据海关出具的完税凭证，作如下会计处理：

借：应交税费——应交进口关税

借：应交税费——应交进口增值税

——应交增值税（进项税额）

贷：银行存款

按税法规定，不需缴纳进口关税、增值税的企业，不作上述应交税费的会计分录。

第三，进口料件入库。进口料件入库后，财会部门应凭储运或业务部门开具的入库单，作如下会计处理：

借：原材料——进料加工（××商品）

贷：材料采购——进料加工（××商品）

③委托加工产品。委托加工材料发出，凭加工合同和发料单作如下会计处理：

借：委托加工材料

贷：原材料

根据委托加工合同支付加工费，凭加工企业的加工费发票和有关结算凭证作如下会计处理：

借：委托加工材料

应交税费——应交增值税（进项税额）

贷：银行存款（或应付账款）

委托加工产品收回，可直接对外销售的，凭入库单作如下会计处理：

借：产成品

贷：委托加工材料

需要继续生产或加工的，凭入库单作如下会计处理：

借：原材料

贷：委托加工材料

（2）销售业务的会计核算。

①内销货物处理。

借：银行存款（或应收账款）

贷：产品销售收入

应交税费——应交增值税（销项税额）

②自营出口销售。销售收入以及不予抵扣税额在记账时以外销发票注明的离岸价为依据。

第一，销售收入。财会部门依开具的外销出口发票上注明的出口额折合人民币，作如下会计处理：

借：应收外汇账款

贷：产品销售收入——一般贸易出口

第二，收到外汇。收到外汇时，财会部门根据结汇水单等，作如下会计处理：

借：汇兑损益

银行存款

贷：应收外汇账款——××客户

第三，不予抵扣税额。计算出口销售额乘以征退税率之差，作如下会计处理：

借：产品销售成本——一般贸易出口

　　贷：应交税费——应交增值税（进项税额转出）

③进料加工贸易。企业在记载销售明细账时原则上要将一般贸易与进料加工贸易通过二级科目分别进行明细核算。进料加工贸易核算与一般贸易相同，只不过进料加工贸易进口料件要按每期进料加工贸易复出口销售额和计划分配率计算"免税核销进口料件组成计税价格"，向主管税务机关申请开具《生产企业进料加工贸易免税证明》，在进口货物海关核销后申请开具《生产企业进料加工贸易免税核销证明》，确定进料加工"不予抵扣税额抵减额"。

第一，出口企业收到主管税务机关开具的《生产企业进料加工贸易免税证明》后，依据注明的"不予抵扣税额抵减额"作如下会计处理：

借：产品销售成本——进料加工贸易出口（红字）

　　贷：应交税费——应交增值税（进项税额转出）（红字）

第二，在一份进料加工手册执行完毕后，如果实际执行情况与手册情况有差异，也必须进行账务调整。在税收机关核实后，对补开的"不予抵扣税额抵减额"作如下会计处理：

借：产品销售成本——进料加工贸易出口（红字）

　　贷：应交税费——应交增值税（进项税额转出）（红字）

对多开的部分，通过核销冲回，以蓝字登记上述会计分录。

第三，委托代理出口作如下会计处理：

借：应收账款等

　　其他应收款——代理手续费[①]

　　贷：主营业务收入

（3）应纳税额的会计核算。根据现行规定，"免、抵、退"税企业出口应税消费品免征消费税，增值税的计算公式如下：

$$\text{当期应纳税额}=\text{当期内销货物的销项税额}-\left(\text{当期全部进项税额}-\text{当期不予抵扣或退税的税额}\right)-\text{上期未抵扣完的进项税额}$$

①如当期应纳税额大于零，月末作如下会计处理：

借：应交税费——应交增值税（转出未交增值税）

　　贷：应交税费——未交增值税

②如当期应纳税额小于零，月末作如下会计处理：

借：应交税费——未交增值税

　　贷：应交税费——应交增值税（转出多交增值税）

（4）"免、抵、退"税的具体会计核算。出口企业应免抵税额、应退税额的核算是在办理退税申报时，根据"生产企业出口货物'免、抵、退'税汇总申报表"上单证齐

① 代理手续费：按外贸企业对外付汇当日国家外汇管理部门公布的外汇牌价（中间价），将到岸价折合人民币，乘以代理手续费率，即代理手续费=到岸价（外币）×对外付汇当日外汇牌价×手续费率。

全的申报数进行会计处理。按当期“生产企业出口货物‘免、抵、退’税汇总申报表”上单证齐全的申报数，分以下三种情况进行会计处理：

①申报的应退税额等于0，申报的应免抵税额大于0时，作如下会计处理：

借：应交税费——应交增值税（出口抵减内销产品应纳税额）

（即申报的应免抵税额）

贷：应交税费——应交增值税（出口退税）

②申报的应退税额大于0，申报的应免抵税额大于0时，作如下会计处理：

借：应收补贴款——增值税

（即申报的应退税额）

应交税费——应交增值税（出口抵减内销产品应纳税额）

（即申报的应免抵税额）

贷：应交税费——应交增值税（出口退税）

③申报的应退税额大于0，申报的应免抵税额等于0时，作如下会计处理：

借：应收补贴款——增值税

（即申报的应退税额）

贷：应交税费——应交增值税（出口退税）

企业在收到出口退税款时，作如下会计处理：

借：银行存款

贷：应收补贴款——增值税

3.“免、抵、退”税的会计调整

1）退（免）税审批结果的会计调整

出口货物退（免）税的审批结果与账务处理不一致需要调整的，分为以下几种情况：

（1）终审金额小于入账金额。调减“免抵退税额”，作如下会计处理：

借：应交税费——应交增值税（出口抵减内销产品应纳税额）（红字）

贷：应交税费——应交增值税（出口退税）（红字）

（2）终审金额大于入账金额。调增“免抵退税额”，作如下会计处理：

借：应交税费——应交增值税（出口抵减内销产品应纳税额）

贷：应交税费——应交增值税（出口退税）

（3）“免抵退出口货物的应退税额”栏目与审批数有差异。出口企业在退税申报的当期按申报数已作会计处理，在免抵退终审后发现差异的，会导致退税部门批准的“免抵退出口货物的应退税额”与生产企业在“增值税纳税申报表”中反映的“免抵退出口货物的应退税额”数存在差异。因此，对批准数大于申报数的，出口企业应按未进行会计处理的批准数补作相应的会计分录调整增加应退税额等科目，对故意拖延入账时间不进行账务处理的，按《中华人民共和国税收征管法》进行处理；对批准数小于申报数的，冲减已作的会计分录，多申报的部分在纳税申报时进行扣减。

（4）“不予抵扣税额抵减额”栏目与审批数有差异。在一个年度内，主管税务机关已出具的《进料加工贸易免税证明》或《进料加工贸易免税核销证明》上“不予抵扣税额抵减额”与生产企业在“增值税纳税申报表”中反映的“不予抵扣税额抵减额”累计数有差异的，应调整以前年度损益，补交已退税款（批准数小于申报数）或建议企业在下期追加申报“不予抵扣税额抵减额”（批准数大于申报数）。

①批准数小于申报数。

应补交税金=“增值税纳税申报表”中“不予抵扣税额抵减额”累计数-当期年度退税部门批准的“不予抵扣税额抵减额”。根据上述结果，作如下会计处理：

借：以前年度损益调整

　贷：应交税费——未交增值税

由于调减以前年度利润而减少的所得税，作如下会计处理：

借：应交税费——应交所得税

　贷：以前年度损益调整

结转“以前年度损益调整”科目时，作如下会计处理：

借：利润分配——未分配利润

　贷：以前年度损益调整

补税时，作如下会计处理：

借：应交税费——未交增值税

　贷：银行存款

②批准数大于申报数。

按差额部分，作如下会计处理：

借：应交税费——未交增值税（红字）

　贷：以前年度损益调整

由于调增以前年度利润而增加的所得税，作如下会计处理：

借：以前年度损益调整

　贷：应交税费——应交所得税

结转“以前年度损益调整”科目时，作如下会计处理：

借：以前年度损益调整

　贷：利润分配——未分配利润

2）计提销项税的会计调整

（1）对应征增值税出口额，作如下会计处理：

借：应收外汇账款

　贷：产品销售收入——××贸易出口

　　　应交税费——应交增值税（销项税额）

当期计算应纳税额时，作如下会计处理：

借：应交税费——应交增值税（已交税金）

　贷：银行存款

（2）对应征消费税货物，作如下会计处理：

借：税金及附加

贷：应交税费——应交消费税

借：应交税费——应交消费税

贷：银行存款

对出口企业已按规定计算免抵退税不得免征和抵扣税额并已转成本的，可从成本科目中转入“进项税额”科目。

3）退关退运免抵税额的会计调整

生产企业出口货物在报关出口后发生退关退运的，应向退税部门申请办理《出口商品退运已补税证明》，退税部门根据退运出口货物离岸价计算调整已免抵退税款。已确认收入的销售产品退回，一般情况下直接冲减退回当月的销售收入、销售成本等，对已申报免税或退税的还要进行相应的“免、抵、退”税调整。分别作如下会计处理：

（1）直接冲减销售收入。

①业务部门在收到对方提运单并由储运部门办理接货及验收、入库等手续后，财会部门应凭退货通知单按原出口金额作如下会计处理：

借：主营业务收入——一般贸易出口（红字）

贷：应收外汇账款

②退货货物的原运保佣以及退货费用，作如下会计处理：

借：待处理财产损溢

贷：主营业务收入——一般贸易出口（原运保佣部分）

银行存款（退货发生的一切国内、外费用）

批准后，作如下会计处理：

借：营业外支出

贷：待处理财产损溢

（2）调整“免、抵、退”税。

应调整免抵退税额=退运出口货物离岸价×外汇人民币牌价×退税率

①不予抵扣税额的调整。部分退货的按退货数量进行分摊，在冲减出口销售收入的同时作如下会计处理：

借：主营业务成本——一般贸易出口（红字）

贷：应交税费——应交增值税（进项税额转出）（红字）

②免抵税额的调整。企业在向主管税务机关申请开具《退运税收已调整证明》时，按照批准的“应调整免抵退税额”进行免抵税额调整或补税，调整免抵税时作如下会计处理：

借：应交税费——应交增值税（出口抵减内销产品应纳税额）（红字）

贷：应交税费——应交增值税（出口退税）（红字）

如果原出口没有“免抵税额”只有“应退税额”的，进行补税时作如下会计处理：

借：应交税费——未交增值税

　贷：银行存款

4）消费税应税出口货物的会计调整

如果出口货物为应税消费品，在计算调整已免抵增值税税款的同时，还应补交已免征的消费税税款。涉及消费税补税的情况主要有退关退货、海关电子信息核对不上、出口后超过法定期限未申报退税等。

①从价定率征收的应税消费品。

应补交消费税金=出口货物离岸价×外汇人民币牌价×消费税税率

生产企业根据主管税务机关的调整意见，补征消费税并作如下会计处理：

借：税金及附加

　贷：应交税费——应交消费税

借：应交税费——应交消费税

　贷：银行存款

②从量定额征收的应税消费品。

应补交消费税金=出口销售数量×单位税额

有关会计调整，如跨年度且涉及以前年度利润调整事项的，未说明的要按“以前年度损益调整”科目进行会计核算。

【做中学9-16】大连某出口企业当月销售自产产品500万元，其中自营出口300万元（一般贸易方式出口），当月取得进项税额70万元，上期留抵税额10万元，当月收齐出口凭证（一票二单）200万元，退税率为10%。要求计算当月的应纳增值税、免抵退税额。

当期不得免征和抵扣税额=300×（13%-10%）=9（万元）

当期应纳增值税=（500-300）×13%-70-10+9=-45（万元）

当期免抵退税额=200×10%=20（万元）

免抵额为0，退税额为20万元。

结转下期抵扣税额=45-20=25（万元）

【做中学9-17】大连某出口企业当月销售自产产品1 000万元，其中自营出口800万元（进料加工贸易方式出口），当月取得进项税额40万元，上期无留抵税额，当期办理免税进口料件金额400万元，当月收齐出口凭证（一票二单）500万元，退税率为10%。要求计算当月的应纳增值税、免抵退税额。

当期不得免征和抵扣税额=800×（13%-10%）-400×（13%-10%）=12（万元）

当期应纳增值税=（1 000-800）×13%-40+12=-2（万元）

当期免抵退税额=500×10%-400×10%=10（万元）

退税额为0，免抵额为10万元。

结转下期抵扣税额=0

应会考核

应知考核

□ 业务考核

【考核项目一】

成本、佣金、税费业务的核算

【背景资料】

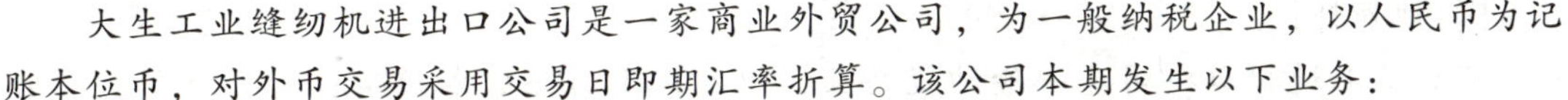

大生工业缝纫机进出口公司是一家商业外贸公司，为一般纳税企业，以人民币为记账本位币，对外币交易采用交易日即期汇率折算。该公司本期发生以下业务：

（1）向甲工厂购入工业缝纫机1 000架，取得的增值税专用发票注明金额为1 400 000元，进项税额为182 000元。款项以银行存款支付，所购工业缝纫机已验收入库。

（2）现根据外销合同对购入工业缝纫机开出商品出库凭证，并连同外销发票、装箱单及其他出口凭证，通过储运部门交付对外运输公司办理托运，今财务部门接到出仓凭证。

（3）外销工业缝纫机已经装船，大生工业缝纫机进出口公司已取得装船提单，按信用证规定将全套出口单证向银行办理交单。出口工业缝纫机外销发票总额为CIF旧金山250 000美元，财务部门今确认外销收入并结转出口商品成本，当日即期汇率中间价为1美元=6.7200元人民币。

（4）银行收妥上列外汇后转入大生工业缝纫机进出口公司的待核查账户，当日即期汇率中间价为1美元=6.7100元人民币。

（5）该出口工业缝纫机合同规定应付国外中间商1.56%的佣金，当日即期汇率中间价为1美元=6.6900元人民币。

（6）应付出口工业缝纫机海运运费5 200美元，当日即期汇率中间价为1美元=6.6700元人民币。

（7）应付出口工业缝纫机保险费1 420美元，当日即期汇率中间价为1美元=6.6600元人民币。

（8）该批出口工业缝纫机外销后，今按规定向公司所在地退税机关申报办理出口退税，大生工业缝纫机进出口公司该批出口工业缝纫机的退税率为9%。

（9）今收到税务机关退还的出口退税款。

【考核要求】

根据上述经济业务，编制会计分录。

【考核项目二】

税费及成本的核算

【背景资料】

江苏华阳进出口公司从挪威进口货物一批，经海关审核其成交价格（CIF价）为120 000美元，已知该批货物关税税率为12%，消费税税率为10%，增值税税率为13%。另外，货物到港后发生到货费用等5 000元，当日美元即期汇率为1美元=6.8228元人民币。

【考核要求】

计算关税完税价格及应征关税税额、消费税税额、增值税税额以及该商品的采购成本。

□ 项目实训

【实训项目一】

进口业务的税费

【实训资料】

汇利商业进出口公司为一般纳税企业，以人民币为记账本位币，对外币交易采用交易日即期汇率折算。该公司2019年12月份为本市A工厂从美国代理进口食用油料一批，成交价格为FOB上海80 000美元，按1.5%收取代理手续费，假设当月即期汇率（记账汇率）为1美元=6.7500元人民币。汇利商业进出口公司向A工厂开出结算清单见表9-8。

表9-8　汇利商业进出口公司开出的结算清单

结算项目	外币金额（美元）	人民币金额（元人民币）
1.进口货款（价）	80 000	540 000
2.国外运费	19 000	128 250
3.国外保险费	2 480	16 740
4.进口到岸价（价）	101 480	684 990
5.进口关税（税率12%）	—	（A）
6.银行手续费（手续费率5‰）	—	（B）
7.代理公司手续费（手续费率1.5%）	—	（C）
8.进口增值税（税率13%）	—	（D）
结算金额合计	—	（E）

【实训要求】

1.计算结算清单括号内字母所代表的数值。

2.汇利公司根据该结算清单，编制相关会计分录。

（1）汇利公司按照代理合同规定，根据代理清单结算金额向委托方A工厂收取代理款项后存入银行，并支付国外货款；

（2）汇利公司支付代理国外运费与保险费；

（3）汇利公司支付代理银行手续费；

（4）汇利公司缴纳代理进口关税与增值税；

（5）汇利公司按代理协议收取代理手续费，并根据所收的手续费缴纳6%的增值税。

【实训项目二】

出口退税业务的核算

【实训资料】

南星公司系具有进出口经营权的生产企业，6月份内销产品销售额为1 200 000元，出口自产产品FOB价格折合人民币为4 500 000元。该月购进材料取得增值税专用发票注明货款为2 800 000元，期初尚有未抵扣的进项税额51 000元。该企业增值税税率为13%，退税率为10%。南星公司2019年7—9月份有关资料见表9-9，假定7月份没有上期留抵税额。

表9-9　南星公司7—9月份有关资料　单位：万元

项　目	明　细	7月	8月	9月
进项税额	上期留抵税额	0		
	本期增加	150	160	110
内　销	销售额	800	400	500
	销项税额	136	68	85
外　销	准予退税的出口额	700	500	700
	不予退税的出口额	113	35.1	
	进口料件金额	300	0	200
	来料加工贸易	200	350	300

【实训要求】

（1）计算该公司2019年7—9月3个月的当月免抵退税不得免征和抵扣税额抵减额、当月免抵退税不得免征和抵扣税额、当月不予退税的出口货物应计提销项税额、当月应纳税额或当月月末留抵税额、当月免抵退税额抵减额、当月免抵退税额、当月应退税额以及当月免抵税额。

（2）编制7—9月3个月的有关出口退税的会计分录。

项目十

技术进出口业务核算

知识目标

1.理解：技术进出口的概念及其方式
2.熟知：技术进出口税务的内容
3.掌握：技术进出口的账务处理

技能目标

1.能够熟悉税法对技术进出口业务的相关规定
2.能够从企业的角度理解技术进出口业务的税务处理及账务处理方法

素质目标

能运用所学技术进出口业务核算理论与实务知识研究相关案例，培养和提高学生在特定业务情境中分析问题与决策设计的能力；能结合“技术进出口业务核算”教学内容，结合行业规范或标准，分析会计行为的善恶，强化学生的职业道德素质。

知识精讲

任务一　技术进出口业务概述

一、技术进出口的概念

技术进出口，也称国际技术转让，有偿的国际技术转让称为“国际技术贸易”。《中华人民共和国技术进出口管理条例》所称的“技术进出口”，是指从中华人民共和国境外向中华人民共和国境内，或者从中华人民共和国境内向中华人民共和国境外，通过贸易、投资或者经济技术合作的方式转移技术的行为。判断是否具有国际性的技术进出口行为并不以进出口双方是否属于不同国籍为标准，而是看该技术是否跨越国境。因此，技术进出口行为要件有：①必须是一种跨境行为；②必须是一种贸易行为。非贸易行为，如无偿赠与或转让，则不属于技术进出口行为的内容。

二、技术进出口与一般贸易的区别

技术进出口作为一种跨越国境行为和一种贸易行为，与一般货物进出口有明显区别：

（1）交易对象不同。技术进出口的交易对象是一种特殊商品，即无形的“知识产品”；而货物进出口指的是有形的物质产品。

（2）转让权限不同。技术进出口转让的只是技术的使用权；而货物进出口的标的一经出售，卖方失去对商品的所有权。

（3）受法律调整和政府管制程度不同。许多国家在有关技术进出口的法律中规定，凡重要的技术引进协议必须呈报政府主管部门审查、批准或登记后才能生效；而货物进出口合同没有这样的要求。

三、技术进出口业务的方式

技术进出口业务的方式很多，主要有技术许可、特许专营、技术咨询服务、合作生产、承包工程、合资经营、合作经营以及含有工业产权或专有技术转让的设备买卖。

国家主管部门对技术进出口实行统一管理，采取“三种技术、两类合同、登记加审批制度”。三种技术是指将技术分为禁止进出口技术、限制进出口技术以及自由进出口技术。两类合同是指技术进口合同和技术出口合同。登记加审批制度是指对属于禁止进出口的技术，不得进口或出口；对属于限制进出口的技术，实行许可证审批管理；对属于自由进出口的技术，实行合同登记管理制度。

（1）技术许可（technology license）。它是技术转让交易中使用最广泛和最普遍的一种贸易方式。专利权、商标权或专有技术所有人作为许可方向被许可方授予某项权利，允许其按许可方拥有的技术实施、制造、销售该技术项下产品，并由被许可方支付一定数额的报酬。

许可贸易有三种基本类型，即专利许可、商标许可和专有技术许可。在技术贸易过程中，三种方式有时单独出现，但多数情况是以其中两种或三种类型的混合方式出现。

（2）特许专营（franchise）。它是指由一家已经取得成功经验的企业，将其商标、商标名称、服务标志、专利、专有技术以及经营管理的方法或经验转让给另一家企业的一项技术转让合同。后者有权使用前者的商标、商品名称、服务标志、专利、专有技术以及经营管理经验，但须向前者支付一定金额的特许费。特许专营的形式一般有产品专销、服务专营和商品专营。

（3）技术咨询服务（technical consulting service）。它是指技术供方或服务方受另一方委托，通过签订技术服务合同，为委托方提供技术劳务，完成某项服务任务并由委托方支付一定技术服务费的活动。技术咨询服务的范围包括产品开发、成果推广、技术改造、工程建设以及科技管理等各个方面和多种多样的形式。咨询费一般按工作量计算，也可以采用技术课题包干定价。一般所付的咨询费相当于项目总投资的5%左右。

（4）承包工程（contract project）。它又称“交钥匙”工程，是指供方为建成整个工厂与自成体系的整个车间向受方提供全部设备、技术、经营管理方法，包括工程项目的设计和施工、设备的提供和安装、受方人员的培训和试车，直接把一个能够开工生产的工厂或车间交给受方。承包工程的特点是与技术直接关联，大部分是新工艺、新技术，其内容包括工程设计、施工安装、原材料供应、技术提供、人员培训、质量管理等全部过程，涉及商品、技术、劳务的进出口，是一种综合性的贸易活动。

任务二　技术进出口税务概述

一、税费条款概述

税费条款是国际技术贸易合同中一项重要的内容。与技术贸易有关的税种主要有所得税和增值税等。

1.所得税

所得税是国家对个人或法人的一切所得征收的一种税，是技术贸易的主要税费，纳税人为供方，征税国为供方、受方双方所在国。

各国对税收的管辖权有属地主义和属人主义两种。属地主义是指一国对来源于本国境内的所得征税，不管其取得者是本国居民还是外国居民。属人主义是指对本国居民取得的来自国内外的所得都要纳税。国际技术贸易是一种跨国界的经济活动，各国对跨国所得平行行使征税权，以致一笔使用费收入两次纳税，造成双重征税问题。为避免双重征税，通常采用的方法有“免税法”、“抵免法”和“饶让法”。

（1）免税法，也称豁免法，是指居住国一方对本国居民来源于来源地国的已在来源地国纳税的跨国所得，在一定条件下放弃居民税收管辖权。

（2）抵免法是目前大多数国家采用的避免国际重复征税的方法。它是指居住国按照居民纳税人的境内外所得或一般财产价值的全额为基数计算其应纳税额，但对居民纳税人已在来源地国缴纳的所得税或财产税额，允许从居住国应纳的税额中扣除，即以纳税人在来源地国已缴纳的税额来抵免其应汇总计算缴纳居住国相应税额的一部分，从而达到避免对居民纳税人的境外所得或财产价值双重征税的效果。

（3）饶让法，是指处于资本输入国地位的来源地国，为使其减免税优惠能发挥实际效用，往往在与资本输出国签订的双重征税协定中要求对方实行税收饶让抵免，即居住国对其居民因来源地国实行减免税优惠而未实际缴纳的那部分税额，应视同已经缴纳同样给予抵免。

2.增值税

增值税是对许可出售的技术使用费征收的一种税，纳税人为供方，征税国为供方、受方双方所在国。

二、技术进口税务

技术进口是指从中国境外向中国境内通过贸易、投资或者经济技术合作的方式转移技术的行为。企业取得《技术进口合同许可证》或《技术合同进口登记证》后，应办理税务、外汇、银行、海关等登记手续。技术进口企业凭上述许可证或登记证及技术合同副本向其主管税务机关办理增值税及预提所得税的纳税申报，按对外支付金额的6%缴纳增值税，并按扣除增值税后的10%缴纳预提所得税。凭已缴纳税款凭证向其主管税务部门取得完税凭证。该完税凭证交技术出口方作为技术进口企业本国抵免所得税的凭证。

预提所得税是为适应跨国权益所得的特点采取的一种源泉征收方法，以实际受益人为纳税义务人，以支付人为扣缴义务人，从每次支付的款项中代扣代缴应纳税额。预提所得税以纳税人取得的收入全额为计税依据，除国家另有规定外，不予减除任何成本和费用，按10%的比例税率计征。但与我国签订双边税收协定国家的外国企业，适用协定规定的限制性税率。预提所得税的计算公式为：

应扣缴税额=支付单位所支付的金额×预提所得税税率

【做中学10-1】某外国公司在中国境内未设立机构、场所，2020年将一项商标使用权提供给中国某外贸企业使用，获特许权使用费200万元。计算该外贸企业应纳的增值税及预提所得税税额。增值税税率6%，预提所得税税率10%。

（1）应纳增值税税额=200×6%=12（万元）

（2）应纳预提所得税税额=（200−12）×10%=18.8（万元）

三、技术出口税务

1.所得税

我国《企业所得税法》规定，纳税人来源于中国境外的所得，已在境外缴纳的所得税税款，准予在汇总纳税时，从其应纳税额中扣除，但是扣除额不得超过其境外所得依照中国税法规定计算的应纳税款。

$$\text{境外所得税税款扣除限额}=\text{境内外所得按我国税法计算的应纳税总额}\times\left(\text{来源于某国的所得额}\div\text{境内境外所得总额}\right)$$

纳税人来源于境外所得在境外实际缴纳的所得税税款，低于按中国税法规定和分国不分项的抵扣方法计算出的扣除限额，可以从应纳税额中扣除其境外实际缴纳的所得税税款；超过扣除限额的，其超过部分当年不得抵扣，但可用以后年度税额扣除不超过限额的余额补扣，补扣期限最长不超过5年。

境外所得税税款扣除限额分国家或地区、不分项计算，是指将来源于同一国家同一地区的各项收入汇总在一起，作为某国、某地区的总所得额，再按我国税法计算抵免限额。来源于不同国家或地区的所得额，应分别计算抵免限额。

【做中学10-2】某企业2020年5月取得境内外生产、经营应纳税所得额3 000万元，其中500万元为该企业技术出口到A国，在A国已实际缴纳100万元预提所得税，我国企业所得税税率25%。计算该企业境外缴纳税款的扣除限额及在国内汇总缴纳所得税税额。

（1）境内外所得应纳税总额=3 000×25%=750（万元）

（2）境外所得税税额扣除限额=750×（500÷3 000）=125（万元）

（3）汇总应纳所得税税额=3 000×25%-100=650（万元）

在A国缴纳的所得税税额100万元低于限额125万元，可全额扣除。如该企业在A国缴纳的所得税税额为150万元，高于扣除限额125万元，其超过扣除限额部分的25万元在本年度不能扣除，用以后年度税额扣除不超过限额的余额续扣。

2.增值税

按我国税法规定，对从事技术出口业务取得的收入免征增值税。

任务三　技术进出口账务处理

一、技术进口的账务处理

1.“无形资产”会计科目

技术进口业务一般通过“无形资产”会计科目进行核算，并按无形资产的类别设置明细账。无形资产是指企业拥有或者控制的没有实物形态的可辨认非货币性资产。无形资产确认时必须同时满足下列条件：①符合无形资产的定义。②与该资产相关的预计未来经济利益很可能流入企业。通常情况下，未来经济利益可能包括在销售商品、提供劳务的收入中或者企业使用该项资产而减少或节约的成本中，以及体现在获得的其他利益中。③该资产的成本能够可靠地计量。如果技术进口的成本无法可靠计量，不作为无形资产确认，计入当期损益。

2.技术进口的成本

（1）外购技术的成本。企业购进技术发生的成本，包括购买价款、相关税费以及直接归属于使该项资产达到预定用途所发生的其他支出。直接归属于使该项资产达到预定用途所发生的其他支出，包括达到预定用途所发生的专业服务费用、测试费用等。购买价款超过正常信用条件延期支付价款的，应按购买价款的现值计量其成本，现值与应付价款之间的差额作为确认的融资费用，在付款期间内按照实际利率法确认为利息费用。

在国际技术贸易中，采用的使用费支付方式主要有总付和提成支付两种。①总付是指在签订合同时，许可方与被许可方谈妥一笔固定的金额，在合同生效后，由被许可方按合同约定，一次或分期支付的办法。②提成支付是指在签订合同时，当事人双方确定一个提取使用费的百分比，待被许可方利用技术开始生产并取得经济效果（如产量、销售额、利润等）之后，以经济效果为基础，定期连续提取使用费的方法。在提成支付条件下，如果技术进口的价值不能确定，则不能将该技术确认为无形资产进行会计核算。

【做中学10-3】大连A企业以100万美元从B国企业购入一项专利权，对方负担预提所得税及增值税。当日汇率中间价为USD1=CNY6.2400，该企业有美元账户，无须购汇。增值税税率6%，预提10%的所得税。

（1）预提所得税及增值税：

借：应交税费——应交增值税（USD1 000 000×6.2400×6%）　374 400

——应交预提所得税（（USD1 000 000×6.2400−374 400）×10%）

586 560

贷：银行存款　960 960

（2）按合同金额计入无形资产成本：

借：无形资产　6 240 000

贷：应付账款　6 240 000

同时结转代扣税金：

借：应付账款　960 960

贷：应交税费——应交增值税　374 400

——应交预提所得税　586 560

（3）支付扣税后的净价款：

借：应付账款（USD1 000 000×6.2400−374 400−586 560）　5 279 040

贷：银行存款（USD1 000 000×6.2400−374 400−586 560）　5 279 040

【做中学10-4】甲进出口公司以100万美元从B国企业购入一项专利权，对方负担预提所得税及增值税，当日汇率中间价为USD1=CNY6.18，卖出价为USD1=CNY6.19，该企业有美元现汇账户，无须购汇。增值税税率为6%，预提10%的所得税。

（1）预提应交所得税及增值税。做会计分录为：

借：应交税费——应交增值税（USD1 000 000×6.18×6%）　370 800

——应交预提所得税（（USD1 000 000×6.18−370 800）×10%）

580 920

贷：银行存款——美元户　951 720

（2）按合同金额计入无形资产成本。做会计分录为：

借：无形资产——专利权（USD1 000 000×6.18）　6 180 000

贷：应付外汇账款——B国企业——美元户（USD1 000 000×6.18）　6 180 000

同时结转代扣税金：

借：应付外汇账款——B国企业——美元户　951 720

贷：应交税费——应交增值税　370 800

——应交预提所得税　580 920

（3）支付扣税后的净价款。做会计分录为：

借：应付外汇账款——B国企业——美元户　5 228 280

贷：银行存款——美元户　5 228 280

总付分次付清的情况，对于分期支付无形资产价款的会计分录可另设“未完引进技术”会计科目。

【做中学10-5】沿用【做中学10-3】资料，假设100万元分三次付清，第一年、第二年各付40万美元，第三年付20万美元，合同规定该项专利权可使用5年。

第一次付款：

（1）代缴增值税和预提所得税。做会计分录为：

借：应交税费——应交增值税（USD400 000×6.18×6%） 148 320

——应交预提所得税（（USD400 000×6.18−148 320）×10%） 232 368

贷：银行存款——美元户 380 688

（2）合同规定的第一次应付价款记入“未完引进技术”科目。做会计分录为：

借：未完引进技术（USD400 000×6.18） 2 472 000

贷：应付外汇账款——B国企业——美元户（USD400 000×6.18） 2 472 000

（3）结转代扣税金。做会计分录为：

借：应付外汇账款——B国企业——美元户 380 688

贷：应交税费——应交增值税 148 320

——应交预提所得税 232 368

（4）支付进口技术款。做会计分录为：

借：应付外汇账款——B国企业——美元户 2 091 312

贷：银行存款——美元户 2 091 312

第二次付款：

分录同第一次付款。

第三次付款：

（1）代缴增值税和预提所得税。做会计分录为：

借：应交税费——应交增值税（USD200 000×6.18×6%） 74 160

——应交预提所得税（（USD200 000×6.18−74 160）×10%） 116 184

贷：银行存款——美元户 190 344

（2）合同规定的第三次应付价款记入“未完引进技术”科目。做会计分录为：

借：未完引进技术（USD200 000×6.18） 1 236 000

贷：应付外汇账款——B国企业——美元户（USD200 000×6.18） 1 236 000

（3）结转代扣税金。做会计分录为：

借：应付外汇账款——B国企业——美元户 190 344

贷：应交税费——应交增值税 74 160

——应交预提所得税 116 184

（4）支付进口技术款。做会计分录为：

借：应付外汇账款——B国企业——美元户 1 045 656

贷：银行存款——美元户 1 045 656

(5) 结转未完引进技术的资产价值。做会计分录为：

借：无形资产——专利权（USD1 000 000×6.18）　　6 180 000

　贷：未完引进技术（USD1 000 000×6.18）　　6 180 000

(6) 摊销当月无形资产使用成本。做会计分录为：

借：管理费用——无形资产摊销　　103 000

　贷：累计摊销　　103 000

【做中学10-6】某进出口公司从甲国A企业进口其商品的商标使用权，合同规定每年按年销售收入的10%支付A企业使用费，使用期10年。假定第一年某进出口公司销售收入为10万美元，第二年销售收入为16万美元，这两年的使用费按期支付。对方负担预提所得税及增值税，当日汇率中间价为USD1=CNY6.18，该企业有美元现汇账户，无须购汇。增值税税率为6%，预提10%的所得税。

某进出口公司第一年年底付款：

(1) 代缴增值税和预提所得税。做会计分录为：

借：应交税费——应交增值税（USD100 000×10%×6.18×6%）　　3 708

　　　　　——应交预提所得税（（USD100 000×10%×6.18−3 708）×10%）

　　　　　　　　5 809.2

　贷：银行存款——美元户　　9 517.2

(2) 合同规定的第一次应付价款记入“未完引进技术”科目。做会计分录为：

借：未完引进技术（USD100 000×10%×6.18）　　61 800

　贷：应付外汇账款——甲国A企业——美元户（USD100 000×10%×6.18）　61 800

(3) 结转代扣税金。做会计分录为：

借：应付外汇账款——甲国A企业——美元户　　9 517.2

　贷：应交税费——应交增值税　　3 708

　　　　　　——应交预提所得税　　5 809.2

某进出口公司第二年年底付款：

(1) 代缴增值税和预提所得税。做会计分录为：

借：应交税费——应交增值税（USD160 000×10%×6.18×6%）　　5 932.8

　　　　　——应交预提所得税（（USD160 000×10%×6.18−5 932.8）×10%）

　　　　　　　　9 294.72

　贷：银行存款——美元户　　15 227.52

(2) 合同规定的第二次应付价款记入“未完引进技术”科目。做会计分录为：

借：未完引进技术（USD160 000×10%×6.18）　　98 880

　贷：应付外汇账款——甲国A企业——美元户（USD160 000×10%×6.18）　98 880

(3) 结转代扣税金。做会计分录为：

借：应付外汇账款——甲国A企业——美元户　　15 227.52

　贷：应交税费——应交增值税　　5 932.8

　　　　　　——应交预提所得税　　9 294.72

以后每年会计分录同上。

（2）投资者投入技术的成本。投资者投入的技术，应按投资合同或协议约定的价值确定该技术的取得成本，借记“无形资产”科目；按投入资本在注册资本或股本中所占份额，贷记“实收资本”或“股本”科目，按其差额，贷记“资本公积——资本溢价”或“资本公积——股本溢价”等科目。

3.以产品补偿引进国外技术的会计核算

技术出口国提供专利和非专利技术的所有权或使用权，我国企业利用该技术生产的产品来偿还该技术的使用费，此类业务属于补偿贸易，带有融资性质。引进技术不需立即付汇，按我国税法规定需交增值税和预提所得税。

（1）引进技术按合同价值记账：

借：无形资产

　贷：长期应付款

（2）第一次向国外交货偿还技术使用费：

借：长期应付款

　贷：主营业务收入

同时结转成本：

借：主营业务成本

　贷：库存商品

（3）代扣缴增值税和预提所得税：

借：长期应付款

　贷：应交税费——应交增值税

　　　　　　——应交预提所得税

（4）缴纳增值税和预提所得税：

借：应交税费——应交增值税

　　　　　——应交预提所得税

　贷：银行存款

（5）每月无形资产摊销：

借：管理费用（或制造费用等）

　贷：累计摊销

4.技术进口的后继计量

如果进口的技术作为“无形资产”进行核算，在初始成本确定后，使用该项技术期间内应以成本减去累计摊销额和累计减值损失后的余额计量。

对使用寿命有限的技术，应在其预计的使用寿命内采用系统合理的方法对应摊销金额进行摊销。应摊销金额是指技术的成本扣除残值后的金额，已计提减值准备的，还应扣除计提的减值准备累计金额。残值一般应视为零。摊销期自可供使用时起至终止确认时止，即当月增加的当月开始摊销，当月减少的当月不再摊销。摊销方法应当能反映与该技术有关的经济利益的预期实现方式，并一致地运用于不同会计期间，包括直线法、生产总量法、加速折旧法等。摊销时，根据该技术所服务的对象，将其摊销价值计入相关资产的成本或当期损益。

对使用寿命不确定的技术，在持有期间内不需要摊销，但应当在每个会计期间进行减值测试。如果经测试表明已发生减值，则需要计提相应的减值准备，借记“资产减值损失”科目，贷记“无形资产减值准备”科目。

二、技术出口的账务处理

1.企业提供技术服务的账务处理

企业为技术进口国设计软件、开发新产品、培训技术人员、设计产品、建筑设计等均属技术服务。提供技术服务的交易结果必须同时满足下列条件，才能确定收入：①收入的金额能够可靠地计量；②相关的经济利益很可能流入企业；③提供技术服务的完成进度能够可靠地确定；④交易中已发生和将发生的成本能够可靠地计量。

提供技术服务收入的确认有下列几种情况：

（1）提供技术服务从开始到完成，处在同一会计年度内，应当在完成服务时确认收入。

（2）如果提供技术服务不能在一个会计年度内完成，而提供技术服务交易的结果能够可靠估计，企业在资产负债表日应当采用完工百分比法确认提供劳务收入。

完工百分比法是指按照技术服务的完成进度确认收入和费用的方法。合同总收入一般在双方签订的合同或协议中确定，企业应当在资产负债表日按照提供技术服务的收入总额乘以完成进度扣除以前会计期间累计已确认提供技术服务收入后的金额，确认当期提供技术服务收入；同时，按照提供技术服务估计总成本乘以完工进度扣除以前会计期间累计已确认成本后的金额，结转当期提供技术服务成本。企业确定提供技术服务交易的完成程度，可以选用下列方法：①已完成工作的测量；②已经提供的技术服务占应提供技术服务总量的比例；③已经发生的成本占估计总成本的比例。

（3）如果外贸企业在资产负债表日提供技术服务的交易结果不能够可靠估计，应当分下列情况处理：①已经发生的技术服务成本预计能够得到补偿的，按照已经发生的成本金额确认提供技术服务收入，并按相同金额结转成本。②已经发生的技术服务成本预计不能够得到补偿的，应当将已经发生的成本计入当期损益，不确认提供技术服务收入。

（4）外贸企业在与外商签订既有销售商品又有提供技术服务的合同或协议时，如果销售商品部分和提供技术服务部分能够区分且能够单独计量，企业应分别核算商品部分和技术服务部分，并分别作销售商品处理和提供技术服务处理；如果不能够区分，或虽能区分但不能够单独计量，企业应当将销售商品部分和提供技术服务部分全部作为销售商品部分进行会计处理。

【做中学10-7】大连甲公司于2019年9月为A国企业设计工程项目，设计费为50万美元，期限为6个月，合同规定A国企业预付设计费5万美元，余款在设计完成后支付。至2019年12月31日已发生成本200万元（假定为设计人员工资），预计完成该设计项目还将发生成本120万元。2019年12月31日，经专业人员测评，设计工程已完成75%。

当日汇率中间价为USD1=CNY6.6500，假定期内汇率无变动。A国征收的预提所得税税率为10%。

2019年确认收入=劳务总收入×劳务的完成程度-以前年度已确认的收入
=500 000×6.6500×75%-0=2 493 750（元）

2019年确认费用=劳务总成本×劳务的完成程度-以前年度已确认的成本
=（2 000 000+1 200 000）×75%-0=2 400 000（元）

编制会计分录如下：

（1）收到预收款，已扣预提所得税：

借：银行存款（USD50 000×6.6500）　332 500
　贷：预收账款——A国企业（USD50 000×6.6500）　332 500

（2）结转代缴预提所得税：

借：所得税费用　33 250
　贷：应交税费——应交预提所得税　33 250

（3）2019年发生成本时：

借：劳务成本　2 000 000
　贷：应付职工薪酬　2 000 000

（4）2019年12月31日资产负债表日确认收入：

借：应收账款——应收国外账款（A国企业）（USD500 000×75%×6.6500）
　2 493 750
　贷：主营业务收入（或其他业务收入）（USD500 000×75%×6.6500）　2 493 750

同时结转成本：

借：主营业务成本（或其他业务成本）　2 000 000
　贷：劳务成本　2 000 000

（5）2020年发生成本时：

借：劳务成本　1 200 000
　贷：应付职工薪酬　1 200 000

（6）设计工程完工时确认余下25%进度的收入：

借：应收账款——应收国外账款（A国企业）（USD500 000×25%×6.6500）
　831 250
　贷：主营业务收入（或其他业务收入）（USD500 000×25%×6.6500）　831 250

同时结转成本：

借：主营业务成本（或其他业务成本）　120 000
　贷：劳务成本　120 000

（7）收到A国企业设计费余款，已扣预提所得税：

借：银行存款（USD450 000×（1-10%）×6.6500）　2 693 250
　应交税费——应交预提所得税（USD450 000×10%×6.6500）　299 250
　预收账款——A国企业（USD50 000×6.6500）　332 500

贷：应收账款——A国企业（（USD375 000+USD125 000）×6.6500）　3 325 000

（8）结转代缴预提所得税：

借：所得税费用　299 250

贷：应交税费——应交预提所得税　299 250

甲公司在A国缴纳的预提所得税，在国内汇总缴纳企业所得税时予以抵扣。

2.技术转让的账务处理

技术转让，又称技术权益转让，是指外贸企业将其所拥有的专利和非专利技术等的所有权或使用权有偿转让给他人使用的行为。它可以用图纸、技术资料等形式有偿转让技术所有权或使用权。这类交易属企业让渡资产使用权，因而使用费的收入作为收入处理。让渡资产使用权收入同时满足下列条件，才能予以确认：①相关的经济利益很可能流入企业；②收入的金额能够可靠地计量。

使用费收入应按有关合同、协议规定的收费时间和方法确认。不同的使用费收入，其收费时间和收费方法各不相同。有的一次收回一笔固定的金额，如一次收取10年的场地使用费；有的在协议规定的有效期内分期等额收回，如合同规定在使用期内每期收取一定固定的金额；有的分期不等额收回，如合同规定按资产使用方每期销售额的百分比收取使用费等。

如果合同、协议规定使用费一次支付，且不提供后期服务的，应视同该项资产的销售收入一次确认；如提供后期服务的，应在合同、协议规定的有效期内分期确认收入。如果合同、协议规定分期支付使用费，应按规定的收款时间和金额或收费方法计算的金额分期确认收入。

（1）转让技术的所有权。外贸企业出售某项技术时，应按实际收到的金额，借记“银行存款”等科目，按已计提的累计摊销，借记“累计摊销”科目，原已计提减值准备的，借记“无形资产减值准备”科目；按应支付的相关税费，贷记“应交税费”等科目，按其账面余额，贷记“无形资产”科目；按其差额，贷记“营业外收入——处置非流动资产利得”科目或借记“营业外支出——处置非流动资产损失”科目。

（2）转让技术的使用权。外贸企业将所拥有的技术使用权让渡给外国的企业或个人时，应确认相关的收入和成本，通过其他业务收支科目进行核算。取得的租金收入，借记“银行存款”等科目，贷记“其他业务收入”等科目；摊销出租技术的成本并发生与转让有关的各种费用支出，借记“其他业务成本”科目，贷记“累计摊销”等科目。

【做中学10-8】大连甲企业将一项专利权转让给A国企业使用，合同规定使用期为4年，使用费为40万美元，分4次收取，并当即结汇。该专利权的账面余额为20万元，摊销期限10年。A国不征收预提所得税，不考虑其他因素。当日汇率买入价为USD1=CNY6.6500。编制会计分录如下：

（1）每次收取使用费时：

借：银行存款（USD100 000×6.6500）　665 000

贷：其他业务收入（USD100 000×6.6500）　665 000

（2）按年对该项专利权进行摊销：

借：其他业务成本　　20 000

　贷：累计摊销　　20 000

甲企业在汇总缴纳企业所得税时，应将该笔收入计入应纳税所得额。

应会考核

应知考核

□ 业务考核

【考核项目】

技术使用费的账务处理

【背景资料】

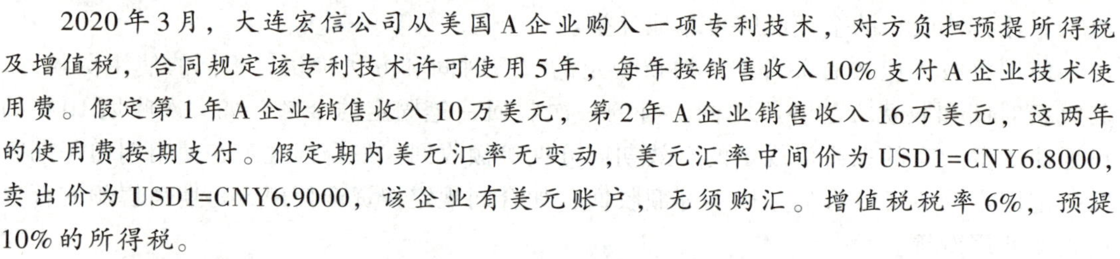

2020年3月，大连宏信公司从美国A企业购入一项专利技术，对方负担预提所得税及增值税，合同规定该专利技术许可使用5年，每年按销售收入10%支付A企业技术使用费。假定第1年A企业销售收入10万美元，第2年A企业销售收入16万美元，这两年的使用费按期支付。假定期内美元汇率无变动，美元汇率中间价为USD1=CNY6.8000，卖出价为USD1=CNY6.9000，该企业有美元账户，无须购汇。增值税税率6%，预提10%的所得税。

【考核要求】

根据上述背景资料，分别在账款第一次付清和账款平均分三次等额付清的情况下，编制必要的会计分录。

□ 项目实训

【实训项目】

增值税及预提所得税的核算

【实训资料】

大连某外贸企业2020年接受在中国境内设立机构、场所的某一外国公司商标使用权，支付特许权使用费400万元。该企业2020年取得境内外生产、经营应纳税所得额6 000万元，其中1 000万元为该企业的一项专利权技术出口到A国，在A国已实际缴纳500万元预提所得税。已知我国增值税税率为6%，预提所得税税率为10%，企业所得税税率为25%。

【实训要求】

根据上述背景资料：（1）计算该企业应纳的增值税及预提所得税；（2）计算该企业境外所得税税额扣除限额；（3）计算该企业国内汇总应纳所得税税额。

项目十一

样品、展品、包装物、物料用品和低值易耗品核算

知识目标

1. 理解：样品、展品、包装物、物料用品和低值易耗品的相关概念
2. 熟知：样品、展品、包装物、物料用品和低值易耗品的内容
3. 掌握：样品、展品、包装物、物料用品和低值易耗品业务核算的账务处理

技能目标

1. 能够熟悉展品、包装物、物料用品、低值易耗品业务核算的账户结构及对应账户
2. 能够掌握样品、包装物、物料用品、低值易耗品业务核算的账务处理

素质目标

能运用所学样品、展品、包装物、物料用品和低值易耗品核算理论与实务知识研究相关案例，培养和提高学生在特定业务情境中分析问题与决策设计的能力；能结合“样品、展品、包装物、物料用品和低值易耗品核算”教学内容，结合行业规范或标准，分析会计行为的善恶，强化学生的职业道德素质。

知识精讲

任务一　样展品核算

一、样展品的概念

样展品是指从一批商品中抽取出来的或由生产、使用部门设计、加工出来的，足以反映和代表整批货物品质的少量实物。提供商品样品是外贸企业经营进出口交易不可缺少的条件，它是与客商洽谈交易的依据。展品是外贸企业经营进出口交易中展览和销售相结合贸易方式下的产物。现在不仅有大型定期的国际博览会、综合商品展览会，也有许多定期、不定期的高新技术专业展览会，样展品主要有以下几个作用：

（1）通过现场陈列展览商品，可以起到向顾客广泛宣传商品、开拓市场、促进销售的作用。

（2）通过举办展览可以从参观者和顾客角度了解对企业所经营产品的意见和问题，并求得双方满意的解决办法，留住老客户，发展新客户。

（3）通过举办展览不仅可以了解市场的许多信息，也可以了解同行产品和业务发展的情况及今后的发展趋势。

外贸企业进出口交易的商品品种规格、花色、质量多样，样展品的规格相当复杂，样展品的来源渠道不一，有的来自国外，有的来自国内；有的是由客商无偿提供，有的是自行采购。由于样展品的来源与用途复杂，必须建立专职的样展品管理部门，负责样展品的收入、发出与保管工作，并建立收入、发出和保管制度，设立账簿或卡片登记，样展品管理部门应根据有关负责人员审核批准的凭证收发样展品。比如样展品的采购，应由业务部门负责，对国外进口的样展品，应按批准的进口计划及单证验收。又比如样展品的发出，也应由业务部门办理必要的凭证手续，对发出不明去向的样展品，应先作借样，以后按规定手续报账。对商品交易会、博览会发送样展品，应根据业务部门编制的样展品发送清单发给经办人员，待会期结束，按规定办理退回与报销清算工作。样展品管理部门对所管样品应经常或定期地进行盘点，做到账实相符。

二、样展品业务的账务处理

外贸企业对样展品的核算，应在“库存商品”账户下设样展品专户进行总分类核算，按出口样品、进口样品、出国展品、国内陈列展品、交易会样展品、借用样品等及其品名进行明细分类核算，同时登记其数量与金额。

“库存商品——样展品”账户，用以核算外贸企业存放自库和陈列在国内外的样品、展品和卖品。该账户的借方反映验收入库或其他原因增加数；贷方反映销售、赠送或其他原因减少数；余额在借方，反映样展品的结存数。

三、样展品收发业务的账务处理

（1）外贸企业购进样品时，按采购成本记账。

【做中学11-1】大连华为外贸企业业务部门购进样展品100 000元，税金13 000元，交样展品管理部门验收入库。编制会计分录如下：

借：库存商品——样展品	100 000	
应交税费——应交增值税（进项税额）	13 000	
贷：银行存款		113 000

（2）接受赠送的无价样品，应按市场价格或同类样品价格估价入账，并作为营业外收入处理。

【做中学11-2】大连华为企业接受国外客户无偿赠送样品，按现行市场价格计价20 000元（税务略）。编制会计分录如下：

借：库存商品——样展品　　20 000

　贷：营业外收入　　20 000

（3）企业向组织单位提供样展品作为内销，向组织单位收取销货价款。

【做中学11-3】大连华为企业发送给经办单位组织到国外展览的样展品成本5 000元，作为内销计价8 000元，增值税税率13%。编制会计分录如下：

借：应收账款　　9 040

　贷：主营业务收入　　8 000

　　　应交税费——应交增值税（销项税额）　　1 040

同时结转库存商品成本：

借：主营业务成本　　5 000

　贷：库存商品——样展品　　5 000

（4）企业出售样品给国外客商，应确认出口商品销售收入。

【做中学11-4】大连华为企业出售样品给外国客商，库存成本4 000元，收到1 000美元，存入中国银行，当日汇率为USD1=CNY6.3000。编制会计分录如下：

借：银行存款（USD1 000×6.3000）　　6 300

　贷：主营业务收入（USD1 000×6.3000）　　6 300

同时结转销售成本：

借：主营业务成本　　4 000

　贷：库存商品——样展品　　4 000

（5）企业无偿提供给国外客商样品，计入销售费用。

【做中学11-5】大连华为企业无偿提供给国外客商样品，计价500元，增值税税率13%。编制会计分录如下：

借：销售费用　　565

　贷：库存商品——样展品　　500

　　　应交税费——应交增值税（进项税额转出）　　65

（6）企业发出在国内陈列展览的样展品，如果数量较小、价值较低，可作为销售费用支出。

【做中学11-6】大连华为企业发送给国内大连星海展览馆陈列展览的小量低价样展品，计价2 000元，增值税税率13%。编制会计分录如下：

借：销售费用　　2 260

　贷：库存商品——样展品　　2 000

　　　应交税费——应交增值税（进项税额转出）　　260

任务二　包装物核算

一、包装物的概念

包装物是指为了包装本企业产品、商品而储备的各种包装容器。对外贸企业而言，包装物在保护商品的安全、完整和美观等方面发挥着重要的作用。

下列各项不属于包装物核算的范围：①各种包装材料，如纸、绳、铁丝等，这些属于一次性消耗的包装用材料，应作为原材料进行核算；②用于储存和保管而不对外出售的包装物，可多次周转使用，它的价值与使用年限不等，应按其价值的大小与使用年限的长短，分别作为固定资产与低值易耗品进行管理和核算；③计划单独列作企业商品或产品的自制包装物，应作为库存商品进行管理和核算。

二、包装物的账务处理

包装物的核算，包括包装物的购进与领用、包装物的加工与修理以及包装物的租赁等内容。

外贸企业的包装物在“包装物”账户进行核算。该账户的借方反映购进、调入或其他原因增加数；贷方反映领用、调出、销售或其他原因减少数；余额在借方，反映包装物的结存数。

根据2014年《企业会计准则》的规定，包装物和低值易耗品在“周转材料”科目核算，也可单独设置“包装物”和“低值易耗品”科目分别核算。

1.包装物的购进

外贸企业购进的包装物，有随货购进与单独购进两种方式，其中随货购进又有单独作价与不单独作价两种情况。随货购进的包装物，不论是否单独作价，都作为增加商品成本记账。购进入库的包装物应按进货成本记账。单独购进的包装物包括包装物的价格加上运达车站、码头的运杂费用。

（1）随货购进包装物。

【做中学11-7】大连滨海外贸企业购进化工原料100桶，每桶100元，盛装原料的钢桶每只20元，增值税税率13%。商品验收入库，货款用银行存款支付。编制会计分录如下：

借：库存商品　　12 000

　　应交税费——应交增值税（进项税额）　　1 560

　贷：银行存款　　13 560

（2）单独购进包装物。

【做中学11-8】大连滨海外贸企业从外地购进包装物一批，计价60 000元，增值税税率13%。包装物验收入库，货款用银行存款支付。编制会计分录如下：

借：包装物　　60 000

　　应交税费——应交增值税（进项税额）　　7 800

　　贷：银行存款　　67 800

2.包装物的领用

外贸企业领用的包装物，应按其实际进价或成本计价。领用随同产品出售但不单独计价的包装物，应作为销售费用支出；随同产品出售并单独计价的包装物，应作为销售成本记账，借记“其他业务成本”账户，贷记“包装物”账户。

【做中学11-9】大连滨海外贸企业储运部门领用塑料箱一批，成本为10 000元，用于包装出口商品。编制会计分录如下：

借：销售费用　　10 000

　　贷：包装物　　10 000

3.包装物的修理

外贸企业购进的包装材料，有时需要经过加工才能使用。不论自行加工或委托外单位加工，所发生的加工费、税金，都应计入包装物成本。对于周转用包装物发生的修理费用，应作为销售费用处理。

【做中学11-10】大连滨海外贸企业对周转用包装物进行修理，领用库存材料3 000元，用银行存款支付加工费7 000元。编制会计分录如下：

借：销售费用　　10 000

　　贷：原材料　　3 000

　　　　银行存款　　7 000

4.包装物的销售与调拨

外贸企业购进的包装物，主要作为自用。但是可能有进出口商品品种、数量发生变动，原购入包装物发生多余或变为不需要的情况，对于不需要的包装物的出售，应将其进价或成本结转销售成本。

【做中学11-11】大连滨海外贸企业将多余的包装物10 000元对外销售，收入15 000元，并存入银行，增值税税率13%。编制会计分录如下：

借：银行存款　　16 950

　　贷：其他业务收入——包装物销售　　15 000

　　　　应交税费——应交增值税（销项税额）　　1 950

借：其他业务成本——包装物销售　　10 000

　　贷：包装物　　10 000

5.包装物的租赁

在外贸企业的业务中，通常还会发生出租或租入包装物。包装物的出租或租入，要涉及保证金与租金。保证金在收回包装物时归还；付出租金作为销售费用，收入租金作为其他业务收入。

（1）租入包装物。

【做中学11-12】大连滨海外贸企业从某化工厂购入散装化工原料100吨，租入玻璃钢桶40只，用银行存款支付押金5 000元。编制会计分录如下：

借：其他应收款——存出保证金　　5 000

贷：银行存款　5 000

归还包装物，收回押金，并支付租金400元。编制会计分录如下：

借：银行存款　4 600

销售费用　400

贷：其他应收款——存出保证金　5 000

(2) 出租包装物。

【做中学11-13】大连滨海外贸企业销售进口商品，出租包装物收取押金6 000元。编制会计分录如下：

借：银行存款　6 000

贷：其他应付款——存入保证金　6 000

收回包装物，租金收入500元，用银行存款退回押金。编制会计分录如下：

借：其他应付款——存入保证金　6 000

贷：银行存款　5 500

其他业务收入　500

6.包装物的清查

对于库存包装物，应定期或不定期进行清查盘点，如果发现有盘盈、盘亏、毁损，应先转入"待处理财产损溢"账户，待查明原因后，再按规定转账。包装物盘亏，经查明为责任事故造成的，应作为责任赔偿处理，计入其他应收款；包装物盘盈，经查明为收发点数尾差积余或自然升溢，应抵减管理费用。

【做中学11-14】大连滨海外贸企业年终财产清查，盘点包装物，发现盘亏500元。编制会计分录如下：

借：待处理财产损溢——待处理流动资产损溢　500

贷：包装物　500

如果为盘盈，则借贷相反。编制会计分录如下：

借：包装物　500

贷：待处理财产损溢——待处理流动资产损溢　500

假设包装物盘亏，经查明为自然损耗，领导批准转销。编制会计分录如下：

借：管理费用　500

贷：待处理财产损溢——待处理流动资产损溢　500

如果盘亏经查明为责任事故造成，则作为责任赔偿处理。编制会计分录如下：

借：其他应收款　500

贷：待处理财产损溢——待处理流动资产损溢　500

如果盘盈经查明为收发点数尾差积余或自然升溢所致，抵减管理费用。编制会计分录如下：

借：待处理财产损溢——待处理流动资产损溢　500

贷：管理费用　500

任务三　物料用品核算

一、物料用品的概念

外贸企业购置的物料用品，如燃料、油料、维修材料、办公用品、劳动保护用品、医药卫生材料等，是保证企业进行正常经营管理活动所必需的物质条件。物料用品的种类多，规格复杂，购置领用频繁，为了管好用好物料用品，提高物料用品的使用效益，应对其进行分类管理与核算。

按用途不同，物料用品可分为以下几类：①燃料与油料。其指各种车辆用的汽油、柴油、润滑油等，不包括食堂与管理部门生活用的燃料。②机械设备零配件。其指各种车辆、机械设备等维修用的备料。③水电设备零配件。其指用于安装和维修自来水、电器、电话、煤气、暖器等设备用的材料与零配件。④维修材料。其指用于维修房屋、仓库、场地、低值易耗品等方面的钢铁、木材、水泥、油漆、铁丝铁钉等材料。⑤劳动保护用品。其指各种防护劳动用品，如工作服、工作鞋等以及制作防护劳动用品的原材料。⑥医药卫生用品。其指各种医疗设备与药剂等。⑦畜禽用饲料。其指饲养役畜和商品畜禽需用的各种饲料。⑧其他。

外贸企业应对物料用品实行分类存放管理，按类别品名设账卡登记其收发数量，并指定专人负责，以保护物料用品的安全完整。财会部门按物料用品类别进行明细分类核算，按类别进行金额控制，能够大量地节省核算工作量。

二、物料用品的账务处理

外贸企业物料用品的总分类核算是在“原材料”账户下设的“物料用品”专户中进行。“原材料——物料用品”账户的借方反映购入、调入或其他原因增加数；贷方反映领用、销售或其他原因减少数；余额在借方，反映物料用品的储存数。物料用品的计价，与包装物核算相同。购入与领用都按进价或成本，即实际成本记账。所谓进价或成本，是购买价格加上运杂费。根据物料用品领用数量零星、价值小的特点，在领用手续上可采用简化领用凭证办法，即平时使用领物登记数量签字或小票领物，月底汇总填制一张领用凭证交会计部门登账。物料用品购进、领用、加工、调拨与销售等核算方法与包装物核算基本相同。

1.物料用品的购进

（1）购进交库。

【做中学 11-15】大连滨海外贸企业购进维修房屋建筑物用水泥 10 000 元，增值税税率 13%。物资验收入库，货款通过银行转账结算。编制会计分录如下：

借：原材料——物料用品（水泥）	10 000	
应交税费——应交增值税（进项税额）	1 300	
贷：银行存款		11 300

（2）购进直接交付使用。

【做中学11-16】大连滨海外贸企业销售部门为汽车队维修汽车购进零件1 500元，立即交付使用，货款用银行存款支付。编制会计分录如下：

借：销售费用　　1 500
　贷：银行存款　　1 500

2.物料用品的领用

【做中学11-17】大连滨海外贸企业销售部门修理仓库，领用水泥5 000元，木材4 000元，增值税税率13%。编制会计分录如下：

借：销售费用　　10 170
　贷：原材料——物料用品（水泥）　　5 000
　　　　　——物料用品（木材）　　4 000
　　　应交税费——应交增值税（进项税额转出）　　1 170

3.物料用品的加工

【做中学11-18】大连滨海外贸企业领用木材4 000元，委托外单位加工包装用木箱，支付加工费1 000元。木箱加工完成验收入库，加工费用银行存款支付，增值税税率13%。编制会计分录如下：

领用材料发外加工：

借：委托加工物资　　4 000
　贷：原材料——物料用品　　4 000

支付加工费时：

借：委托加工物资　　1 000
　　应交税费——应交增值税（进项税额）　　130
　贷：银行存款　　1 130

木箱加工完成验收入库：

借：包装物——木箱　　5 000
　贷：委托加工物资　　5 000

4.物料用品的调拨销售

企业物资的调拨，实质上是内部的购销关系。

【做中学11-19】大连滨海外贸企业库存药品过多，经领导批准，调拨给联营单位，药品原进价5 000元，调拨收入3 800元，货款存入银行，增值税税率13%。编制会计分录如下：

借：银行存款　　4 294
　贷：其他业务收入——药品　　3 800
　　　应交税费——应交增值税（销项税额）　　494

借：其他业务成本——药品　　5 000
　贷：原材料——药品　　5 000

任务四　低值易耗品核算

一、低值易耗品的概念

低值易耗品是指不能作为固定资产的各种用具物品，如工具、管理用具、玻璃器皿，以及在经营过程中周转使用的包装容器等。

从性质上看，低值易耗品是劳动资料。它与固定资产一样能够多次使用，并且在使用过程中保持其原有的实物形态。但与固定资产相比较，它的价值一般较低，而且容易损耗，所以称为低值易耗品。为便于核算和管理，会计上将它归入存货类，视同存货进行实物管理。以上特点决定了低值易耗品的会计核算，既有与固定资产核算类似之处，又有与材料物资核算相同之处。

由于低值易耗品是劳动资料，所以还要计算使用过程中发生的损耗，并将其损耗的价值转入产品（劳务）成本或当期费用。固定资产是用折旧方法计算损耗，而低值易耗品是用摊销方法计算损耗，同时与固定资产一样，也要对使用过程中发生的维修和局部更新费用进行核算。由于低值易耗品属于流动资产，其采购、入库、储存、领用、盘存等业务与材料物资基本相同。低值易耗品的收发按实际成本计价，包括采购的购价、运杂费以及委托加工或自制的成本等。

二、低值易耗品的账务处理

企业设置“周转材料——低值易耗品”账户进行低值易耗品的总分类核算。该账户的借方反映购入、调入或其他原因增加数；贷方反映报废、出售、调出或其他原因减少数；余额在借方，反映低值易耗品的结存数。此外，企业还应按低值易耗品的类别、品种、规格进行数量和金额的明细核算。

企业购入、自制或委托加工入库的低值易耗品，其核算方法与原材料相同，这里主要说明低值易耗品领用的核算。企业可根据具体情况，对不同的低值易耗品采用不同的摊销方法。低值易耗品领用的核算一般有以下三种方法：

（1）一次摊销（转销）法。它是指在领用周转材料时，将其账面价值一次计入有关成本费用的一种方法。企业对于价值较小的低值易耗品，在领用时，应按其账面价值，借记“管理费用”“生产成本”“销售费用”等科目，贷记“周转材料——低值易耗品”科目。但是玻璃器皿等易碎物品，不论其价值大小，都可以在领用时一次转销。一次摊销法虽简便易行，但是不能实际反映低值易耗品的损耗程度；同时因为领用后在账上不再反映，不利于管理。

一次摊销法领用的低值易耗品报废的残值，作为当月低值易耗品摊销数的减少，冲减“管理费用”“生产成本”“销售费用”等科目。所以，采用一次摊销法的企业通常只设置一个低值易耗品账户，如同物料用品一样。一次摊销（转销）法账务处理程序如图11-1所示。

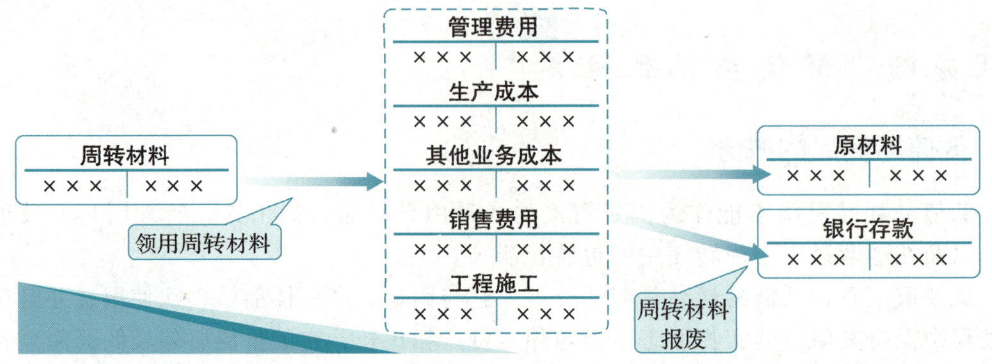

图11-1　一次摊销（转销）法账务处理程序

【做中学11-20】2019年2月份，大连华兴外贸企业管理部门领用低值易耗品3 000元。编制会计分录如下：

借：管理费用　　3 000

　贷：周转材料——低值易耗品　　3 000

【做中学11-21】2019年3月份，大连华兴外贸企业管理部门发生低值易耗品修理费2 000元，用银行存款支付。编制会计分录如下：

借：管理费用　　2 000

　贷：银行存款　　2 000

【做中学11-22】2019年4月份，大连华兴外贸企业管理部门报废低值易耗品，残值30元。编制会计分录如下：

借：原材料（或库存现金）　　30

　贷：管理费用　　30

（2）“五五”摊销法。它是指在领用周转材料时，先摊销其账面价值的50%，待报废时，再摊销其账面价值的50%的一种摊销方法。采用“五五”摊销法的低值易耗品，设置“在库低值易耗品”、“在用低值易耗品”和“低值易耗品摊销”三个二级账户。“在库低值易耗品”账户的借方反映验收入库低值易耗品的成本；贷方反映领用低值易耗品的成本；余额在借方，反映期末库存余额。“在用低值易耗品”的借方反映交付使用低值易耗品的成本；贷方反映报废低值易耗品的残料估计价值及其摊销额；余额在借方，反映在使用中尚未报废的低值易耗品成本。“低值易耗品摊销”是“在用低值易耗品”账户的备抵账户，反映低值易耗品的摊销情况。“在用低值易耗品”和“低值易耗品摊销”两个账户的差额，为“在用低值易耗品”的摊余价值。

采用“五五”摊销法，领用时，应将低值易耗品计划成本或实际成本从“在库低值易耗品”账户转入“在用低值易耗品”账户，同时按领用低值易耗品的计划成本或实际成本的50%作为摊销额记入有关成本费用账户；低值易耗品报废时，再摊销剩余的50%，同时将其残料价值冲减摊销的成本费用，并将其全部价值（计划成本或实际成本）与摊销额相互结转，即“在用低值易耗品”与“低值易耗品摊销额”账户相互转销。

“五五”摊销法核算手续较简单，适用于每月领用和报废数额较均衡的低值易耗品。“五五”摊销法账务处理程序如图11-2所示。

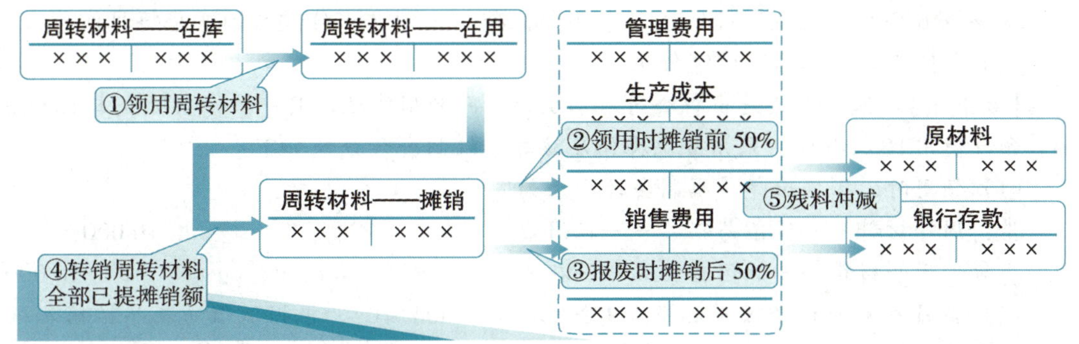

图11-2　“五五”摊销法账务处理程序

【做中学11-23】2019年2月份，大连星海外贸企业管理部门领用低值易耗品一批，计价20 000元。编制会计分录如下：

借：周转材料——低值易耗品——在用　　20 000
　　贷：周转材料——低值易耗品——在库　　20 000

同时摊销50%。编制会计分录如下：

借：管理费用　　10 000
　　贷：周转材料——低值易耗品——摊销　　10 000

企业管理部门将在用低值易耗品报废一批，原价5 000元，回收残料价值100元。编制会计分录如下：

借：原材料　　100
　　贷：周转材料——低值易耗品——在用　　100

同时将报废低值易耗品摊余价值2 400元（5 000-2 500-100）予以摊销。编制会计分录如下：

借：管理费用　　2 400
　　贷：周转材料——低值易耗品——摊销　　2 400

冲销报废在用低值易耗品价值。编制会计分录如下：

借：周转材料——低值易耗品——摊销　　4 900
　　贷：周转材料——低值易耗品——在用　　4 900

（3）分次摊销法。它是指根据低值易耗品使用时期长短摊销，每期应摊销金额是以低值易耗品原始成本除以预计使用期限（年或月）计算摊入相应成本费用账户。

某期周转材料摊销额=周转材料账面价值÷预计可使用次数×该期实际使用次数

分次摊销法适用于期限较长、单位价值较大、易于预计使用期限，有必要又可能单独计算和管理的物品。根据使用期限分期摊销，记入“管理费用”“生产成本”“销售费用”等账户。超过使用期限，还可继续使用的低值易耗品，不再摊销。报废时，应将摊余价值扣除残料价值后的差额，作为报废低值易耗品的摊销额记账。如报废时已摊销完毕，则应将其回收的残料价值冲减当期相应成本费用账户。

分次摊销法与“五五”摊销法同样要设置关于“在库”“在用”“摊销”三个二级账户。其核算方法与“五五”摊销法基本相同，唯一区别在于分次摊销法是每月作分录，而“五五”摊销法只作两笔摊销分录。

【做中学11-24】大连进出口公司基本生产车间领用修理工具一批，实际成本10 000元，预计使用10次报废，采用分次摊销法核算。编制会计分录如下：

（1）领用时，根据出库单编制会计分录如下：

借：周转材料——低值易耗品——在用　　10 000

　贷：周转材料——低值易耗品——在库　　10 000

（2）当月月末摊销修理工具成本1 000元（10 000÷10），根据低值易耗品摊销表编制会计分录如下：

借：制造费用　　1 000

　贷：周转材料——低值易耗品——摊销　　1 000

（3）若上述修理工具第10次领用后报废，残值收入50元，将剩余950元（1 000-50）成本摊销，根据存货报废单编制会计分录如下：

借：制造费用　　950

　　库存现金　　50

　贷：周转材料——低值易耗品——摊销　　1 000

同时：

借：周转材料——低值易耗品——摊销　　10 000

　贷：周转材料——低值易耗品——在用　　10 000

三、低值易耗品的调拨和销售

外贸企业的低值易耗品是为本身自用而购置的，但是企业可能因为业务变化而不需用或有多余的低值易耗品，可以对系统内单位调拨或对外销售。

【做中学11-25】大连松下外贸企业将多余的在用低值易耗品对外销售，原价200元，销售收取价款170元，并存入银行。编制会计分录如下：

借：银行存款　　192.1

　贷：其他业务收入　　170

　　　应交税费——应交增值税（销项税额）　　22.1

借：其他业务成本　　200

　贷：低值易耗品　　200

应会考核

应知考核

□ 业务考核

【考核项目一】

样展品业务的账务处理

【背景资料】

1.A外贸企业由业务部门购进样展品20 000元，税金2 600元，交样展品管理部门验收入库。

2.A外贸企业接受国外客户无偿赠送样品，按现行市场价格，计价4 000元。

3.A外贸企业发送给经办单位组织到国外展览的样展品成本10 000元，作为内销，计价16 000元，增值税税率13%。

4.A外贸企业出售样品给外国客商，库存成本8 000元，收到2 000美元，存入中国银行，当日汇率为USD1=CNY6.3450。

5.A外贸企业无偿提供给国外客商样品，计价600元。

6.A外贸企业发送给国内某展览馆陈列展览的小量低价样展品，计价1 000元。

【考核要求】

根据上述背景资料，编制该企业的会计分录。

【考核项目二】

包装物的账务处理

【背景资料】

1.A外贸企业购进化工原料100桶，每桶200元，盛装原料的钢桶每只40元，增值税税率13%。商品验收入库，贷款用银行存款支付。

2.A外贸企业从外地购进包装物一批，计价12 000元，增值税税率13%。包装物验收入库，贷款用银行存款支付。

3.A外贸企业储运部门领用塑料箱一批，计价2 000元，用于包装出口商品。

4.A外贸企业对周转用包装物进行修理，领用库存材料600元，用银行存款支付加工费1 000元。

5.A外贸企业将多余的包装物20 000元对外销售，收入30 000元，存入银行，增值税税率13%。

6.A外贸企业从某化工厂购入散装化工原料200吨，租入玻璃钢桶80只，用银行存款支付押金10 000元。

7.A外贸企业销售进口商品，出租包装物收取押金12 000元。收回包装物时，租金收入1 000元，用银行存款退回押金。

8.A外贸企业年终财产清查，盘点包装物，发现盘亏1 000元。如果为盘盈，作出盘盈的会计处理。假设包装物盘亏，经查明为自然损耗，领导批准转销。假设包装物盘亏，经查明为责任事故造成，则应作责任赔偿处理。假设包装物盘盈，经查明为收发点数尾差积余或自然升溢。

【考核要求】

根据上述背景资料，编制该企业的会计分录。

【考核项目三】

物料用品的账务处理

【背景资料】

1.A外贸企业购进维修房屋建筑物用水泥2 000元，增值税税率13%。物资验收入库，货款通过银行转账结算。

2.A外贸企业销售部门为汽车队维修汽车购进零件3 000元，立即交付使用，货款用银行存款支付。

3.A外贸企业销售部门修理仓库，领用水泥600元，木材500元。

4.A外贸企业领用木材8 000元，委托外单位加工包装用木箱，支付加工费2 000元，木箱加工完成验收入库，加工费用银行存款支付。该企业分别从领用材料发外加工、支付加工费、木箱加工完成验收入库三个方面进行账务处理。

5.A外贸企业库存药品过多，经领导批准，调拨给联营单位，药品原进价10 000元，调拨收入7 200元，货款存入银行。

【考核要求】

根据上述背景资料，编制该企业的会计分录。

□ 项目实训

【实训项目】

低值易耗品的账务处理

【实训资料】

1.一次摊销（转销）法：(1) A外贸企业管理部门3月份领用低值易耗品600元。(2) 该企业4月份管理部门发生低值易耗品修理费400元，用银行存款支付。(3) 该企业4月份管理部门报废低值易耗品残值60元。

2.“五五”摊销法：(1) A外贸企业管理部门2月份领用低值易耗品一批，计价40 000元。(2) 该企业管理部门在用低值易耗品报废一批，原价10 000元，回收残料价值200元。(3) 该企业同时将报废低值易耗品摊余价值4 800元予以摊销。(4) 该企业冲销报废在用低值易耗品，价值9 800元。

【实训要求】

根据上述背景资料，编制该企业的会计分录。

项目十二

外贸企业财务会计报告

知识目标

1.理解：财务会计报告的概念、种类、组成及编制原则

2.熟知：财务会计报告的构成及编制的基本要求，进出口商品成本表，进出口企业财务指标月报表

3.掌握：资产负债表、利润表的格式及编制方法，针对主要会计报表作出财务指标分析

技能目标

1.能够编制资产负债表和利润表

2.能够灵活地运用财务指标对财务会计报告作出分析

素质目标

运用所学外贸企业财务会计报告理论与实务知识研究相关案例，培养和提高学生在特定业务情境中分析问题与决策设计的能力；能结合“外贸企业财务会计报告”教学内容，结合行业规范或标准，分析会计行为的善恶，强化学生的职业道德素质。

知识精讲

任务一　外贸财务会计报告概述

一、财务会计报告的概念

财务会计报告是企业对外提供的反映企业某一特定日期的财务状况和某一会计期间的经营成果、现金流量等会计信息的文件。编制财务报表的目的是向财务报表使用者提供与企业财务状况、经营成果和现金流量等有关的会计信息，反映企业管理层受托责任履行情况，有助于财务报告使用者作出经济决策。财务报告使用者包括投资者、债权

人、政府及有关部门和社会公众等。

二、财务会计报告的组成

根据《企业财务会计报告条例》的规定，财务会计报告由会计报表、会计报表附注和财务情况说明书组成。

1. 会计报表

会计报表是以数字形式反映会计主体某一特定日期财务状况和某一会计期间经营成果、现金流量的文件。

（1）按会计报表反映的经济内容分类：①财务报表。它是反映会计主体财务状况、经营成果和现金流量的报表，主要包括资产负债表、利润表、现金流量表和所有者权益变动表。②成本报表。它是反映会计主体生产经营过程中发生的生产费用、成本和期间费用形成情况的报表。以工业企业为例，主要包括产品生产成本表、主要产品单位成本表、制造费用明细表、管理费用明细表、财务费用明细表和销售费用明细表等。

（2）按会计报表的编制时间分类：①月报。它是按月编制的会计报表，种类最少，主要是资产负债表和利润表这样的主要报表。②季报。它是按季编制的会计报表，种类比月报多一些。③年报。它是按年编制的会计报表，种类最全，除主要报表外，还有许多附表。

（3）按会计报表反映的资金状态分类：①静态报表。它是反映会计主体一定时期末财务状况的报表，如资产负债表。静态报表的数字来自有关账簿的期末余额。②动态报表。它是反映会计主体一定时期经营成果、现金流量和成本状况的报表，如利润表、现金流量表和各成本报表。动态报表的数字来自有关账簿的本期发生额。

（4）按会计报表的报送对象分类：①对外报表。它是向会计主体外部的利益关系集团公开报送的报表，会计主体的财务报表均属于对外报表。其主要有资产负债表、利润表、现金流量表、所有者权益变动表。②对内报表。它是只向会计主体内部的经营管理者报送的报表，不能公开报送。成本报表就是内部报表，内部报表的资料应是会计主体的“商业秘密”。其主要有出口主要商品成本及盈亏表、进口主要商品成本分析表、进出口企业财务指标月报表。

（5）按会计报表的编制单位分类：①基层报表。它又称单位报表，是由基层各个独立核算的会计主体编制的报表。②汇总报表。它是由会计主体的主管部门根据所属基层单位的会计报表加以汇总编制的报表。汇总报表还同时包括该主管部门本身所发生的经济业务。③合并报表。它是以母公司和子公司组成的企业集团为一个会计主体，以母、子公司编制的个别会计报表为基础，由母公司合并编制的会计报表。

（6）按会计报表的相互关系分类：①主表。它是反映会计主体财务状况、经营成果、现金流量和成本等主要指标的会计报表。②附表。它是补充说明主表详细情况的报表，每张主表都有相应的附表。

2. 会计报表附注

会计报表附注是对会计报表的补充说明和具体解释。会计报表附注是会计报表使用者阅读和分析会计报表的基础。

根据《企业财务会计报告条例》的规定，会计报表附注一般包括以下内容：①企业基本情况，主要说明会计主体的成立时间、所处行业、主营业务范围、兼营业务范围和生产经营概况等。②不符合基本会计假设的说明。③重要会计政策和会计估计及其变更情况、变更原因以及对财务状况和经营成果的影响。④或有事项的说明。⑤资产负债表日后事项的说明。⑥关联方关系及其交易的说明。⑦重要资产转让及其出售情况。⑧企业合并、分立的说明。⑨重大投资、融资活动。⑩会计报表中重要项目的明细资料。⑪有助于理解和分析会计报表需要说明的其他事项。

3.财务情况说明书

财务情况说明书是对单位一定会计期间内财务、成本等情况进行分析总结的书面文字报告，也是财务会计报告的重要组成部分。财务情况说明书全面提供公司、企业和其他单位生产经营、业务活动情况，分析总结经营业绩和存在问题及不足，是企业财务会计报告使用者，特别是单位负责人和国家宏观管理部门了解和考核各单位生产经营和业务活动开展情况的重要资料。

一般公司、企业的财务情况说明书应包含以下内容：①公司、企业生产经营状况；②利润实现和利润分配情况；③资金增减和资金周转情况；④税金缴纳情况；⑤各种财产物资变动情况；⑥其他需要说明的事项。

三、财务会计报告的编制要求

单位编制的财务会计报告应当真实可靠、计算准确、相关可比、全面完整、编报及时、便于理解，符合国家统一的会计制度的有关规定。财务会计报告编写的基本要求如下：

（1）持续经营原则。企业应当以持续经营为基础，以持续经营为基础编制财务报表不再合理的，企业应当采用其他基础编制财务报表，并在附注中披露这一事实。

（2）公允列报原则。企业在列报财务报表时，应严格遵循根据实际发生的交易和事项，按照《企业会计准则——基本准则》和其他各项会计准则的规定进行确认和计量，如实反映企业的交易与其他经济事项，真实而公允地反映企业的财务状况、经营成果以及现金流量。企业不应以附注披露代替确认和计量。

（3）权责发生制原则。除现金流量表外，企业应按权责发生制原则列报财务报表。

（4）信息列报的一致性原则。财务报表项目的列报应当在各个会计期间保持一致，除会计准则要求改变财务报表项目的列报或企业经营业务的性质发生重大变化后，变更财务报表项目的列报能够提供更可靠、更相关的会计信息外，不得随意变更。

（5）重要性原则。企业财务报表某项目的省略或错报会影响使用者据此作出经济决策的，该项目具有重要性。重要性应当根据企业所处环境，从项目的性质和金额大小两方面予以判断。性质或功能不同的项目，应当在财务报表中单独列报，但不具有重要性的项目除外。性质或功能类似的项目，其所属类别具有重要性的，应当按其类别在财务报表中单独列报。

（6）抵销原则。企业财务报表中的资产项目和负债项目的金额、收入项目和费用项目的金额不得相互抵销，但其他会计准则另有规定的除外。资产项目按扣除减值准备后的净额列示和非日常活动产生的损益以收入扣减费用后的净额列示，不属于抵销。

（7）信息列报的可比性原则。企业当期财务报表的列报，至少应当提供所有列报项目上一可比会计期间的比较数据，以及与理解当期财务报表相关的说明，但其他会计准则另有规定的除外。财务报表项目的列报发生变更的，应当对上期比较数据按照当期的列报要求进行调整，并在附注中披露调整的原因和性质以及调整的各项目金额。对上期比较数据进行调整不切实可行的（企业在作出所有合理努力后仍然无法采用某项规定），应当在附注中披露不能调整的原因。

（8）财务报表表首列报要求。企业应当在财务报表的显著位置至少披露：编报企业的名称、资产负债表日或财务报表涵盖的会计期间、人民币金额单位以及财务报表是合并财务报表的，应当予以标明。

（9）报告期间。企业至少应当按年编制财务报表。年度财务报表涵盖的期间短于一年的，应当披露年度财务报表的涵盖期间以及短于一年的原因。

任务二　资产负债表

一、资产负债表概述

资产负债表是指反映企业在某一特定日期（如月末、季末或年末）财务状况的报表，属于重要的静态报表。它是以“资产=负债+所有者权益”这一会计等式为理论依据，按照一定的分类标准和排列次序，将企业在某一特定日期的资产、负债和所有者权益项目进行排列编制而成。

资产负债表主要能够向各类报表使用者提供以下几个方面的会计信息：企业所掌握的经济资源；企业所负担的债务；企业的偿债能力；企业所有者享有的权益；企业未来的财务趋向。

（1）资产。资产负债表中的资产反映由过去的交易、事项形成并由企业在某一特定日期所拥有或控制的、预期会给企业带来经济利益的资源。资产应当按照流动资产和非流动资产两大类别在资产负债表中列示，在流动资产和非流动资产类别下进一步按性质分项列示。

流动资产是指预计在一个正常营业周期中变现、出售或耗用，或者主要为交易目的而持有，或者预计在资产负债表日起一年内（含一年）变现的资产，或者自资产负债表日起一年内交换其他资产或清偿负债的能力不受限制的现金或现金等价物。资产负债表中列示的流动资产项目通常包括：货币资金、交易性金融资产、应收票据、应收账款、预付款项、其他应收款、存货和一年内到期的非流动资产等。

非流动资产是指流动资产以外的资产。资产负债表中列示的非流动资产项目通常包括：长期股权投资、固定资产、在建工程、无形资产、开发支出、长期待摊费用和其他非流动资产等。

（2）负债。资产负债表中的负债反映在某一特定日期企业所承担的、预期会导致经济利益流出企业的现时义务。负债应当按照流动负债和非流动负债在资产负债表中进行列示，在流动负债和非流动负债类别下进一步按性质分项列示。

流动负债是指预计在一个正常营业周期中清偿，或者主要为交易目的而持有，或者自资产负债表日起一年内（含一年）到期应予以清偿，或者企业无权自主地将清偿推迟至资产负债表日后一年以上的负债。资产负债表中列示的流动负债项目通常包括：短期借款、应付票据、应付账款、预收款项、应付职工薪酬、应交税费、一年内到期的非流动负债和其他应付款等。

非流动负债是指流动负债以外的负债。资产负债表中列示的非流动负债项目通常包括：长期借款、应付债券和其他非流动负债等。

（3）所有者权益。资产负债表中的所有者权益是企业资产扣除负债后的剩余权益，反映企业在某一特定日期股东（投资者）拥有的净资产总额。所有者权益一般按照实收资本（或股本）、资本公积、盈余公积和未分配利润等分项列示。

二、资产负债表的结构和格式

资产负债表一般有表首、正表两部分。表首概括地说明报表名称、编制单位、编制日期、报表编号、货币名称、计量单位等。正表是资产负债表的主体，列示了用以说明企业财务状况的各个项目。资产负债表正表的格式一般有两种：报告式资产负债表和账户式资产负债表。

（1）报告式资产负债表是上下结构，上半部列示资产，下半部列示负债和所有者权益。其具体排列形式又有两种：一是按“资产=负债+所有者权益”的原理排列；二是按“资产-负债=所有者权益”的原理排列。

（2）账户式资产负债表是左右结构，左方为资产项目，大体按资产的流动性大小排列，流动性大的资产如“货币资金”“交易性金融资产”等排在前面，流动性小的资产如“长期股权投资”“固定资产”等排在后面。右方为负债及所有者权益项目，一般按要求清偿时间的先后顺序排列：“短期借款”“应付票据”“应付账款”等需要在一年以内或者长于一年的一个正常营业周期内偿还的流动负债排在前面；“长期借款”等在一年以上才需要偿还的非流动负债排在中间；在企业清算之前不需要偿还的所有者权益项目排在后面。

我国企业的资产负债表采用账户式结构。账户式资产负债表中资产各项目合计等于负债和所有者权益各项目合计，即资产负债表左方和右方平衡。因此，通过账户式资产负债表，可以反映资产、负债、所有者权益之间的内在关系，即“资产=负债+所有者权益”。

三、资产负债表的编制

1.资产负债表中的“年初数”和“期末数”

根据《企业会计准则》的规定，会计报表至少应当反映相关两个期间的比较数据。

也就是说，企业需要提供比较资产负债表，所以资产负债表中的各项目均需填列“年初数”和“期末数”两栏。具体填列方法如下：

1）年初数

“年初数”栏内各项数字，应根据上年末资产负债表的“期末数”栏内所列数字填列。如果本年度资产负债表规定的各项目的名称和内容与上年不一致，则应按照本年度的规定，对上年年末资产负债表各项目的名称和数字进行调整，与本年一致后，填入本表“年初数”栏内。

2）期末数

资产负债表是静态报表，表中数字的形成基础是资产、负债和所有者权益账户的期末余额。因此，“期末数”应根据本年度会计报告期末的有关账户余额直接或计算分析填列。具体填列方法如下：

（1）根据总账科目的余额填列。资产负债表中的有些项目，可直接根据有关总账科目的余额填列，如“交易性金融资产”“短期借款”“应付票据”“应付职工薪酬”等项目；有些项目，则需要根据几个总账科目的期末余额计算填列，如“货币资金”项目，应根据“库存现金”“银行存款”“其他货币资金”三个总账科目期末余额合计填列。

（2）根据有关明细科目的余额计算填列。资产负债表中的有些项目，需要根据明细科目余额计算填列，如“应付账款”项目，应分别根据“应付账款”和“预付账款”两科目所属明细科目的期末贷方余额计算填列。

（3）根据总账科目和明细科目的余额分析计算填列。资产负债表的有些项目，需要根据总账科目和明细科目两者的余额分析填列，如“长期借款”项目，应根据“长期借款”总账科目余额扣除“长期借款”科目所属的明细科目中将在资产负债表日起一年内到期且企业不能自主地将清偿义务展期的长期借款后的金额填列。

（4）根据有关科目余额减去其备抵科目余额后的净额填列。如资产负债表中的“应收账款”“长期股权投资”等项目，应根据“应收账款”“长期股权投资”等科目的期末余额减去“坏账准备”“长期股权投资减值准备”等科目余额后的净额填列；“无形资产”项目，应根据“无形资产”科目期末余额减去“累计摊销”“无形资产减值准备”科目余额后的净额填列。

（5）综合运用上述填列方法分析填列。如资产负债表中的“存货”项目，应根据“原材料”“库存商品”“委托加工物资”“周转材料”“材料采购”“在途物资”“发出商品”“材料成本差异”等总账科目期末余额的分析汇总数减去“存货跌价准备”备抵科目余额后的净额填列。

2.资产负债表中各项目的填列方法

资产负债表中资产、负债和所有者权益主要项目的填列说明如下：

1）资产项目的填列说明

（1）“货币资金”项目，反映企业库存现金、银行结算户存款、外埠存款、银行汇票存款、银行本票存款、信用卡存款、信用证保证金存款等的合计数。本项目应根据

“库存现金”“银行存款”“其他货币资金”科目的期末余额的合计数填列。

（2）“交易性金融资产”项目，反映资产负债表日企业分类为以公允价值计量且其变动计入当期损益的金融资产，以及企业持有的指定为以公允价值计量且其变动计入当期损益的金融资产的期末账面价值。该项目应根据“交易性金融资产”科目的相关明细科目的期末余额分析填列。自资产负债表日起超过一年到期且预期持有超过一年的以公允价值计量且其变动计入当期损益的非流动金融资产的期末账面价值，在“其他非流动金融资产”项目反映。

（3）“应收票据”项目，反映资产负债表日以摊余成本计量的、企业因销售商品、提供服务等收到的商业汇票，包括银行承兑汇票和商业承兑汇票。该项目应根据“应收票据”科目的期末余额，减去“坏账准备”科目中相关坏账准备期末余额后的金额分析填列。

（4）“应收账款”项目，反映资产负债表日以摊余成本计量的，企业因销售商品、提供服务等经营活动应收取的款项。该项目应根据“应收账款”科目的期末余额，减去“坏账准备”科目中相关坏账准备期末余额后的金额分析填列。如“应收账款”科目所属明细科目期末有贷方余额的，应在资产负债表“预收款项”项目内填列。

（5）“应收款项融资”项目，反映资产负债表日以公允价值计量且其变动计入其他综合收益的应收票据和应收账款等。

（6）“预付款项”项目，反映企业按照购货合同规定预付给供应单位的款项等。本项目应根据“预付账款”和“应付账款”科目所属各明细科目的期末借方余额合计数减去“坏账准备”科目中有关预付款项计提的坏账准备期末余额后的金额填列。如“预付账款”科目所属各明细科目期末有贷方余额的，应在资产负债表“应付账款”项目内填列。

（7）“其他应收款”项目，应根据“应收利息”、“应收股利”和“其他应收款”科目的期末余额合计数，减去“坏账准备”科目中相关坏账准备期末余额后的金额填列。

（8）“存货”项目，反映企业期末在库、在途和在加工的各种存货的可变现净值。本项目应根据“材料采购”“原材料”“低值易耗品”“库存商品”“周转材料”“委托加工物资”“委托代销商品”“生产成本”等科目的期末余额合计数减去“代销商品款”“存货跌价准备”科目期末余额后的金额填列。材料采用计划成本核算以及库存商品采用计划成本核算或售价核算的企业，还应按加或减材料成本差异、商品进销差价后的金额填列。

（9）“持有待售资产”项目，反映资产负债表日划分为持有待售类别的非流动资产及划分为持有待售类别的处置组中的流动资产和非流动资产的期末账面价值。该项目应根据“持有待售资产”科目的期末余额，减去“持有待售资产减值准备”科目的期末余额后的金额填列。

（10）“一年内到期的非流动资产”项目，通常反映预计自资产负债表日起一年内变现的非流动资产。对于按照相关会计准则采用折旧（或摊销、折耗）方法进行后续计量的固定资产、无形资产和长期待摊费用等非流动资产，折旧（或摊销、折耗）年限（或期限）只剩一年或不足一年的，或预计在一年内（含一年）进行折旧（或摊销、折耗）的部分，不得归类为流动资产，仍在各该非流动资产项目中填列，不转入“一年内到期的非流动资产”项目。

（11）“债权投资”项目，反映资产负债表日企业以摊余成本计量的长期债权投资的期末账面价值。该项目应根据“债权投资”科目的相关明细科目期末余额，减去“债权投资减值准备”科目中相关减值准备的期末余额后的金额分析填列。自资产负债表日起一年内到期的长期债权投资的期末账面价值，在“一年内到期的非流动资产”项目反映。企业购入的以摊余成本计量的一年内到期的债权投资的期末账面价值，在“其他流动资产”项目反映。

（12）“其他债权投资”项目，反映资产负债表日企业分类为以公允价值计量且其变动计入其他综合收益的长期债权投资的期末账面价值。该项目应根据“其他债权投资”科目的相关明细科目的期末余额分析填列。企业购入的以公允价值计量且其变动计入其他综合收益的一年内到期的债权投资的期末账面价值，在“其他流动资产”项目反映。

（13）“长期股权投资”项目，反映企业持有的对子公司、联营企业和合营企业的长期股权投资。本项目应根据“长期股权投资”科目的期末余额减去“长期股权投资减值准备”科目的期末余额后的金额填列。

（14）“其他权益工具投资”项目，反映资产负债表日企业指定为以公允价值计量且其变动计入其他综合收益的非交易性权益工具投资的期末账面价值。该项目应根据“其他权益工具投资”科目的期末余额填列。

（15）“固定资产”项目，反映资产负债表日企业固定资产的期末账面价值和企业尚未清理完毕的固定资产清理净损益。该项目应根据“固定资产”科目的期末余额，减去“累计折旧”和“固定资产减值准备”科目的期末余额后的金额，以及“固定资产清理”科目的期末余额填列。

（16）“在建工程”项目，反映资产负债表日企业尚未达到预定可使用状态的在建工程的期末账面价值和企业为在建工程准备的各种物资的期末账面价值。该项目应根据“在建工程”科目的期末余额，减去“在建工程减值准备”科目的期末余额后的金额，以及“工程物资”科目的期末余额，减去“工程物资减值准备”科目的期末余额后的金额填列。

（17）“使用权资产”项目，反映资产负债表日承租人企业持有的使用权资产的期末账面价值。该项目应根据“使用权资产”科目的期末余额，减去“使用权资产累计折旧”和“使用权资产 减值准备”科目的期末余额后的金额填列。

（18）“无形资产”项目，反映企业持有的无形资产，包括专利权、非专利技术、商标权、著作权、土地使用权等。本项目应根据“无形资产”的期末余额减去“累计摊销”和“无形资产减值准备”科目期末余额后的金额填列。

（19）“开发支出”项目，反映企业开发无形资产过程中能够资本化形成无形资产成本的支出部分。本项目应当根据“研发支出”科目中所属的“资本化支出”明细科目期末余额填列。

（20）“其他非流动资产”项目，反映企业除长期股权投资、固定资产、在建工程、工程物资、无形资产等以外的其他非流动资产。本项目应根据有关科目的期末余额填列。

2）负债项目的填列说明

（1）“短期借款”项目，反映企业向银行或其他金融机构等借入的期限在一年以下（含一年）的各种借款。本项目应根据“短期借款”科目的期末余额填列。

（2）“交易性金融负债”项目，反映资产负债表日企业承担的交易性金融负债，以及企业持有的指定为以公允价值计量且其变动计入当期损益的金融负债的期末账面价值。该项目应根据 “交易性金融负债”科目的相关明细科目的期末余额填列。

（3）“应付票据”项目，反映资产负债表日以摊余成本计量的、企业因购买材料、商品和接受服务等开出、承兑的商业汇票，包括银行承兑汇票和商业承兑汇票。该项目应根据“应付票据”科目的期末余额填列。

（4）“应付账款”项目，反映资产负债表日以摊余成本计量的、企业因购买材料、商品和接受服务等经营活动应支付的款项。该项目应根据“应付账款”和“预付账款”科目所属的相关明细科目的期末贷方余额合计数填列。如“应付账款”科目所属明细科目期末有借方余额的，应在资产负债表“预付款项”项目内填列。

（5）“预收款项”项目，反映企业按照销货合同规定预收客户的款项。本项目应根据“预收账款”和“应收账款”科目所属各明细科目的期末贷方余额合计数填列。如“预收账款”科目所属各明细科目期末有借方余额的，应在资产负债表“应收账款”项目内填列。

（6）“应付职工薪酬”项目，反映企业根据有关规定应付给职工的工资、职工福利、社会保险费、住房公积金、工会经费、职工教育经费、非货币性福利、辞退福利等各种薪酬。外商投资企业按规定从净利润中提取的职工奖励及福利基金，也在本项目列示。

（7）“应交税费”项目，反映企业按照税法规定计算应缴纳的各种税费，包括增值税、消费税、所得税、资源税、土地增值税、城市维护建设税、房产税、土地使用税、车船税、教育费附加、矿产资源补偿费等。企业代扣代缴的个人所得税，也通过本项目列示。企业所缴纳的税金不需要预计应交数额的，如印花税、耕地占用税等，不在本项目列示。本项目应根据“应交税费”科目的期末贷方余额填列。如“应交税费”科目期末为借方余额的，应以“-”号填列。

（8）“其他应付款”项目，应根据“应付利息”、“应付股利”和“其他应付款”科目的期末余额合计数填列。

（9）“持有待售负债”项目，反映资产负债表日处置组中与 划分为持有待售类别的资产直接相关的负债的期末账面价值。该项目应根据“持有待售负债”科目的期末余额填列。

（10）“一年内到期的非流动负债”项目，反映企业非流动负债中将于资产负债表日后一年内到期部分的金额，如将于一年内偿还的长期借款。本项目应根据有关科目的期末余额填列。

（11）“长期借款”项目，反映企业向银行或其他金融机构借入的期限在一年以上（不含一年）的各项借款。本项目应根据“长期借款”科目的期末余额填列。

（12）“应付债券”项目，反映企业为筹集长期资金而发行的债券本金和利息。本项目应根据“应付债券”科目的期末余额填列。

（13）“长期应付款”项目，反映资产负债表日企业除长期借款和应付债券以外的其他各种长期应付款项的期末账面价值。该项目应根据“长期应付款”科目的期末余额，减去相关的“未确认融资费用”科目的期末余额后的金额，以及“专项应付款”科目的期末余额填列。

（14）“递延收益”项目中摊销期限只剩一年或不足一年的，或预计在一年内（含一年）进行摊销的部分，不得归类为流动负债，仍在该项目中填列，不转入“一年内到期的非流动负债”项目。

3）所有者权益项目的填列说明

（1）“实收资本（或股本）”项目，反映企业各投资者实际投入的资本（或股本）总额。本项目应根据“实收资本”（或“股本”）科目的期末余额填列。

（2）“其他权益工具”项目，反映资产负债表日企业发行在外的除普通股以外分类为权益工具的金融工具的期末账面价值。对于资产负债表日企业发行的金融工具，分类为金融负债的，应在“应付债券”项目填列，对于优先股和永续债，还应在“应付债券”项目下的“优先股”项目和“永续债”项目分别填列；分类为权益工具的，应在“其他权益工具”项目填列，对于优先股和永续债，还应在“其他权益工具”项目下的“优先股”项目和“永续债”项目分别填列。

（3）“资本公积”项目，反映企业资本公积的期末余额。本项目应根据“资本公积”科目的期末余额填列。

（4）“专项储备”项目，反映高危行业企业按国家规定提取的安全生产费的期末账面价值。该项目应根据“专项储备”科目 的期末余额填列。

（5）“盈余公积”项目，反映企业盈余公积的期末余额。本项目应根据“盈余公积”科目的期末余额填列。

（6）“未分配利润”项目，反映企业尚未分配的利润。本项目应根据“本年利润”和“利润分配”科目的余额计算填列。未弥补的亏损，在本项目内以“-”号填列。

【做中学12-1】某公司2019年12月31日各资产、负债和所有者权益类账户的期末余额见表12-1。

表12-1　各资产、负债和所有者权益类账户期末余额表　单位：元

资产类账户	借或贷	余额	负债和所有者权益类账户	借或贷	余额
库存现金	借	10 872	短期借款	贷	618 600

续表

资产类账户	借或贷	余额	负债和所有者权益类账户	借或贷	余额
银行存款	借	522 350	应付账款	贷	152 700
应收账款	借	164 700	其他应付款	贷	11 850
坏账准备	贷	14 700	应付职工薪酬	贷	74 402
其他应收款	借	14 476	应交税费	贷	23 700
材料采购	借	7 200	应付股利	贷	29 774
原材料	借	2 342 114	应付利息	贷	2 700
库存商品	借	857 250	实收资本	贷	5 501 640
长期待摊费用	借	71 400	资本公积	贷	299 700
固定资产	借	5 435 700	盈余公积	贷	191 700
累计折旧	贷	2 108 100	未分配利润	贷	396 496
合　计		7 303 262	合　计		7 303 262

根据上表资料，编制资产负债表（见表12-2）。

表12-2　资产负债表　会企01表

编制单位：某公司　2019年12月31日　单位：元

资　产	期末数	年初数（略）	负债和所有者权益（或股东权益）	期末数	年初数（略）
流动资产：			流动负债：		
货币资金	533 222		短期借款	618 600	
交易性金融资产			交易性金融负债		
衍生金融资产			衍生金融负债		
应收票据			应付票据		
应收账款	150 000		应付账款	152 700	
应收款项融资			预收款项		
预付款项			合同负债		
其他应收款	14 476		应付职工薪酬	74 402	
存货	3 206 564		应交税费	23 700	
合同资产			其他应付款	44 324	
持有待售资产			持有待售负债		

续表

资　产	期末数	年初数（略）	负债和所有者权益（或股东权益）	期末数	年初数（略）
一年内到期的非流动资产			一年内到期的非流动负债		
其他流动资产			其他流动负债		
流动资产合计	3 904 262		流动负债合计	913 726	
非流动资产：			非流动负债：		
债权投资			长期借款		
其他债权投资			应付债券		
长期应收款			其中：优先股		
长期股权投资			永续债		
其他权益工具投资			租赁负债		
其他非流动金融资产			长期应付款		
投资性房地产			预计负债		
固定资产	3 327 600		递延收益		
在建工程			递延所得税负债		
生产性生物资产			其他非流动负债		
油气资产			非流动负债合计		
使用权资产			负债合计	913 726	
无形资产			所有者权益（或股东权益）：		
开发支出			实收资本（或股本）	5 501 640	
商誉			其他权益工具		
长期待摊费用	71 400		其中：优先股		
递延所得税资产			永续债		
其他非流动资产			资本公积	299 700	
非流动资产合计	3 399 000		减：库存股		
			其他综合收益		
			专项储备		
			盈余公积	191 700	
			未分配利润	396 496	

续表

资　产	期末数	年初数（略）	负债和所有者权益（或股东权益）	期末数	年初数（略）
			所有者权益（或股东权益）合计	6 389 536	
资产总计	7 303 262		负债和所有者权益（或股东权益）总计	7 303 262	

任务三　利润表

一、利润表概述

利润表属于动态报表，是反映企业在一定会计期间的生产经营成果及其分配情况的会计报表。利润表和利润分配表可合并编制成一张表，也可分别编制成两张表。我国现行会计制度采用利润表和利润分配表两张表。

利润表是以“收入-费用=利润”这一平衡公式所包含的经济内容为依据编制的。通过利润表可以反映企业一定会计期间的收入实现情况和费用耗费情况；可以反映企业一定会计期间生产经营活动的成果，据以判断资本保值、增值情况；可以为报表使用者提供会计主体当期收入结构、会计主体当期成本费用结构以及会计主体当期利润结构。

二、利润表的结构和格式

利润表一般包括表首、正表两部分。表首概括地说明报表名称、编制单位、编制日期、报表编号、货币名称、计量单位。正表是利润表的主体，反映形成经营成果的各个项目和计算过程。利润表正表的格式一般有两种：单步式利润表和多步式利润表。单步式利润表是将当期所有的收入列在一起，然后将所有的费用列在一起，两者相减得出当期净损益。多步式利润表是通过对当期的收入、费用、支出项目按性质加以归类，按利润形成的主要环节列示一些中间性的利润指标，如营业利润、利润总额、净利润，分步计算当期净损益。我国现行企业会计制度采用多步式利润表，通过几个步骤分别计算出营业利润、利润总额和净利润。具体方法如下：

（1）计算营业利润。

营业利润=营业收入-营业成本-税金及附加-销售费用-管理费用-研发费用-财务费用+其他收益±投资收益±净敞口套期收益±公允价值变动收益±信用减值损失±资产减值损失±资产处置收益

（2）计算利润总额。

利润总额=营业利润+营业外收入-营业外支出

（3）计算净利润。

净利润=利润总额-所得税费用

三、利润表的编制

1.利润表中的“本期金额”和“上期金额”

利润表各项目均需填列“本期金额”和“上期金额”两栏。其中，“上期金额”栏内各项数字，应根据上年该期利润表的“本期金额”栏内所列数字填列。“本期金额”栏内各项数字，除“基本每股收益”和“稀释每股收益”项目外，应按相关科目的发生额分析填列，如“营业收入”项目，应根据“主营业务收入”“其他业务收入”科目的发生额计算分析填列；“营业成本”项目，应根据“主营业务成本”“其他业务成本”科目的发生额计算分析填列。

2.利润表中各项目的填列说明

（1）“营业收入”项目，反映企业经营主要业务和其他业务所确认的收入总额。本项目应根据“主营业务收入”和“其他业务收入”科目的发生额分析填列。

（2）“营业成本”项目，反映企业经营主要业务和其他业务所发生的成本总额。本项目应根据“主营业务成本”和“其他业务成本”科目的发生额分析填列。

（3）“税金及附加”项目，反映企业经营业务应负担的消费税、城市维护建设税、资源税、土地增值税和教育费附加等。本项目应根据“税金及附加”科目的发生额分析填列。

（4）“销售费用”项目，反映企业在销售商品过程中发生的包装费、广告费等费用和为销售本企业商品而专设的销售机构的职工薪酬、业务费等经营费用。本项目应根据“销售费用”科目的发生额分析填列。

（5）“管理费用”项目，反映企业为组织和管理生产经营发生的管理费用。本项目应根据“管理费用”科目的发生额分析填列。

（6）“研发费用”项目，反映企业进行研究与开发过程中发生的费用化支出，以及计入管理费用的自行开发无形资产的摊销。该项目应根据“管理费用”科目下的“研究费用”明细科目的发生额，以及“管理费用”科目下的“无形资产摊销”明细科目的发生额分析填列。

（7）“财务费用”项目下的“利息费用”项目，反映企业为筹集生产经营所需资金等而发生的应予费用化的利息支出。该项目应根据“财务费用”科目的相关明细科目的发生额分析填列。该项目作为“财务费用”项目的其中项，以正数填列。

（8）“财务费用”项目下的“利息收入”项目，反映企业按照相关会计准则确认的应冲减财务费用的利息收入。该项目应根据“财务费用”科目的相关明细科目的发生额分析填列。该项目作为“财务费用”项目的其中项，以正数填列。

（9）“其他收益”项目，反映计入其他收益的政府补助，以及其他与日常活动相关且计入其他收益的项目。该项目应根据“其他收益”科目的发生额分析填列。企业作为个人所得税的扣缴义务人，根据《中华人民共和国个人所得税法》收到的扣缴税款手续费，应作为其他与日常活动相关的收益在该项目中填列。

（10）“投资收益”项目，反映企业以各种方式对外投资所取得的收益。本项目应根据“投资收益”科目的发生额分析填列。如为投资损失，本项目以“-”号填列。

（11）“以摊余成本计量的金融资产终止确认收益”项目，反映企业因转让等情形导致终止确认以摊余成本计量的金融资产而产生的利得或损失。该项目应根据“投资收益”科目的相关明细科目的发生额分析填列；如为损失，以“-”号填列。

（12）“净敞口套期收益”项目，反映净敞口套期下被套期项目累计公允价值变动转入当期损益的金额或现金流量套期储备转入当期损益的金额。该项目应根据“净敞口套期损益”科目的发生额分析填列；如为套期损失，以“-”号填列。

（13）“公允价值变动收益”项目，反映企业应当计入当期损益的资产或负债公允价值变动收益。本项目应根据“公允价值变动损益”科目的发生额分析填列。如为净损失，本项目以“-”号填列。

（14）“信用减值损失”项目，反映企业按照《企业会计准则第22号——金融工具确认和计量》（财会〔2017〕7号）的要求计提的各项金融工具信用减值准备所确认的信用损失。该项目应根据“信用减值损失”科目的发生额分析填列。

（15）“资产减值损失”项目，反映企业各项资产发生的减值损失。本项目应根据“资产减值损失”科目发生额分析填列。

（16）“资产处置收益”项目，反映企业出售划分为持有待售的非流动资产（金融工具、长期股权投资和投资性房地产除外）或处置组（子公司和业务除外）时确认的处置利得或损失，以及处置未划分为持有待售的固定资产、在建工程、生产性生物资产及无形资产而产生的处置利得或损失。债务重组中因处置非流动资产（金融工具、长期股权投资和投资性房地产除外）产生的利得或损失和非货币性资产交换中换出非流动资产（金融工具、长期股权投资和投资性房地产除外）产生的利得或损失也包括在本项目内。该项目应根据“资产处置损益”科目的发生额分析填列；如为处置损失，以“-”号填列。

（17）“营业利润”项目，反映企业实现的营业利润。如为亏损，本项目以“-”号填列。

（18）“营业外收入”项目，反映企业发生的除营业利润以外的收益，主要包括与企业日常活动无关的政府补助、盘盈利得、捐赠利得（企业接受股东或股东的子公司直接或间接的捐赠，经济实质属于股东对企业的资本性投入的除外）等。该项目应根据“营业外收入”科目的发生额分析填列。

（19）“营业外支出”项目，反映企业发生的除营业利润以外的支出，主要包括公益性捐赠支出、非常损失、盘亏损失、非流动资产毁损报废损失等。该项目应根据“营业外支出”科目的发生额分析填列。“非流动资产毁损报废损失”通常包括因自然灾害发生毁损、已丧失使用功能等原因而报废清理产生的损失。企业在不同交易中形成的非流动资产毁损报废利得和损失不得相互抵销，应分别在“营业外收入”项目和“营业外支出”项目进行填列。

（20）“利润总额”项目，反映企业实现的利润。如为亏损，本项目以“-”号填列。

（21）“所得税费用”项目，反映企业应从当期利润总额中扣除的所得税费用。本项目应根据“所得税费用”科目的发生额分析填列。

（22）“净利润”项目，反映企业实现的净利润。如为亏损，本项目以“-”号填列。

【做中学12-2】某公司2019年度各账户的发生额见表12-3。

表12-3　各账户的发生额　单位：元

账　户	借方发生额	贷方发生额
营业收入		1 200 000
营业成本	630 000	
税金及附加	18 000	
销售费用	39 000	
管理费用	30 000	
财务费用	6 000	
投资收益		8 000
营业外收入		28 000
营业外支出	27 000	
所得税费用	121 500	

根据上述资料，编制利润表（见表12-4）。

表12-4　利润表　会企02表

编制单位：某公司　2019年度　单位：元

项　目	本期金额	上期金额（略）
一、营业收入	1 200 000	
减：营业成本	630 000	
税金及附加	18 000	
销售费用	39 000	
管理费用	30 000	
研发费用		
财务费用	6 000	

续表

项　目	本期金额	上期金额（略）
其中：利息费用		
利息收入		
加：其他收益		
投资收益（损失以“-”号填列）	8 000	
其中：对联营企业和合营企业的投资收益		
以摊余成本计量的金融资产终止确认收益（损失以“-”号填列）		
净敞口套期收益（损失以“-”号填列）		
公允价值变动收益（损失以“-”号填列）		
信用减值损失（损失以“-”号填列）		
资产减值损失（损失以“-”号填列）		
资产处置收益（损失以“-”号填列）		
二、营业利润（亏损以“-”号填列）	485 000	
加：营业外收入	28 000	
减：营业外支出	27 000	
三、利润总额（亏损总额以“-”号填列）	486 000	
减：所得税费用	121 500	
四、净利润（净亏损以“-”号填列）	364 500	
（一）持续经营净利润（净亏损以“-”号填列）		
（二）终止经营净利润（净亏损以“-”号填列）		
五、其他综合收益的税后净额		
（一）不能重分类进损益的其他综合收益		
1.重新计量设定受益计划变动额		
2.权益法下不能转损益的其他综合收益		
3.其他权益工具投资公允价值变动		
4.企业自身信用风险公允价值变动		
……		

续表

项　目	本期金额	上期金额（略）
（二）将重分类进损益的其他综合收益		
1.权益法下可转损益的其他综合收益		
2.其他债权投资公允价值变动		
3.金融资产重分类计入其他综合收益的金额		
4.其他债权投资信用减值准备		
5.现金流量套期储备		
6.外币财务报表折算差额		
……		
六、综合收益总额		
七、每股收益：		
（一）基本每股收益		
（二）稀释每股收益		

任务四　现金流量表

一、现金流量表概述

现金流量表是反映企业在一定会计期间现金和现金等价物流入和流出的报表。现金是指企业库存现金以及可以随时用于支付的存款，包括库存现金、银行存款和其他货币资金（如外埠存款、银行汇票存款、银行本票存款）等。不能随时用于支付的存款，不属于现金。

现金等价物是指企业持有的期限短、流动性强、易于转换为已知金额现金、价值变动风险很小的投资。期限短一般是指从购买日起三个月内到期。现金等价物通常包括三个月内到期的债券投资等。权益性投资变现的金额通常不确定，因而不属于现金等价物。企业应当根据具体情况确定现金等价物的范围，一经确定不得随意变更。

现金流量是指一定会计期间内企业现金和现金等价物的流入和流出。企业从银行提取现金、用现金购买短期到期的国库券等现金和现金等价物之间的转换不属于现金流量。企业产生的现金流量分为三类：

（1）经营活动产生的现金流量。经营活动是指企业投资活动和筹资活动以外的所有交易和事项。经营活动产生的现金流量主要包括销售商品、提供劳务、购买商品、接受劳务、支付工资和缴纳税款等流入和流出的现金和现金等价物。

（2）投资活动产生的现金流量。投资活动是指企业长期资产的购建和不包括在现金等价物范围内的投资及其处置活动。投资活动产生的现金流量主要包括购建固定资产、处置子公司及其他营业单位等流入和流出的现金和现金等价物。

（3）筹资活动产生的现金流量。筹资活动是指导致企业资本及债务规模和构成发生变化的活动。筹资活动产生的现金流量主要包括吸收投资、发行股票、分配利润、发行债券、偿还债务等流入和流出的现金和现金等价物。偿付应付账款、应付票据等商业应付款属于经营活动，不属于筹资活动。

二、现金流量表的结构和格式

我国企业现金流量表采用报告式结构，分类反映经营活动产生的现金流量、投资活动产生的现金流量和筹资活动产生的现金流量，最后汇总反映企业某一期间现金及现金等价物的净增加额。现金流量表分为三部分，第一部分为表首，第二部分为正表，第三部分为补充资料。

（1）表首概括地说明报表名称、编制单位、编制日期、报表编号、货币名称、计量单位等。

（2）正表是反映现金流量表的各个项目内容。正表有六项：一是经营活动产生的现金流量；二是投资活动产生的现金流量；三是筹资活动产生的现金流量；四是汇率变动对现金及现金等价物的影响；五是现金及现金等价物净增加额；六是期末现金及现金等价物余额。

（3）补充资料有三项：一是将净利润调节为经营活动的现金流量；二是不涉及现金收支的投资和筹资活动；三是现金及现金等价物净变动情况。

注：正表中的第一项经营活动产生的现金流量净额，与补充资料中的第一项经营活动产生的现金流量净额，应当核对相符。正表中的第五项金额，与补充资料中的第三项金额，应当一致。正表中的数字是流入与流出的差额，补充资料中的数字是期末数与期初数的差额，计算依据不同，但结果应当一致，两者应当核对相符。

某公司编制的2019年度现金流量表见表12-5。

表12-5　现金流量表　会企03表

编制单位：某公司　2019年度　单位：元

项　目	本期金额	上期金额（略）
一、经营活动产生的现金流量		
销售商品、提供劳务收到的现金	1 260 000	
收到的税费返还	70 000	
收到其他与经营活动有关的现金		
经营活动现金流入小计	1 330 000	

续表

项　目	本期金额	上期金额（略）
购买商品、接受劳务支付的现金	530 000	
支付给职工以及为职工支付的现金	50 000	
支付的各项税费	420 000	
支付其他与经营活动有关的现金	100 000	
经营活动现金流出小计	1 100 000	
经营活动产生的现金流量净额	230 000	
二、投资活动产生的现金流量		
收回投资收到的现金	450 000	
取得投资收益收到的现金	60 000	
处置固定资产、无形资产和其他长期资产收回的现金净额	45 000	
处置子公司及其他营业单位收到的现金净额		
收到其他与投资活动有关的现金		
投资活动现金流入小计	555 000	
购建固定资产、无形资产和其他长期资产支付的现金	300 000	
投资支付的现金		
取得子公司及其他营业单位支付的现金净额		
支付其他与投资活动有关的现金		
投资活动现金流出小计	300 000	
投资活动产生的现金流量净额	255 000	
三、筹资活动产生的现金流量		
吸收投资收到的现金		
取得借款收到的现金	200 000	
收到其他与筹资活动有关的现金		
筹资活动现金流入小计	200 000	
偿还债务支付的现金	100 000	
分配股利、利润或偿付利息支付的现金	35 000	
支付其他与筹资活动有关的现金		
筹资活动现金流出小计	135 000	
筹资活动产生的现金流量净额	65 000	

续表

项　目	本期金额	上期金额（略）
四、汇率变动对现金及现金等价物的影响		
五、现金及现金等价物净增加额	550 000	
加：期初现金及现金等价物余额	100 000	
六、期末现金及现金等价物余额	650 000	

三、现金流量表附注的披露内容

现金流量表附注的具体披露内容见表12-6。

表12-6　现金流量表附注的披露内容

项　目	本期金额	上期金额
1.将净利润调节为经营活动现金流量		
净利润		
加：资产减值准备		
固定资产折旧、油气资产折耗、生产性生物资产折旧		
无形资产摊销		
长期待摊费用摊销		
处置固定资产、无形资产和其他长期资产的损失（收益以“-”号填列）		
固定资产报废损失（收益以“-”号填列）		
公允价值变动损失（收益以“-”号填列）		
财务费用（收益以“-”号填列）		
投资损失（收益以“-”号填列）		
递延所得税资产减少（增加以“-”号填列）		
递延所得税负债增加（减少以“-”号填列）		
存货的减少（增加以“-”号填列）	（略）	（略）
经营性应收项目的减少（增加以“-”号填列）		
经营性应付项目的增加（减少以“-”号填列）		
其他		
经营活动产生的现金流量净额		
2.不涉及现金收支的投资和筹资活动		
债务转为资本		
一年内到期的可转换公司债券		
融租入固定资产		
3.现金及现金等价物净变动情况		
现金的期末金额		
减：现金的期初余额		
加：现金等价物的期末余额		
减：现金等价物的期初余额		
现金及现金等价物净增加额		

四、现金流量表的编制

1.现金流量表的编制方法

现金流量表经营活动现金流量有两种列示方法：一为直接法，二为间接法。这两种方法通常也称为现金流量表的编制方法。

直接法是通过现金收入和支出的主要类别反映来自企业经营活动的现金流量。一般以利润表中的营业收入为起点，调整与经营活动有关项目的增减活动，然后计算出经营活动的现金流量。采用直接法具体编制现金流量表时，可以采用工作底稿法或T形账户法，也可以根据有关科目记录分析填列。

间接法是以本期净利润为起点，调整不涉及现金的收入、费用、营业外收支以及有关项目的增减变动，据此计算出经营活动的现金流量。

《企业会计准则》要求企业采用直接法报告经营活动的现金流量，同时要求在补充资料中用间接法计算现金流量。有关经营活动现金流量的信息，可通过以下途径取得：

（1）直接根据企业有关账户的会计记录分析填列。

（2）对当期业务进行分析并对有关项目进行调整：①将权责发生制下的收入、成本和费用转换为现金基础；②将资产负债表和现金流量表中的投资、筹资项目转换为投资和筹资活动的现金流量；③将利润表中有关投资和筹资方面的收入、费用列为现金流量表投资和筹资活动的现金流量。

2.现金流量表中主要项目的填列方法

1）经营活动产生的现金流量

（1）“销售商品、提供劳务收到的现金”项目，反映企业本年销售商品、提供劳务实际收到的现金，以及前期销售商品、提供劳务本期收到的现金（包括应向购买者收取的增值税销项税额）和本期预收的款项，减去本期销售本期退回的商品和前期销售本期退回的商品支付的现金。企业销售材料和代购代销业务收到的现金，也在本项目反映。

（2）“收到的税费返还”项目，反映企业收到返还的各种税费，如增值税、所得税、消费税、关税和教育费附加等各种税费的返还款。

（3）“收到其他与经营活动有关的现金”项目，反映企业经营租赁收到的租金等其他与经营活动有关的现金，金额较大的应当单独列示。

（4）“购买商品、接受劳务支付的现金”项目，反映企业购买商品、接受劳务实际支付的现金（包括增值税进项税额）以及本期支付前期购买商品、接受劳务的未付款项和本期预付款项，减去本期发生的购货退回收到的现金。企业购买材料和代购代销业务支付的现金，也在本项目反映。

（5）“支付给职工以及为职工支付的现金”项目，反映企业实际支付给职工的现金以及为职工支付的现金，包括企业为获得职工提供的服务、本期实际给予各种形式的报酬以及其他相关支出（包括代扣代缴的职工个人所得税），如支付给职工的工资、奖金、各种津贴和补贴等，以及为职工支付的其他费用。

（6）“支付的各项税费”项目，反映企业按规定支付的各项税费，包括本期发生并支付的税费以及本期支付以前各期发生的税费和预交的税金，如企业支付的所得税、增值税、消费税、印花税、房产税、土地增值税、车船税、教育费附加等。

（7）“支付其他与经营活动有关的现金”项目，反映企业除上述各项目外，支付的其他与经营活动有关的现金，如罚款支出及支付的差旅费、业务招待费、保险费以及经营租赁支付的现金等。其他与经营活动有关的现金，金额较大的应当单独列示。

2）投资活动产生的现金流量

（1）“收回投资收到的现金”项目，反映企业出售、转让或到期收回除现金等价物以外对其他企业长期股权投资等收到的现金，但处置子公司及其他营业单位收到的现金净额除外。

（2）“取得投资收益收到的现金”项目，反映企业除现金等价物以外对其他企业长期股权投资等分回的现金股利和利息。

（3）“处置固定资产、无形资产和其他长期资产收回的现金净额”项目，反映企业出售、报废固定资产、无形资产和其他长期资产所取得的现金（包括因资产毁损而收到的保险赔偿收入），减去为处置这些资产而支付的有关费用后的净额。

（4）“处置子公司及其他营业单位收到的现金净额”项目，反映企业处置子公司及其他营业单位所取得的现金，减去子公司或其他营业单位持有的现金和现金等价物以及相关处置费用后的净额。

（5）“购建固定资产、无形资产和其他长期资产支付的现金”项目，反映企业购买、建造固定资产以及取得无形资产和其他长期资产支付的现金（含增值税等），包括购买机器设备支付的现金、建造工程支付的现金、支付在建工程人员工资等现金支出。

（6）“投资支付的现金”项目，反映企业取得除现金等价物以外对其他企业长期股权投资等支付的现金以及支付的佣金、手续费等附加费用，但取得子公司及其他营业单位支付的现金金额除外。

（7）“取得子公司及其他营业单位支付的现金净额”项目，反映企业取得子公司及其他营业单位购买出价中以现金支付的部分，减去子公司或其他营业单位持有的现金和现金等价物后的净额。

（8）“收到其他与投资活动有关的现金”“支付其他与投资活动有关的现金”项目，反映企业除上述（1）~（7）项目外收到或支付的其他与投资活动有关的现金，金额较大的应当单独列示。

3）筹资活动产生的现金流量

（1）“吸收投资收到的现金”项目，反映企业以发行股票等方式筹集资金实际收到的款项（发行收入减去支付的佣金等发行费用后的净额）。

（2）“取得借款收到的现金”项目，反映企业举借各种短期、长期借款而收到的现金，以及发行债券实际收到的款项净额（发行收入减去直接支付的佣金等发行费用后的净额）。

（3）“偿还债务支付的现金”项目，反映企业以现金偿还债务的本金，包括归还金融企业的借款本金、偿付企业到期的债券本金等。

（4）“分配股利、利润或偿付利息支付的现金”项目，反映企业实际支付的现金股利、支付给其他投资单位的利润或用现金支付的借款利息、债券利息。

（5）“收到其他与筹资活动有关的现金”“支付其他与筹资活动有关的现金”项目，反映企业除上述（1）~（4）项目外收到或支付的其他与筹资活动有关的现金，金额较大的应当单独列示。

任务五　所有者权益变动表

一、所有者权益变动表的概念和作用

所有者权益变动表是反映构成所有者权益的各组成部分当期的增减变动情况的报表。所有者权益变动表应当全面反映一定时期所有者权益变动的情况，不仅包括所有者权益总量的增减变动，还包括所有者权益增减变动的重要结构性信息，特别是反映直接计入所有者权益的利得和损失，让报表使用者准确理解所有者权益增减变动的根源。

二、所有者权益变动表的内容和结构

在所有者权益变动表中，企业至少应当单独列示下列项目信息：①综合收益总额；②会计政策变更和差错更正的累积影响金额；③所有者投入资本和向所有者分配利润等；④提取的盈余公积；⑤实收资本、资本公积、盈余公积、未分配利润的期初、期末余额及其调节情况。

三、所有者权益变动表的填列方法

（1）“上年金额”栏的填列方法。所有者权益变动表“上年金额”栏内各项数字，应根据上年度所有者权益变动表“本年金额”栏内所列数字填列。如果上年度所有者权益变动表规定的各个项目的名称和内容同本年度不相一致，应当对上年度所有者权益变动表各项目的名称和数字按本年度的规定进行调整，填入所有者权益变动表“上年金额”栏内。

（2）“本年金额”栏的填列方法。所有者权益变动表“本年金额”栏内各项数字，一般应根据“实收资本（或股本）”“资本公积”“盈余公积”“利润分配”“库存股”“以前年度损益调整”科目的发生额分析填列。

所有者权益变动表见表12-7。

表 12-7　　　　所有者权益变动表　　　　会企 04 表

编制单位：　　　　年度　　　　单位：元

项目	本年金额											上年金额										
	实收资本（或股本）	其他权益工具			资本公积	减：库存股	其他综合收益	专项储备	盈余公积	未分配利润	所有者权益合计	实收资本（或股本）	其他权益工具			资本公积	减：库存股	其他综合收益	专项储备	盈余公积	未分配利润	所有者权益合计
		优先股	永续债	其他									优先股	永续债	其他							
一、上年度末余额																						
加：会计政策变更																						
前期差错更正																						
其他																						
二、本年年初余额																						
三、本年增减变动金额（减少以“-”号填列）																						
（一）综合收益总额																						
（二）所有者投入和减少资本																						
1.所有者投入的普通股																						
2.其他权益工具持有者投入资本																						
3.股份支付计入所有者权益的金额																						
4.其他																						

续表

项目	本年金额												上年金额											
	实收资本（或股本）	其他权益工具			资本公积	减：库存股	其他综合收益	专项储备	盈余公积	未分配利润	所有者权益合计		实收资本（或股本）	其他权益工具			资本公积	减：库存股	其他综合收益	专项储备	盈余公积	未分配利润	所有者权益合计
		优先股	永续债	其他										优先股	永续债	其他							
（三）利润分配																							
1.提取盈余公积																							
2.对所有者（或股东）的分配																							
3.其他																							
（四）所有者权益内部结转																							
1.资本公积转增资本（或股本）																							
2.盈余公积转增资本（或股本）																							
3.盈余公积弥补亏损																							
4.设定受益计划变动额结转留存收益																							
5.其他综合收益结转留存收益																							
6.其他																							
四、本年年末余额																							

任务六　会计报表附注

一、会计报表附注概述

附注是对在资产负债表、利润表、现金流量表和所有者权益变动表等报表中列示项目的文字描述或明细资料，以及对未能在这些报表中列示项目的说明等。

附注应当披露财务报表的编制基础。附注披露的基本要求如下：

（1）附注披露的信息应当是定量、定性信息的结合，从而能从量和质两个角度对企业经济事项进行完整反映，满足信息使用者的决策需求。

（2）附注应当按照一定的结构系统合理地进行排列和分类，有顺序地披露信息。由于附注的内容繁多，因此更应按逻辑顺序排列，分类披露，条理清晰，具有一定的组织结构，以便于使用者理解和掌握，更好地实现财务报表的可比性。

（3）附注中的相关信息应当与资产负债表、利润表、现金流量表和所有者权益变动表等报表中列示的项目相互参照，有助于使用者联系相关联的信息，从整体上更好地理解财务报表。

二、会计报表附注的内容

企业应当按照下列顺序披露附注的内容：

（1）企业的基本情况。其包括：①企业注册地、组织形式和总部地址。②企业的业务性质和主要经营活动，如企业所处的行业、所提供的主要产品或服务、客户的性质、销售策略、监管环境的性质等。③母公司以及集团最终母公司的名称。④财务报告批准报出者和财务报告批准报出日，或者以签字人及其签字日期为准。⑤营业期限有限的企业，还应当披露有关其营业期限的信息。

（2）财务报表的编制基础。企业应当以持续经营为基础编制会计报表。在编制会计报表时，企业应当对持续经营的能力进行估计。如果已决定进行清算或停止营业，或者已确定在下一个会计期间将被迫进行清算或停止营业，则企业不应再以持续经营为基础编制会计报表。如果某些不确定的因素导致对企业能够持续经营产生重大怀疑时，则企业应当在会计报表附注中披露这些不确定因素。如果会计报表不是以持续经营为基础编制的，则企业在会计报表附注中对此应当首先予以披露，并进一步披露会计报表的编制基础，以及企业未能以持续经营为基础编制会计报表的原因。

（3）遵循《企业会计准则》的声明。企业应当声明编制的财务报表符合《企业会计准则》的要求，真实、完整地反映了企业的财务状况、经营成果和现金流量等有关信息，以此明确企业编制财务报表所依据的制度基础。如果企业编制的财务报表只是部分地遵循了《企业会计准则》，附注中不得作出这种表述。

（4）重要会计政策和会计估计。根据财务报表列报准则的规定，企业应当披露采用的重要会计政策和会计估计，不重要的会计政策和会计估计可以不披露。

第一，重要会计政策的说明。由于企业经济业务的复杂性和多样化，某些经济业务可以有多种会计处理方法，即存在不止一种可供选择的会计政策。例如，存货的计价可以有先进先出法、加权平均法、个别计价法等；固定资产的折旧可以有平均年限法、工作量法、双倍余额递减法、年数总额法等。企业在发生某项经济业务时，必须从允许的会计处理方法中选择适合本企业特点的会计政策，企业选择不同的会计处理方法，可能会极大地影响企业的财务状况和经营成果，进而编制出不同的财务报表。为了有助于报表使用者理解，有必要对这些会计政策加以披露。

需要特别指出的是，说明会计政策时还需要披露下列两项内容：①财务报表项目的计量基础。会计计量属性包括历史成本、重置成本、可变现净值、现值和公允价值，其直接显著地影响报表使用者的分析。这项披露要求便于使用者了解企业财务报表中的项目是按何种计量基础予以计量的，如存货是按成本还是可变现净值计量等。②会计政策的确定依据。会计政策的确定依据主要是指企业在运用会计政策过程中所作的对报表中确认的项目金额最具影响的判断。例如，企业如何判断持有的金融资产是持有至到期的投资而不是交易性投资；对于拥有的持股不足50%的关联企业，企业为何判断其拥有控制权因此将其纳入合并范围；企业如何判断与租赁资产相关的所有风险和报酬已转移，从而符合融资租赁的标准；投资性房地产的判断标准是什么等。这些判断对在报表中确认的项目金额具有重要影响。因此，这项披露要求有助于使用者理解企业选择和运用会计政策的背景，增加财务报表的可理解性。

第二，重要会计估计的说明。财务报表列报准则强调了对会计估计不确定因素的披露要求，企业应当披露会计估计中所采用的关键假设和不确定因素的确定依据，这些关键假设和不确定因素在下一会计期间内很可能导致对资产、负债账面价值进行重大调整。

在确定报表中资产和负债的账面金额过程中，企业有时需要对不确定的未来事项在资产负债表日对这些资产和负债的影响加以估计。例如，固定资产可收回金额的计算需要根据其公允价值减去处置费用后的净额与预计未来现金流量的现值两者之间的较高者确定。在计算资产预计未来现金流量的现值时需要对未来现金流量进行预测，并选择适当的折现率，应当在附注中披露未来现金流量预测所采用的假设及其依据、所选择的折现率为何是合理的等。又如，为正在进行中的诉讼提取准备时，最佳估计数的确定依据。这些关键假设的变动对这些资产和负债项目金额的确定影响很大，有可能会在下一个会计年度内作出重大调整。因此，强调这一披露要求，有助于提高财务报表的可理解性。

（5）会计政策和会计估计变更以及差错更正的说明。企业应当按照《企业会计准则第28号——会计政策、会计估计变更和差错更正》的规定，披露会计政策和会计估计变更以及差错更正的有关情况。

（6）报表重要项目的说明。企业应当按照资产负债表、利润表、现金流量表、所有者权益变动表及其项目列示的顺序，对报表重要项目的说明采用文字和数字描述相结合的方式进行披露。报表重要项目的明细金额合计，应当与报表项目金额相衔接。

企业应当在附注中披露费用按照性质分类的利润表补充资料，可将费用分为耗用的原材料、职工薪酬费用、折旧费用、摊销费用等。

（7）或有和承诺事项、资产负债表日后非调整事项、关联方关系及其交易等需要说明的事项。

（8）有助于财务报表使用者评价企业管理资本的目标、政策及程序的信息。

任务七　进出口商品成本表、进出口企业财务指标月报表

一、出口主要商品成本及盈亏表

1.概念

出口主要商品成本及盈亏表是反映出口企业本年度内自营出口商品销售收入、销售成本、盈亏总额、出口消费税退税和出口每美元成本等情况的会计报表。通过编制本表，外贸企业可以及时分析、总结本企业经营的重点出口商品的销售价格、成本总额及其构成。某一商品的出口每美元成本与人民币汇率相比较，可以判断企业主要出口商品的盈亏情况。

2.格式

出口主要商品成本及盈亏表格式见表12-8。

表12-8　出口主要商品成本及盈亏表

年　月

会商（贸）05（1）表

金额单位：人民币万元（以下两位小数）

万美元（以下两位小数）

人民币元（以下两位小数）

<table>
<tr><th rowspan="4">商品名称</th><th rowspan="4">计量单位</th><th rowspan="4">销售数量</th><th colspan="3">销售收入</th><th colspan="9">出口总成本</th><th rowspan="4">盈亏总额</th><th colspan="4">出口每美元成本（元）</th></tr>
<tr><th colspan="2">折美元</th><th>人民币</th><th rowspan="3">总值</th><th colspan="7">出口经营成本</th><th rowspan="3">出口间接费用</th><th colspan="2">经营成本</th><th colspan="2">总成本</th></tr>
<tr><th rowspan="2">单价</th><th rowspan="2">金额</th><th rowspan="2">金额</th><th colspan="3">商品进价</th><th rowspan="2">出口直接费用</th><th rowspan="2">消费税退税</th><th rowspan="2">出口关税</th><th rowspan="2">合计</th><th rowspan="2">本期</th><th rowspan="2">上年同期</th><th rowspan="2">本期</th><th rowspan="2">上年同期</th></tr>
<tr><th>单价</th><th>金额</th><th>其中：增值税未退差额</th></tr>
<tr><td></td><td></td><td></td><td></td><td></td><td></td><td></td><td></td><td></td><td></td><td></td><td></td><td></td><td></td><td></td><td></td><td></td><td></td><td></td><td></td></tr>
<tr><td></td><td></td><td></td><td></td><td></td><td></td><td></td><td></td><td></td><td></td><td></td><td></td><td></td><td></td><td></td><td></td><td></td><td></td><td></td><td></td></tr>
</table>

财务负责人：　　审核：　　复核人：　　制表人：

3.编制方法

出口主要商品成本及盈亏表以出口每美元成本这一指标为核心，以主要出口商品为

基础列示，对不同商品的销售收入和销售成本进行分解，以便直观地了解各种商品的明细情况，同时对出口每美元成本这一指标，设立“本年”和“上年同期”两个栏目，以便于比较分析。表中有关指标的计算方法如下：

出口每美元成本=出口总成本÷出口销售收入（折美元金额）

出口总成本=出口经营成本+出口间接费用

出口经营成本=商品进价（含增值税未退税额）+出口直接费用+出口关税-消费税退税额

该表应按照以下方法填列：

第一，本表核算的商品大类、主要商品和计算单位须按照海关规定的商品目录填列。

第二，“销售数量”按照出口商品的实际数量填列。

第三，“销售收入”项下的“人民币金额”按照“自营出口销售收入”账户及有关明细科目发生额分析填列。

第四，“销售收入”项下的“折美元”按照“销售收入”项下的“人民币金额”以期末中国人民银行公布的美元对人民币汇价“中间价”计算填列。“折美元”项下的“金额”（美元数）除以“销售数量”即为“折美元”项下的“单价”数额。出口商品无销售数量的，“单价”栏可不填。

第五，“出口总成本”项由“出口经营成本”加上“出口间接费用”构成。

第六，“出口经营成本”项下的“合计”按照“商品进价”加上“出口直接费用”和“出口关税”减去“消费税退税”填列。其中，“商品进价”按照“自营出口销售成本”以商品立户的明细分类账户发生额和“应交税费”中的“进项税额转出”金额分析填列。“自营出口销售成本”明细账借方发生额一般包括三个部分：①出口商品不含税进价；②出口商品含消费税进价；③增值税未退税部分。各外贸企业由于出口商品的品种不同或退税率不同，有的实行全额退税，因此“商品进价”的构成内容也有所不同。

第七，“出口直接费用”按照出口经营费用和管理费用、财务费用有关明细科目分析填列。

第八，“出口间接费用”按照除“出口直接费用”外与出口有关明细科目分析填列。

第九，“盈亏总额”按照“销售收入”减去“出口总成本”填列。

第十，“出口每美元经营成本”按照“出口经营成本”项下的“合计”除以“销售收入”项下的“折美元”金额填列。

第十一，“出口每美元总成本”按照“出口总成本”除以“销售收入”项下的“折美元”金额填列。

二、进口主要商品成本分析表

1.概念

进口主要商品成本分析表也称进口商品销售利润（亏损）表，是反映进出口企业本年度内自营进口商品销售收入、销售总成本、盈亏总额、进口每美元盈亏额等情况的会计报表，是进出口企业的主要内部管理报表之一。

2.格式

进口主要商品成本分析表见表12-9。

表12-9　　进口主要商品成本分析表

年　月

会商（贸）05（2）表

金额单位：人民币万元（以下两位小数）

万美元（以下两位小数）

人民币元（以下两位小数）

<table>
<tr><th rowspan="4">商品名称</th><th rowspan="4">计量单位</th><th rowspan="4">销售数量</th><th colspan="2" rowspan="2">销售收入</th><th colspan="9">销售总成本</th><th colspan="4" rowspan="2">盈亏额</th></tr>
<tr><th rowspan="3">总值</th><th colspan="5">商品进价</th><th rowspan="3">流通费用</th><th rowspan="3">销售税金</th></tr>
<tr><th rowspan="2">单价</th><th rowspan="2">金额</th><th colspan="4">国外进价</th><th rowspan="2">进口关税及消费税</th><th colspan="2">本期</th><th colspan="2">上年同期</th></tr>
<tr><th>合计</th><th>美元单价</th><th>美元金额</th><th>人民币金额</th><th>单位盈亏</th><th>总额</th><th>单位盈亏</th><th>总额</th></tr>
<tr><td></td><td></td><td></td><td></td><td></td><td></td><td></td><td></td><td></td><td></td><td></td><td></td><td></td><td></td><td></td><td></td><td></td></tr>
<tr><td></td><td></td><td></td><td></td><td></td><td></td><td></td><td></td><td></td><td></td><td></td><td></td><td></td><td></td><td></td><td></td><td></td></tr>
</table>

财务负责人：　　　　审核：　　　　复核人：　　　　制表人：

3.编制方法

表中有关指标计算方法如下：

进口每美元盈亏额=（销售收入-销售总成本）÷国外进价（美元金额）

销售总成本=商品进价+流通费用+销售税金

该表应按照以下方法填列：

第一，本表核算的主要商品和计算单位须按照海关规定的商品目录填列。

第二，“销售收入”按照有关进口销售收入账户及有关明细科目发生额分析填列。

第三，“销售总成本”中的“国外进价”项下的“人民币金额”按照有关进口销售成本账户发生额分析填列。“国外进价”项下的“美元金额”按照期末中国人民银行公布的美元对人民币汇价或国家规定的外汇折算后列示。所折算的“美元金额”除以“销售数量”等于“美元单价”。

第四，“流通费用”按照直接销售费用、管理费用、财务费用和应分摊的进口商品的销售费用、管理费用、财务费用分析填列。

第五，“销售税金”按照销售税金以及附加科目有关内容分析填列。

第六，“销售总成本”项下的“总值”按照“商品进价”加上“流通费用”“销售税金”填列。

第七，“盈亏额”按照“销售收入”减去“销售总成本”后的差额填列。

三、进出口企业财务指标月报表

1. 概念

进出口企业财务指标月报表是反映进出口企业经营规模、财务状况等主要指标的报表，同时也为政府有关部门了解进出口企业运行状况、完善有关政策提供重要参考资料。制度规定，企业每月10日前编报上月的财务指标报月报表。

2. 格式

进出口企业财务指标月报表格式见表12-10。

表12-10　　进出口企业财务指标月报表

编制单位：　　　　年　月　　　　单位：万元

项　目	行次	本月数	本年累计	上年同期
主营业务收入净额	1			
其中：出口销售收入净额	2			
主营业务成本	3			
销售费用	4			
税金及附加	5			
其他业务收入	6			
管理费用	7			
财务费用	8			
投资收益	9			
其他各项收支	10			
利润总额	11			
所得税费用	12			
净利润额	13			
实际已上交所得税	14			
自营出口额（万美元）	15			
自营出口总成本	16			
出口每美元成本（元）	17			
出口收汇净额（万美元）	18			
应收出口退税	19			
已收出口退税	20			

续表

项　目	行次	本月数	本年累计	上年同期
自营进口销售收入净额	21			
自营进口总成本	22			
自营进口国外进价（万美元）	23			
自营进口销售盈亏	24			
进口每美元赔赚款	25			
企业资产总额	26			
其中：流动资产	27			
存货	28			
其中：库存出口商品	29			
应收账款总额	30			
其中：应收外汇账款	31			
企业负债总额	32			
其中：流动负债	33			
其中：短期借款	34			
独立核算企业户数（个）	35			
其中：亏损企业户数（个）	36			
亏损企业亏损额	37			
企业亏损面（%）	38			
企业下岗职工人数合计（人）	39			

负责人：　　　　　　　　复核人：　　　　　　　　制表人：

3.编制方法

进出口企业财务指标月报表共由四部分组成：第一部分（1～14行）反映外贸企业的经营成果及所得税情况；第二部分（15～25行）反映自营进出口业务的财务指标及出口退税情况；第三部分（26～34行）反映企业资产、负债的有关情况；第四部分（35～39行）为其他项目，反映独立核算企业的一些基本情况。

本报表每一项目设“本月数”、“本年累计”和“上年同期”三栏，分别反映各项目的当年实际完成情况与上年同期情况。

第一部分：经营成果及所得税指标。

①“主营业务收入净额”是指进口、出口及其他销售科目的贷方余额减去销售折让与折扣后的差额。

②“出口销售收入净额”是指各项出口销售收入的净额。

③“主营业务成本”是指主营业务收入的进价成本。

④“销售费用”、“税金及附加”（含代理进口、代理出口的手续费收入)、“管理费用”、“财务费用”、“投资收益”等项目的数额，可从利润表中取得。

⑤“利润总额”是指期末税前利润。如为亏损，在金额前列“-”号。

⑥“所得税费用”是指期末“所得税费用”科目发生额。

⑦“净利润额”是指期末税后利润。如为亏损，在金额前列“-”号。

⑧“实际已上交所得税”是指企业本期累计缴纳的所得税税额。按“应交税费——应交所得税”账户的借方累计发生额填列。

第二部分：自营进出口财务指标。

①“自营出口额”是指自营出口销售净收入（FOB）期末折合的美元数。

②“自营出口总成本”是指自营出口销售的商品进价、增值税未退税部分，以及认定和摊入的费用和税金。其中，商品进价按照“自营出口销售成本”发生额和“应交税费（进项税额转出）”金额分析填列；增值税未退税部分是指按照规定不退的增值税；认定和摊入的费用和税金包括销售费用、管理费用、财务费用中应认定或摊入出口销售总成本的费用和税金。

③“出口每美元成本”是指企业出口商品每一美元所耗费的成本。

④“出口收汇净额”按照企业本期累计出口结汇扣除与出口有关的用汇（出口运费、保费、佣金；出口理赔款；银行外汇手续费；偿还外汇贷款本息等）后的净额填列。

⑤“应收出口退税”是指至本期累计的应收出口退税金额，即上年度结转至本年度应收出口退税加上本年度应收出口退税借方发生额。

⑥“已收出口退税”是指企业当年收到的出口退税款（包括当期收到的以前年度的退税款)。

⑦“自营进口销售收入净额”反映企业自营进口的销售收入总额减去企业给予国内用户的折扣与折让后的差额。

⑧“自营进口总成本”反映企业自营进口的采购成本、销售费用、税金及附加以及应分摊的财务费用、管理费用。有关费用分摊的方法，企业根据合理、简便原则自行确定。

⑨“自营进口国外进价”反映企业本期销售的自营进口商品以美元表示的、以到岸价为准的国外进价总额。

⑩“自营进口销售盈亏”反映企业自营进口销售业务实际的净利润或净亏损。

⑪“进口每美元盈亏额”反映企业自营进口平均每一美元产生的利润额或亏损额。

第三部分：企业资产及负债总额（填累计金额)。

①“企业资产总额”是指投资者和债权人提供的资金构成的资产总额，即期末资产负债表的“资产总计”数。其中，“流动资产”“存货”“应收账款总额”可从期末资产负债表中取得，“库存出口商品”“应收外汇账款”可参阅总分类账。

②“企业负债总额”是指期末企业债权人提供的资金总量，包括流动负债和非流动负债两方面，即期末资产负债表的“负债合计”数。其中，“流动负债”“短期借款”可从期末资产负债表中取得。

第四部分：其他指标。

①“独立核算企业户数”是指属于本企业汇总报表范围内的经营进出口业务的企业数。

②“亏损企业户数”是指独立核算企业户数中的亏损企业户数。

③“亏损企业亏损额”是指亏损企业期末的利润表上反映的亏损额。由于本项内容为“亏损企业亏损额”，故金额前不列“-”号。

④“企业亏损面”计算公式为：

企业亏损面=独立核算经营进出口亏损企业户数÷独立核算经营进出口企业户数×100%

⑤“企业下岗职工人数合计”是指企业职工虽在编制之内但已下岗的人数。

四、费用的分摊

出口每美元成本是外贸企业十分重要的财务管理和经营决策指标之一。为正确计算每个出口商品的出口每美元成本，外贸企业必须将销售费用、管理费用和财务费用分摊到每个商品中去。

在费用项目中，有些费用如进货运杂费、包装费、商品损耗等，在发生时就可以明确辨认由哪种商品负担。但多数费用在发生时与商品没有直接联系，无法确认由哪种商品负担，需要通过一定的方法将这些费用合理地分摊到相应的商品中去。

1.费用分摊的原则

第一，本期发生的费用，包括销售费用、管理费用和财务费用，应全部分摊完毕，并由各项销售业务负担，各项库存商品不负担。

第二，各项销售业务负担的费用，应依据一定的方法分摊到某种商品。能够认定是某种商品发生的费用就由该种商品负担，即直接认定；不能够认定是某种商品发生的费用，则采用账外按比例分摊的办法，分摊到各种商品。

第三，费用分摊方法要力求准确、合理，同时又要简便易行。

2.费用分摊的方法

（1）直接认定法。能够直接认定是某种商品发生的费用就由该种商品负担，这就是直接认定法。可以直接认定到商品的费用称为直接费用，如销售费用中的进货运杂费、包装费、商品损耗、保管费等。直接费用可以采用设置费用的分商品明细账的办法直接认定，也可以采用账外登记的办法分子目、分商品登记，以达到直接认定的目的。

（2）比例认定法。不能够直接认定到商品的费用称为间接费用。间接费用分摊到商品一般有以下几种方法：

第一，按本期商品销售收入总额比例分摊。这种方法一般用于与业务量有关的费用项目的分摊，如销售费用中的差旅费、展览费、广告费和管理费用中的业务招待费、工会经费、职工教育经费等的分摊。有关计算公式如下：

费用分摊率=本期某费用项目发生总额÷本期商品销售收入总额×100%

第二，按商品销售成本与库存商品平均占用额总额比例分摊。这种方法一般用于与占用资金的多少有关的费用项目的分摊，如财务费用中的利息支出和销售费用中无法直接认定的保管费用等的分摊。有关计算公式如下：

$$\frac{\text{库存商品}}{\text{平均占用额}}=\left(\frac{\text{1/2期初库存}}{\text{商品占用额}}+\frac{\text{报告期内各月月末}}{\text{库存商品占用额}}-\frac{\text{1/2期末库存}}{\text{商品占用额}}\right)\div\frac{\text{报告期}}{\text{月份数}}$$

费用分摊率=本期某费用项目发生总额÷（本期商品销售成本+库存商品平均占用额）×100%

某商品应分摊费用额=（本期该商品销售成本+该商品平均库存占用额）×费用分摊率

第三，按商品销售成本总额比例分摊。这种方法一般用于与商品成本有关的费用项目的分摊，如销售费用中无法认定到商品的运输费、装卸费、整理费、包装费等的分摊。相关计算公式如下：

费用分摊率=本期某费用项目发生总额÷本期商品销售成本×100%

某商品应分摊费用额=本期该商品销售成本×费用分摊率

任务八　主要财务指标分析

财务状况分析是以企业财务报告及其他相关资料为主要依据，对企业的财务状况和经营成果进行评价和剖析，反映企业在运营过程中的利弊得失和发展趋势，从而为改进企业财务管理工作和优化经济决策提供重要的财务信息。

总结和评价企业财务状况与经营成果的分析指标包括偿债能力指标、运营能力指标、获利能力指标、发展能力指标和综合指标。

一、偿债能力指标

偿债能力是企业偿还到期债务（包括本息）的能力。偿债能力指标主要包括短期偿债能力指标和长期偿债能力指标。

1.短期偿债能力指标

短期偿债能力是指企业流动资产对流动负债及时足额偿还的保证程度，是衡量企业当期财务能力，特别是流动资产变现能力的重要标志。企业短期偿债能力的衡量指标主要有两项：流动比率和速动比率。

（1）流动比率。它是企业流动资产与流动负债的比率，表明企业每一元流动负债有多少流动资产作为偿还保证，反映企业可在短期内转变为现金的流动资产偿还到期流动负债的能力。其计算公式为：

流动比率=流动资产÷流动负债×100%

一般情况下，流动比率越高，表明企业短期偿债能力越强。

（2）速动比率。它是企业速动资产与流动负债的比率。其中，速动资产是指流动资产减去变现能力较差且不稳定的存货、预付账款、长期待摊费用等后的余额。其计算公式为：

速动比率=速动资产÷流动负债×100%

速动资产=货币资金+交易性金融资产+应收账款+应收票据-流动资产-存货-预付账款-一年内到期的非流动资产-其他流动资产

一般情况下，速动比率越高，表明企业短期偿债能力越强，企业短期偿债风险较小；反之，速动比率越低，表明企业短期偿债能力越弱，企业短期偿债风险较大。

2.长期偿债能力指标

长期偿债能力是指企业偿还长期负债的能力。企业长期偿债能力的衡量指标主要有两项：资产负债率和产权比率。

（1）资产负债率。它也称负债比率，是企业负债总额与资产总额的比率，反映企业资产对债权人权益的保障程度。其计算公式为：

资产负债率=负债总额÷资产总额×100%

资产负债率反映债权人所提供的资本占全部资本的比例。从债权人的角度看，他们最关心的是贷给企业款项的安全程度，也就是能否按期收回本金和利息；从股东的角度看，由于企业通过举债筹措的资金与股东提供的资金在经营中发挥同样的作用，所以股东所关心的是全部资金利润率是否超过借入款项的利率，即借入资金的代价。一般情况下，资产负债率越小，表明企业长期偿债能力越强。

（2）产权比率。它也称资本负债率，是企业负债总额与所有者权益总额的比率，反映企业所有者权益对债权人权益的保障程度。其计算公式为：

产权比率=负债总额÷所有者权益总额×100%

一般情况下，产权比率越低，表明企业长期偿债能力越强。

二、运营能力指标

运营能力是企业基于外部市场环境的约束，通过内部人力资源和生产资料的配置组合而对实现财务目标所产生作用的大小。运营能力指标主要是生产资料运营能力指标。生产资料的运营能力实际上就是企业的总资产及其各个组成要素的运营能力。资产运营能力的强弱取决于资产周转速度、资产运行状况、资产管理水平等多种因素。

资产的周转速度，通常用周转率和周转期来表示。周转率是企业在一定时期内资产的周转额与平均余额的比率，反映企业资产在一定时期的周转次数。周转次数越多，表明周转速度越快，资产运营能力越强。周转期是周转次数的倒数与计算期天数的乘积，反映资产周转一次所需要的天数。周转期越短，表明周转速度越快，资产运营能力越强。其计算公式为：

周转率（周转次数）=周转额÷资产平均余额

周转期（周转天数）=计算期天数÷周转次数=资产平均余额×计算期天数÷周转额

生产资料运营能力可以从流动资产周转情况、固定资产周转情况、总资产周转情况等方面进行分析。

1.流动资产周转情况

反映流动资产周转情况的指标主要有应收账款周转率、存货周转率和流动资产周转率。

（1）应收账款周转率。它是企业一定时期营业收入（或销售收入，本项目下同）与平均应收账款余额的比率，反映企业应收账款变现速度的快慢和管理效率的高低。其计算公式为：

应收账款周转率（周转次数）=营业收入÷平均应收账款余额

平均应收账款余额=（应收账款余额年初数+应收账款余额年末数）÷2

应收账款周转期（周转天数）=（平均应收账款余额×360）÷营业收入

一般情况下，应收账款周转率越高越好。应收账款周转率高，表明收账迅速，账龄较短，资产流动性强，短期偿债能力强，可以减少坏账损失。

（2）存货周转率。它是企业一定时期营业成本（或销售成本，本项目下同）与平均存货余额的比率，反映企业生产经营各环节的管理状况以及企业的偿债能力和获利能力。其计算公式为：

存货周转率（周转次数）=营业成本÷平均存货余额

平均存货余额=（存货余额年初数+存货余额年末数）÷2

存货周转期（周转天数）=（平均存货余额×360）÷营业收入

一般情况下，存货周转率越高越好。存货周转率高，表明存货变现的速度快，周转额较大，资金占用水平较低。

（3）流动资产周转率。它是企业一定时期营业收入与平均流动资产总额的比率。其计算公式为：

流动资产周转率（周转次数）=营业收入÷平均流动资产总额

平均流动资产总额=（流动资产总额年初数+流动资产总额年末数）÷2

流动资产周转期（周转天数）=（平均流动资产总额×360）÷营业收入

一般情况下，流动资产周转率越高越好。流动资产周转率高，表明以相同的流动资产完成的周转额较多，流动资产利用效果较好。

2.固定资产周转情况

反映固定资产周转情况的主要指标是固定资产周转率，它是企业一定时期营业收入与平均固定资产净值的比值。其计算公式为：

固定资产周转率（周转次数）=营业收入÷平均固定资产净值

平均固定资产净值=（固定资产净值年初数+固定资产净值年末数）÷2

固定资产周转期（周转天数）=（平均固定资产净值×360）÷营业收入

一般情况下，固定资产周转率越高越好。固定资产周转率高，表明企业固定资产利用充分，固定资产投资得当、结构合理，能够充分发挥效率。

3.总资产周转情况

反映总资产周转情况的主要指标是总资产周转率，它是企业一定时期营业收入与平均资产总额的比值。其计算公式为：

总资产周转率（周转次数）=营业收入÷平均资产总额

平均资产总额=（资产总额年初数+资产总额年末数）÷2

总资产周转率（周转次数）=（平均资产总额×360）÷营业收入

一般情况下，总资产周转率越高越好。总资产周转率高，表明企业全部资产的使用效率较高。

三、获利能力指标

获利能力是企业资金增值的能力，通常表现为企业收益数额的大小与水平的高低。获利能力指标主要包括营业利润率、成本费用利润率、总资产报酬率和净资产收益率。在实务中，上市公司经常采用每股股利、每股净资产等指标评价其获利能力。

（1）营业利润率。它是企业一定时期营业利润与营业收入的比率。其计算公式为：

营业利润率=营业利润÷营业收入×100%

一般情况下，营业利润率越高，表明企业市场竞争力越强，发展潜力越大，盈利能力越强。

在实务中，也经常使用营业毛利率、营业净利率等指标来分析企业经营业务的获利水平。其计算公式为：

营业毛利率=（营业收入–营业成本）÷营业收入×100%

营业净利率=净利润÷营业收入×100%

（2）成本费用利润率。它是企业一定时期利润总额与成本费用总额的比率。其计算公式为：

成本费用利润率=利润总额÷成本费用总额×100%

成本费用总额=营业成本+税金及附加+销售费用+管理费用+财务费用

一般情况下，成本费用利润率越高，表明企业为取得利润而付出的代价越小，成本费用控制得越好，盈利能力越强。

（3）总资产报酬率。它是企业一定时期内获得的报酬总额与平均资产总额的比率，反映企业资产的综合利用效果。其计算公式为：

总资产报酬率=息税前利润总额÷平均资产总额×100%

息税前利润总额=利润总额+利息支出

一般情况下，总资产报酬率越高，表明企业的资产利用效果越好，整个企业盈利能力越强。

（4）净资产收益率。它是企业一定时期净利润与平均净资产的比率，反映企业自有资金的投资收益水平。其计算公式为：

净资产收益率=净利润÷平均净资产×100%

平均净资产=（所有者权益年初数+所有者权益年末数）÷2

一般情况下，净资产收益率越高，表明企业自有资本获取收益的能力越强，运营效益越好，对企业投资人、债权人利益的保证程度越高。

四、发展能力指标

发展能力是企业在生存的基础上，扩大规模、壮大实力的潜在能力。分析发展能力主要考察以下四项指标：营业收入增长率、资本保值增值率、总资产增长率和营业利润增长率。

（1）营业收入增长率。它是企业本年营业收入增长额与上年营业收入总额的比率，反映企业营业收入的增减变动情况。其计算公式为：

营业收入增长率=本年营业收入增长额÷上年营业收入总额×100%

本年营业收入增长额=本年营业收入总额-上年营业收入总额

一般认为，营业收入增长率大于0，表明企业本年营业收入有所增长。该指标值越高，表明企业营业收入的增长速度越快，企业市场前景越好。

（2）资本保值增值率。它是企业扣除客观因素后的本年末所有者权益总额与年初所有者权益总额的比率，反映企业当年资本在企业自身努力下实际增减变动的情况。其计算公式为：

资本保值增值率=扣除客观因素后的本年末所有者权益总额÷年初所有者权益总额×100%

一般认为，资本保值增值率越高，表明企业的资本保全状况越好，所有者权益增长越快，债权人的债务越有保障。该指标通常应当大于100%。

（3）总资产增长率。它是企业本年总资产增长额与年初资产总额的比率，反映企业本期资产规模的增长情况。其计算公式为：

总资产增长率=本年总资产增长额÷年初资产总额×100%

本年总资产增长额=年末资产总额-年初资产总额

一般认为，总资产增长率越高，表明企业一定时期内资产经营规模扩张的速度越快。但在分析时，需要关注资产规模扩张的质和量的关系，以及企业的后续发展能力，避免盲目扩张。

（4）营业利润增长率。它是企业本年营业利润增长额与上年营业利润总额的比率，反映企业营业利润的增减变动情况。其计算公式为：

营业利润增长率=本年营业利润增长额÷上年营业利润总额×100%

本年营业利润增长额=本年营业利润总额-上年营业利润总额

五、综合指标分析

综合指标分析，就是将运营能力、偿债能力、获利能力和发展能力指标等纳入一个有机的整体之中，全面地对企业经营状况、财务状况进行解剖与分析。综合指标分析方法主要是杜邦财务分析体系。

杜邦财务分析体系（简称杜邦体系），是利用各财务指标间的内在关系，对企业综合经营理财及经济效益进行系统分析评价的方法。该体系以净资产收益率为核心，将其分解为若干财务指标，通过分析各分解指标的变动对净资产收益率的影响来揭示企业获利能力及其变动原因。杜邦体系各主要指标之间的关系如下：

净资产收益率=总资产净利率×权益乘数

=营业净利率×总资产周转率×权益乘数

权益乘数=资产总额÷所有者权益总额

=1÷（1-资产负债率）

在具体运用杜邦体系进行分析时，可以采用因素分析法。首先确定营业净利率、总资产周转率和权益乘数的基准值，然后顺次代入这三个指标的实际值，分别计算分析这三个指标的变动对净资产收益率的影响方向和程度。同时，还可以使用因素分析法进一步分解各个指标并分析其变动的深层次原因，找出解决的方法。

应会考核

应知考核

□ 业务考核

【考核项目一】

财务指标分析

【背景资料】

ABC公司2019年12月31日的资产负债表（简表）见表12-11。

表12-11　资产负债表（简表）

编制单位：ABC公司　　2019年12月31日　　单位：元

资　产	年初数	期末数	负债和所有者权益	年初数	期末数
流动资产：			流动负债：		
货币资金	100 000	121 600	流动负债合计	348 800	418 000
短期投资	10 000	14 000	非流动负债：		
应收票据	4 000	6 000	非流动负债合计	40 000	60 000
应收账款	20 000	13 000	负债合计	388 800	478 000
预付款项	5 000	27 000			
存货	263 000	334 000			
流动资产合计	402 000	515 600			
非流动资产：					
固定资产	499 000	606 800			
无形资产	17 000	41 000			
长期待摊费用	2 000	2 400	所有者权益：		
非流动资产合计	518 000	650 200	所有者权益合计	531 200	687 800
资产总计	920 000	1 165 800	负债和所有者权益总计	920 000	1 165 800

【考核要求】

根据上述ABC公司2019年度的资产负债表（简表），分别计算资产负债率、流动比率、速动比率。

【考核项目二】

资产负债表期末数计算

【背景资料】

某企业2019年12月31日各有关账户的余额资料见表12-12。

表 12-12　　各有关账户余额表　　单位：元

明细账户	借方余额	贷方余额
库存商品	1 380 000	
在途物资	200 000	
生产成本	360 000	
原材料	440 000	
材料成本差异		2 700
应收账款——A 公司 ——B 公司	280 000	600 000
预收账款——S 公司		710 000
应付账款——甲公司 ——乙公司	480 000	969 800
预付账款——G 工厂 ——D 工厂	112 000	84 000

【考核要求】

根据上述资料，计算该企业年末资产负债表中“存货”“应收账款”“预收款项”“应付账款”“预付款项”项目的期末数（计算过程可省略，只写出最终结果即可）。

【考核项目三】

应纳、应退税额计算

【背景资料】

某生产企业从事自营进料加工出口业务，某月出口自产甲产品 FOB 价 28.78 万美元，按当日即期汇率折合人民币 200 万元人民币。当期海关核销免税进口料件组成计税价格 50 万元人民币，内销产品 100 万元人民币。在生产甲产品过程中需消耗 A、B 两种国产材料，同期国内采购原材料 A 材料 150 万元人民币，原材料 B 材料 400 万元人民币。该公司为一般纳税企业，征税率为 13%，退税率为 10%。

【考核要求】

根据上述资料，计算该企业本期应纳或应退的税额（应对 A、B 两种材料分别计算），请写出计算过程及结果。

□ 项目实训

【实训项目一】

资产负债表填制

【实训资料】

光明公司 2020 年 4 月的余额试算平衡表见表 12-13。

表 12-13　　余额试算平衡表

编制单位：光明公司　　2020 年 4 月 30 日

会计科目	期末余额	
	借方	贷方
库存现金	740	
银行存款	168 300	
应收账款	85 460	
坏账准备		6 500
原材料	66 500	
库存商品	101 200	
存货跌价准备		1 200
固定资产	468 900	
累计折旧		3 350
固定资产清理		5 600
长期待摊费用	14 500	
应付账款		93 000
预收账款		10 000
长期借款		250 000
实收资本		500 000
盈余公积		4 500
利润分配		19 300
本年利润		12 150
合　计	905 600	905 600

补充资料：

（1）“应收账款”有关明细账户期末余额情况为：“应收账款——长城公司”借方余额为 98 000 元；“应收账款——海天公司”贷方余额为 12 540 元。

（2）“长期待摊费用”中将于一年内摊销的金额为 8 000 元。

（3）“应付账款”有关明细账户期末余额情况为：“应付账款——白云公司”借方余额为 5 000 元；“应付账款——文创公司”贷方余额为 98 000 元。

（4）“预收账款”有关明细账户期末余额情况为：“预收账款——方元公司”借方余额为 2 000 元；“预收账款——华裕公司”贷方余额为 12 000 元。

（5）“长期借款”期末余额中将于一年内到期归还的长期借款金额为100 000元。

【实训要求】

根据上述资料，编制光明公司2020年4月30日资产负债表（见表12-14）。

表12-14 资产负债表（简表）

制表单位：光明公司 2020年4月30日 单位：元

资产	年初数（略）	期末数	负债和所有者权益	年初数（略）	期末数
流动资产：			流动负债：		
货币资金		（ ）	应付账款		（ ）
应收账款		（ ）	预收账款		（ ）
预付款项		（ ）	一年内到期的非流动负债		（ ）
存货		（ ）	流动负债合计		222 540
一年内到期的非流动资产		8 000	非流动负债：		
流动资产合计		442 040	长期借款		150 000
非流动资产：			非流动负债合计		150 000
固定资产		（ ）	负债合计		372 540
固定资产清理		-5 600	所有者权益：		
长期待摊费用		（ ）	实收资本		500 000
非流动资产合计		466 450	盈余公积		4 500
			未分配利润		（ ）
			所有者权益合计		535 950
资产总计		908 490	负债和所有者权益总计		908 490

【实训项目二】

利润表填制

【实训资料】

大连华为进出口公司为增值税一般纳税人，适用的税率为增值税税率13%，所得税税率25%。2019年发生下列相关业务：

（1）进口A产品100件，每件FOB价200美元，以银行存款支付，当日美元汇率为USD1=CNY6.5000，并支付国外运费1 000美元。进口增值税24 133.2元，进口关税5 460元。

（2）向美国某公司出口产品200件，每件CIF价2 500美元，银行外汇中间价为USD1=CNY6.400。该商品国内进价每件8 500元，货款已收到。

（3）用银行存款支付全年管理费用30 000元，销售费用50 000元。

（4）债务重组损失80 000元，通过银行存款支付。

（5）按规定应交城市维护建设税21 000元，教育费附加9 000元。

（6）计算本年应交所得税（假设无纳税调整项目）。

（7）结转本年损益类科目发生额并结转本年利润。

【实训要求】

根据上述背景资料，编制该公司的会计分录，并编制2019年度利润表（见表12-15）。

表12-15　　利润表　　会企02表

编制单位：大连华为进出口公司　　2019年度　　单位：元

项　目	本期金额	上期金额（略）
一、营业收入		
减：营业成本		
税金及附加		
销售费用		
管理费用		
研发费用		
财务费用		
其中：利息费用		
利息收入		
加：其他收益		
投资收益（损失以“-”号填列）		
其中：对联营企业和合营企业的投资收益		
以摊余成本计量的金融资产终止确认收益（损失以“-”号填列）		
净敞口套期收益（损失以“-”号填列）		
公允价值变动收益（损失以“-”号填列）		
信用减值损失（损失以“-”号填列）		
资产减值损失（损失以“-”号填列）		
资产处置收益（损失以“-”号填列）		
二、营业利润（亏损以“-”号填列）		

续表

项　目	本期金额	上期金额（略）
加：营业外收入		
减：营业外支出		
三、利润总额（亏损总额以“-”号填列）		
减：所得税费用		
四、净利润（净亏损以“-”号填列）		
（一）持续经营净利润（净亏损以“-”号填列）		
（二）终止经营净利润（净亏损以“-”号填列）		
五、其他综合收益的税后净额		
（一）不能重分类进损益的其他综合收益		
1.重新计量设定受益计划变动额		
2.权益法下不能转损益的其他综合收益		
3.其他权益工具投资公允价值变动		
4.企业自身信用风险公允价值变动		
……		
（二）将重分类进损益的其他综合收益		
1.权益法下可转损益的其他综合收益		
2.其他债权投资公允价值变动		
3.金融资产重分类计入其他综合收益的金额		
4.其他债权投资信用减值准备		
5.现金流量套期储备		
6.外币财务报表折算差额		
……		
六、综合收益总额		
七、每股收益：		
（一）基本每股收益		
（二）稀释每股收益		

参考文献

［1］企业会计准则编审委员会．企业会计准则案例讲解［M］．上海：立信会计出版社，2019.

［2］中华人民共和国财政部．企业会计准则——基本准则［M］．上海：立信会计出版社，2019.

［3］中华人民共和国财政部．企业会计准则——应用指南［M］．上海：立信会计出版社，2019.

［4］中国注册会计师协会．2019年度注册会计师全国统一考试指定辅导教材——会计［M］．北京：中国财政经济出版社，2019.

［5］全国人大常委会法治工作委员会．现行会计法律汇编［M］．上海：立信会计出版社，2017.

［6］财政部会计司编写组．企业会计准则9号——职工薪酬［M］．北京：中国财政经济出版社，2014.

［7］财政部会计司编写组．企业会计准则30号——财务报表列报［M］．北京：中国财政经济出版社，2019.

［8］财政部会计司编写组．企业会计准则14号——收入［M］．北京：中国财政经济出版社，2017.

［9］李贺．会计学［M］．上海：上海财经大学出版社，2017.

［10］财政部会计资格评价中心．初级会计实务［M］．北京：经济科学出版社，2019.

［11］徐哲，李贺．中级财务会计［M］．上海：立信会计出版社，2018.

［12］徐哲，李贺．成本会计基础［M］．上海：上海财经大学出版社，2017.

［13］徐哲，李贺，邢冕，等．会计学原理［M］．上海：上海财经大学出版社，2017.

［14］张世国．税法［M］．上海：上海财经大学出版社，2019.

［15］张世国．税务会计［M］．上海：上海财经大学出版社，2019.

［16］李贺，赵昂．国际汇兑与结算［M］．成都：西南财经大学出版社，2015.

［17］李贺，冯晓玲，赵昂．国际金融［M］．上海：上海财经大学出版社，2015.

［18］李贺，报检与报关实务［M］．4版．上海：上海财经大学出版社，2020.

［19］李贺．国际贸易实务［M］．2版．上海：上海财经大学出版社，2020.

参考文献